2018년부터 교육과정이 바뀌어 새 교과서로 공부하게 됩니다!

한끝 중등 국어는 '비상교육 교과서편'과 '통합편' 이 있습니다. 필요에 따라 선택하여 사용하세요.

✓ **비상교육 교과서편:** 비상교육 교과서를 사용하는 학생에게 필요한 교재입니다.

✓ **통합편:** 여러 출판사의 교과서를 아우르는 교재로, 국어 공부를 폭넓게 하고자 하는 학생에게 필요한 교재입니다.

교 과 서 편

중등 국어
1·1

한 권 으 로 끝 내 기

한끝

visang

비상하기 위한
우리만의 비밀 신호

도전하는 네게 용기를 주는

비밀신호

하트~
뿅!

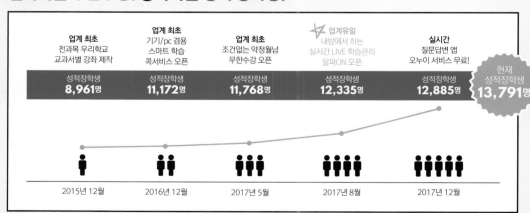

한 권 으 로 끝 내 기

한끝

비상교육 교과서편(김진수 외)

중등 **국어 1-1**

이 책의

구성과 특징

◆ 새 교육과정과 그에 따른 **교과서의 내용**을 충실하게 담은 교재
◆ **다양한 유형의 문제**를 충분하게 수록한 교재
◆ **학습에 대한 흥미**를 돋우는 교재

교육과정이 바뀌어도
새 교육과정과 그에 따른
새 교과서의 내용을 꼼꼼하게
정리한 한끝만 있다면
문제없어!

1 교과서 내용 완벽 분석 및 정리_본책(진도 교재)

1 소단원 개념 길잡이
소단원의 학습 요소와 갈래에 대한 내용을 확인할 수 있습니다.

2 교과서 본문 학습
학습 포인트 와 학습콕 을 통해 교과서 본문을 꼼꼼하게 학습하고, 간단 체크 내용 문제 , 간단 체크 어휘 문제 , 간단 체크 활동 문제 를 풀어 보면서 배운 내용을 확인할 수 있습니다.

3 학습 활동
학습 활동의 예시 답안을 확인하고, 활동을 응용한 문제를 풀어 볼 수 있습니다.

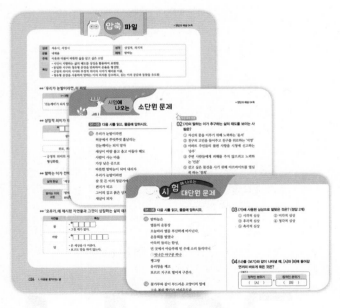

4 압축 파일
각 소단원의 주요 내용만을 뽑아 정리하여 핵심을 한눈에 파악할 수 있습니다.

5 시험에 나오는 소단원 문제 / 시험에 나오는 대단원 문제
출제 가능성이 높은 소단원 문제와 대단원 문제를 풀어 보면서 배운 내용을 확인할 수 있습니다.

2 철저한 시험 대비_시험 대비 문제집

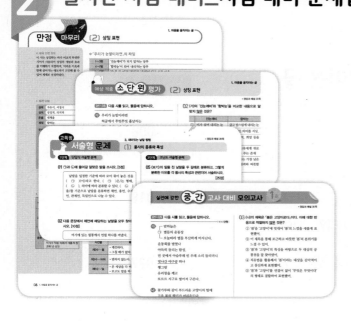

1 **만점 마무리**
소단원의 학습 내용을 정리한 코너로, 시험 전 핵심 정리에 유용합니다.

2 **예상 적중 소단원 평가 / 예상 적중 대단원 평가**
시험에 나올 만한 문제들을 엄선하였습니다.

3 **고득점 서술형 문제**
단계별 서술형 문제를 통해 고득점에 한발 다가갈 수 있습니다.

4 **실전에 강한 중간·기말고사 대비 모의고사**
실제 시험과 유사한 모의고사로 시험 직전 마무리 문제 풀이로 사용하면 좋습니다.

3 공부에 대한 흥미 유발

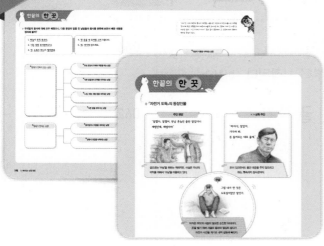

1 **한끝의 한 꽃**
한끝만의 특별한 '한 꽃'을 제공하여 좀 더 재미있게 공부할 수 있도록 하였습니다.

• '3(1) 품사의 종류와 특성'에서는 일상생활에서 사용할 법한 문장들에 사용된 낱말을 아홉 가지의 품사로 구분해 봄으로써 우리말 품사에 대해 종합적으로 이해할 수 있도록 하였습니다.

• '4(1) 갈등하는 삶'에서는 소설 「자전거 도둑」의 등장인물을 간략하게 소개하여 소설의 내용을 한눈에 정리해 볼 수 있도록 하였습니다.

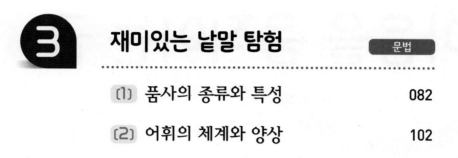

문화 향유 역량

마음을 움직이는 글

왜 배울까?

글에는 과거와 현재 사람들의 생각과 삶의 모습, 그리고 그 시대의 문화가 담겨 있다. 우리가 글을 읽고 쓰는 것은 그 자체로 우리의 문화를 전승하고 창조하는 중요한 일이다. 그런데 글을 쓰는 사람은 자신의 생각을 더 효과적으로 나타내기 위해 다양한 표현 방법을 사용한다. 그러므로 글에 사용되는 다양한 표현 방법을 공부하는 것은 글을 넓고 깊게 이해하는 데에 도움이 될 뿐만 아니라 우리의 생각이나 느낌, 경험 등을 효과적으로 표현하는 데에도 큰 도움이 된다. 이렇게 글에 사용되는 다양한 표현을 탐구하고 친구들과 함께 능동적으로 글을 읽어 보면서 우리는 문화를 전승하고 창조하는 능력을 기를 수 있을 것이다. 또한 그 속에서 우리 문화의 아름다움과 가치도 발견할 수 있을 것이다.

뭘 배울까?

이 단원에서는 문화 향유 역량을 기르기 위해 다양한 문학 작품을 감상하면서 비유와 상징의 뜻과 그 효과를 학습할 것이다. 그리고 이를 바탕으로 자신의 생각이나 느낌을 표현해 볼 것이다. 또한 책을 직접 선정하여 능동적으로 읽어 봄으로써 책 읽기의 즐거움을 느끼고 책 읽기를 생활화하는 습관을 기르게 될 것이다.

소단원 개념 길잡이

● 정답과 해설 02쪽

●● 시란

마음속에 떠오르는 생각이나 느낌을 운율이 있는 언어로 압축하여 표현한 글을 말한다.

●● 시의 3요소

운율 (음악적 요소)	시를 읽을 때 느껴지는 말의 가락(리듬) • 내재율: 일정한 규칙 없이 시 속에서 은근히 느껴지는 운율 • 외형률: 일정한 규칙이 반복되어 시의 표면에 드러나는 운율
심상 (회화적 요소)	시를 읽을 때 마음속에 떠오르는 감각적인 느낌이나 모습(이미지)
주제 (의미적 요소)	시에 담겨 있는 말하는 이의 느낌이나 중심 생각

●● 심상의 종류

시각적 심상	색채, 명암, 모양, 움직임 등을 눈으로 보는 듯한 느낌을 주는 심상
청각적 심상	소리, 음성, 음향 등을 귀로 듣는 듯한 느낌을 주는 심상
후각적 심상	코로 냄새를 맡는 듯한 느낌을 주는 심상
미각적 심상	혀로 맛을 보는 듯한 느낌을 주는 심상
촉각적 심상	피부를 통해 촉감으로 느끼는 듯한 느낌을 주는 심상
공감각적 심상	하나의 감각을 다른 감각으로 바꾸어 표현하여 둘 이상의 감각이 어우러지는 심상

●● 비유의 개념과 효과 및 종류

개념		표현하려는 대상(원관념)을 직접 설명하지 않고 다른 대상(보조 관념)에 빗대어 표현하는 방법
효과		• 직접 설명하는 것보다 참신하고 생생한 느낌을 줄 수 있음. • 대상을 인상 깊고 구체적으로 표현할 수 있음.
종류	직유법	비슷한 성질이나 모양을 지닌 두 사물을 '같이', '처럼', '듯이'와 같은 말로 연결하여 표현하는 방법 예 사과 같은 내 얼굴. 보조 관념　　원관념
	은유법	표현하려는 대상을 비슷한 특성이 있는 다른 대상을 써서 '무엇은 무엇이다'의 형태로 표현하는 방법 예 내 마음은 호수요. 원관념　　보조 관념
	의인법	사람이 아닌 것을 사람에 비겨 사람이 행동하는 것처럼 표현하는 방법 예 꽃이 웃는다.

간단 체크 개념 문제

1 시에 대한 설명이 맞으면 ○표, 틀리면 ×표를 하시오.

(1) 시란 마음속에 떠오르는 생각이나 느낌을 운율이 있는 언어로 압축하여 표현한 글이다. (　　)

(2) 시를 읽을 때 느껴지는 말의 가락을 '심상'이라고 한다. (　　)

(3) 시에 담겨 있는 말하는 이의 느낌이나 중심 생각을 '주제'라고 한다. (　　)

2 다음 빈칸에 들어갈 알맞은 말을 쓰시오.

□□은/는 표현하려는 대상을 직접 설명하지 않고 다른 대상에 빗대어 표현하는 방법이다.

3 다음에 쓰인 표현 방법으로 알맞은 것은?

앵두 같은 입술

① 반복법　　② 의인법
③ 은유법　　④ 과장법
⑤ 직유법

[1] 비유 표현 _ 유성

● 정답과 해설 02쪽

학습 목표 비유의 효과를 바탕으로 작품을 감상하고, 이를 활용하여 자신의 생각이나 느낌을 표현할 수 있다.

▶ **오세영(1942~)**
시인. 사물이나 현상을 깊이 있게 관찰함으로써 존재의 의미를 탐구한 시를 많이 썼다. 주요 작품으로는 「잠 깨는 추상」, 「모순의 흙」, 「그릇 1」 등이 있다.

학습 포인트

❶ 이 시의 말하는 이가 바라본 밤하늘의 모습　❷ 이 시에 사용된 비유적 표현과 그 효과

　㉠밤하늘은

별들의 운동장

오늘따라 별들 부산하게 바자닌다.
'바장이다'의 옛말. 「1」 부질없이 짧은 거리를 오락가락 거닐다. 「2」 마음에 걸리는 것이 있어 머뭇머뭇하다.
운동회를 벌였나

아득히 들리는 함성,

먼 곳에서 아슴푸레 빈 우레 소리 들리더니

　㉡빗나간 야구공 하나

쨍그랑

유리창을 깨고

또르르 지구로 떨어져 구른다.

학습콕

❶ 이 시의 말하는 이가 바라본 밤하늘의 모습
반짝거리는 □□로 가득 찬 밤하늘의 모습

❷ 이 시에 사용된 비유적 표현과 그 효과

	표현	효과
은유법	밤하늘은 별들의 운동장	반짝거리는 별들이 떠 있는 밤하늘의 모습을 생동감 있게 표현함.
	빗나간 야구공 하나	별들 사이로 떨어지는 □□의 모습을 역동적으로 표현함.
의인법	오늘따라 별들 부산하게 바자닌다. 운동회를 벌였나 아득히 들리는 함성.	별들이 반짝이는 모습을 □□이 움직이는 것처럼 표현하여 생동감을 줌.

간단 체크 내용 문제

01 이 시에 대한 설명으로 적절하지 **않은** 것은?

① 밤하늘의 아름다운 모습을 노래하고 있다.
② 시각적, 청각적 심상이 주로 나타나 있다.
③ 같은 문장 구조를 반복하여 운율을 형성하고 있다.
④ 표현하려는 대상을 다른 대상에 빗대어 표현하고 있다.
⑤ 말하는 이는 시 밖에서 자신이 관찰한 풍경을 전달하고 있다.

02 다음 중 ㉠과 같은 표현 방법이 쓰인 것은?

① 뒷문 밖에는 갈잎의 노래
② 내 누님 같이 생긴 꽃이여
③ 돌담에 속삭이는 햇발같이
④ 나는 나룻배 / 당신은 행인
⑤ 샘물이 혼자서 웃으며 간다

중요
03 ㉡은 무엇을 비유한 표현인지 한 낱말로 쓰시오.

학습 활동

 ① 시에서 말하는 이가 바라본 '밤하늘'의 모습을 상상하면서 인상 깊었던 시구 생각하기
② 시에 활용된 비유와 그 효과 이해하기

1 이 시의 말하는 이가 바라본 '밤하늘'의 모습을 상상해 보면서, 다음 활동을 해 보자.

(1) 이 시의 말하는 이가 바라본 '밤하늘'이 어떤 모습일지 써 보자.

📋 반짝거리는 별들로 가득 찬 ☐☐☐의 모습

------

(2) 이 시를 읽으면서 가장 인상 깊게 느낀 시구를 떠올려 보고, 그 까닭을 말해 보자.

📋 '먼 곳에서 아슴푸레 빈 우레 소리 들리더니'라는 시구가 가장 인상 깊었다. 그 까닭은 '밤하늘'에 '유성'이 나타나는 순간을 ☐☐☐☐가 들리는 것처럼 표현하여 생생한 느낌을 주기 때문이다.

2 이 시에 활용된 비유와 그 효과를 알아보자.

(1) 다음 밑줄 친 표현이 뜻하는 대상이 무엇인지 생각해 보고, 밑줄 친 표현과 그 대상의 공통점을 찾아 써 보자.

> ㉠빗나간 야구공 하나
> 쨍그랑
> 유리창을 깨고
> 또르르 지구로 떨어져 구른다.

- 뜻하는 대상: 📋 ☐☐

- 공통점: 📋 '빗나간 야구공'과 '☐☐'은, 예정된 궤도에서 벗어난 움직임을 보인다는 점에서 유사하다.

---

(2) 이 시의 1~3행을 다음과 같이 바꾸어 썼을 때 그 느낌이 어떻게 달라지는지 비교해 보자.

> ┌ 밤하늘은
> Ⓐ 별들의 운동장
> └ 오늘따라 별들 부산하게 바자닌다.

→

> ┌ 밤하늘에는
> Ⓑ 수없이 많은 별이
> └ 오늘따라 더욱 반짝거리며 떠 있다.

📝 반짝이는 별들이 가득한 밤하늘의 모습을 떠올릴 수 있다는 점에서는 원래의 시구와 바꾸어 쓴 시구의 내용이 비슷하다. 하지만 바꾸어 쓴 표현에서는 원래의 시구보다 별들이 생기 있게 살아 움직이는 듯한 느낌이 덜하다.

(3) (1), (2)를 바탕으로 이 시에서 활용된 비유의 효과를 말해 보자.

📝 • 대상을 참신하게 표현하여 대상을 새로운 시각에서 바라보게 할 수 있다.
• 대상을 구체화하고 생생한 느낌을 줄 수 있다.

학습콕

❶ 비유의 개념과 효과

개념	표현하려는 대상(원관념)을 직접 설명하지 않고 다른 대상(보조 관념)에 빗대어 나타내는 방법
효과	• 직접 설명하는 것보다 참신하고 생생한 느낌을 줄 수 있음. • 대상을 인상 깊고 구체적으로 표현할 수 있음.

❷ 비유의 종류

직유법	은유법	의인법
비슷한 성질이나 모양을 지닌 두 사물을 '같이', '처럼', '듯이'와 같은 말로 연결하여 표현하는 방법 📝 사과 같은 내 얼굴.	표현하려는 대상과 비슷한 특성이 있는 다른 대상을 써서 '무엇은 무엇이다'의 형태로 표현하는 방법 📝 내 마음은 호수요.	사람이 아닌 것을 사람에 비겨 사람이 행동하는 것처럼 표현하는 방법 📝 꽃이 웃는다.

🔍 **지식 사전**

그 밖의 비유 표현의 종류

활유법	생명이 없는 것을 생명이 있는 것처럼 표현하는 방법 📝 냉장고가 숨을 쉰다.
풍유법	속담이나 격언과 같이 본뜻은 숨기고 비유하는 말만으로 숨겨진 뜻을 암시하는 방법 📝 등잔 밑이 어둡다더니 바로 옆에 연필을 두고도 못 찾니?
대유법	사물의 일부분이나 특징으로서 전체를 대신 나타내는 방법 📝 사람은 빵만으로 살 수 없다.

간단 체크 활동 문제

03 Ⓐ를 Ⓑ와 같이 바꾸어 썼을 때의 변화로 알맞은 것은?

① 시의 주제를 알기가 더 어려워진다.
② 제시된 부분의 운율이 더욱 살아난다.
③ 시어의 함축적 의미가 보다 다양해진다.
④ 시의 내용을 이해하기가 더 어려워진다.
⑤ 별들이 생기 있게 살아 움직이는 듯한 느낌이 약해진다.

04 이 시에 활용된 비유의 효과로 알맞은 것은? (정답 2개)

① 참신하고 생생한 느낌을 줄 수 있다.
② 직접 설명하여 간략하게 표현할 수 있다.
③ 글자 수가 일정하여 규칙성을 느낄 수 있다.
④ 대상을 인상 깊고 구체적으로 표현할 수 있다.
⑤ 반복되는 표현으로 노래를 부르듯이 읽을 수 있다.

적용
❶ 시에서 비유를 활용한 표현 찾기
❷ 비유 표현이 작품에서 어떤 역할을 하는지 알아보기
❸ 비유를 활용하여 이 시를 모방한 시 써 보기

다음 「봄은 고양이로다」는 비유를 활용하여 봄의 느낌을 표현한 시이다. 이 시를 감상하면서 비유를 활용한 표현이 작품에서 어떤 역할을 하는지 살펴보고, 이를 바탕으로 모방 시를 써 보자.

갈래	자유시, 서정시	성격	비유적, 감각적
운율	내재율	제재	봄, 고양이
주제	고양이에서 연상되는 봄의 느낌과 생명력		
특징	• 대상을 감각적으로 묘사함. • 1·3연에서는 정적인 이미지, 2·4연에서는 동적인 이미지가 나타남.		

봄은 고양이로다

이장희

꽃가루와 같이 부드러운 고양이의 털에
고운 봄의 향기가 어리우도다.

금방울과 같이 호동그란 고양이의 눈에
미친 봄의 불길이 흐르도다.
<small>크게 뜬 눈이 동그란</small>

고요히 다물은 고양이의 입술에
포근한 봄의 졸음이 떠돌아라.

날카롭게 쭉 뻗은 고양이의 수염에
푸른 봄의 생기가 뛰놀아라.

---

05 이 시에 대한 설명으로 알맞지 <u>않은</u> 것은?
① 계절적 배경은 봄이다.
② 말하는 이는 고양이이다.
③ 정적인 이미지와 동적인 이미지가 나타난다.
④ 각 연의 1행에 '에'를 반복하여 운율을 형성하였다.
⑤ 다양한 심상을 활용하여 대상을 감각적으로 표현하였다.

06 이 시의 제목에 쓰인 비유법을 한 낱말로 쓰시오.

07 이 시의 말하는 이가 고양이의 모습에서 떠올린 봄의 느낌으로 알맞지 <u>않은</u> 것은?
① 고양이의 털: 고운 봄의 향기
② 고양이의 눈: 미친 봄의 불길
③ 고양이의 코: 밝은 봄의 웃음
④ 고양이의 입술: 포근한 봄의 졸음
⑤ 고양이의 수염: 푸른 봄의 생기

1 이 시에서 말하는 이가 고양이의 모습에서 떠올린 봄의 느낌을 정리해 보자.

1연
고양이의 털
고운 봄의 향기를 느낌.

2연
고양이의 눈
🔁 미친 봄의 □
□ (강인한 생명력)을 느낌.

3연
🔁 고양이의 □□
🔁 포근한 봄의 졸음(포근함)을 느낌.

4연
🔁 고양이의 수염
🔁 푸른 봄의 생기를 느낌.

08 1연에서 표현하려는 대상과 빗댄 대상의 관계를 〈보기〉처럼 나타낼 때, ⓐ에 들어갈 내용으로 알맞은 것은?

┤보기├
| 고양이의 털 | 꽃가루 |
공통점: (ⓐ)

① 동그랗다.
② 부드럽다.
③ 발랄하다.
④ 생기 있다.
⑤ 곱고 포근하다.

2 이 시에 활용된 비유와 그 효과를 알아보자.

(1) 이 시에서 시인이 표현하려고 한 대상과 그것을 빗대어 표현한 대상을 찾고, 두 대상의 공통점을 찾아 써 보자.

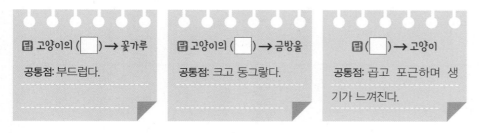

🔁 고양이의 (□) → 꽃가루
공통점: 부드럽다.

🔁 고양이의 (□) → 금방울
공통점: 크고 동그랗다.

🔁 (□) → 고양이
공통점: 곱고 포근하며 생기가 느껴진다.

09 이 시에 쓰인 표현 방법에 대한 설명으로 알맞지 <u>않은</u> 것은?

① 직유법을 활용하여 '고양이의 눈'을 '금방울'에 비유하였다.
② '고양이의 털'을 '꽃가루'에 빗댐으로써 생생하게 표현하였다.
③ 고양이의 모습에서 연상되는 봄의 느낌을 감각적으로 드러내었다.
④ 고양이의 모습에서 드러나는 동적인 이미지를 '봄의 향기'와 '봄의 졸음'으로 표현하였다.
⑤ '봄'을 '고양이'에 빗댐으로써, 생명력이 가득하고 포근한 봄의 분위기를 참신하게 표현하였다.

(2) (1)을 바탕으로 이 시에 활용된 비유가 어떤 역할을 하는지 말해 보자.

🔁 '고양이의 털'을 '꽃가루'에, '고양이의 눈'을 '금방울'에 비유함으로써 고양이의 털과 눈을 생생하게 떠올리도록 해 준다. 또한 이 시의 제목에서 '봄'을 '고양이'에 빗대어 표현함으로써 생명력이 가득하며 포근하고 따뜻한 봄의 분위기를 감각적이고 참신하게 느끼도록 해 준다.

3 비유에 대한 이해를 바탕으로 「봄은 고양이로다」를 모방한 시를 써 보자.

(1) 시로 표현하고 싶은 대상을 떠올려 보고, 그 대상의 특성을 써 보자.

예시 답〉〉

● **표현하고 싶은 대상:** 학교

● **특성:** 다양한 성격의 사람들이 있다. / 우리는 그 안에서 성장한다.

(2) 자신이 표현하려는 대상을 무엇에 빗대어 표현할지 생각해 보고, 두 대상의 공통점을 말해 보자.

예시 답>> • 빗댈 대상: 숲, 나무들
• 공통점: 숲에는 다양한 동식물이 살고 있다. 나무들을 비롯한 동식물들이 숲속에서 성장한다.

(3) (1)과 (2)를 바탕으로 「봄은 고양이로다」를 모방한 시를 써 보자.

예시 답>>

> (학교)은/는 (숲이)로다
>
> 무지개처럼 다양하게 동식물이 모여 사는 숲의 모습에
> 정다운 친구들과 함께하는 학교의 조화로움이 떠오르도다.
>
> 해를 벗 삼아 성장하는 숲속 나무들의 모습에
> 함께 배우며 성장하는 우리의 모습이 떠오르도다.

간단 체크 활동 문제

10 이 시의 1, 2연에 쓰인 비유 표현을 모방한 시구로 적절하지 않은 것은?
① 노래처럼 아름다운 봄의 숨결에
② 구름과 같이 포근한 솜사탕의 맛에
③ 친구와 같이 거닐던 학교 운동장에
④ 나무와 같이 굳건한 아빠의 든든한 어깨에
⑤ 무지개처럼 다양하게 동식물이 모여 사는 숲의 모습에

활동 마당

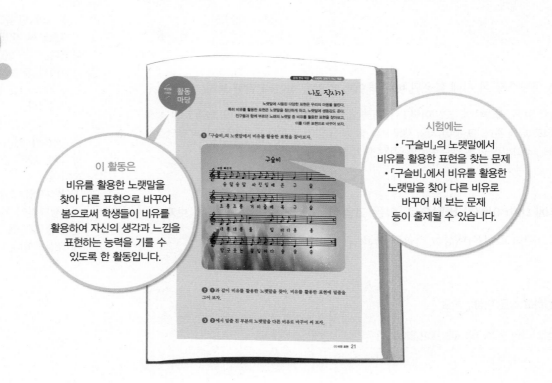

이 활동은

비유를 활용한 노랫말을 찾아 다른 표현으로 바꾸어 봄으로써 학생들이 비유를 활용하여 자신의 생각과 느낌을 표현하는 능력을 기를 수 있도록 한 활동입니다.

시험에는

• 「구슬비」의 노랫말에서 비유를 활용한 표현을 찾는 문제
• 「구슬비」에서 비유를 활용한 노랫말을 찾아 다른 비유로 바꾸어 써 보는 문제 등이 출제될 수 있습니다.

갈래	자유시, 서정시	성격	비유적, 감각적
운율	내재율	제재	밤하늘의 별과 유성
주제	별이 떠 있는 밤하늘의 아름다운 모습과 유성의 생동감		
특징	• 은유법과 의인법을 활용하여 대상을 생생하게 표현함. • 시각적, 청각적 심상을 활용하여 대상의 모습을 감각적으로 표현함.		

●● 「유성」에 사용된 비유적 표현과 그 효과

표현 방법	시구	효과
은유법	밤하늘은 별들의 운동장	반짝거리는 ❶ □ 들이 떠 있는 밤하늘의 모습을 생동감 있게 표현함.
	빗나간 ❷ □□□ 하나	별들 사이로 떨어지는 유성의 모습을 역동적으로 표현함.
❸ □□□	오늘따라 별들 부산하게 바자닌다. 운동회를 벌였나 아득히 들리는 함성,	별들이 반짝이는 모습을 사람이 움직이는 것처럼 표현하여 생동감을 줌.

●● 「유성」에 사용된 심상

시각적 심상	• 오늘따라 별들 부산하게 바자닌다.
❹ □□ 적 심상	• 아득히 들리는 함성, • 먼 곳에서 아슴푸레 빈 우레 소리 들리더니

●● 「봄은 고양이로다」에 사용된 비유적 표현과 그 효과

표현 방법	시구	표현하려는 대상(원관념)	빗댄 대상(보조 관념)
은유법	봄은 고양이로다	❺ □	고양이
직유법	꽃가루와 같이 부드러운 고양이의 털에	고양이의 ❻ □	꽃가루
	금방울과 같이 호동그란 고양이의 눈에	고양이의 눈	❼ □□□

○

효과	• 제목에서는 '봄'을 '고양이'에 빗댐으로써 생명력이 가득하며 포근하고 따뜻한 봄의 분위기를 감각적이고 참신하게 느끼게 해 줌. • '고양이 털'을 '꽃가루'에, '고양이의 눈'을 '금방울'에 빗댄 부분에서는 고양이의 털과 눈을 생생하게 떠올리게 해 줌.

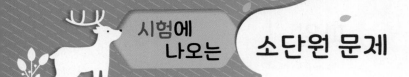

01~05 다음 시를 읽고, 물음에 답하시오.

가

　　　밤하늘은
[A]　별들의 운동장
　　　오늘따라 별들 부산하게 바자닌다.

운동회를 벌였나
아득히 들리는 함성,
먼 곳에서 아슴푸레 빈 우레 소리 들리더니
㉠빗나간 야구공 하나
쨍그랑
유리창을 깨고
또르르 지구로 떨어져 구른다.

나

꽃가루와 같이 부드러운 고양이의 털에
고운 봄의 향기가 어리우도다.

[B]

금방울과 같이 호동그란 고양이의 눈에
미친 봄의 불길이 흐르도다.

고요히 다물은 고양이의 입술에
포근한 봄의 졸음이 떠돌아라.

날카롭게 쭉 뻗은 고양이의 수염에
푸른 봄의 생기가 뛰놀아라.

⭐ 학습 활동 응용

01 (가)에 대한 감상으로 적절하지 <u>않은</u> 것은?
① 석우: 말하는 이는 밤하늘의 아름다운 풍경을 감각적으로 형상화하고 있어.
② 민정: '유성'이 나타나는 순간을 천둥소리가 들리는 것처럼 생생하게 표현한 점이 인상적이야.
③ 태훈: 맞아. 의인법을 활용하여 별들이 우레 소리에 놀란 것처럼 표현한 것이 참신해.
④ 윤주: 나는 '밤하늘'을 '운동장'에 빗대어 표현한 부분이 신선하게 느껴졌어.
⑤ 영식: 그래, 시인은 자신만의 시선을 통해 '밤하늘'과 '운동장'의 공통점을 잘 찾아냈어.

02 (나)에서 봄의 느낌을 표현하기 위해 '봄'을 빗댄 대상으로 알맞은 것은?
① 꽃　　　② 향기　　　③ 나무
④ 나비　　⑤ 고양이

⭐ 학습 활동 응용

03 〈보기〉를 [A]와 같이 바꾸어 썼을 때의 효과로 가장 적절한 것은?

┤보기├
밤하늘에는
수없이 많은 별이
오늘따라 더욱 반짝거리며 떠 있다.

① 원래의 시구보다 참신함이 덜해진다.
② 대상을 있는 그대로 표현하여 간결해진다.
③ 시의 길이가 줄어 원래의 의미가 달라진다.
④ 시인이 말하고자 하는 바가 분명하게 드러난다.
⑤ 별들이 생기 있게 살아 움직이는 듯한 느낌이 강조된다.

⭐ 학습 활동 응용

04 [B]를 다음과 같이 구조화할 때, 빈칸에 들어갈 말로 알맞은 것은?

원관념	공통점	보조 관념
고양이의 털	부드럽다.	꽃가루
고양이의 눈		금방울

① 작고 길다.　　　　② 크고 길다.
③ 작고 뾰족하다.　　④ 크고 뾰족하다.
⑤ 크고 동그랗다.

05 다음 중 ㉠과 동일한 표현 방법이 쓰인 것은?
① 꽃이 웃는다.
② 내 마음은 호수요.
③ 사과 같은 내 얼굴
④ 초가지붕 둥근 박 꿈꿀 때
⑤ 하이얀 꽃 이파리 눈송이처럼 날리네.

06~11 다음 시를 읽고, 물음에 답하시오.

가 ㉠밤하늘은 / 별들의 운동장
㉡오늘따라 별들 부산하게 바자닌다.
운동회를 벌였나
아득히 들리는 함성,
먼 곳에서 아슴푸레 빈 우레 소리 들리더니
㉢빗나간 야구공 하나
쨍그랑
유리창을 깨고
또르르 지구로 떨어져 구른다.

나 ㉣꽃가루와 같이 부드러운 고양이의 털에
고운 봄의 향기가 어리우도다.

㉤금방울과 같이 호동그란 고양이의 눈에
미친 봄의 불길이 흐르도다.

고요히 다물은 고양이의 입술에
포근한 봄의 졸음이 떠돌아라.

날카롭게 쭉 뻗은 고양이의 수염에
푸른 봄의 생기가 뛰놀아라.

06 (가)와 (나)의 표현상 공통점으로 알맞은 것은?
① 동일한 시구와 문장 구조를 반복하여 운율을 형성하고 있다.
② 향토적인 소재를 사용하여 시의 정서와 분위기를 조성하고 있다.
③ 상징적인 시어를 대비하여 관념적인 주제를 구체화하여 전달하고 있다.
④ 비유적 표현을 활용하여 대상을 참신하면서도 생동감 있게 표현하고 있다.
⑤ 시인이 의도적으로 창조한 허구의 대상인 말하는 이가 시 속에 등장하고 있다.

 서술형

07 (가)의 제목인 '유성'을 빗댄 표현을 찾아 3어절로 쓰시오.

08 (나)에 대한 설명으로 알맞지 <u>않은</u> 것은?
① 대상을 통한 말하는 이의 성찰이 나타나 있다.
② '−도다, −아라' 등의 말을 반복하여 운율을 형성하고 있다.
③ 대상을 바라보는 시선의 이동에 따라 시상을 전개하고 있다.
④ 고양이의 모습에서 연상되는 봄의 느낌을 감각적으로 묘사하고 있다.
⑤ 1, 3연에서는 정적인 이미지가, 2, 4연에서는 동적인 이미지가 나타나고 있다.

⭐ 학습 활동 응용

09 다음은 (나)에 나타난 고양이의 모습과 이를 통해 떠올린 봄의 속성이다. ( ) 안에 들어갈 알맞은 말은?

고양이의 모습	봄의 속성
고양이의 털	봄의 향기
고양이의 눈	봄의 생명력
고양이의 입술	봄의 포근함
고양이의 수염	봄의 ( )

① 소리　　② 생기　　③ 웃음
④ 나른함　⑤ 부드러움

10 (나)에서 비유적 표현을 활용하여 얻을 수 있는 효과가 <u>아닌</u> 것은?
① 표현하려는 대상을 참신하게 나타낼 수 있다.
② 표현하려는 대상을 생생하게 나타낼 수 있다.
③ 표현하려는 대상을 인상 깊게 나타낼 수 있다.
④ 표현하려는 대상을 객관적으로 나타낼 수 있다.
⑤ 표현하려는 대상과 빗대는 대상의 공통점을 나타낼 수 있다.

11 ㉠~㉤에 쓰인 표현 방법이 바르게 연결되지 <u>않은</u> 것은?
① ㉠: 은유법　　② ㉡: 은유법
③ ㉢: 은유법　　④ ㉣: 직유법
⑤ ㉤: 직유법

상징의 개념과 효과

개념	추상적인 관념이나 사상 등을 구체적인 대상으로 표현하는 방법
효과	• 작품의 주제를 효과적이고 독창적으로 드러냄. • 압축된 표현 속에 여러 가지 의미가 담겨 있어 작품을 다양하고 깊이 있게 해석할 수 있음.

상징의 종류

관습적 상징	오랫동안 쓰여 왔기 때문에 그 뜻이 굳어져 널리 알려진 상징 例 비둘기 → '평화'의 상징, 백합 → '순결'의 상징
개인적 상징 (문학적 상징)	시인이나 작가 개인이 작품 속에서 새롭게 창조해 낸 상징 例 죽는 날까지 하늘을 우러러 / 한 점 부끄럼이 없기를, 　　　　　　　　　　　　　　　　　　　　　　 – 윤동주, 「서시」 → '하늘'은 말하는 이의 삶의 지향, 희망, 성찰의 매개체 등을 상징함.

시조란

고려 중기에 발생하였고, 고려 말기부터 발달하여 지금까지도 창작되는 우리나라 고유의 정형시이다.

시조의 형식과 종류

형식	• 일반적으로 3장 6구의 형태를 지님. • 4음보의 율격을 보임. 한 음보의 글자 수는 3(4)·4조가 기본이나, 한두 글자 정도는 더하거나 빼는 것도 허용함. • 종장의 첫 음보는 세 글자로 고정됨. 例 [초장] 이 몸이∨죽고 죽어∨일백 번∨고쳐 죽어 → 네 마디로 끊어 읽음. 　　　세 글자　네 글자 → 3·4조　　　　　　　(4음보) [중장] 백골이∨진토되어∨넋이라도∨있고 없고 → 각 장은 2구로 구성됨. 　　　　　　구　　　　　　　　구 [종장] 임 향한∨일편단심이야∨가실 줄이∨있으랴 　　→ 종장의 첫 음보는 세 글자로 고정됨. 　　　　　　　　　　　　　　　　　　 – 정몽주, 「단심가」
종류	평시조　시조의 기본 형식(3장 6구)으로 이루어진 시조
	엇시조　초장, 중장 가운데 어느 한 장이 평시조보다 길어진 시조
	사설 시조　평시조보다 초장, 중장이 제한 없이 길며, 종장도 첫 음보를 제외하고 길어진 시조
	연시조　두 개 이상의 평시조가 하나의 제목으로 엮여 있는 시조

간단 체크 개 념 문제

1 상징에 대한 설명이 맞으면 ○표, 틀리면 ✕표 하시오.

(1) 상징은 구체적인 대상을 추상적인 관념으로 표현하는 방법이다.　(　　　)

(2) 상징적 표현을 활용하면, 작품의 주제를 효과적으로 드러낼 수 있다. (　　　)

(3) '비둘기'가 '평화'를 상징하고, '매화'가 '절개'를 상징하는 것을 '관습적 상징'이라고 한다.　(　　　)

2 다음 빈칸에 들어갈 알맞은 말을 쓰시오.

☐☐은/는 고려 말부터 발달하여 지금까지도 창작되고 있는 우리나라 고유의 정형시이다.

3 다음 설명에 해당하는 시조의 종류로 알맞은 것은?

3장 6구로 이루어진 가장 기본적인 형태의 시조를 의미한다.

① 평시조　② 엇시조
③ 연시조　④ 사설시조
⑤ 현대 시조

[2] 상징 표현 _ 우리가 눈발이라면

학습 목표 상징의 효과를 바탕으로 작품을 감상하고, 이를 활용하여 자신의 생각이나 느낌을 표현할 수 있다.

▶ 안도현(1961~)
시인. 개인적 체험과 섬세한 감수성을 바탕으로 민족과 사회의 현실을 이야기한 작품을 많이 썼다. 주요 작품으로는 「서울로 가는 전봉준」, 「모닥불」, 「그대에게 가고 싶다」 등이 있다.

학습 포인트

❶ '진눈깨비'와 '함박눈'의 상징적 의미   ❷ 상징적 시어의 대비와 그 효과
❸ 말하는 이가 전하고자 하는 삶의 자세

우리가 눈발이라면

허공에서 쭈뼛쭈뼛 흩날리는
몹시 송구스럽게 망설이며 자꾸 머뭇머뭇하는 모양
진눈깨비는 되지 말자

세상이 바람 불고 춥고 어둡다 해도

사람이 사는 마을

가장 낮은 곳으로

따뜻한 함박눈이 되어 내리자

우리가 눈발이라면

잠 못 든 이의 창문가에서는

편지가 되고

그이의 깊고 붉은 상처 위에 돋는

새살이 되자

간단 체크 내용 문제

O1 이 시에 대한 설명으로 알맞지 않은 것은?

① 말하는 이는 현실을 부정적으로 바라보고 있다.
② 상징적 의미의 시어를 통해 주제를 드러내고 있다.
③ 상황을 가정하여 대상에 대한 그리움을 드러내고 있다.
④ 유사한 문장 구조를 반복하여 운율을 형성하고 있다.
⑤ 청유형 문장을 활용하여 말하는 이의 의지를 강조하고 있다.

O2 이 시에서 말하는 이가 바라본 현실이 드러난 시행을 찾아 쓰시오.

학습콕

❶ '진눈깨비'와 '함박눈'의 상징적 의미

진눈깨비	어려운 [ ] [ ] 을 외면하거나 더욱 힘들게 만드는 존재
함박눈	어려운 [ ] [ ] 을 위로하면서 희망을 주는 존재

❷ 상징적 시어의 대비와 그 효과

부정적인 뜻의 시어	긍정적인 뜻의 시어
[ ][ ][ ][ ], 바람, 깊고 붉은 상처 ↔	[ ][ ][ ], 편지, 새살
무관심, 외면, 고통, 슬픔 등을 상징함.	위로, 격려, 희망 등을 상징함.

→ 상징하는 바가 대비되는 시어를 사용하여 이웃과 더불어 살고자 하는 바람을 효과적으로 형상화함.

❸ 말하는 이가 전하고자 하는 삶의 자세

삶의 현실	'세상이 바람 불고 춥고 어둡다 해도' → 삭막하고 고달픈 현실을 나타냄.
⊙	
말하는 이의 소망	'함박눈', '편지', '[ ][ ]'이 되자고 말함. → 고달픈 현실 속에서도 어려운 이웃에게 위로와 희망을 주는 존재로 살아가자는 바람을 드러냄.

O3 이 시의 말하는 이가 전하고자 하는 삶의 자세로 적절한 것은?

① 매사 겸손해야 한다.
② 부지런하고 성실해야 한다.
③ 더 나은 미래를 위해 노력해야 한다.
④ 성공을 위해 경쟁을 피하지 말아야 한다.
⑤ 소외받는 사람들에게 관심을 가져야 한다.

학습 활동

교과서 26~31쪽

❶ 시의 내용 파악하기
❷ 시어의 속성을 바탕으로 그것이 상징하는 바 알아보기
❸ 말하는 이가 바라는 삶의 모습을 바탕으로 자신이 할 수 있는 것 생각해 보기

1 이 시를 다음과 같이 정리한다고 할 때, 빈칸에 알맞은 시어를 써 보자.

1~3행	답 우리가 눈발이라면 (□□□□)는 되지 말자.
4~7행	답 사람이 사는 가장 낮은 곳에 (□□□)이 되어 내리자.
8~12행	답 잠 못 든 이의 (편지)가 되고, (새살)이 되자.

2 이 시에 활용된 상징을 알아보자.

(1) 이 시에 드러난 '진눈깨비'와 '함박눈'의 특성을 써 보자.

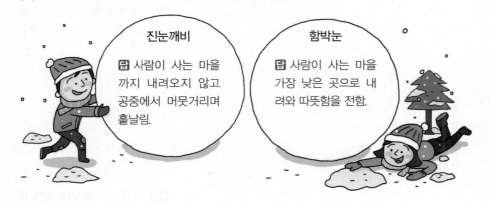

진눈깨비
답 사람이 사는 마을까지 내려오지 않고 공중에서 머뭇거리며 흩날림.

함박눈
답 사람이 사는 마을 가장 낮은 곳으로 내려와 따뜻함을 전함.

(2) (1)을 바탕으로 '진눈깨비'와 '함박눈'이 각각 어떤 사람을 상징하는지 써 보자.

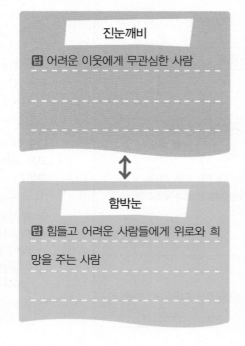

진눈깨비
답 어려운 이웃에게 무관심한 사람

↕

함박눈
답 힘들고 어려운 사람들에게 위로와 희망을 주는 사람

간단 체크 활동 문제

01 이 시에서 다음 설명에 해당하는 시어를 모두 쓰시오.

위로, 격려, 희망 등의 긍정적 의미를 상징하는 시어로서, 말하는 이가 지향하는 삶의 자세를 반영하는 소재이다.

02 다음은 '함박눈'에 대해 정리한 내용이다. 빈칸에 들어갈 말을 차례대로 쓰시오.

이 시에서 '함박눈'은 사람이 사는 마을 가장 ( ) 곳으로 내려와 ( )을/를 전하는 존재로, 어려운 이웃에게 위로와 희망을 주는 사람을 상징한다.

03 이 시에서 '진눈깨비'가 상징하는 사람으로 적절하지 <u>않은</u> 것은?
① 이웃에게 무관심한 사람
② 소외된 이웃을 돌보지 않는 사람
③ 주변 사람들을 더욱 힘들게 하는 사람
④ 현실의 행복함 때문에 잠을 못 이루는 사람
⑤ 어렵고 힘든 친구에게 위로가 되지 못하는 사람

(3) 이 시에서 '잠 못 든 이'의 처지가 어떠한지 생각해 보고, '잠 못 든 이'에게 '편지'와 '새살'이 무엇을 뜻하는지 써 보자.

'잠 못 든 이'의 처지	'편지'와 '새살'의 뜻
🖹 • 깊은 고민에 빠져 잠을 못 자고 있다. • 불안한 마음에 잠을 깊이 못 자고 있다.	🖹 '잠 못 든 이'를 위로하고 그에게 ☐☐을 주는 존재를 뜻한다.

3 이 시의 말하는 이가 바라는 삶의 모습을 생각해 보고, 이를 위해 자신이 무엇을 할 수 있을지 써 보자.

예시 답 》 이 시의 말하는 이는 고난이나 슬픔에 빠진 사람에게 위로가 되는 따뜻한 '☐☐☐'과 같은 사람이 되자고 말한다. 지금까지 나는 힘들어하는 친구들을 외면한 적이 많았는데, 이제부터는 그런 친구들의 고민에 귀를 기울이고, 위로와 격려도 할 수 있는 사람이 되어야겠다.

🔖 학습콕

❶ 상징의 개념과 효과

개념	추상적인 관념이나 사상 등을 구체적인 대상으로 표현하는 방법 예 '평화'라는 추상적인 관념을 '비둘기'라는 구체적인 사물로 표현함.
효과	• 작품의 주제를 효과적으로 드러낼 수 있음. • 압축된 표현 속에 여러 가지 의미가 담겨 있어 작품을 다양하고 깊이 있게 해석할 수 있음.

🗂 지식 사전

비유와 상징의 차이점

비유	• 원관념과 보조 관념이 함께 나타남. • 원관념과 보조 관념의 의미 관계가 1 : 1임. • 원관념과 보조 관념 사이의 유사성이 큼.
상징	• 원관념이 겉으로 드러나지 않고 보조 관념만 나타남. • 원관념과 보조 관념의 의미 관계가 다수 : 1임. • 원관념과 보조 관념 사이의 유사성이 적거나 없음.

간단 체크 활동 문제

04 이 시의 '잠 못 든 이'가 잠을 못 드는 이유를 짐작한 내용으로 적절하지 **않은** 것은?

① 걱정거리가 많기 때문에
② 슬픈 사연이 있기 때문에
③ 세상살이가 고달프기 때문에
④ 소외된 이웃을 돌보느라 바쁘기 때문에
⑤ 현실의 어려움으로 고통받고 있기 때문에

05 이 시의 말하는 이가 바라는 삶의 모습으로 가장 적절한 것은?

① 늘 행복하고 평화로운 삶
② 항상 자신의 꿈을 위해 노력하는 삶
③ 돈을 많이 벌어서 여유롭게 생활하는 삶
④ 고난이나 슬픔에 빠지는 불행을 겪지 않는 삶
⑤ 힘들고 어려운 이웃에게 위로와 희망을 주는 삶

적용
① 시에 활용된 상징 알아보기
② 상징을 활용하여 자신이 추구하는 삶의 태도 표현하기

다음 「오우가」는 자연물을 통해 시인이 바라는 삶의 태도를 드러낸 시조이다. 시조에 활용된 상징을 알아보고, 상징을 활용하여 자신이 바라는 삶의 모습을 표현해 보자.

갈래	평시조, 연시조	성격	예찬적, 자연 친화적
운율	외재율(4음보)	제재	물, 바위, 소나무, 대나무, 달
주제	자연의 다섯 벗을 찬양함.		
특징	• 우리말의 아름다움을 잘 담아냄. • 설의법, 대조법, 의인법 등 다양한 표현 방법을 사용함.		

오우가

윤선도

구름 빛이 좋다 하나 검기를 자주 한다.
바람 소리 맑다 하나 그칠 적이 많구나.
좋고도 그칠 때 없기는 물뿐인가 하노라.　　　　　　　　　　－ 제2수

꽃은 무슨 일로 피면서 쉬이 지고
풀은 어이하여 푸른 듯 누러느냐.
아마도 변치 않는 것 바위뿐인가 하노라.　　　　　　　　　　－ 제3수

작은 것이 높이 떠서 만물을 다 비추니
밤중의 광명이 너만 한 이 또 있느냐.
보고도 말 아니하니 내 벗인가 하노라.　　　　　　　　　　－ 제6수

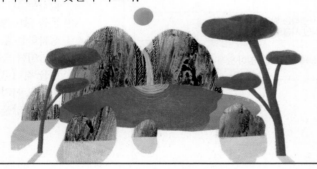

1 이 시조에 제시된 자연물들이 어떤 특징을 지녔는지 살펴보고, 이 자연물들이 각각 어떤 삶의 태도를 상징하는지 추측하여 써 보자.

자연물	특징	상징하는 삶의 태도
제2수 물	• 깨끗하다. • 그칠 때가 없다.	답 • 정직하고 청렴한 태도 • 끊임없이 노력하는 태도

06 이 시조에 대한 설명으로 알맞지 않은 것은?

① 물음의 형식으로 대상의 속성을 강조하고 있다.
② 대상에 대한 말하는 이의 예찬적 태도가 드러나 있다.
③ 사람이 아닌 대상을 사람인 것처럼 친근하게 표현하고 있다.
④ 강렬한 색채 대비를 통해 주제를 인상적으로 드러내고 있다.
⑤ 대비되는 속성을 지닌 자연물을 대조하여 말하고자 하는 바를 드러내고 있다.

07 이 시조의 자연물이 지닌 속성이 바르게 연결되지 않은 것은?

① 바위: 변하지 않는다.
② 달: 온 세상을 다 비춘다.
③ 꽃: 쉽게 변하며 순간적이다.
④ 물: 깨끗하고 그칠 때가 없다.
⑤ 풀: 보고도 말을 하지 않는다.

08 이 시조에서 형식적인 제약으로 글자 수가 고정된 음보를 모두 찾아 쓰시오.

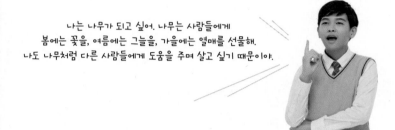제3수 바위	답 • ☐☐☐ 않는다.		• 군건한 태도 • 의연한 태도
제6수 달	답 • 온 ☐☐을 다 비춘다. • 보고도 말을 하지 않는다.	답 • 포용하는 태도 • 과묵한 태도

2 다음의 학생과 같이 자신이 어떠한 삶을 살고 싶은지 상징을 활용하여 표현해 보고, 그렇게 표현한 까닭도 말해 보자.

> 나는 나무가 되고 싶어. 나무는 사람들에게
> 봄에는 꽃을, 여름에는 그늘을, 가을에는 열매를 선물해.
> 나도 나무처럼 다른 사람들에게 도움을 주며 살고 싶기 때문이야.

예시 답〉〉 나는 스마트폰이 되고 싶다. 왜냐하면 스마트폰처럼 다양한 능력을 지닌 사람이 되고 싶기 때문이다.

간단 체크 활동 문제

09 이 시조에 나타난 표현 방법들을 활용하여 '나무'에 대한 생각을 표현한 것으로 알맞지 <u>않</u>은 것은?

① 나무는 나의 벗, 가장 위로가 되는 친구.

② 진정으로 푸르른 것은 나무 뿐이 아닌가.

③ 나무는 꽃과 그늘과 열매와 휴식을 선물한다.

④ 나무는 웃는다. 비가 내려도, 눈이 와도. 나무는 늘 웃는다.

⑤ 물은 끊임없이 흘러 그 자리에 있지 않지만 나무는 늘 같은 자리에 변함없이 서 있다.

활동 마당

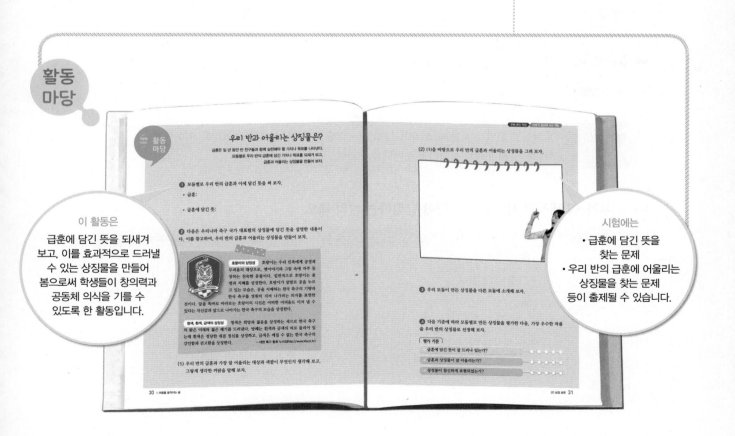

이 활동은

급훈에 담긴 뜻을 되새겨 보고, 이를 효과적으로 드러낼 수 있는 상징물을 만들어 봄으로써 학생들이 창의력과 공동체 의식을 기를 수 있도록 한 활동입니다.

시험에는

• 급훈에 담긴 뜻을 찾는 문제
• 우리 반의 급훈에 어울리는 상징물을 찾는 문제
등이 출제될 수 있습니다.

갈래	자유시, 서정시	성격	상징적, 의지적
운율	내재율	제재	함박눈
주제	이웃과 더불어 따뜻한 삶을 살고 싶은 소망		
특징	• 시인이 지향하는 삶의 태도를 상징을 활용하여 표현함. • 동일한 시구와 청유형 문장을 반복하여 운율을 형성함. • 긍정적 의미의 시어와 부정적 의미의 시어가 대비를 이룸. • 청유형 문장을 사용하여 말하는 이의 의지를 강조하고, 듣는 이의 공감과 동참을 유도함.		

●●「우리가 눈발이라면」의 짜임

1~3행		4~7행		8~12행
'진눈깨비'가 되지 말자는 당부	⇨	'함박눈'이 되어 내리자는 당부	⇨	'잠 못 든 이'의 '편지'와 ❶▢▢', 이 되고 싶은 마음

●● 상징적 의미가 대비되는 시어

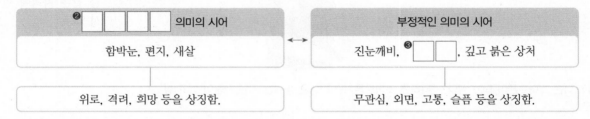

❷▢▢▢▢ 의미의 시어		부정적인 의미의 시어
함박눈, 편지, 새살	↔	진눈깨비, ❸▢▢, 깊고 붉은 상처
위로, 격려, 희망 등을 상징함.		무관심, 외면, 고통, 슬픔 등을 상징함.

→ 긍정적 의미의 시어와 부정적 의미의 시어의 대비를 통해 이웃과 더불어 살고자 하는 바람을 효과적으로 형상화함.

●● 말하는 이가 전하고자 하는 삶의 자세

삶의 현실	'세상이 바람 불고 춥고 어둡다 해도' → 삭막하고 고달픈 현실을 나타냄.

○

말하는 이의 소망	'함박눈', '편지', '새살'이 되자고 말함. → 고달픈 현실 속에서도 어려운 이웃에게 ❹▢▢와 희망을 주는 존재로 살아가자는 바람을 드러냄.

●●「오우가」에 제시된 자연물과 그것이 상징하는 삶의 태도

자연물	특징	상징하는 삶의 태도
물	• ❺▢▢▢▢. • 그칠 때가 없다.	• 정직하고 청렴한 태도 • 끊임없이 노력하는 태도
바위	• ❻▢▢▢▢▢▢.	• 굳건한 태도 • 의연한 태도
달	• 온 세상을 다 비춘다. • 보고도 말을 하지 않는다.	• 포용하는 태도 • ❼▢▢▢ 태도

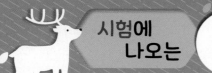

01~05 다음 시를 읽고, 물음에 답하시오.

가 우리가 눈발이라면
　　허공에서 쭈빗쭈빗 흩날리는
　　진눈깨비는 되지 말자
　　세상이 바람 불고 춥고 어둡다 해도
　　사람이 사는 마을
　　가장 낮은 곳으로
　　따뜻한 함박눈이 되어 내리자
　　우리가 눈발이라면
　　잠 못 든 이의 창문가에서는
　　편지가 되고
　　그이의 깊고 붉은 상처 위에 돋는
　　새살이 되자

나 ㉠구름 빛이 좋다 하나 검기를 자주 한다.
　　㉡바람 소리 맑다 하나 그칠 적이 많구나.
　　좋고도 그칠 때 없기는 ⓐ물뿐인가 하노라. – 제2수

　　㉢꽃은 무슨 일로 피면서 쉬이 지고
　　㉣풀은 어이하여 푸른 듯 누르느냐.
　　아마도 변치 않는 것 ⓑ바위뿐인가 하노라. – 제3수

　　㉤작은 것이 높이 떠서 만물을 다 비추니
　　밤중의 광명이 너만 한 이 또 있느냐.
　　보고도 말 아니하니 내 벗인가 하노라. – 제6수

01 (가)와 (나)의 표현상의 공통점으로 알맞은 것은?
　　　　　　　　　　　　　　　　　　　　　　(정답 2개)
① 표현하려는 대상과 그것을 빗댄 대상이 겉으로 드러난다.
② 청유형 문장을 활용하여 듣는 이의 동참을 유도하고 있다.
③ 음보나 글자 수 등을 규칙적으로 반복하여 운율을 형성하고 있다.
④ 상반된 의미를 지닌 시어를 대비하여 주제를 효과적으로 드러내고 있다.
⑤ 상징적 시어를 사용하여 말하는 이가 소망하는 삶의 자세를 드러내고 있다.

02 (가)의 말하는 이가 추구하는 삶의 태도를 보이는 사람은?
① 자신의 꿈을 이루기 위해 노력하는 '윤서'
② 친구의 고민을 들어주고 친구를 위로하는 '지영'
③ 아파트 주민들의 불편 사항을 시청에 신고하는 '승우'
④ 주변 사람들에게 피해를 주지 않으려고 노력하는 '민준'
⑤ 갖고 싶은 물건을 사기 위해 아르바이트를 열심히 하는 '정희'

서술형 　★학습 활동 응용

03 (가)에 사용된 시어의 상징적 의미를 다음과 같이 정리할 때, 빈칸에 들어갈 내용을 쓰시오.

진눈깨비		함박눈
어려운 이웃에게 무관심한 사람	↔	

04 ㉠~㉤ 중, (나)의 말하는 이가 바라보는 태도가 다른 하나는?
① ㉠　② ㉡　③ ㉢　④ ㉣　⑤ ㉤

★학습 활동 응용

05 ⓐ와 ⓑ에 담긴 삶의 태도로 알맞지 않은 것은?
① ⓐ: 정직한 태도
② ⓐ: 청렴한 태도
③ ⓐ: 늘 노력하는 태도
④ ⓑ: 남을 포용하는 태도
⑤ ⓑ: 굳건하고 의연한 태도

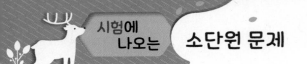

[06~10] 다음 시를 읽고, 물음에 답하시오.

가 구름 빛이 좋다 하나 검기를 자주 한다.
　바람 소리 맑다 하나 그칠 적이 많구나.
　좋고도 그칠 때 없기는 ⓐ물뿐인가 하노라.　　　– 제2수

　꽃은 무슨 일로 피면서 쉬이 지고
　풀은 어이하여 푸른 듯 누르느냐.
　아마도 변치 않는 것 ⓑ바위뿐인가 하노라.　　– 제3수

　작은 것이 높이 떠서 ⓒ만물을 다 비추니
　밤중의 광명이 너만 한 이 또 있느냐.
　보고도 말 아니하니 내 벗인가 하노라.　　　– 제6수

나 우리가 눈발이라면
　허공에서 쭈빗쭈빗 흩날리는
　㉠진눈깨비는 되지 말자
　세상이 바람 불고 춥고 어둡다 해도
　사람이 사는 마을
　가장 낮은 곳으로
　따뜻한 함박눈이 되어 내리자
　우리가 눈발이라면
　잠 못 든 이의 창문가에서는
　ⓓ편지가 되고
　그이의 깊고 붉은 상처 위에 돋는
　ⓔ새살이 되자

06 **(가)의 갈래상 특징으로 알맞지 않은 것은?**
① 3음보의 민요적 율격을 지닌다.
② 일반적으로 3장 6구의 형태를 보인다.
③ 고려 중기에 발생하여 지금까지도 창작된다.
④ 평시조, 엇시조, 사설시조, 연시조로 나눌 수 있다.
⑤ 한 음보의 글자 수는 3(4)·4조가 기본이나 한두 글자 정도 더하거나 뺄 수 있다.

07 **(가)의 제2수를 〈보기〉와 같이 정리할 때, ㄱ과 ㄴ에 들어갈 내용으로 적절한 것은?**

┌ 보기 ┐

자연물	속성
구름, 바람	ㄱ
물	ㄴ

	ㄱ	ㄴ
①	탁하다.	맑다.
②	영원하다.	깨끗하다.
③	깨끗하다.	순간적이다.
④	쉽게 변한다.	영원하다.
⑤	쉽게 변하지 않는다.	쉽게 변한다.

08 **다음 중 (나)의 '잠 못 든 이'로 볼 수 없는 사람은?**
① 가족 없이 혼자 살아가는 김 할아버지
② 시합 중 부상을 입고 운동을 포기한 친구
③ 많은 경험을 쌓기 위해 여행을 즐기는 청년
④ 부모님을 잃고 동생과 둘이 살고 있는 친구
⑤ 사업에 실패하고 고통받고 있는 동네 아저씨

★ 학습 활동 응용

09 **(나)의 말하는 이가 ㉠과 같이 말한 이유로 가장 적절한 것은?**
① '진눈깨비'는 현실적으로 아무런 이익이 되지 않기 때문이다.
② '진눈깨비'는 '함박눈'이 가지고 있는 가치를 훼손하기 때문이다.
③ '진눈깨비'가 말하는 이에게 좋지 않은 기억으로 남아 있기 때문이다.
④ '진눈깨비'는 자신의 욕심을 채우기 위해 주변을 괴롭히는 존재이기 때문이다.
⑤ '진눈깨비'는 사람이 사는 마을까지 내려오지 않고 공중에서 머뭇거리며 흩날리기 때문이다.

10 **ⓐ~ⓔ 중, 성격이 다른 하나는?**
① ⓐ　　② ⓑ　　③ ⓒ　　④ ⓓ　　⑤ ⓔ

[3] 자료 찾으며 책 읽기

● 정답과 해설 05쪽

학습 목표 도서관이나 인터넷에서 자료를 찾아 참고하면서 글을 읽을 수 있다.

즐겁게 책 읽기 모둠별로 책을 선정하여 읽고, 책 읽기 경험을 나눌 수 있다.

학습 포인트
❶ 책을 선정하는 방법   ❷ 책을 선정하는 기준
❸ 책 읽기 계획 수립하기

1단계 책 선정하기

모둠 구성원과 함께 읽을 책을 다양한 방법으로 고르고, 고른 책을 어떻게 읽을지 계획을 세운다.

(1) 다음 대화를 참고하여 모둠별로 함께 읽을 책의 분야를 정하고, 그렇게 정한 까닭을 써 보자.

얼마 전에 환경 관련 다큐멘터리를 봤는데, 도시의 밤하늘에서 별을 보기 힘든 까닭이 지나친 조명 때문이래. 조명이 환경에 그렇게 큰 영향을 미치는지 전혀 몰랐어.

그렇구나. 나도 그것과 비슷한 기사를 읽은 적이 있어. 우리가 일상생활에서 별생각 없이 사용했던 것들이 환경에 좋지 않은 영향을 주고 있더라. 환경을 지키려면 막연하게 생각만 하는 게 아니라 실천하는 것이 더 중요할 것 같아. 그럼, 우리 환경 문제와 관련된 분야의 책을 함께 읽는 건 어떨까? 그 분야를 잘 알아야 어떻게 실천할지 생각해 볼 수 있을 테니까.

예시 답 》

> **우리 모둠에서 읽고 싶은 책의 분야:** 청소년 성장 소설

> **그렇게 정한 까닭:** 청소년이 주인공으로 등장하는 성장 소설이 잘 읽히고 공감도 잘되기 때문이다.

간단 체크 활동 문제

O1 이 대화의 중심 화제로 알맞은 것은?

① 독서의 목적
② 조명을 설치해야 하는 까닭
③ 모둠에서 함께 읽을 책의 분야
④ 환경을 지키기 위한 노력과 방법
⑤ 우리 주변에서 볼 수 있는 환경 문제

O2 (1)의 두 학생이 나눈 대화를 통해 알 수 있는 내용이 <u>아닌</u> 것은?

① 조명은 환경에 큰 영향을 미친다.
② 여학생은 장래에 환경 운동가가 되고 싶어 한다.
③ 밤하늘의 별을 보기 힘든 까닭은 지나친 조명 때문이다.
④ 남학생은 환경 문제와 관련된 분야의 책을 읽자고 제안하고 있다.
⑤ 환경을 지키려면 막연하게 생각만 하는 것보다는 실천하는 것이 더 중요하다.

[3] 자료 찾으며 책 읽기

(2) 다음 대화를 참고하여 책을 어떻게 고를지 생각해 보고, 모둠 구성원과 역할을 분담해 보자.

> 준서 우리가 국어 시간에 환경에 관한 책을 읽기로 했잖아. 책을 어떻게 고를까?
>
> 정우 나는 서점에 가 볼게. 책의 차례와 내용을 직접 훑어볼 수 있으니 고르기 쉬울 것 같아.
>
> 나라 난 우리 학교 도서관에 가서 찾아볼게.
>
> 준서 그래? 나랑 같이 가자. 나는 사서 선생님께 책 추천을 부탁드려야겠어.
>
> 지민 그럼, 나는 어떻게 고르지?
>
> 정우 지민이는 인터넷으로 검색해 보는 게 어때? 새로운 책을 소개해 주는 신문 기사나 독자들이 블로그에 올린 서평을 찾아보는 것도 좋아.
>
> 지민 알았어. 이렇게 분담하면 우리가 읽을 책을 다양하게 찾아볼 수 있겠다.

예시 답 〉〉

〈○○○ 모둠의 역할 분담〉

기주	도서관에 가서 청소년 문학 쪽을 찾아본다.
보영	국어 선생님께 성장 소설 추천을 부탁드린다.
서우	인터넷 서점에서 청소년 소설로 검색해 본다.
종호	책을 많이 읽는 친구들에게 감명 깊게 읽었던 성장 소설을 추천해 달라고 부탁한다.

(3) 자신이 고른 책의 제목과 그 책을 고른 방법 및 까닭을 정리해 보자.

예시 답 〉〉

> 책의 제목: 이옥수, 『파라나』
>
> 책을 고른 방법: 인터넷 서점에서 청소년 소설로 검색해 봄.
>
> 이 책을 고른 까닭: '마음이 푸르러서 언제나 싱싱한 기운을 느끼게 하는 아이'라는 뜻을 지닌 책의 제목부터 눈길을 끌었다. "타인이 만든 '착한 학생'이라는 이름표를 떼고 진정으로 자기 이름을 찾아가는 청춘들의 이야기"라는 출판사의 책 소개 글귀를 보고, 책의 내용에 흥미가 생겼다.

(4) 다음 대화를 참고하여 모둠에서 함께 읽을 책을 선정하는 기준을 마련해 보자.

> **정우** ▸ 나는 서점에서 『고릴라는 핸드폰을 미워해』라는 책을 찾았어. 처음에는 제목이 흥미로워서 집어 들었는데, 차례를 보니 '빛 공해'뿐만 아니라 다양한 환경 문제를 자세히 다루고 있더라고.
>
> **지민** ▸ 나는 환경 전문가의 블로그에서 『지역 정치생태학: 환경−개발의 비판적 검토와 공동체 대안』이라는 책의 서평을 읽어 보았는데 환경에 대한 전문적인 내용이 잘 담겨 있는 것 같아. 이 책은 어떨까?
>
> **나라** ▸ 나도 그 블로그에서 서평을 읽어 봤는데, 어려운 낱말과 개념이 너무 많더라. 이 책은 우리에게 좀 어려울 것 같아.
>
> **준서** ▸ 나는 사서 선생님께 『내 머릿속에선 무슨 일이 벌어지고 있을까』라는 책을 추천받았어. 이 책 재미있을 것 같지 않니?
>
> **지민** ▸ 음……, 재미있을 것 같긴 해. 그런데 그 책은 우리가 찾기로 한 환경 분야가 아니잖아.
>
> **정우** ▸ 맞아. 우리는 환경 문제와 관련해 실천 방향까지 나온 책을 찾기로 했잖아.
>
> **나라** ▸ 그럼 정우가 골라 온 책으로 정하는 게 어때?
>
> **모두** ▸ 좋아!

예시 답 ≫

책 선정 기준

1. 어려운 낱말이 너무 많이 사용되지 않은 책을 고른다.

2. 앞서 정한 분야에 해당하는 책을 고른다.

3. 분량이 200쪽이 넘지 않는 책을 고른다.

06 (4)의 대화에서 학생들이 책을 선정하는 과정으로 알맞지 **않은** 것은?

① '준서'는 사서 선생님께 추천을 받아 책을 골랐다.
② '지민'은 환경 전문가의 블로그에서 책의 서평을 읽고 책을 골랐다.
③ '정우'는 서점에 가서 다양한 환경 문제를 다루고 있는 책을 골랐다.
④ '나라'는 '지민'이 추천한 책이 모둠의 관심 분야에서 벗어나 있는 점을 지적하였다.
⑤ '지민'은 '준서'가 고른 책이 모둠에서 읽기로 한 분야의 책이 아니라는 점을 지적하였다.

07 다음 중 읽을 책을 선정할 때, 고려할 점이 **아닌** 것은?

① 흥미를 유발하는가.
② 읽기 수준에 맞는가.
③ 분량이 충분히 많은가.
④ 관심 분야에 해당하는가.
⑤ 읽기 목적에 부합하는가.

〔3〕 자료 찾으며 책 읽기

(5) (4)에서 마련한 기준에 따라 모둠에서 함께 읽을 책을 선정해 보자.

예시 답 >>

제목	파라나		
저자	이옥수	**출판사**	비룡소
이 책을 선정한 까닭	• 우리 모둠은 성장 소설을 읽기로 했는데 이 책이 청소년의 성장을 다룬 소설이기 때문이다. • '마음이 푸르러서 언제나 싱싱한 기운을 느끼는 아이'라는 뜻을 지닌 제목이 흥미로웠고 줄거리가 재미있었기 때문이다. • 어려운 낱말이 없고 내용이 우리의 수준에 맞아 술술 읽힐 것 같았기 때문이다.		

(6) 모둠 구성원과 함께 선정한 책을 어떻게 읽을 것인지 구체적인 계획을 세우고, 아래와 같이 써 보자.

> 예 우리 모둠은 두 주일 동안 하루에 열 쪽씩 읽고, 매주 월요일에 읽은 쪽수와 내용을 서로 확인한다.

> 예시 답 >> 우리 모둠은 총 다섯 부로 구성된 내용을 일주일에 한 부씩 5주 동안 읽고, 매주 월요일마다 지난주에 읽은 내용을 함께 이야기한다.

학습콕

❶ 책을 선정하는 방법
- 서점이나 ☐☐☐에 가서 직접 책을 찾아본다.
- 주변 사람들에게 추천을 받는다.
- 인터넷으로, 책을 소개해 주는 신문 기사나 독자들이 블로그에 올린 서평을 검색해 본다.

❷ 책을 선정하는 기준
- ☐☐ 분야, 읽기 수준, 읽기 목적, 흥미 등의 기준을 고려하여 선정한다.

❸ 책 읽기 계획 수립하기
- 책의 전체 쪽수를 확인하고, 친구들의 상황과 읽기 속도를 고려해서 책 읽기 계획을 세운다.

간단 체크 활동 문제

08 읽을 책을 선정할 때, 학생들의 관심을 고려해야 하는 이유로 알맞지 <u>않은</u> 것은?

① 책의 내용을 쉽게 외울 수 있어서
② 흥미를 유지하며 책을 읽을 수 있어서
③ 책 읽기 자체를 즐기는 습관을 기를 수 있어서
④ 관심 분야가 아닌 책을 읽으면 내용에 공감하기 어려워서
⑤ 책 읽기가 지루한 것이라는 선입견이 생기는 것을 방지할 수 있어서

09 모둠 구성원과 함께 책을 읽기 위한 계획을 세울 때, 고려해야 할 점이 <u>아닌</u> 것은?

① 모임 횟수
② 책의 전체 쪽수
③ 책을 읽을 기간
④ 책을 읽는 속도
⑤ 읽을 책을 선정한 날짜

학습 포인트
❶ 독서 일지에 들어갈 항목　　　❷ 자료를 찾으며 책을 읽는 방법

간단 체크 활 동 문제

2
단계　자료 찾으며 책 읽기

책을 읽을 때에는 그날그날 읽은 부분에 대한 일지를 작성하여 낯선 낱말이나 모르는 개념, 더 알고 싶은 내용을 정리해 둔다. 이 일지를 바탕으로, 낯선 낱말이나 모르는 개념에 관한 자료를 도서관이나 인터넷에서 찾아본다.

(1) '정우'가 쓴 일지를 참고하여, 일지를 쓰면서 책을 읽어 보자.

책 제목	고릴라는 핸드폰을 미워해	
회 차	읽은 날짜	쪽수
1회	20○○년 ○○월 ○○일	○○~○○쪽
인상적인 부분(문장, 장면)과 그 까닭	• 인상적인 부분: ○○쪽 　어둠이 짙어질수록 다시 밝아 오는 새벽이 반갑고 귀한 법이다. 그러나 도시의 밤은 더 이상 칠흑 같은 어둠이 아니다. 온갖 조명과 네온등, 가로등 빛으로 눈이 부시다. 인공 불빛 때문에 벌겋게 달아오른 도시의 밤하늘은 빛 공해의 피해를 입고 있었다. 이렇게 도시는 어두운 밤을 잃어버렸다. • 까닭: 어두운 밤을 밝히는 조명이 좋은 줄만 알았는데, 글쓴이는 밤 조명을 오히려 공해로 보고 있어서 인상적이었다.	
낯선 낱말이나 모르는 개념, 더 알고 싶은 내용	• 낯선 용어: 불야성, 럭스(lux), 휴면 • 더 알고 싶은 내용: 인공조명과 관련된 전문가들의 의견, 빛 공해와 관련된 법	
새롭게 알게 된 것과 느낀 점	매미는 원래 낮에만 울고 밤이 되면 울지 않는다고 한다. 그런데 도시에서는 가로등, 자동차 전조등, 밤거리의 간판, 네온등의 불빛 때문에 매미가 밤을 낮으로 착각하여 밤에도 울어 댄다는 것을 새롭게 알게 되었다. 나는 밤에도 울어 대는 매미 때문에 잠을 못 자겠다며 매미를 원망했는데, 탓해야 할 대상은 매미가 아니라 우리 인간이었다.	
읽은 내용을 한 문장으로 요약하기	도시의 빛 공해는 곤충과 식물 모두에게 피해를 준다.	

중요
10 다음은 자료를 찾으며 책을 읽는 방법이다. 빈칸에 들어갈 알맞은 말을 두 글자로 쓰시오.

> 책을 읽을 때에는 그날그날 읽은 부분에 대한 (　　　)를 작성하여 낯선 낱말이나 모르는 개념, 더 알고 싶은 내용을 정리해 두는 것이 좋다.

11 '정우'가 쓴 일지의 내용으로 알맞지 <u>않은</u> 것은?
① 불야성, 럭스, 휴면 등의 용어가 낯설었다.
② 매미는 원래 밤에도 우는 곤충임을 새롭게 알게 되었다.
③ 인공조명과 관련된 전문가들의 의견을 더 알고 싶어 했다.
④ 밤 조명을 오히려 공해로 설명하는 책 내용이 인상적이었다.
⑤ 책을 통해 도시의 빛 공해가 곤충과 식물 모두에게 피해를 주고 있음을 깨닫게 되었다.

[3] 자료 찾으며 책 읽기

책 제목	파라나	
회 차	읽은 날짜	쪽수
3회	20○○년 ○○월 ○○일	○○○~○○○쪽

인상적인 부분(문장, 장면)과 그 까닭	• 인상적인 부분: 142쪽 – 사실 그날 밤, 정호는 효은에게 얻어맞고 처음에는 이를 갈았다. 죽이고 싶었다. 옆구리에 피멍이 든 것보다 더 아픈 것은 마음이었다. 세상에 태어나서 그렇게 강한 돌직구로 가슴 한복판을 타격당한 적은 없었다. 그런데 가슴에서 차오른 물방울이 심장을 훑고 머리로 올라갈 때쯤, 속이 툭툭 처지더니 알 수 없는 통렬함에 가슴이 열리는 것 같았다. • 까닭: 장애가 있는 부모님이 학교에 와서 부모님의 상황이 알려지게 되자 기분이 좋지 않은 정호는, 효은이와 한바탕 몸싸움을 벌이다가 효은이에게 맞으면서 한 소리를 듣게 된다. 그동안 안티 카페라는 곳에 빠져 지냈던 정호는 그제야 자신의 마음을 들여다볼 수 있었던 것 같다. 이 구절은 그러한 정호의 심리가 잘 드러난 것 같아 인상적이었다.
낯선 낱말이나 모르는 개념, 더 알고 싶은 내용	• 낯선 용어: 통렬, 안티 카페 • 더 알고 싶은 내용: 안티 카페와 유사한 사회적 문제가 있을까?
새롭게 알게 된 것과 느낀 점	쓴소리가 간혹 약이 될 수 있다는 것을 알게 되었다.
읽은 내용을 한 문장으로 요약하기	정호는 효은이 덕분에 자신의 아픈 마음을 들여다볼 수 있었다.

독서 일지를 작성할 때의 장점
• 독후감이나 서평을 쓸 때 도움이 된다.
• 책의 내용을 오래 기억할 수 있다.
• 다양한 자료를 찾으며 책을 읽는 데 도움이 된다.

간단 체크 활동 문제

12 책을 읽은 후 일지에 써야 할 항목으로 거리가 <u>먼</u> 것은?

① 인상적인 부분
② 책의 크기와 가격
③ 더 알고 싶은 내용
④ 새롭게 알게 된 점
⑤ 책을 읽고 느낀 점

13 책을 읽은 후 일지를 작성할 때의 장점으로 알맞은 것은? (정답 2개)

① 책을 더 빨리 읽을 수 있다.
② 책의 내용을 오래 기억할 수 있다.
③ 여러 권의 책을 동시에 읽을 수 있다.
④ 독후감이나 서평을 쓸 때 도움이 될 수 있다.
⑤ 낯선 낱말이나 모르는 개념을 미리 알고 책을 읽을 수 있다.

(2) 다음은 '정우'네 모둠이 책을 읽으면서 찾은 자료이다. 이를 참고하여, 자료를 찾으며 책의 내용을 더 깊이 이해해 보자.

'불야성'이라는 낱말의 뜻 잘 몰라서 사전을 찾아보았어.

● 불야ー성(不夜城)

「명사」 등불 따위가 휘황하게 켜 있어 밤에도 대낮같이 밝은 곳을 이르는 말. 밤에도 해가 떠 있어 밝았다고 하는 중국 동래군(東萊郡) 불야현(不夜縣)에 있었다는 성(城)에서 유래한다. 『한서지리지(漢書地理志)』에 나오는 말이다.

－ 국립 국어원, 『표준 국어 대사전』

도서관에서 빛 공해를 다룬 영상물도 찾아보았어.

존영 정신과 수면 전문의
환한 빛이 뇌의 호르몬 분비를 방해해서 수면 장애를 일으킵니다.

01:09 01:40   480P

－ 엠비시(MBC), 『뉴스데스크』, 2016. 6. 26.

대한의사협회 환경건강분과위원회
잠들지 못하는 도시
과도한 빛 노출이 우리 몸을 망친다.

목차
• 생활의 필수 동반자 인공조명, 하지만 너무 과하면?
• 과도한 인공조명 노출, 인간의 건강을 해친다
• 빛의 어떤 속성이 인체에 영향을 미칠까?
• 빛 올바로 사용하기

사례 1)
얼마 전 일 층으로 이사한 김 모 씨는 밤에 쉽게 잠들지 못하고 있다. 잠자리에 든 후에도 창문 밖에서 새어 들어오는 빛 때문에 침실이 너무 밝기 때문이다. 잠을 청하는 도중에 수시로 자동차 전조등이 침실 안으로 새어 들어와 잠을 깰 때도 많다. 이 때문에 김 모 씨는 다음 날 낮 동안에 피로감을 느끼고 급기야 소화 장애까지 생겼다.

인공조명이 인간에게 미치는 영향을 더 알아보고 싶어서 인터넷에서 검색해 보았어.

－ 『인터넷 의협신문』 누리집(http://www.doctorsnews.co.kr)

예시 답》 생략

간단 체크 활동 문제

14 다음 중 '정우'네 모둠에서 찾은 자료끼리 바르게 묶은 것은?

ㄱ. '불야성'이라는 낱말의 사전적 의미
ㄴ. '빛 공해'를 다룬 텔레비전 뉴스 영상물
ㄷ. 인공조명과 인간의 관계를 알 수 있는 블로그 게시물
ㄹ. 인공조명 피해의 구체적 사례를 알 수 있는 인터넷 누리집

① ㄱ, ㄴ　　② ㄴ, ㄷ
③ ㄷ, ㄹ　　④ ㄱ, ㄴ, ㄹ
⑤ ㄱ, ㄷ, ㄹ

15 (2)와 같이 자료를 찾으며 책을 읽었을 때의 장점으로 알맞은 것은?

① 책의 결말을 알 수 있다.
② 책의 내용을 모두 외울 수 있다.
③ 책을 읽는 속도를 빠르게 할 수 있다.
④ 책의 내용을 더 깊이 이해할 수 있다.
⑤ 책을 다 읽지 않아도 내용을 알 수 있다.

(3) 우리 모둠에서 찾은 자료를 모아 보자.

> • 낯선 낱말이나 모르는 개념, 잘 이해되지 않는 내용과 관련된 자료
>
> 예시 답 >>
>
> 1. '안티(anti)': 어떤 인물이나 집단에 거부감을 보이며 반대 의사를 표하는 무리.
>
> 2. 안티 카페의 개념: 특정 유명인을 싫어하는 안티팬들이 온라인상에 만든 모임.
>
>   – 우리말 샘(http://opendict.korean.go.kr)
>
> • 더 알고 싶은 내용과 관련된 자료
>
> 예시 답 >>
>
> • 사이버 불링(Cyber bullying)
>
>   '사이버 불링'이란 온라인상에서 특정인을 집요하게 괴롭히는 행동 또는 그러한 현상을 일컫는다. 즉, 누리소통망(SNS)이나 휴대 전화의 문자 메시지 등을 이용해 상대를 지속적으로 괴롭히는 행위를 일컫는다. 단체 온라인 대화방에 피해 대상을 초대한 후 단체로 욕설을 퍼붓거나 피해 대상이 원하지 않는데도 온라인 대화방에서 이탈하지 못하도록 온라인 대화방에서 나간 피해 대상을 끊임없이 초대하기도 한다. 또한 온라인 대화방에 피해 대상을 초대한 뒤 피해 대상 혼자 남도록 모두 나가 버리는 등의 다양한 형태로 상대를 괴롭힌다.
>
>   한편, 사이버 불링의 행위가 더 확대되면 인터넷 게시판에 피해 상대에 대한 허위 사실을 유포하거나 불법·음란 사이트에 피해 상대의 신상 정보를 노출하기도 한다. 이렇게 온라인상에 한번 올라온 욕설과 비방은 수많은 사람들이 동시에 보고 퍼 나르기 때문에 완전히 삭제하는 것이 어려우며, 또 짧은 시간에 광범위하게 확산되는 등 심각한 사회 문제를 불러일으킬 수 있다.
>
>   – 네이버 지식 백과(http://terms.naver.com)

학습콕

❶ 독서 일지에 들어갈 항목
- 책의 ⬜⬜, 회 차, 읽은 날짜, 읽은 쪽수
- 인상적인 부분(문장, 장면)과 그 까닭
- 낯선 낱말이나 모르는 ⬜⬜, 더 알고 싶은 내용
- 새롭게 알게 된 것과 느낀 점
- 읽은 내용을 요약한 문장

❷ 자료를 찾으며 책을 읽는 방법

책을 읽으며 그날그날 읽은 부분에 대한 일지를 작성함.	➡ 낯선 낱말, 모르는 개념, 더 알고 싶은 내용을 정리해 둠.	➡ 일지를 바탕으로, 낯선 낱말이나 모르는 개념, 더 알고 싶은 내용에 관한 자료를 도서관이나 인터넷 등에서 찾아보며 책을 읽음.

간단 체크 활동 문제

16 (3)에서 모둠이 자료를 찾은 곳으로 알맞은 것은?

① 사전
② 도서관
③ 텔레비전
④ 신문 기사
⑤ 인터넷 사이트

17 (3)에서 더 알고 싶은 내용과 관련하여 찾은 내용으로 알맞지 **않은** 것은?

① '사이버 불링'은 쉽게 발견하여 완전히 삭제할 수 있다.
② '사이버 불링'은 피해 상대의 신상 정보를 노출하기도 한다.
③ '사이버 불링'은 온라인상에서 특정인을 집요하게 괴롭히는 행동이다.
④ '사이버 불링'의 행위가 더 확대되면 피해 상대에 대한 허위 사실이 유포되기도 한다.
⑤ '사이버 불링'은 수많은 사람들이 동시에 보고 퍼 나르기 때문에 짧은 시간에 광범위하게 확산된다.

학습 포인트

❶ 책 읽기 경험을 나누는 방법
❷ 책 읽기 경험을 나누었을 때의 장점

3단계 책 읽기 경험 나누기

책을 모두 읽은 후 다음 질문에 답해 보고, 질문에 대한 답을 모둠 구성원과 공유한다.

(1) 이 책의 제목이나 표지를 처음 본 느낌, 책을 고른 뒤의 생각이나 감정을 솔직하게 써 보자.

예시 답》 『파라나』라는 낯선 제목에 마음이 끌렸고, 파란색 표지에 아이가 둥둥 떠 있는 듯한 모습도 인상적이었다. 표지에 담긴 뜻이 궁금해서 책을 빨리 읽고 싶었다.

(2) 책의 내용 중 가장 인상적인 부분을 옮겨 쓰고, 그 까닭을 말해 보자.

예시 답》 • 가장 인상적인 부분: 정호는 어머니를 밀어내고 문을 잠갔다. 누가 '가족은 아름다운 희생으로 이루어진 공동체'라고 했을까요? 이봐요, 천지 만물을 창조했다는 거기 계신 디따 높으신 분, 가족이란 이름으로 묶어 줬으면 적어도 독심술 정도는 장착해서 보내야 하는 것 아닙니까? 그래야 서로 마음을 들여다보고 가족이라는 이름으로 말도 안 되는 피해를 주진 않잖아요. 정호는 애꿎은 천장을 노려보며 중얼거렸다.
• 그 까닭: 자신의 마음을 몰라주는 어머니에 대한 심정을 드러낸 부분에 강하게 공감했기 때문이다.

(3) 이 책에서 글쓴이가 말하고자 하는 바가 무엇인지 말해 보자.

예시 답》 상대가 받아들일 준비가 되었을 때 행해지는 배려가 진정한 배려이다. / 거짓 없이 정직하게 자신을 드러내고 당당하게 세상을 향해 나서자.

(4) 책을 읽은 후 알게 된 점과 느낀 점을 써 보자.

책을 읽은 후에 내 생각이 바뀐 것이 있다면 함께 써 보자.

예시 답》 다른 사람에게 착한 아이로 보이는 것이 결코 좋은 일만은 아니라는 것을 알게 되었다. 주인공은 외부로부터 자신에게 부여된 이미지를 벗고 자기의 진정한 이름을 다시 얻고자 했는데, 이렇게 정직하게 자신을 드러내고 세상에 당당히 나서고자 하는 주인공이 멋져 보였다. 다른 사람들의 시선에 얽매여 살았던 그동안의 내 모습을 다시 생각해 보게 되었고, 나도 주인공처럼 당당해져야겠다는 생각이 들었다.

---

18 책을 읽은 후 책 읽기 경험을 나누기 위해 준비한 질문으로 적절하지 <u>않은</u> 것은?

① 책을 구입한 경로는?
② 책의 제목이나 표지를 본 느낌은?
③ 책의 내용 중 가장 인상적인 부분은?
④ 책에서 글쓴이가 말하고자 하는 바는?
⑤ 책을 읽은 후 알게 된 점과 느낀 점은?

19 책을 읽은 후 책 읽기 경험을 나누었을 때의 장점으로 알맞지 <u>않은</u> 것은?

① 책 읽기를 더욱더 즐겁게 느낄 수 있다.
② 책의 내용을 바라보는 관점을 하나로 모을 수 있다.
③ 친구들과 책에 대해 이야기하며 감상의 폭을 넓힐 수 있다.
④ 자신의 읽기를 되돌아보며 책의 내용을 더 깊이 이해할 수 있다.
⑤ 혼자 읽을 때는 이해하지 못했던 점을 대화를 통해 깨달을 수 있다.

(5) 모둠 구성원과 함께 책을 읽으면서 어떤 점이 좋았는지 말해 보자.

예시 답》 모둠 구성원과 함께 책을 읽기 전까지만 해도 나는 어떤 책을, 어떻게 읽어야 할지 몰라서 책을 잘 읽지 않았다. 그런데 이번에 모둠 구성원과 함께 책을 읽으면서 어떤 책을 어떻게 골라야 하는지, 읽기 계획은 어떻게 세워야 하는지 알 수 있었다. 그 덕분에 앞으로 책 읽는 것이 좀 더 재미있을 것 같다.

(6) 앞의 질문에 없는 내용 중 자신이 쓰고 싶은 내용이 있다면 자유롭게 써 보자.

예시 답》 다양한 자료를 참고하면서 책을 읽으니, 책의 내용을 더 깊이 있게 이해할 수 있었다. 앞으로도 책을 읽을 때 모르는 내용이 나온다면 그 부분을 잘 정리해 두었다가 꼭 알아보아야겠다는 생각이 들었다.

20 모둠 구성원과 함께 책을 읽을 때, ㄱ~ㅁ을 책 읽기 과정에 맞게 순서대로 나열하시오.

> ㄱ. 책 읽기 계획 세우기
> ㄴ. 책 읽기 경험 나누기
> ㄷ. 자료 찾으며 책 읽기
> ㄹ. 읽을 책의 분야 정하기
> ㅁ. 책 선정 기준에 따라 읽을 책 선정하기

학습콕

❶ **책 읽기 경험을 나누는 방법**
책을 읽은 후에 알게 된 점이나 ☐☐☐ 등을 모둠 구성원과 공유한다.

❷ **책 읽기 경험을 나누었을 때의 장점**
• 혼자 읽을 때는 이해하지 못했거나, 생각하지 못했던 점을 깨달을 수 있다.
• 서로 다른 감상을 주고받으며 감상의 폭을 넓힐 수 있다.
• 한 방향으로 편중되기 쉬운 읽기를 바로잡을 수 있다.
• 자신의 생각을 되돌아보며 내용을 더 깊이 이해할 수 있다.
• 책 읽기의 즐거움을 느낄 수 있다.

활동 마당

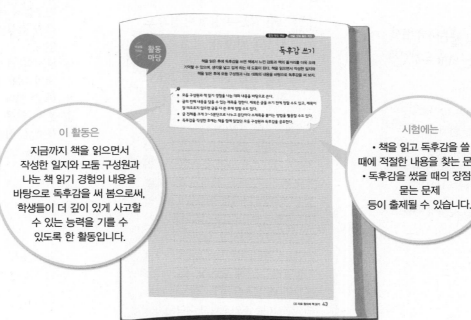

이 활동은
지금까지 책을 읽으면서 작성한 일지와 모둠 구성원과 나눈 책 읽기 경험의 내용을 바탕으로 독후감을 써 봄으로써, 학생들이 더 깊이 있게 사고할 수 있는 능력을 기를 수 있도록 한 활동입니다.

시험에는
• 책을 읽고 독후감을 쓸 때에 적절한 내용을 찾는 문제
• 독후감을 썼을 때의 장점을 묻는 문제
등이 출제될 수 있습니다.

●● 책을 선정하는 방법과 기준

책을 선정하는 방법	• ❶ □□ 이나 도서관에서 직접 책을 찾아봄. • 주변 사람들에게 추천을 받음. • ❷ □□□ 으로, 책을 소개해 주는 신문 기사나 독자들이 블로그에 올린 서평을 검색해 봄.
책을 선정하는 기준	관심 분야, 읽기 수준, 읽기 목적, 흥미 등의 기준을 고려하여 선정함.

●● 독서 일지에 들어갈 항목과 독서 일지를 작성할 때의 장점

독서 일지에 들어갈 항목	• 책의 제목, 회 차, 읽은 날짜, 읽은 쪽수 • 인상적인 부분(문장, 장면)과 그 까닭 • 낯선 낱말이나 모르는 개념, 더 알고 싶은 내용 • 새롭게 알게 된 것과 느낀 점 • 읽은 내용을 요약한 문장
독서 일지를 작성할 때의 장점	• 독후감이나 서평을 쓸 때 도움이 됨. • 책의 내용을 오래 ❸ □□ 할 수 있음. • 다양한 자료를 찾으며 책을 읽는 데 도움이 됨.

●● 자료를 찾으며 책을 읽는 방법

일지 작성하기	책을 읽으며 그날그날 읽은 부분에 대한 ❹ □□ 를 작성함.

⬇

찾을 내용 정리하기	낯선 낱말, 모르는 ❺ □□ , 더 알고 싶은 내용을 정리해 둠.

⬇

자료 찾기	일지를 바탕으로, 낯선 낱말이나 모르는 개념, 더 알고 싶은 내용에 관한 자료를 도서관이나 인터넷에서 찾아보며 책을 읽음.

●● 책 읽기 경험을 나누기

책 읽기 경험을 나누는 방법	책을 읽은 후에 알게 된 점이나 느낀 점 등을 모둠 구성원과 공유함.
책 읽기 경험을 나누었을 때의 장점	• 혼자 읽을 때는 이해하지 못했거나, 생각하지 못했던 점을 깨달을 수 있음. • 서로 다른 감상을 주고받으며 감상의 폭을 넓힐 수 있음. • 한 방향으로 편중되기 쉬운 읽기를 바로잡을 수 있음. • 자신의 생각을 되돌아보며 내용을 더 깊이 이해할 수 있음. • 책 읽기의 ❻ □□□ 을 느낄 수 있음.

01~03 다음 대화를 읽고, 물음에 답하시오.

가 나라: 얼마 전에 환경 관련 다큐멘터리를 봤는데, 도시의 밤하늘에서 별을 보기 힘든 까닭이 지나친 조명 때문이래. 조명이 환경에 그렇게 큰 영향을 미치는지 전혀 몰랐어.

정우: 그렇구나. 나도 그것과 비슷한 기사를 읽은 적이 있어. 우리가 일상생활에서 별생각 없이 사용했던 것들이 환경에 좋지 않은 영향을 주고 있더라. 환경을 지키려면 막연하게 생각만 하는 게 아니라 실천하는 것이 더 중요할 것 같아. 그럼, 우리 환경 문제와 관련된 분야의 책을 함께 읽는 건 어떨까? 그 분야를 잘 알아야 어떻게 실천할지 생각해 볼 수 있을 테니까.

나 준서: 우리가 국어 시간에 환경에 관한 책을 읽기로 했잖아. 책을 어떻게 고를까?

정우: 나는 서점에 가 볼게. 책의 차례와 내용을 직접 훑어볼 수 있으니 고르기 쉬울 것 같아.

나라: 난 우리 학교 도서관에 가서 찾아볼게.

준서: 그래? 나랑 같이 가자. 나는 사서 선생님께 책 추천을 부탁드려야겠어.

지민: 그럼, 나는 어떻게 고르지?

정우: 지민이는 인터넷으로 검색해 보는 게 어때? 새로운 책을 소개해 주는 신문 기사나 독자들이 블로그에 올린 서평을 찾아보는 것도 좋아.

지민: 알았어. 이렇게 분담하면 우리가 읽을 책을 다양하게 찾아볼 수 있겠다.

---

01 (가)의 '나라'와 '정우'가 대화를 나누는 목적으로 알맞은 것은?

① 읽을 책의 분야를 정하기 위해서
② 환경 관련 신문 기사를 쓰기 위해서
③ 밤하늘의 별에 대해 연구하기 위해서
④ 환경 관련 다큐멘터리를 만들기 위해서
⑤ 환경에 좋은 영향을 주는 조명을 찾기 위해서

 서술형

02 (나)의 대화를 참고하여 서점에서 책을 고를 때의 장점을 한 문장으로 쓰시오.

03 (나)의 대화 후 학생들이 할 일로 알맞은 것은?

① 책 읽기 계획 세우기
② 책을 읽으며 일지 작성하기
③ 다양한 방법으로 책 고르기
④ 책 읽기에 필요한 자료 찾기
⑤ 책 읽기 경험을 친구들과 공유하기

04~05 다음을 읽고, 물음에 답하시오.

책 제목	고릴라는 핸드폰을 미워해	
회 차	읽은 날짜	쪽수
1회	20○○년 ○○월 ○○일	○○~○○쪽
인상적인 부분(문장, 장면)과 그 까닭	• 인상적인 부분: ○○쪽 〈중략〉 인공 불빛 때문에 벌겋게 달아오른 도시의 밤하늘은 빛 공해의 피해를 입고 있었다. 이렇게 도시는 어두운 밤을 잃어버렸다. • 까닭: 어두운 밤을 밝히는 조명이 좋은 줄만 알았는데, 글쓴이는 밤 조명을 오히려 공해로 보고 있어서 인상적이었다.	
낯선 낱말이나 모르는 개념	• 낯선 용어: 불야성, 럭스(lux), 휴면	

04 이와 같은 글을 작성할 때의 좋은 점으로 적절하지 않은 것은?

① 책의 내용을 오래 기억할 수 있다.
② 적극적이고 능동적인 책 읽기를 할 수 있다.
③ 책을 읽은 뒤 독후감이나 서평을 쓸 때 도움이 된다.
④ 혼자서는 미처 파악하지 못했던 점들을 대화를 통해 깨달을 수 있다.
⑤ 낯선 낱말 등을 정리해 두기 때문에 관련 자료를 효과적으로 찾으며 책을 읽을 수 있다.

05 이 글에 추가할 수 있는 항목이 아닌 것은?

① 요약문　　　　② 느낀 점
③ 책 읽기 계획　④ 새롭게 알게 된 것
⑤ 더 알고 싶은 내용

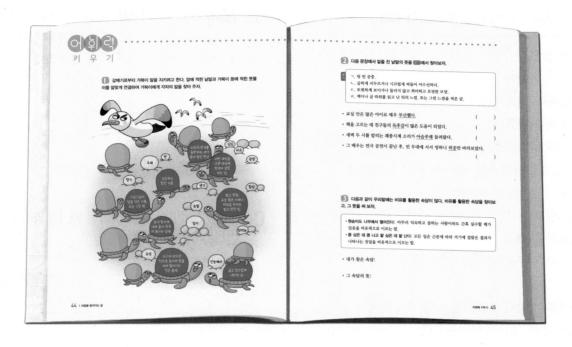

예 시 답 안

1.

• 뇌성과 번개를 동반하는 대기 중의 방전 현상. → 우레

• 어떤 대상을 다른 대상에 빗대어 설명하는 일. → 비유

• 싱싱하고 힘찬 기운. → 생기

• 그날그날의 일을 적은 기록. 또는 그런 책. → 일지

• 밝고 환함. 또는 밝은 미래나 희망을 뜻하는 밝고 환한 빛. → 광명

• 눈이 힘차게 내려 줄이 죽죽 져 보이는 상태. → 눈발

• 지구의 대기권 안으로 들어와 빛을 내며 떨어지는 작은 물체. → 유성

• 굵고 탐스럽게 내리는 눈. → 함박눈

2.

• 교실 안은 많은 아이로 매우 부산했다. → (ㄴ)

• 책을 고르는 데 친구들의 독후감이 많은 도움이 되었다. → (ㄹ)

• 새벽 두 시를 알리는 괘종시계 소리가 아슴푸레 들려왔다. → (ㄷ)

• 그 배우는 연극 공연이 끝난 후, 빈 무대에 서서 멍하니 허공만 바라보았다. → (ㄱ)

3.

• 내가 찾은 속담: 등잔 밑이 어둡다

• 그 속담의 뜻: 대상에서 가까이 있는 사람이 도리어 대상을 잘 알기 어렵다는 말

확인 문제

1 밑줄 친 단어의 사용이 적절하지 않은 것은?

① 우레와 함께 빗줄기가 거세졌다.

② 아무도 없는 빈 운동장은 부산했다.

③ 정균이는 어이없는 실수에 허공만 바라보았다.

④ 잠결에 아버지의 웃음소리가 아슴푸레 들려왔다.

⑤ 텔레비전에 유성을 보며 소원을 비는 사람들이 나왔다.

01~06 다음 시를 읽고, 물음에 답하시오.

가 밤하늘은
별들의 운동장
오늘따라 별들 부산하게 바자닌다.
운동회를 벌였나
아득히 들리는 함성,
먼 곳에서 아슴푸레 빈 우레 소리 들리더니
㉠빗나간 야구공 하나
쨍그랑
유리창을 깨고
또르르 지구로 떨어져 구른다.

나 꽃가루와 같이 부드러운 고양이의 털에
고운 봄의 향기가 어리우도다.

금방울과 같이 호동그란 고양이의 눈에
미친 봄의 불길이 흐르도다.

고요히 다물은 고양이의 입술에
포근한 봄의 졸음이 떠돌아라.

날카롭게 쭉 뻗은 고양이의 수염에
푸른 봄의 생기가 뛰놀아라.

01 이와 같은 글의 특징으로 알맞지 않은 것은?
① 글을 읽을 때 마음속에 감각적인 느낌이 떠오른다.
② 말하는 이를 내세워 글의 정서와 분위기를 조성한다.
③ 말하는 이의 생각이나 느낌을 함축적인 언어로 표현한다.
④ 글을 읽을 때 노래를 부르는 듯 느껴지는 말의 가락을 느낄 수 있다.
⑤ 글에 쓰인 언어를 사전적인 의미 그대로 이해할 때 내용을 효과적으로 파악할 수 있다.

서술형
02 (가)에 쓰인 비유 표현 두 가지를 쓰시오.

03 (가)에 사용된 심상으로 알맞은 것은? (정답 2개)
① 시각적 심상   ② 미각적 심상
③ 후각적 심상   ④ 청각적 심상
⑤ 촉각적 심상

04 (나)를 〈보기〉와 같이 나타낼 때, [A]와 [B]에 들어갈 연끼리 바르게 묶은 것은?

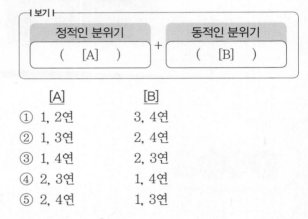

	[A]	[B]
①	1, 2연	3, 4연
②	1, 3연	2, 4연
③	1, 4연	2, 3연
④	2, 3연	1, 4연
⑤	2, 4연	1, 3연

05 (나)에서 고양이의 모습에서 연상되는 여러 가지 봄의 느낌으로 알맞지 않은 것은?
① 봄의 향기   ② 봄의 불길
③ 봄의 졸음   ④ 봄의 추억
⑤ 봄의 생기

06 ㉠이 빗댄 대상으로 알맞은 것은?
① 유성   ② 우레
③ 별들   ④ 밤하늘
⑤ 유리창

[07~11] 다음 시를 읽고, 물음에 답하시오.

가 우리가 눈발이라면
허공에서 쭈빗쭈빗 흩날리는
㉠진눈깨비는 되지 말자
세상이 바람 불고 춥고 어둡다 해도
사람이 사는 마을
가장 낮은 곳으로
따뜻한 ⓐ함박눈이 되어 내리자
우리가 눈발이라면
잠 못 든 이의 창문가에서는
편지가 되고
그이의 깊고 붉은 상처 위에 돋는
새살이 되자

나 구름 빛이 좋다 하나 검기를 자주 한다.
바람 소리 맑다 하나 그칠 적이 많구나.
좋고도 그칠 때 없기는 물뿐인가 하노라.   ─ 제2수

꽃은 무슨 일로 피면서 쉬이 지고
풀은 어이하여 푸른 듯 누르느냐.
아마도 변치 않는 것 ⓑ바위뿐인가 하노라.   ─ 제3수

작은 것이 높이 떠서 만물을 다 비추니
밤중의 광명이 너만 한 이 또 있느냐.
보고도 말 아니하니 내 벗인가 하노라.   ─ 제6수

07 (가)를 감상한 내용으로 적절하지 <u>않은</u> 것은?
① 자연물을 활용하여 시인의 소망을 드러내고 있군.
② 은유법, 직유법과 같은 다양한 비유적 표현이 쓰이고 있군.
③ 말하는 이는 현실을 삭막하고 힘든 상황으로 인식하고 있군.
④ 긍정적 시어와 부정적 시어를 사용하여 주제를 강조하고 있군.
⑤ 어려운 이웃에게 위로와 희망을 주는 사람이 되고자 하는 시인의 다짐이 드러나 있군.

08 (가)에서 '─자'로 끝나는 문장을 반복하여 얻는 효과로 알맞은 것은? (정답 2개)
① 긴장감을 조성한다.
② 듣는 이의 동참을 유도한다.
③ 말하는 이의 의지를 강조한다.
④ 화려하고 아름다운 느낌을 준다.
⑤ 감탄형으로 표현하여 시의 느낌을 살린다.

09 ㉠과 대비되는 시어를 (가)에서 모두 찾아 바르게 묶은 것은?
① 함박눈, 바람
② 함박눈, 편지, 새살
③ 새살, 깊고 붉은 상처
④ 바람, 깊고 붉은 상처
⑤ 함박눈, 깊고 붉은 상처, 새살

10 ⓐ, ⓑ에 쓰인 표현을 활용하여 얻을 수 있는 효과로 알맞은 것은? (정답 2개)
① 시의 주제를 효과적으로 드러낼 수 있다.
② 주관적인 대상을 객관적으로 설명할 수 있다.
③ 시어가 지닌 본래의 의미를 강조하여 표현할 수 있다.
④ 표현하고자 하는 대상을 겉으로 드러내어 명확한 느낌을 줄 수 있다.
⑤ 압축된 표현 속에 여러 가지 의미를 담아 작품 해석의 다양성을 높일 수 있다.

🖊 **고난도 서술형**
11 (나)의 '물'이 상징하는 삶의 태도를 쓰시오.
> **조건**
> ① 시에 나타난 '물'의 특징을 포함할 것
> ② 한 문장으로 쓸 것

12~16 다음 대화를 읽고, 물음에 답하시오.

가 준서: 우리가 국어 시간에 환경에 관한 책을 읽기로 했잖아. 책을 어떻게 고를까?

정우: 나는 서점에 가 볼게. 책의 차례와 내용을 직접 훑어볼 수 있으니 고르기 쉬울 것 같아.

나라: 난 우리 학교 도서관에 가서 찾아볼게.

준서: 그래? 나랑 같이 가자. 나는 사서 선생님께 책 추천을 부탁드려야겠어.

지민: 그럼, 나는 어떻게 고르지?

정우: 지민이는 인터넷으로 검색해 보는 게 어때? 새로운 책을 소개해 주는 신문 기사나 독자들이 블로그에 올린 서평을 찾아보는 것도 좋아.

나 정우: 나는 서점에서 『고릴라는 핸드폰을 미워해』라는 책을 찾았어. 처음에는 제목이 흥미로워서 집어 들었는데, 차례를 보니 '빛 공해'뿐만 아니라 다양한 환경 문제를 자세히 다루고 있더라고.

지민: 나는 환경 전문가의 블로그에서 『지역 정치생태학: 환경 – 개발의 비판적 검토와 공동체 대안』이라는 책의 서평을 읽어 보았는데 환경에 대한 전문적인 내용이 잘 담겨 있는 것 같아. 이 책은 어떨까?

나라: 나도 그 블로그에서 서평을 읽어 봤는데, 어려운 낱말과 개념이 너무 많더라. 이 책은 우리에게 좀 어려울 것 같아.

준서: 나는 사서 선생님께 『내 머릿속에선 무슨 일이 벌어지고 있을까』라는 책을 추천받았어. 이 책 재미있을 것 같지 않니?

지민: 음……, 재미있을 것 같긴 해. 그런데 그 책은 우리가 찾기로 한 환경 분야가 아니잖아.

정우: 맞아. 우리는 환경 문제와 관련해 실천 방향까지 나온 책을 찾기로 했잖아.

나라: 그럼 정우가 골라온 책으로 정하자.

12 (가)에서 학생들이 읽을 책을 고르기 위해 떠올린 방법이 아닌 것은?

① 서점에서 찾기　　② 도서관에서 찾기
③ 부모님께 여쭤보기　　④ 인터넷에서 서평 찾기
⑤ 사서 선생님께 추천 받기

13 (나)로 보아, 학생들이 책을 선정하는 과정에서 고려했을 만한 요소로 알맞지 않은 것은?

① 우리가 찾으려는 관심 분야에 적합한가?
② 우리가 책을 읽으려는 목적에 부합하는가?
③ 우리의 감정과 정서를 많이 자극할 수 있는가?
④ 우리가 읽기에 책의 수준이 너무 높지 않은가?
⑤ 우리의 읽기 주제와 관련하여 흥미를 유발하는가?

✏️ 서술형

14 (나)에서 '나라'가 '지민'이 고른 책을 반대한 이유를 찾아 '~때문이다.' 형태의 한 문장으로 쓰시오.

15 다음은 '정우'네 모둠에서 책을 읽으면서 찾은 자료이다. 이에 대한 설명으로 알맞지 않은 것은?

도서관에서 빛 공해를 다룬 영상물도 찾아보았어.

존영 정신과 수면 전문의
환한 빛이 뇌의 호르몬 분비를 방해해서 수면 장애를 일으킵니다.

— 엠비시(MBC), 『뉴스데스크』, 2016. 6. 26.

① 빛 공해와 관련된 자료이다.
② 도서관에서 찾은 영상 자료이다.
③ 전문가와의 인터뷰를 담은 뉴스이다.
④ 책의 내용을 이해하는 데 도움이 되는 자료이다.
⑤ 책의 이어질 내용을 예측하기 위해 찾은 자료이다.

16 '정우'네 모둠이 책 읽기 경험을 나누기 위해 준비한 질문으로 적절하지 않은 것은?

① 책의 가격은 두께에 맞게 정해졌나?
② 책을 읽은 후에 내 생각은 어떻게 바뀌었는가?
③ 책의 내용 중 가장 인상적인 부분은 어디인가?
④ 책에서 글쓴이가 말하고자 하는 바는 무엇일까?
⑤ 책의 제목이나 표지를 처음 봤을 때의 느낌은 어떠했는가?

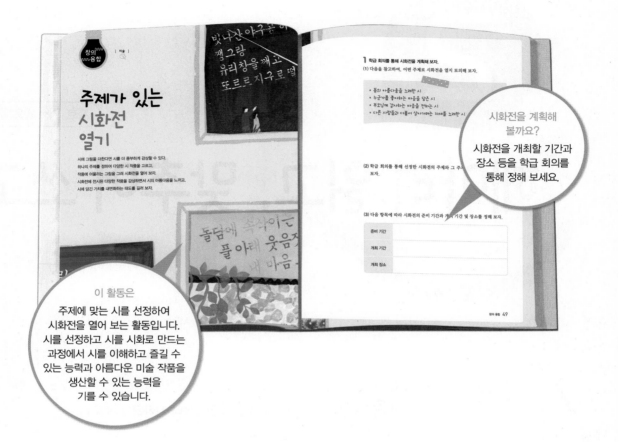

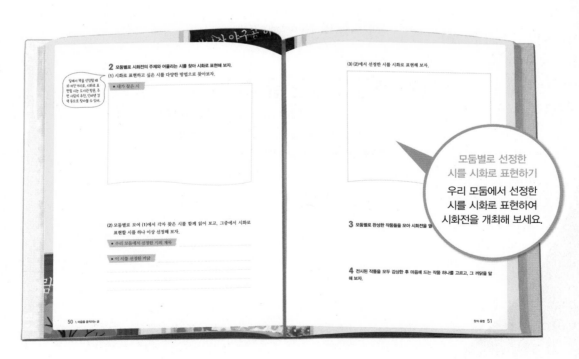

2

헤아려 읽고, 맞추어 쓰고

우리는 영화를 볼 때 결말을 미리 짐작해 보고, 자신이 예측한 방향으로 사건이 흘러가는지 확인하곤 한다. 결말을 예측하기 위해 우리는 등장인물들의 행동이나 성격, 사건의 흐름과 같은 정보를 활용하는데, 이는 글을 읽거나 쓸 때도 마찬가지이다. 우리는 자신의 배경지식이나 글에 드러난 정보를 바탕으로 글의 내용을 미리 짐작하면서 글을 읽는다. 또한 우리는 다양한 자료를 수집하고, 이러한 자료 중 주제와 관련된 것만 선별하여 글을 쓴다. 글의 내용이 주제와 긴밀하게 연결되어야 자신이 전하고자 하는 바를 분명하게 전달할 수 있기 때문이다. 글을 잘 읽고 잘 쓰기 위해서는 이처럼 다양한 정보를 적절히 활용하는 능력이 필요하다.

이 단원에서는 자료·정보 활용 역량을 기르기 위해 자신의 배경지식과 읽기 맥락 등을 활용하여 글의 내용을 예측하며 읽는 방법을 알아볼 것이다. 그리고 다양한 자료에서 내용을 선정하여 통일성 있는 글을 쓰는 방법을 알아보고, 이를 바탕으로 통일성 있는 글을 써 볼 것이다.

길잡이

◦◦ 예측하며 읽기

독자의 배경지식이나 읽기 맥락 등을 활용하여 글의 내용을 미리 짐작하며 읽는 것을 말한다.

◦◦ 예측하며 읽기의 방법

독자의 배경지식, 글에 나타난 정보나 읽기 맥락, 글쓴이와 관련된 정보, 차례에 드러나는 정보 등

↓ 활용

낱말이나 문장의 뜻, 글의 구조, 이어질 내용, 글의 결말, 글쓴이의 주장과 의도, 글이 사회에 미칠 영향 등을 예측할 수 있음.

◦◦ 예측하며 읽기의 효과

• 글의 내용을 깊이 있게 이해할 수 있다.
• 글의 내용을 오래 기억할 수 있다.
• 집중하면서 글을 읽을 수 있다.

◦◦ 설명하는 글

어떤 사물이나 대상에 대한 지식이나 정보 등을 알기 쉽게 풀이하여, 독자가 설명하려는 대상을 정확하고 쉽게 이해할 수 있도록 쓴 글이다.

◦◦ 설명하는 글의 구조

처음(머리말)	가운데(본문)	끝(맺음말)
• 설명 대상을 제시함. • 글을 쓰게 된 동기, 이유, 목적을 밝힘. • 독자의 관심을 유도함.	• 설명 대상을 구체적으로 설명함.	• 설명한 내용을 요약 정리하고 글을 마무리함. • 앞으로의 전망이나 독자에 대한 당부를 제시하기도 함.

1 빈칸에 들어갈 적절한 말을 〈보기〉에서 찾아 쓰시오.

┤보기├
맥락, 의도, 배경지식

(1) 예측하며 읽기란 글의 내용이나 글쓴이의 (   ) 등을 미리 짐작하며 읽는 활동을 말한다.
(2) 예측하며 읽을 때에는 독자의 (   )(이)나 읽기 (   ) 등을 활용한다.

2 다음 중 예측하며 읽기의 효과가 아닌 것은?
① 집중하면서 글을 읽을 수 있다.
② 글쓴이의 주장을 수정할 수 있다.
③ 글의 내용을 오래 기억할 수 있다.
④ 글쓴이의 의도를 잘 이해할 수 있다.
⑤ 글의 내용을 깊이 있게 이해할 수 있다.

3 설명하는 글의 구성 단계 중, 〈보기〉의 설명에 해당하는 단계를 쓰시오.

┤보기├
설명한 내용을 요약정리하여 글을 마무리하고, 앞으로의 전망이나 독자에 대한 당부를 제시하는 부분이다.

● 정답과 해설 07쪽

예측하며 읽기 _
관계는 첫인상부터 시작된다

학습 목표 배경지식, 읽기 맥락 등을 활용하여 글의 내용을 예측하며 읽을 수 있다.

읽기 전 학습 포인트

❶ 예측하며 읽기 ①

'나라'가 글을 예측하며 읽는 과정

국어 선생님께서 내용을 예측하면서 글을 읽으라고 하셨는데, 어떤 글을 읽으면 좋을까?

❶ 이 책 재미있겠다. 책 제목이 『관계의 심리학』이고 책 표지에 여러 생각들로 가득 찬 머릿속 그림이 있으니, 사람들의 심리와 관련된 책이겠지? ㉠

이철우 (1958~)

사회 심리학자. 강연, 방송 등에서 사회 심리학을 대중에게 전하는 활동을 활발하게 해 왔다. 주요 저서로는 『세상을 움직이는 착각의 법칙』, 『관계의 심리학』 등이 있다.

❷ 글쓴이가 했던 활동을 보니 대중에게 심리학을 쉽게 설명하기 위해 이 책을 쓴 것 같아. ㉡

❸ 책의 차례를 보니 이 책은 인간관계에 영향을 미치는 요인별로 글을 묶어 책의 내용을 구성한 것 같아.

지금부터 이 책에 있는 글 중 「관계는 첫인상부터 시작된다」를 예측하며 읽어 봐야지.

간단 체크 내용 문제

중요
01 ㉠을 평가한 내용이다. 빈칸에 들어갈 말을 순서대로 바르게 묶은 것은?

> 책의 (　　　)을/를 활용해 (　　　)을/를 예측하였다. 이러한 읽기는 글의 내용을 잘 이해하는 데 도움이 된다.

① 표지, 차례
② 표지, 글의 목적
③ 제목, 글쓴이의 관심사
④ 제목과 표지, 책의 구성
⑤ 제목과 표지, 책의 내용

중요
02 ㉡에 대한 설명으로 적절한 것을 모두 고르시오.

> a. 글쓴이에 대한 정보를 활용하고 있다.
> b. 글쓴이가 책을 쓴 의도를 예측하고 있다.
> c. 글이 사회에 미칠 영향을 예측하고 있다.
> d. 이와 같은 방법으로 글을 읽으면 글의 내용을 오래 기억할 수 있다.

학습콕 읽기 전

❶ 예측하며 읽기 ①

	예측할 때 활용한 요소	예측한 내용
❶	책의 □□과 표지	책의 내용
❷	글쓴이에 대한 정보	글쓴이가 책을 쓴 의도
❸	□□의 정보	책의 구성

처음 학습 포인트

❶ 예측하며 읽기 ②
❷ 첫 만남이 중요한 이유

관계는 첫인상부터 시작된다

❹ 이 글의 제목을 보니 글쓴이는 인간관계에서 '첫인상'이 어떤 역할을 하는지 설명하려는 의도로 이 글을 쓴 것 같아.

❺ 이 글은 설명하는 글이니 설명하는 글의 일반적인 구조에 따라 내용이 '처음 – 가운데 – 끝'으로 전개되겠지?

가 사람 사이의 모든 관계는 만남에서 시작된다. 만남 없는 관계란 있을 수 없고, 설사 있다 하더라도 극히 드물다. 다른 사람과 직접 얼굴을 마주하는 만남이 일반적이지만 전화나 전자 우편을 통한 만남도 얼마든지 있을 수 있다. 이러한 만남 가운데 가장 중요한 것은 첫 만남인데, 왜냐하면 사람들이 처음에 형성된 인상을 좀처럼 바꾸려 하지 않기 때문이다.

학습콕 처음 | 소주제: ☐☐☐☐ 이 중요한 이유

❶ 예측하며 읽기 ②

	예측할 때 활용한 요소	예측한 내용
❹	글의 제목	글쓴이가 글을 쓴 의도
❺	☐☐☐☐	글의 구조

❷ 첫 만남이 중요한 이유: 사람들은 처음에 형성된 인상을 바꾸려 하지 않기 때문이다.

가운데 학습 포인트

❶ 예측하며 읽기 ③
❷ 사람들이 첫인상을 형성하는 방법
❸ '가설 검증 바이어스'의 개념
❹ '가설 검증 바이어스'에 대한 상반된 예

❻ 예전에 사람의 첫인상은 단 6초 만에 결정된다는 내용의 다큐멘터리를 본 적이 있어. 이 글도 사람들이 다른 사람의 첫인상을 쉽게 결정한다는 내용일까?

나 사람들이 첫인상을 형성할 때에 사용하는 정보는 대단히 제한적이다. 쓸 수 있는 정보라고는 기껏해야 상대의 얼굴 생김새, 체격, 키 등의 겉모습과 몸짓, 말투 정도이다. 하지만 이러한 정보만으로도 우리는 상대의 첫인상을 무리

없이 형성한다. 무리가 없는 정도가 아니라 첫인상만으로 상대의 성격뿐만 아니라 모든 것을 판단해 버린다.

03 (가)~(나)의 내용과 일치하는 것은?

① 얼굴을 마주하지 않는 만남은 없다.
② 사람들은 상대의 이름으로 첫인상을 형성한다.
③ 사람들은 첫인상을 쉽게 바꾸려고 하지 않는다.
④ 첫인상을 형성하는 데 가장 중요한 정보는 상대의 말투이다.
⑤ 첫인상은 상대의 성격을 판단하는 데 영향을 미치지 않는다.

중요
04 '나라'가 ㉠과 같이 예측하며 글을 읽었다고 할 때, 활용한 요소로 알맞은 것은?

① 배경지식
② 읽기 맥락
③ 글의 제목
④ 글의 내용
⑤ 글쓴이에 대한 정보

다 뚱뚱한 사람을 보면 낙천적일 것이라고 생각하는 사람이 있는가 하면, 먹는 것 하나 절제하지 못하는 사람으로 여기는 사람도 있다. 마찬가지로 마른 사람을 보고 지적이고 예리한 성격일 것이라고 생각하는 사람이 있는가 하면, 얼마나 예민하면 저렇게 살이 찌지 않았냐면서 날카로운 성격으로 단정해 버리는 사람도 있다. 이처럼 사람들은 자기의 경험과 지식을 잣대로 상대의 첫인상을 결정해 버린다.
_{어떤 현상이나 문제를 판단하는 데 의거하는 기준을 비유적으로 이르는 말}

라 사람들은 왜 극히 제한된 정보로 형성된 첫인상을 바꾸려고 하지 않을까? 여기에는 여러 가지 원인이 있겠지만 가장 중요한 원인은 우리들 마음속에 _{bias. 편견. 공정하지 못하고 한쪽으로 치우친 생각} 있는 '가설 검증 바이어스'이다.

❼ '바이어스(bias)'가 '편견'이라는 뜻이니 '가설 검증 바이어스'는 어떤 가설을 검증할 때 편견이 들어가는 현상을 말하는 것 같군.

마 첫인상이 형성되고 난 다음에 사람들은 자신의 판단이 옳다는 것을 증명하는 정보만 선택적으로 받아들이고 자신이 내린 판단에 들어맞지 않는 정보는 무시하거나 쉽게 잊어버린다. 뚱뚱한 사람은 절제력이 부족하다고 생각하는 사람은 뚱뚱한 사람의 여러 행동 중에서 자기의 생각에 부합 _{사물이나 현상이 서로 꼭 들어맞는} 하는 것만 기억하고 나머지는 ⓛ아예 무시해 버린다. 이 사람은 이러한 과정을 거듭하면서 자기의 생각이 옳다고 ⓒ제멋대로 확신해 버린다. 이러한 현상을 사회 심리학에서는 '가설 검증 바이어스'라고 부른다.

❽ '아예 무시해 버린다.', '제멋대로 확신해 버린다.'와 같은 표현을 보니, 글쓴이는 '가설 검증 바이어스'를 부정적으로 생각하는 것 같아.

바 사회 심리학자인 스나이더와 스완은 한 가지 실험을 통해 '가설 검증 바이어스'를 입증하였다. 이들은 실험 대상인 대학생들에게 자신들이 제시하는 질문으로 _{어떤 증거 따위를 내세워 증명하였다} 앞으로 만나게 될 사람의 성격을 판단해 달라고 하였다. 그러고 나서 이들은 내향적인 성격임을 증명하는 질문과 외향적인 성격임을 증명하는 질문 26개를 대학생들에게 보여 주었다. 그런 다음 어떤 사람을 만났을 때 그 사람의 성격을 판단하는 데 도움이 될 것 같은 질문 12개를 자신들이 제시한 26개의 질문 중에서 선택하라고 했다. 일반적으로 사람의 성격을 파악하기 위해서는 다양한 질문을 선택하기 마련이다. 하지만 실험 결과, 대학생 대부분은 그 사람의 성격이 외향적인가 내향적인가를 먼저 판단한 다음, 그것을 뒷받침할 수 있는 질문만 선택하였다. '가설 검증 바이어스'가 입증된 것이다.

05 (다)~(바)를 읽고 알 수 있는 내용으로 적절한 것은?
① '가설 검증 바이어스'의 유래
② 첫인상을 결정하는 데 드는 시간
③ 내향적인 사람들의 일반적인 특징
④ 사람들이 첫인상을 바꾸려 하지 않는 이유
⑤ 사람의 성격을 판단하는 데 도움이 되는 질문의 예

06 ⓛ, ⓒ에 드러난 '가설 검증 바이어스'에 대한 글쓴이의 태도로 적절한 것은?
① 부정적　　② 객관적
③ 분석적　　④ 합리적
⑤ 적극적

다음 문장에 들어갈 적절한 낱말을 〈보기〉에서 찾아 쓰시오.

┤보기├
잣대, 입증, 부합

(1) 그의 추리는 사실과 (　　　)된 것이었다.

(2) 외모를 (　　　)(으)로 삼아 사람을 판단해서는 안 된다.

(3) 그녀가 범인이라는 사실을 (　　　)하는 결정적 단서가 사라졌다.

⑨ '가설 검증 바이어스'가 우리의 생활 전반에 영향을 미치고 있다는 내용으로 볼 때, 우리가 일상에서 접할 수 있는 '가설 검증 바이어스'의 사례가 이어질 것 같아.

㉠

사 이러한 '가설 검증 바이어스'는 첫인상뿐만 아니라 우리의 생활 전반에 영향을 미치고 있다. 혈액형에 따라 성격을 분류하는 '혈액형 성격학'이 들어맞는 것처럼 생각하는 주된 근거도 '가설 검증 바이어스'이다. 사람들은 상대의 혈액형에 부합한다고 생각하는 성격이나 행동만을 의도적으로 수집하고 또 그것들을 축적하여, ㉡혈액형이 성격과 관련 있다고 믿는다. 가령, 사람들은 A형인 사람의 여러 행동 중 내성적이고 소심하다는 것을 입증할 수 있는 정보만을 받아들인다. A형의 사람이 대범하게 행동하는 것을 보더라도 대수롭지 않게 받아들이고 그것은 곧 기억에서 사라진다. 기억에 남는 것이 내성적이고 소심한 행동뿐이다 보니 혈액형 성격학이 맞는 것처럼 여기는 것이다.

(지식, 경험, 자금 따위를 모아서 쌓아)

아 미국의 한 심리학자가 사람의 성격을 나타내는 555개의 단어를 정리한 적이 있다. 555라는 숫자가 말해 주듯이 사람의 성격은 매우 다양하다. 게다가 사람의 성격이란 상황에 따라 서로 다른 모습으로 나타날 때가 많다. 직장에서는 자상한 모습으로 일관하던 사람이 집에서는 엄한 아버지로 군림하는 것은 드문 일이 아니다. 또한 주변에 사람이 많으면 수줍어 말도 잘 못하던 친구가 친한 친구끼리 모였을 때에는 전혀 다른 모습을 보여 주는 경우도 많다. 사람의 성격에는 여러 가지 측면이 있을 수 있다는 이야기이다.

(비유적으로) 어떤 분야에서 절대적인 세력을 가지고 남을 압도하는

학습콕 가운데 | 소주제: '☐☐☐☐☐☐☐☐'의 개념과 그와 관련한 사례

❶ 예측하며 읽기 ③

	예측할 때 활용한 요소	예측한 내용
❻	배경지식	글의 내용
❼	배경지식	낱말의 뜻
❽	글에 나타난 정보와 읽기 맥락	글쓴이의 생각과 태도
❾	글에 나타난 정보와 읽기 맥락	이어질 내용

❷ 사람들이 ☐☐☐을 형성하는 방법

얼굴 생김새, 체격, 키 등의 겉모습과 몸짓, 말투 등의 외적인 모습	➡	외적 특성으로 드러나는 제한된 정보로 상대를 판단함.

❸ '가설 검증 바이어스'의 개념
자신의 판단에 부합하는 정보만을 선택적으로 받아들이고, 자신이 내린 판단에 들어맞지 않는 정보는 무시하거나 쉽게 잊어버리는 경향을 말한다.

❹ '가설 검증 바이어스'에 대한 상반된 예

혈액형 성격학	사람의 성격 특성을 555개의 단어로 정리한 심리학자
'가설 검증 바이어스'가 우리 생활 전반에 미치는 영향을 보여 줌.	'가설 검증 바이어스'를 가지고 사람을 판단하는 것이 문제가 있음을 보여 줌.

간단 체크 내용 문제

(중요)

07 ㉠에 대한 설명으로 적절한 것은? (정답 2개)
① 문장의 뜻을 예측하였다.
② 이어질 내용을 예측하였다.
③ 글쓴이의 의도를 예측하였다.
④ 독자의 배경지식을 활용하였다.
⑤ 글에 나타난 정보와 읽기 맥락을 활용하였다.

08 ㉡의 이유로 알맞은 것은?
① 과학적 근거가 확실하기 때문에
② 대부분의 사람들에게 들어맞기 때문에
③ 혈액형에 맞게 사람의 성격이 변하기 때문에
④ 오랫동안 자료를 수집하여 얻은 결론이기 때문에
⑤ 혈액형에 맞는다고 생각하는 성격이나 행동만 기억하기 때문에

간단 체크 어휘 문제

다음 낱말의 뜻풀이가 맞으면 ○표, 틀리면 ✕표를 하시오.
(1) 축적하다: 지식, 경험, 자금 따위를 모아서 쌓다.
( )
(2) 군림하다: 성격이나 행동이 매우 철저하고 까다롭다.
( )

끝 학습 포인트

❶ 예측하며 읽기 ④
❷ 글쓴이의 생각과 당부

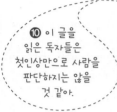

⑩ 이 글을 읽은 독자들은 첫인상만으로 사람을 판단하지는 않을 것 같아.

자 첫인상은 여러 측면이 있을 수 있는 상대의 성격을 제한된 정보뿐인 자기의 잣대로 재단하여 마음대로 형성한 것이기에 위험하다. 이 모두가 '가설 검증 바이어스' 때문이라는 것은 두말할 필요가 없다. 따라서 우리는 '가설 검증 바이어스'를 버리고 지속적인 관계를 통해 상대의 실제 모습을 보아야 할 것이다.

내용을 예측하면서 읽으니, 글이 훨씬 재미있네. 다른 글도 꼭 내용을 예측하면서 읽어야지.

중요

09 (자)에서 글쓴이가 당부하고자 하는 바로 적절한 것은?

① 좋은 성격을 가지기 위해 노력해야 한다.
② 상대의 성격을 바꾸려고 하지 말아야 한다.
③ 다양한 성격의 사람들을 만나 관계를 맺어야 한다.
④ 성격은 계속 바뀌므로 성격에 대해 고민할 필요가 없다.
⑤ 지속적인 관계를 통해 상대의 실제 모습을 보아야 한다.

학습콕 끝 | 소주제: '가설 검증 바이어스'의 위험성과 글쓴이의 당부

❶ 예측하며 읽기 ④

	예측할 때 활용한 요소	예측한 내용
⑩	글에 나타난 정보와 읽기 맥락	이 글이 사회에 미칠 영향

❷ 글쓴이의 생각과 당부

글쓴이의 생각	첫인상은 여러 가지 측면이 있을 수 있는 상대의 성격을 제한된 정보뿐인 자기의 잣대로 재단하여 마음대로 형성한 것이므로 위험함.
글쓴이의 당부	'가설 검증 바이어스'를 버리고 지속적인 관계를 통해 상대의 ☐☐ 모습을 보아야 함.

📖 지식 사전

'나라'가 이 글을 예측하며 읽은 과정

읽기 전	• 책의 제목과 표지를 보고 책의 내용을 예측함. • 글쓴이에 대한 정보를 보고 글쓴이가 이 책을 쓴 의도를 예측함. • 책의 차례를 보고 책의 구성을 예측함.
읽기 중	• 글의 제목을 보고 글쓴이가 이 글을 쓴 의도를 예측함. • 글의 종류에 대한 배경지식을 활용하여 글의 구조를 예측함. • 글의 소재와 관련된 배경지식을 활용하여 글의 내용을 예측함. • 낱말 뜻에 대한 배경지식을 활용하여 글에 사용된 개념의 뜻을 예측함. • 글에 사용된 표현을 통해 글쓴이의 생각과 태도를 예측함. • 글에 나타난 정보를 통해 이어질 내용을 예측함.
읽은 후	• 글에 나타난 정보를 통해 이 글이 사회에 미칠 영향을 예측함.

학습 활동

❶ 글의 짜임과 주요 내용 이해하기
❷ 예측하며 읽을 때 활용할 수 있는 요소와 예측할 수 있는 내용 이해하기
❸ 예측하며 읽기의 효과 이해하기

1 이 글의 내용을 떠올리며 빈칸에 알맞은 말을 써 보자.

처음	가 사람들이 처음에 형성된 인상을 바꾸려 하지 않기 때문에 탭 **첫 만남** 이 중요함.
가운데	나 사람들은 첫인상만으로 상대를 판단함. 다 사람들은 자신의 탭 **경험과 지식** 을 기준으로 상대의 첫인상을 결정함. 라 사람들이 첫인상을 바꾸려고 하지 않는 원인은 '가설 검증 바이어스' 임. 마 ' 탭 '란 사람들이 자신의 판단이 옳다는 것을 증명하는 정보만 선택적으로 받아들이는 것을 말함. 바 스나이더와 스완은 실험을 통해 '가설 검증 바이어스'를 입증하였음. 사 탭 이 들어맞는 것처럼 생각하는 것도 '가설 검증 바이어스' 때문임. 아 성격에는 여러 가지 측면이 있을 수 있음.
끝	자 '가설 검증 바이어스'를 버리고 상대의 탭 **실제 모습** 을 보아야 함.

2 이 글의 내용을 바탕으로, 다음과 같이 생각하는 친구에게 어떤 조언을 하면 좋을지 말해 보자.

어제 친구의 소개로 새로운 친구를 만났어.
몸이 많이 마른 것을 보니 예민할 것 같더군.
그런데 아니나 다를까 점심 식사를 할 때
이것저것 가리는 것이 많더라. 예민한 친구인 것 같으니
그 친구를 대할 때에는 신경을 써야겠어.

예시 답〉〉 얼마 전 국어 시간에 「관계는 첫인상부터 시작된다」라는 글을 읽었어. 그 글에서 글쓴이는 우리가 □□□만으로 그 사람이 어떤 사람이라고 단정하는 것은, 우리가 자신의 판단이 옳다는 것을 증명하는 정보만을 선택적으로 받아들였기 때문이라고 말하더라. 즉, '가설 검증 바이어스'가 작용하였기 때문이래. 혹시 네가 이러한 가설 검증 바이어스의 영향으로 그 친구가 예민하게 행동한 모습만 기억하는 것은 아닐까? 혹시 그 밖의 다른 행동들은 기억나는 것 없니? 네가 그 친구의 일부 모습만을 보고 그 친구의 성격을 단정한 것은 아닐까? 아마 그 친구에게도 여러 측면의 성격이 있을 거야. 앞으로 그 친구를 만나면서 그 친구의 실제 모습을 보려고 노력해 봐.

O1 이 글의 짜임에 따라 〈보기〉를 순서에 맞게 배열한 것은?

┤보기├
ㄱ. 성격에는 여러 가지 측면이 있을 수 있음.
ㄴ. 혈액형 성격학도 '가설 검증 바이어스'와 관련이 있음.
ㄷ. 사람들은 첫인상을 바꾸려 하지 않기 때문에 첫 만남이 중요함.
ㄹ. '가설 검증 바이어스'를 버리고 상대의 진짜 모습을 보아야 함.
ㅁ. '가설 검증 바이어스'란 자신이 옳다는 것을 증명하는 정보만 선택적으로 받아들이는 것을 의미함.

	처음	가운데	끝
①	ㄱ	ㄴ-ㄷ-ㄹ	ㅁ
②	ㄴ	ㄷ-ㄱ-ㅁ	ㄹ
③	ㄷ	ㅁ-ㄴ-ㄱ	ㄹ
④	ㄷ	ㅁ-ㄴ-ㄹ	ㄱ
⑤	ㄹ	ㅁ-ㄴ-ㄱ	ㄷ

O2 다음 빈칸에 들어갈 알맞은 말을 쓰시오.

사람들은 첫인상을 형성하고 나면 각자 만든 그 첫인상에 부합되는 정보만을 선택적으로 받아들이려는 경향이 있다. 이것은 우리 마음속에 있는 (   ) 때문이다.

3 '나라'가 이 글을 읽으면서 예측한 ❶~❿의 내용을 바탕으로 다음 활동을 해 보자.

(1) '나라'가 무엇을 활용하여 예측한 것인지 보기에서 찾아 써 보자.

> 보기
> • 독자의 배경지식
> • 차례에 드러난 정보
> • 책의 제목이나 표지에 드러난 정보
> • 글쓴이에 대한 정보
> • 글에 나타난 정보나 읽기 맥락

❶ 이 책 재미있겠다. 책 제목이 『관계의 심리학』이고, 책 표지에 여러 생각들로 가득 찬 머릿속 그림이 있으니, 사람들의 심리와 관련된 책이겠지?

답 책의 제목이나 표지에 드러난 정보

❷ 글쓴이가 했던 활동을 보니 대중에게 심리학을 쉽게 설명하기 위해 이 책을 쓴 것 같아.

답 □□□에 대한 정보

❸ 책의 차례를 보니 이 책은 인간관계에 영향을 미치는 요인별로 글을 묶어 책의 내용을 구성한 것 같아.

답 차례에 드러난 정보

❻ 예전에 사람의 첫인상은 단 6초 만에 결정된다는 내용의 다큐멘터리를 본 적이 있어. 이 글도 사람들이 다른 사람의 첫인상을 쉽게 결정한다는 내용일까?

답 독자의 □□□□

❽ '아예 무시해 버린다.', '제멋대로 확신해 버린다.'와 같은 표현을 보니, 글쓴이는 '가설 검증 바이어스'를 부정적으로 생각하는 것 같아.

답 글에 나타난 정보나 읽기 맥락

ㄱ, ㄴ, ㄷ 표기 생략

간단 체크 활동 문제

03 ㉠, ㉢의 공통점으로 가장 적절한 것은?
① 전개될 내용을 예측하고 있다.
② 제목이 갖는 중요성에 주목하고 있다.
③ 글이 사회에 미칠 영향을 예측하고 있다.
④ 글의 내용을 예측하는 데 배경지식을 활용하고 있다.
⑤ 글에 드러난 정보를 활용하여 이어질 내용을 예측하고 있다.

04 다음은 ㉡을 이해한 내용이다. 빈칸에 들어갈 알맞은 말을 순서대로 쓰시오.

> ( )에 대한 정보를 활용하여 글쓴이가 이 책을 쓴 ( )을/를 예측하고 있군.

(1) 예측하며 읽기 **053**

(2) '나라'가 글을 읽으며 무엇을 예측하였는지 바르게 연결해 보자.

❹ 이 글의 제목을 보니 글쓴이는 인간 관계에서 '첫인상'이 어떤 역할을 하는지 설명하려는 의도로 이 글을 쓴 것 같아.

❺ 이 글은 설명하는 글이니 설명하는 글의 일반적인 구조에 따라 내용이 '처음 - 가운데 - 끝'으로 전개되겠지?

❼ '바이어스(bias)'가 '편견'이라는 뜻이니 '가설 검증 바이어스'는 어떤 가설을 검증할 때 편견이 들어가는 현상을 말하는 것 같군.

❾ '가설 검증 바이어스'가 우리의 생활 전반에 영향을 미치고 있다는 내용으로 볼 때, 우리가 일상에서 접할 수 있는 '가설 검증 바이어스'의 사례가 이어질 것 같아.

❿ 이 글을 읽은 독자들은 첫인상만으로 사람을 판단하지는 않을 것 같아.

글의 구조

이어질 내용

글쓴이의 의도

낱말이나 문장의 뜻

글이 사회에 미칠 영향

답 ❹: 글쓴이의 의도, ❺: 글의 구조, ❼: 낱말이나 문장의 뜻, ❾: 이어질 내용, ❿: 글이 사회에 미칠 영향

간단 체크 활동 문제

05 빈칸에 들어갈 적절한 말을 바르게 고른 것은?

이 글의 제목을 보니 글쓴 이는 인간관계에서 '첫인상'이 어떤 역할을 하는지 설명하려 는 의도로 이 글을 쓴 것 같아.
→ 글의 '(   )'을/를 활 용해 '(   )'을/를 예측 하고 있다.

	활용한 요소	예측한 내용
①	주제	결론
②	주제	이어질 내용
③	제목	결론
④	제목	이어질 내용
⑤	제목	글쓴이의 의도

지식 사전

맥락의 개념과 종류
• 맥락의 개념: 독자가 글을 읽는 것을 둘러싸고 있는 환경으로, 글과 독자를 제외하고 읽기에 영향을 미치는 모든 요소를 말한다.
• 맥락의 종류

사회·문화적 맥락	글쓴이나 독자가 가지고 있는 지식이나 가치 기반 등을 말하며, 사회적 영향을 받아 형성된 가치나 신념 등이 해당됨.
상호 텍스트적 맥락	서로 연관된 글이나 사태라는 뜻으로, 글의 내용적인 면과 형식적인 면에서 연관됨. • 내용적인 면: 책의 내용과 관련하여 얽혀 있는 모든 정보와 지식 • 형식적인 면: 글의 형식과 관련되는 모든 글과 상황 및 그에 대한 지식
상황 조건적 맥락	독해를 수행하는 시점에서 그 상황을 규정하고 특징짓는 요인을 말하며, 정신적 조건과 물리적 조건을 포함함. • 정신적 조건: 독해 과제, 독해 목적, 글에 대한 흥미 등 • 물리적 조건: 읽는 공간, 시간 등

4 다음을 참고하여 글을 예측하며 읽으면 어떤 점이 좋은지 더 말해 보자.

글을 예측하며 읽으니, 내용을 더 깊이 있게 이해할 수 있었어.

예시 답》 글의 내용을 예측하며 읽으니 글에 더욱 집중할 수 있었어. / 글을 예측하며 읽고 나니 내용을 오래 기억할 수 있을 것 같아. 등

학습콕

❶ 예측하며 읽기의 방법

독자의 배경지식, 읽기 맥락 등	활용	낱말이나 문장의 뜻, 글의 구조, 이어질 내용, 글의 결말, 글쓴이의 주장과 의도, 글이 사회에 미칠 영향 등을 예측함.

❷ 예측하며 읽기의 효과
• 글의 내용을 깊이 있게 이해할 수 있고, 오래 기억할 수 있다.
• 집중하면서 글을 읽을 수 있다.

적용
❶ 글의 내용을 예측하며 읽기
❷ 글쓴이의 주장을 비판적으로 수용하기
❸ 글이 사회에 미칠 영향 예측하기

다음은 기후 변화에 대한 글쓴이의 주장을 담은 글이다. 자신의 배경지식과 읽기 맥락 등을 활용하여 내용을 예측하면서 글을 읽어 보자.

갈래	주장하는 글	성격	설득적, 논리적, 비판적
제재	더위, 기후 변화		
주제	기후 변화가 중요한 문제임을 인식하고 이를 해결하기 위해 노력해야 한다.		
특징	• 글의 서두에 화제와 질문을 던져 독자의 주의를 환기함. • 실생활과 직접적인 관련이 있는 소재를 바탕으로 사회적 문제를 제시함. • 통계 자료를 통해 주장에 신뢰성을 더함.		

더위가 알려 준 진짜 충격

❶ 제목을 보고 글의 내용을 예측해 보자.

글쓴이 소개

김산하(1976~)
야생 영장류 과학자. 2007년부터 본격적으로 인도네시아 자바섬의 자바 긴팔원숭이 집단에 들어가 이들의 생태와 행동을 연구하였고 동물과 환경 보호를 위한 활동을 하고 있다. 주요 저서로는 「비숲」, 「세상 모르는 사람들을 위한 지혜」 등이 있다.

❷ 글쓴이에 대한 정보를 읽고 글쓴이가 이 글을 쓴 목적을 예측해 보자.

더위. 이보다 우리를 압도하는 것이 있을까? 여름이 되면 더위 때문에 꼼짝달싹도 못 하며 겨우 살아가는 날들이 끝도 없이 이

간단 체크 **활 동** 문제

06 다음 대화에서 '정우'가 할 말로 적절한 것은?

> 나라: 글을 예측하며 읽으니, 내용을 더 깊이 있게 이해할 수 있었어.
> 정우: 맞아. 그리고 _____ _____.

① 글이 지루하게 느껴졌어
② 글의 내용에 집중하기 힘들었어
③ 글의 제목이 중요하다는 것을 알게 됐어
④ 글의 내용이 더 오래 기억에 남을 것 같아
⑤ 글을 읽을 때 배경지식이 필요 없다는 것을 알게 됐어

07 이 글에 대한 설명으로 적절하지 <u>않은</u> 것은?

① 기후 변화를 소재로 쓴 글이다.
② 독자를 설득할 목적으로 쓴 글이다.
③ 독자들의 질문에 답을 하는 형식을 취하고 있다.
④ 통계 자료를 통해 주장에 신뢰성을 더하고 있다.
⑤ 주장을 뒷받침하는 적절한 근거를 제시하고 있다.

어진다. 너무 더운 나머지 세상만사가 다 귀찮아질 정도이다. 온도 몇 도의 차이가 이렇게 대단한 것이구나? 우리는 혀를 내두른다. 냉방이 되는 공간을 산소통 찾듯 찾아다니는 나약한 몸을 내려다보면서, 아무리 훌륭하고 똑똑한 척을 해도 사람은 결국 하나의 생물일 뿐이구나, 우리는 탄식한다.

③ 서론을 바탕으로 앞으로 전개될 내용을 예측해 보자.

더위는 우리가 근본적인 고민을 하도록 만든다. 당장의 더위를 해결하지 않는 이상 그 어떤 것도 중요하지 않음을 몸소 경험함으로써 우리는 알게 모르게 이 시대의 문제를 마주하게 된다. 그렇다. 기후 변화는 현대의 큰 문제이다. 모든 이의 피부에 와 닿는 가장 심각한 전 지구적 문제, 나와 무관하다며 모든 것을 무시해 버려도 끝내 외면할 수 없는 생존의 문제이다.

기후 변화에 관한 내용을 하도 많이 들어서 지겹겠지만 더위는 더 이상 단순 기상 현상이 아니고, 날씨는 더 이상 인사치레의 주제가 아니다. 지금 우리가 목격하기 시작한 유례없는 이 '열의 위력'은 우리 문명이 그동안 쌓아 올린 어마어마한 빚더미의 맛보기일 뿐이다. 하필 이 시점에 태어나 살고 있는 우리는 억울할지도 모른다. 그러나 다음 세대와 그 이후를 생각하면 오히려 얼마나 행운아인지를 깨닫게 된다. 왜냐하면 이 고통은 잠시 있다가 떠날 것이 아니며, 오히려 가면 갈수록 심해질 것이 분명하기 때문이다.

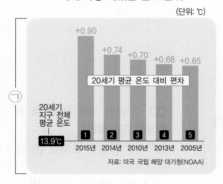

역대 가장 더웠던 연도 순위
(단위: ℃)

20세기 평균 온도 대비 편차

20세기 지구 전체 평균 온도 13.9℃

+0.90	+0.74	+0.70	+0.66	+0.65
1	**2**	**3**	**4**	**5**
2015년	2014년	2010년	2013년	2005년

자료: 미국 국립 해양 대기청(NOAA)

미국 국립 해양 대기청(NOAA)과 미국 국립 항공 우주국(NASA)에 따르면 2015년은 1880년 기상 관측이 시작된 이래 가장 더웠던 해로 분석되었다. 2015년 지구의 연평균 기온은 20세기 평균치인 13.9도보다 0.9도 높았고, 종전 최고치였던 2014년보다 0.16도 상승하였다. 그리고 지구의 연평균 기온이 높은 상위 15개 연도가 모조리 21세기일 정도로 지구의 연평균 기온은 계속 상승하는 추세를 보인다.

예전에는 뉴스로 들었던 것을 지금은 몸으로 느낀다. 나만이 아니다. 우리나라만이 아니다. 전 세계가 이 순간 함께 허덕이고 있다. 그러나 이는 사실 이미 예상된 것이어서 충격이 아니다. 몸으로 느끼면서도 우리가 변하지 않는다는 것, 그것이 충격이다. 국제 에너지 기구 조사에 의하면 세계 여러 나라가 1인당 탄소 배출량을 줄이는 데 애쓰는 것과 달리 우리나라는 오히려 1인당 탄소 배출량이 늘어났다.

④ 글쓴이가 그래프를 제시한 까닭을 예측해 보자.

⑤ 지금까지의 내용을 바탕으로 글의 결말을 예측해 보자.

국제 생태 발자국 네트워크(GFN)라는 단체가 운영하는 '지구 생태 용량 과용의 날'이라는 것이 있다. 지구의 일 년 치 자원을 12월 31일에 다 쓰는 것으로 가정하고 실제로 자원이 모두 소모되는 날을 측정하는 것이다. 2015년은 8월 13일이었던 것이 2016년에는 8월 8일로 5일 앞당겨졌다. 우리나라가 현

08 글쓴이가 ㉠을 제시한 이유로 가장 적절한 것은?
① 글을 쓴 의도를 밝히기 위해서
② 반대 의견에 대해 반박하기 위해서
③ 설명 대상에 대한 보충 설명을 하기 위해서
④ 문제의 심각성을 시각적으로 보여 주기 위해서
⑤ 문제 상황에 대한 사람들의 인식을 보여 주기 위해서

재처럼 자원을 소비하면서 자원을 지속적으로 사용할 수 있는 상태를 유지하기 위해서는 지구가 3.3개 필요하다고 한다. 한마디로 우리의 에너지 사용량, 그리고 그 증가량이 심하다고 할 수 있다.

그런데도 우리는 더위 앞에서 에너지 사용량을 줄일 생각까지 미치지 못한다. 더위에 대응하는 근본적인 대책에 관해 우리 모두 관심이 적다. 우리 모두가 이렇게 위험성을 인식하지 못하고 있는 사실이 이 더위보다 충격적이라 할 수 있다. 지금부터라도 기후 변화가 중요한 문제임을 인식하고 자원을 아껴 사용해야 할 것이다. 그리고 지속적으로 발전할 수 있는 녹색 성장을 준비해야 할 것이다.

1 자신이 예측한 내용과 글의 실제 내용이 어떻게 다른지 정리해 보자.

예시 답 》

	예측한 내용	글의 실제 내용
❶ 제목을 보고 글의 내용을 예측해 보자.	'충격'이라는 낱말로 미루어 볼 때, 이 글은 '더위'가 어떤 문제와 관련이 있다는 내용일 것 같다.	기후 변화가 계속 심해지고 있고, 우리 사회가 이것의 위험성을 모르고 있다는 사실이 더 문제라는 내용이다.
❷ 글쓴이에 대한 정보를 읽고 글쓴이가 이 글을 쓴 목적을 예측해 보자.	글쓴이가 동물과 환경 보호를 위해 활동한다고 했으니 환경 문제에 대한 자신의 생각을 주장하기 위해 이 글을 쓴 것 같다.	글쓴이는 기후 변화 문제의 심각성을 깨닫고 이를 해결하기 위해 노력하자고 □□하기 위해 이 글을 썼다.
❸ 서론을 바탕으로 앞으로 전개될 내용을 예측해 보자.	서론에서 더위 때문에 기후 변화 문제를 고민하게 된다고 했으니 본론에서는 기후 변화의 문제를 다룰 것 같다.	구체적인 통계 자료를 활용하여 기후 변화 문제가 계속 심해지고 있으나 우리는 그 심각성을 인식하지 못하고 있음을 보여 주고 있다.
❹ 글쓴이가 그래프를 제시한 까닭을 예측해 보자.	앞으로 지구의 기온이 계속 □□할 것임을 알려 주기 위해 이 그래프를 제시한 것 같다.	기온이 점점 더 상승하고 있는 상황을 보여 주어, 기후 문제의 심각성을 깨닫게 하려고 이 그래프를 제시하고 있다.
❺ 지금까지의 내용을 바탕으로 글의 결말을 예측해 보자.	앞에서 기후 변화 문제가 심각하지만 우리나라는 그 심각성을 인식하지 못한다고 했으니, 기후 변화의 심각성을 인식하자는 주장을 할 것 같다.	기후 변화가 무엇보다 중요한 문제임을 인식하고 □□을 아껴 사용하면서 녹색 성장을 준비하자고 주장하고 있다.

09 다음은 이 글을 읽으며 예측한 내용을 정리한 것이다. 이 중 글쓴이가 글을 쓴 의도를 예측한 것은?

ㄱ. 제목을 보니, '더위'에 관한 문제를 다룬 글일 것 같아.

ㄴ. 자신의 주장을 뒷받침하기 위해 그래프를 제시한 것 같아.

ㄷ. 서론의 내용으로 보아, 본론에서는 기후 변화 문제를 다룰 것 같아.

ㄹ. 본론까지의 내용으로 보아, 결론에서는 기후 변화의 심각성을 인식하자는 주장을 할 것 같아.

ㅁ. 글쓴이가 환경 보호 활동을 한다는 것을 보니, 환경 문제에 대한 자신의 주장을 펼치기 위해 이 글을 쓴 것 같아.

① ㄱ   ② ㄴ

③ ㄷ   ④ ㄹ

⑤ ㅁ

2 글쓴이의 주장을 써 보고, 그에 대한 자신의 생각을 말해 보자.

글쓴이의 주장

답 ☐☐ ☐☐가 무엇보다 중요한 문제임을 인식하고 이를 해결하기 위해 노력해야 한다.

자신의 생각

예시 답》 전에는 기후 변화 문제가 크게 와 닿지 않았다. 하지만 봄에 황사로 괴로웠던 경험이나 여름에 더위로 고생한 경험이 떠오르면서 이것이 심각한 문제라는 것을 깨달았다. 앞으로 기후 변화 문제에 관심을 기울이면서 이 문제를 해결하기 위해 '일회용품 사용하지 않기', '한두 정거장 정도의 짧은 거리는 걸어 다니기' 등 내가 할 수 있는 작은 일들을 실천해야겠다.

10 다음은 이 글의 주제를 정리한 것이다. 빈칸에 들어갈 알맞은 말을 쓰시오.

> 이 글은 기후 변화가 중요한 문제임을 인식하고 이를 해결하기 위해 자원을 아껴 사용하고 지속적으로 발전할 수 있는 (   )을/를 준비하는 등의 노력을 기울여야 한다는 주장을 담고 있다.

3 글쓴이의 주장이 우리 사회에 어떤 영향을 미칠지 친구들과 이야기해 보자.

예시 답》 기후 변화 문제의 심각성을 모르던 사람들은 이 글을 읽고, 기후 변화 문제에 관심을 기울이게 될 것 같다. 또한 이 문제를 해결하기 위해 각자 다양한 방법을 찾아볼 것 같다.

활동 마당

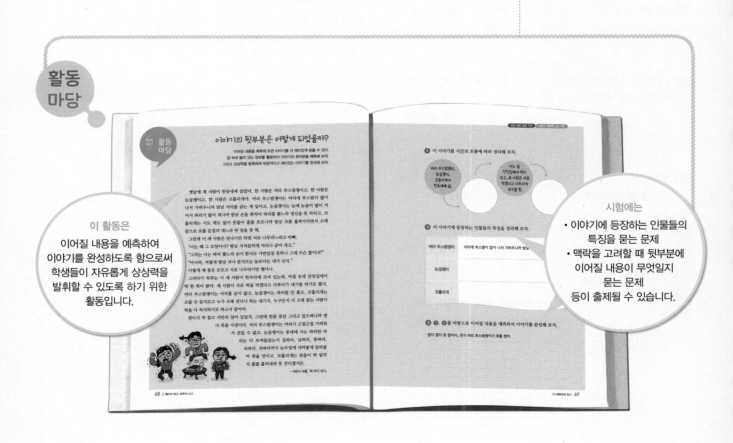

이 활동은
이어질 내용을 예측하여 이야기를 완성하도록 함으로써 학생들이 자유롭게 상상력을 발휘할 수 있도록 하기 위한 활동입니다.

시험에는
• 이야기에 등장하는 인물들의 특징을 묻는 문제
• 맥락을 고려할 때 뒷부분에 이어질 내용이 무엇일지 묻는 문제
등이 출제될 수 있습니다.

갈래	설명하는 글	성격	해설적, 예시적
제재	가설 검증 바이어스	주제	'가설 검증 바이어스'를 버리고 상대의 실제 모습을 보자.
특징	• 어떤 현상에 대한 원인을 밝혀 설명함. • 구체적인 사례를 바탕으로 독자의 이해를 돕고 있음. • 설명 대상에 대해 비판적인 태도를 취하고 있음.		

●● 「관계는 첫인상부터 시작된다」의 짜임

처음		가운데		끝
사람들은 상대방에 대해 처음에 형성된 인상을 바꾸려 하지 않기 때문에 첫 만남이 중요함.	▷	사람들은 자신의 판단이 옳다는 것을 증명하는 정보만 선택적으로 받아들이려 하는 경향이 있는데, 이를 '가설 검증 바이어스'라고 함.	▷	'가설 검증 바이어스'를 버리고 지속적인 관계를 통해 상대의 실제 모습을 보아야 함.

●● 「관계는 첫인상부터 시작된다」 예측하며 읽기

	활용한 요소	예측한 내용
❶ 이 책 재미있겠다. 책 제목이 『관계의 심리학』이고, 책 표지에 여러 생각들로 가득 찬 머릿속 그림이 있으니, 사람들의 심리와 관련된 책이겠지?	책의 제목과 표지에 드러난 정보	책의 내용
❷ 글쓴이가 했던 활동을 보니 대중에게 심리학을 쉽게 설명하기 위해 이 책을 쓴 것 같아.	글쓴이에 대한 정보	글쓴이가 책을 쓴 ❶▢▢
❸ 책의 차례를 보니 이 책은 인간관계에 영향을 미치는 요인별로 글을 묶어 책의 내용을 구성한 것 같아.	차례의 정보	책의 구성
❹ 이 글의 제목을 보니 글쓴이는 인간관계에서 '첫인상'이 어떤 역할을 하는지 설명하려는 의도로 이 글을 쓴 것 같아.	글의 제목	글쓴이가 글을 쓴 의도
❺ 이 글은 설명하는 글이니 설명하는 글의 일반적인 구조에 따라 내용이 '처음 – 가운데 – 끝'으로 전개되겠지?	배경지식	글의 구조
❻ 예전에 사람의 첫인상은 단 6초 만에 결정된다는 내용의 다큐멘터리를 본 적이 있어. 이 글도 사람들이 다른 사람의 첫인상을 쉽게 결정한다는 내용일까?	❷▢▢▢▢	글의 내용
❼ '바이어스(bias)'가 '편견'이라는 뜻이니 '가설 검증 바이어스'는 어떤 가설을 검증할 때 편견이 들어가는 현상을 말하는 것 같군.	배경지식	낱말의 뜻
❽ '아예 무시해 버린다.', '제멋대로 확신해 버린다.'와 같은 표현을 보니, 글쓴이는 '가설 검증 바이어스'를 부정적으로 생각하는 것 같아.	글에 나타난 정보와 읽기 맥락	글쓴이의 생각과 태도
❾ '가설 검증 바이어스'가 우리의 생활 전반에 영향을 미치고 있다는 내용으로 볼 때, 우리가 일상에서 접할 수 있는 '가설 검증 바이어스'의 사례가 이어질 것 같아.	글에 나타난 정보와 읽기 맥락	이어질 내용
❿ 이 글을 읽은 독자들은 첫인상만으로 사람을 판단하지는 않을 것 같아.	글에 나타난 정보와 읽기 맥락	이 글이 사회에 미칠 ❸▢▢

●● 예측하며 읽기의 효과

• 글의 내용을 깊이 있게 이해할 수 있다.
• 글의 내용을 오래 ❹▢▢ 할 수 있다.
• 집중하면서 글을 읽을 수 있다.

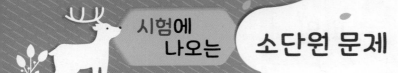

01~04 다음 글을 읽고, 물음에 답하시오.

가 사람 사이의 모든 관계는 만남에서 시작된다. 만남 없는 관계란 있을 수 없고, 설사 있다 하더라도 극히 드물다. 다른 사람과 직접 얼굴을 마주하는 만남이 일반적이지만 전화나 전자 우편을 통한 만남도 얼마든지 있을 수 있다. 이러한 만남 가운데 가장 중요한 것은 첫 만남인데, 왜냐하면 사람들이 처음에 형성된 인상을 좀처럼 바꾸려 하지 않기 때문이다.

나 사람들이 첫인상을 형성할 때에 사용하는 정보는 대단히 제한적이다. 쓸 수 있는 정보라고는 기껏해야 상대의 얼굴 생김새, 체격, 키 등의 겉모습과 몸짓, 말투 정도이다. 하지만 이러한 정보만으로도 우리는 상대의 첫인상을 무리 없이 형성한다. 무리가 없는 정도가 아니라 첫인상만으로 상대의 성격뿐만 아니라 모든 것을 판단해 버린다.

다 첫인상이 형성되고 난 다음에 사람들은 자신의 판단이 옳다는 것을 증명하는 정보만 선택적으로 받아들이고 자신이 내린 판단에 들어맞지 않는 정보는 무시하거나 쉽게 잊어버린다. 뚱뚱한 사람은 절제력이 부족하다고 생각하는 사람은 뚱뚱한 사람의 여러 행동 중에서 자기의 생각에 부합하는 것만 기억하고 나머지는 ㉠아예 무시해 버린다. 이 사람은 이러한 과정을 거듭하면서 자기의 생각이 옳다고 ㉡제멋대로 확신해 버린다. 이러한 현상을 사회 심리학에서는 '가설 검증 바이어스'라고 부른다.

라 첫인상은 여러 측면이 있을 수 있는 상대의 성격을 제한된 정보뿐인 자기의 잣대로 재단하여 마음대로 형성한 것이기에 위험하다. 이 모두가 '가설 검증 바이어스' 때문이라는 것은 두말할 필요가 없다. 따라서 우리는 '가설 검증 바이어스'를 버리고 지속적인 관계를 통해 상대의 실제 모습을 보아야 할 것이다.

01 이 글을 통해 알 수 있는 내용이 <u>아닌</u> 것은?
① 만남의 종류
② 첫 만남이 중요한 이유
③ 좋은 첫인상을 형성하는 방법
④ 사람들이 첫인상을 바꾸지 않는 이유
⑤ 사람들이 첫인상을 형성할 때 사용하는 정보

02 독자의 배경지식을 활용하여 (나)를 예측하며 읽은 내용으로 적절한 것은?
① 역접 접속어가 많이 사용된 것으로 보아 이 글은 예상과는 다른 내용을 담고 있을 것 같아.
② 설명하는 글인데 글쓴이의 주장이 지나치게 많이 들어가 있어서 글의 갈래가 모호해졌어.
③ 글에 사용된 낱말들을 살펴보니 글쓴이는 어려운 내용을 쉽게 설명하려고 노력한 것 같아.
④ 글쓴이가 썼던 책을 살펴보니 이 글도 글쓴이의 다른 글들처럼 사람의 심리를 다루고 있을 것 같아.
⑤ 사람의 첫인상은 단 6초 만에 결정된다는 내용의 다큐멘터리를 본 적이 있는데, 이 글도 사람들이 상대의 첫인상을 쉽게 결정한다는 내용일까?

서술형
03 이 글의 주제를 (라)에서 찾아 한 문장으로 쓰시오.

04 ㉠과 ㉡을 통해 예측할 수 있는 내용으로 가장 적절한 것은?
① 글쓴이는 자신의 생각과 반대되는 의견을 받아들일 것이다.
② 사람들의 편견은 상대를 무시하는 태도로 나타나게 될 것이다.
③ 글쓴이는 비판적 시각으로 '가설 검증 바이어스'를 바라볼 것이다.
④ '가설 검증 바이어스'는 과학적인 사실에 근거하고 있지 않을 것이다.
⑤ '가설 검증 바이어스' 때문에 사람들은 첫인상을 형성하는 데에 어려움을 겪을 것이다.

05~07 다음 글을 읽고, 물음에 답하시오.

가 미국 국립 해양 대기청(NOAA)과 미국 국립 항공 우주국(NASA)에 따르면 2015년은 1880년 기상 관측이 시작된 이래 가장 더웠던 해로 분석되었다. 2015년 지구의 연평균 기온은 20세기 평균치인 13.9도보다 0.9도 높았고, 종전 최고치였던 2014년보다 0.16도 상승하였다. 그리고 지구의 연평균 기온이 높은 상위 15개 연도가 모조리 21세기일 정도로 지구의 연평균 기온은 계속 상승하는 추세를 보인다.

나 예전에는 뉴스로 들었던 것을 지금은 몸으로 느낀다. 나만이 아니다. 우리나라만이 아니다. 전 세계가 이 순간 함께 허덕이고 있다. 그러나 이는 사실 이미 예상된 것이어서 충격이 아니다. 몸으로 느끼면서도 우리가 변하지 않는다는 것, 그것이 충격이다. 국제 에너지 기구 조사에 의하면 세계 여러 나라가 1인당 탄소 배출량을 줄이는 데 애쓰는 것과 달리 우리나라는 오히려 1인당 탄소 배출량이 늘어났다.

다 국제 생태 발자국 네트워크(GFN)라는 단체가 운영하는 '지구 생태 용량 과용의 날'이라는 것이 있다. 지구의 일 년 치 자원을 12월 31일에 다 쓰는 것으로 가정하고 실제로 자원이 모두 소모되는 날을 측정하는 것이다. 2015년은 8월 13일이었던 것이 2016년에는 8월 8일로 5일 앞당겨졌다. 우리나라가 현재처럼 자원을 소비하면서 자원을 지속적으로 사용할 수 있는 상태를 유지하기 위해서는 지구가 3.3개 필요하다고 한다. 한마디로 우리의 에너지 사용량, 그리고 그 증가량이 심하다고 할 수 있다.

라 그런데도 우리는 더위 앞에서 에너지 사용량을 줄일 생각까지 미치지 못한다. 더위에 대응하는 근본적인 대책에 관해 우리 모두 관심이 적다. 우리 모두가 이렇게 위험성을 인식하지 못하고 있는 사실이 이 더위보다 충격적이라 할 수 있다. 지금부터라도 기후 변화가 중요한 문제임을 인식하고 자원을 아껴 사용해야 할 것이다. 그리고 지속적으로 발전할 수 있는 녹색 성장을 준비해야 할 것이다.

05 이 글을 통해 알 수 있는 내용이 <u>아닌</u> 것은?
① 기후 변화 문제는 전 세계가 함께 겪고 있다.
② 2015년은 기상 관측이 시작된 이래 가장 더웠던 해이다.
③ 세계 여러 나라는 1인당 탄소 배출량을 줄이려고 노력하고 있다.
④ 우리나라에서 기후 변화에 대한 다양한 연구가 이루어지고 있다.
⑤ 글쓴이는 사람들이 더위에 대응하는 근본적인 대책에 관심을 갖기를 촉구하고 있다.

06 이 글을 읽은 후의 반응으로 적절하지 <u>않은</u> 것은?
① 기후 변화 문제가 이렇게 심각한 줄 몰랐어.
② 지구의 연평균 기온이 계속 증가하고 있었군.
③ 지금부터라도 에너지를 절약하는 습관을 들여야겠어.
④ 우리나라의 에너지 사용 증가량이 다른 나라에 비해 적어서 다행이야.
⑤ 기후 변화 문제의 심각성을 인식하지 못하는 우리의 태도가 더 큰 문제이군.

★ 학습 활동 응용
07 〈보기〉에 대한 설명으로 가장 적절한 것은?

┌─ 보기 ┐
　이 글의 글쓴이는 생태와 환경에 관심을 갖고 다양한 환경 보호 활동을 하고 있더라. 그러니까 이 글도 환경을 보호하기 위해 우리가 어떤 노력을 해야 하는지에 대한 내용이 담겨 있을 것 같아.
└──────┘

① 배경지식을 바탕으로 글의 내용을 예측하고 있다.
② 글쓴이에 대한 정보를 바탕으로 글의 내용을 예측하고 있다.
③ 글에 나타난 정보를 바탕으로 이어질 내용을 예측하고 있다.
④ 글의 제목을 바탕으로 글쓴이가 글을 쓴 의도를 예측하고 있다.
⑤ 읽기 맥락을 바탕으로 이 글이 독자에게 미칠 영향을 예측하고 있다.

통일성의 개념

글에서 통일성이란 글의 내용들이 하나의 주제로 긴밀하게 연결되는 것을 뜻한다.

통일성 있는 글을 쓰는 과정

계획하기	글의 목적, 예상 독자, 주제, 글의 종류 등을 정함.

⬇

내용 생성하기	• 내용 수집하기: 다양한 매체를 통해 주제와 관련된 내용을 중심으로 자료를 수집함. • 내용 선정하기: 수집한 자료를 정리한 후, 주제와 거리가 멀거나 불필요한 자료는 삭제하고, 주제와 밀접한 관련이 있는 자료를 선정함.

⬇

내용 조직하기	• 주제와 관련이 있는 내용을 중심으로 개요를 작성함. • 상위 항목과 하위 항목을 적절하게 구분하여 내용을 배치함.

⬇

표현하기와 고쳐쓰기	• 표현하기: 계획한 내용과 개요를 바탕으로 글을 쓰되, 하나의 주제를 중심으로 내용과 내용을 긴밀하게 연결함. • 고쳐쓰기: 글의 주제와 관련 없는 문장과 문단은 삭제하고, 글의 흐름을 고려하여 문장이나 문단을 이동함.

통일성 있는 글을 써야 하는 이유

통일성 있는 글을 써야 글쓴이가 전하고자 하는 바가 글에서 분명하게 드러나 독자가 그 뜻을 쉽게 파악할 수 있기 때문이다.

주장하는 글

글쓴이가 자신의 주장이나 의견을 논리적으로 전개하여 독자를 설득할 목적으로 쓴 글을 말한다.

주장하는 글의 구조

서론		본론		결론
• 글을 쓴 목적과 동기, 문제나 화제를 제시함. • 독자의 흥미를 유발함.	➡	• 타당하고 객관적인 근거를 바탕으로 주장이나 의견을 제시함.	➡	• 본론의 내용을 요약정리함. • 앞으로의 전망이나 당부의 말을 제시함.

---

1 다음 빈칸에 들어갈 알맞은 말을 쓰시오.

> 글에서 (   )(이)란 글의 내용들이 하나의 주제로 긴밀하게 연결되는 것을 뜻한다.

2 〈보기〉에서 설명하는 통일성 있는 글을 쓰는 과정으로 알맞은 것은?

┤보기├

주제와 관련이 있는 내용을 중심으로 개요를 작성하고, 상위 항목과 하위 항목을 적절하게 구분하여 내용을 배치한다.

① 표현하기
② 계획하기
③ 고쳐쓰기
④ 내용 조직하기
⑤ 내용 생성하기

3 다음은 주장하는 글의 구조 중 어느 부분에 해당하는 내용인지 쓰시오.

(1) 읽는 이의 관심과 흥미를 유발한다.　(　　　)
(2) 주장을 요약정리하고, 앞으로의 전망을 제시한다.　(　　　)
(3) 자신의 주장에 대한 타당하고 객관적인 근거를 제시한다.　(　　　)

[2] 통일성 있는 글 쓰기

이해

❶ 통일성의 개념과 필요성 이해하기
❷ 통일성 있는 글을 쓰는 과정 이해하기

---

1 통일성의 개념과 필요성

학습 포인트

❶ 통일성의 개념과 필요성

1 ㉮와 ㉯ 중 글쓴이가 전하려는 내용이 분명한 것을 고르고, 그 까닭을 말해 보자.

㉮ 곧 시험이 있어 친구들과 도서관에 가기로 했다. 아침 일찍 일어나 밥을 먹고 도서관으로 갔다. 도서관으로 가는 길에 사나운 강아지를 봤다. 우리 집도 강아지를 키웠으면 좋겠다. 도서관에서 열심히 공부하다가 점심시간이 되어 식당에서 라면을 사 먹었다. 친구가 떡볶이를 먹는 걸 보니 라면을 먹은 것이 후회되었다. 나는 떡볶이를 좋아한다. 그래서 별명이 '떡순이'였다. 내 꿈은 요리사이다. 내가 만든 요리를 다른 사람이 맛있게 먹는 모습이 좋기 때문이다. 집에 가려고 도서관을 나섰는데 비가 내리고 있었다. 그런데 오빠가 우산을 들고 날 데리러 와서 집에 갈 수 있었다.

㉯ 오빠와 나는 다른 집 남매들보다 사이가 좋다. 물론 텔레비전 채널 쟁탈전을 할 때나 심부름을 나에게 미룰 때는 오빠가 밉기도 하다. 하지만 며칠 전 일을 생각하면 오빠를 미워할 수 없다. 며칠 전, 친구들과 시험공부를 하러 도서관에 갔다. 저녁이 되어 친구들이 집에 가자고 했다. 하지만 조금 더 공부할 것이 있어 친구들을 먼저 보내고 혼자 남았다. 그런데 얼마 후 갑자기 비가 쏟아지는 소리가 들렸다. 그래서 집에 연락을 하려고 휴대 전화를 꺼냈는데, 전원이 꺼져 있는 것이 아닌가? 집에 어떻게 갈지 걱정하고 있을 때 누군가 날 부르는 소리가 들렸다. 오빠였다. 오빠가 날 데리러 온 것이었다. 역시, 우리 오빠! 우산을 들고 도서관 앞에 서 있는 오빠의 모습이 듬직해 보였다.

🔖 • 전하려는 내용이 분명한 글: ☐

• 그 까닭: (가)는 한 편의 글에 너무 많은 내용이 담겨 있고, 그 내용이 유기적이지 않아 무슨 말을 하려는지 명확하지 않다. 하지만 (나)는 '오빠와 나는 사이가 좋다.'라는 주제를 전하기 위해 오빠가 우산을 들고 자신을 데리러 온 일을 중심으로 글을 서술하고 있다.

학습콕

❶ 통일성의 개념과 필요성

☐☐☐	글의 내용들이 하나의 주제로 긴밀하게 연결되는 것
통일성 있는 글을 써야 하는 이유	통일성 있는 글을 써야 글쓴이가 전하고자 하는 바가 글에서 분명하게 드러나 독자가 그 뜻을 쉽게 파악할 수 있기 때문임.

★중요

01 (가)의 문제점으로 적절한 것은?

① 한자식 표현이 많다.
② 예상 독자가 명확하지 않다.
③ 글쓴이의 경험이 잘 드러나 있지 않다.
④ 대상에 대한 글쓴이의 태도가 드러나 있지 않다.
⑤ 무슨 내용을 전달하려고 하는지가 분명하지 않다.

02 (나)의 주제로 알맞은 것은?

① 오빠와 나는 사이가 좋다.
② 나는 시험공부를 열심히 했다.
③ 비 오는 날 오빠가 나를 데리러 왔다.
④ 도서관에서 휴대 전화 전원이 꺼져 난처했다.
⑤ 오빠와 나는 텔레비전 채널 때문에 자주 싸운다.

2 통일성 있는 글을 쓰는 과정

학습 포인트

❶ 통일성 있는 글을 쓰는 과정

1단계 계획하기

1 다음 대화를 바탕으로 '정우'가 글을 쓰기 위해 계획한 내용을 정리해 보자.

정우야,
너 이번 국어 수행
평가로 어떤 글을 쓸지
생각해 봤어?

응. 얼마 전 텔레비전
에서 독도를 소개하는
여행 프로그램을 보았는데,
내가 생각보다 독도를 잘 몰랐다는 것을
알게 되었어. 그래서 이번 기회에 여러
자료를 수집해서 친구들에게
독도를 설명하는 글을
쓰려고 해.

오! 좋아.
그러고 보니, 독도는
우리나라 땅이라고 말하면서
정작 우리가 알고 있는 건
별로 없는 것 같아.

맞아.
그래서 이번에 열심히
준비해서 친구들에게 독도의
지리와 역사, 가치를
제대로 알리고 싶어.

답

글의 목적	친구들에게 독도를 알리기 위해
예상 독자	중학생
주제	독도의 지리와 역사, 가치
글의 종류	☐☐하는 글

2단계 내용 생성하기

2 ㉮~㉲는 '정우'가 글을 쓰려고 다양한 매체에서 수집한 자료들이다. 다음 자료들을 살펴보면서 자료를 수집하여 글의 내용을 생성하는 방법을 알아보자.

㉮ 백과사전

독도와 관련된 근대 이전의 기록

『삼국사기』에 신라 장군 이사부가 512년에 우산국을 복속하였다는 기록이 있다. 이후 고려 전기에 고려에 공납물을 바쳤다는 기록이, 고려 중

엽부터는 관원이 왕래했다는 기록이 『고려사』에 남아 있다. 『세종 실록 지리지』에는 무릉(울릉도)과 우산(독도)이 강원도 울진현의 정동쪽 바다 가운데 있다고 기록되어 있다.

– 한국 콘텐츠 진흥원, 『문화 원형 백과』

간단 체크 **활동** 문제

03 다음 표를 바탕으로 할 때, 이 글의 목적으로 가장 적절한 것은?

글쓴이	중학교 1학년 '정우'
예상 독자	친구들
주제	독도의 지리와 역사, 가치
글의 종류	설명하는 글

① 친구들에게 독도를 알리기 위해
② 친구들에게 독도 여행을 제안하기 위해
③ 독도에 대한 친구들의 생각을 알아보기 위해
④ 친구들이 독도에 대해 갖고 있는 편견을 없애기 위해
⑤ 친구들에게 독도가 우리나라 땅이라는 사실을 증명하기 위해

04 '정우'가 글 쓰기를 계획한 이후 가장 먼저 해야 할 일로 알맞은 것은?

① 표현하기
② 평가하기
③ 고쳐쓰기
④ 내용 조직하기
⑤ 내용 생성하기

나 텔레비전 다큐멘터리

태풍 같은 거센 파도는 새로운 손님을 데리고 오기도 합니다. 화려한 색깔로 치장한 열대 어종들(파랑돔, 청줄돔, 노랑자리돔, 거북복). 이 친구들은 따듯한 남쪽 바다에서 난류를 타고 올라왔습니다. …… 난류와 한류가 만나는 나(독도)의 바다는 사시사철 손님이 끊이질 않습니다.

– 포항 엠비시(MBC), 『독도야』

다 신문 기사

매일일보   2016년 7월 27일

국립 수산 과학원, '찾아가는 독도 사진전' 개최

국립 수산 과학원의 독도 수산 연구 센터는 오는 28일부터 29일까지 포항에 있는 독도 수산 연구 센터에서 '찾아가는 독도 사진전'을 개최한다고 밝혔다.

독도 수산 연구 센터는 이번 사진전을 찾은 관광객들과 지역 주민이 독도의 수려한 자연 경관과 해양 생물의 생생한 모습 및 생태 특성을 한눈에 볼 수 있도록 한다는 계획이다.

독도 수산 연구 센터는 그간 독도 사진 전시회를 통해 우리나라 영토 독도에서 새로운 생명을 잉태하고 살아가고 있는 해양 생물 60여 종의 생생한 모습을 담아, 독도의 동도와 서도의 물밑을 직접 확인할 수 있는 기회를 제공해 왔다.

– 김동기 기자

라 책

독도를 관계적 위치로 살펴보면 동해의 중심에 있다고 할 수 있다. 독도는 위로는 러시아, 왼쪽에는 한반도, 오른쪽과 아래에는 일본이 있는 동해의 한가운데에 있어 전략적으로 매우 중요하다. 그리고 독도는 북태평양에서 올라오는 구로시오 난류의 한 줄기인 동한 난류가 북한 한류와 만나는 경계에 있어 풍부한 어족 자원이 있는 조경 수역을 이룬다. 이 점도 독도의 중요한 위치적 특징이라고 할 수 있다.

– 전국 사회과 교과 연구회, 『독도를 부탁해』

마 인터넷

외교부 독도 누리집(http://dokdo.mofa.go.kr)

간단 체크 활동 문제

05 〈보기〉와 같은 글을 쓰려고 할 때, 활용할 수 있는 자료로 적절하지 않은 것은?

┤보기├
'독도의 지리와 역사, 가치'를 주제로 하는 설명하는 글

① 독도의 위치를 알려 주는 인터넷 자료
② 독도의 위치적 특징을 설명한 교과서 일부
③ 독도에 살고 있는 지역민들의 직업을 설문 조사한 자료
④ 독도에 살고 있는 다양한 어종들을 소개한 텔레비전 다큐멘터리
⑤ 독도가 오래전부터 우리나라 영토였음을 알려 주는 기록의 일부

(1) 글을 쓸 때, 가～마를 어떻게 활용할 수 있을지 정리해 보자.

가	독도가 아주 오래전부터 우리나라의 영토였음을 설명하는 자료로 활용함.
나	📖 독도에는 사시사철 다양한 어류들이 살기 때문에 환경·생태학적으로 가치가 있음을 설명하는 자료로 활용함.
다	📖 국립 수산 과학원에서 독도 사진전을 개최함을 안내하는 자료로 활용함.
라	📖 독도의 위치적 특징을 설명하는 자료로 활용함.
마	📖 독도의 구성과 위치를 설명하는 자료로 활용함.

(2) 통일성을 고려할 때, 가~마 중 '정우'가 활용하기에 적절하지 않은 자료와 그 까닭을 말해 보자.

답 □. '정우'가 쓰려는 글의 주제는 '독도의 지리와 역사, 가치'인데, (다)의 자료는 주제와 거리가 멀다.

간단 체크 활 동 문제

중요
06 3의 개요를 수정하기 위한 방안으로 적절한 것을 〈보기〉에서 모두 고른 것은?

┤ 보기 ├
ㄱ. '가운데 – 1.'에는 '독도의 위치와 구성'을 추가하는 것이 좋다.
ㄴ. '가운데 – 2 – 라.'는 '독도의 역사'와 관련이 없으므로 삭제해야 한다.
ㄷ. '가운데 – 1 – 나.'는 독도의 가치에 속하는 내용이므로 '가운데 – 3.'으로 이동해야 한다.
ㄹ. '가운데 – 2.'의 '가. 조선 시대까지의 역사'와 '다. 현대의 역사'는 하나로 합치는 것이 좋다.
ㅁ. '제목'은 이 글의 주제를 더 잘 드러낼 수 있도록 '독도가 우리 땅인 이유'로 수정하는 것이 좋다.

① ㄱ, ㄹ
② ㄴ, ㅁ
③ ㄱ, ㄴ, ㄷ
④ ㄴ, ㄷ, ㄹ
⑤ ㄷ, ㄹ, ㅁ

③
단계 내용 조직하기

3 다음은 '정우'가 수집한 자료를 바탕으로 쓴 개요이다. 다음 개요를 살펴보면서 통일성 있게 내용을 조직하는 방법을 알아보자.

제목	잊지 말아야 할 우리의 땅, 독도
처음	독도를 잘 알지 못하는 우리의 현실
가운데	1. 독도의 지리 가. 독도의 기후 나. 경제적 가치 2. 독도의 역사 가. 조선 시대까지의 역사 나. 일제 강점기의 역사 다. 현대의 역사 라. 독도를 관광하는 방법 3. 독도의 가치 가. 환경·생태학적 가치 나. 위치적 가치
끝	독도의 소중함을 알고 가까이하려는 태도의 필요성

● 다음은 위의 개요를 수정하기 위해 나눈 대화이다. 개요를 점검한 후에 빈칸에 알맞은 내용을 써 보자.

답 '가운데 – 2 – 라. 독도를 관광하는 방법' 항목은 '가운데 – 2. 독도의 역사'와 관련이 없으니 삭제하는 것이 좋겠어.

'가운데 – 1 – 나. 경제적 가치' 항목은 답 '가운데 – 3. 독도의 가치' 의 하위 항목이니 그쪽으로 이동해야겠어. 그리고 '가운데'의 답 '1. 독도의 지리' 항목에는 '독도의 위치와 구성'을 추가하는 것이 좋겠어.

4단계 표현하기와 고쳐쓰기

4 다음은 '정우'가 개요를 바탕으로 쓴 글의 일부분이다. 이 글을 살펴보면서 통일성 있게 글을 표현하는 방법과 고쳐 쓰는 방법을 알아보자.

가 독도는 경제적으로 매우 가치 있는 섬이다. 독도 주변의 바다는 한류와 난류가 만나는 조경 수역이기 때문에 어류의 먹이인 플랑크톤이 풍부하다. 그래서 겨울과 봄에는 명태 어장이, 여름과 가을에는 오징어 어장이 형성된다. 이뿐만 아니라 독도 주변에는 엄청난 양의 메탄 하이드레이트(methane hydrate)가 매장되어 있다. 메탄 하이드레이트는 메탄이 주성분인 천연가스가 얼음처럼 고체화된 것이다. 메탄 하이드레이트는 석유를 대체할 수 있는 훌륭한 에너지 자원이기 때문에 이것이 지닌 경제적 가치는 엄청나다. 그리고 독도는 서쪽으로는 한반도, 북쪽으로는 러시아, 동쪽과 남쪽으로는 일본에 둘러싸여 있다.

나 여러 단계의 화산 활동으로 만들어진 독도는 다양한 암석과 지형, 지질 구조가 있기 때문에 해저 화산의 성장과 진화의 과정을 보여 주는 사례로 가치가 있다. 또한 독도는 동해를 건너는 생물의 중간 서식지이자 지금까지 사람의 접근이 어려웠던 곳이다. ㉠바위섬인 독도는 비가 오면 빗물이 흘러내리기 때문에 식물이 살기 어렵다. 그래서 독도에서는 희귀한 생물들을 만날 수 있다. 독도의 하늘에는 괭이갈매기를 비롯하여 노랑부리백로, 흑비둘기, 슴새, 노랑지빠귀 등이 날고, 바다에는 파랑돔, 노랑씬벵이, 개볼락, 미역치, 말전복 등이 헤엄친다. 그리고 땅에는 곰딸기, 섬장대, 개갓냉이, 왕호장 등 다양한 식물이 산다. 이렇게 독도에는 희귀한 생물들이 살아 1999년에 섬 전체가 천연 보호 구역으로 지정되었다.

다 독도에 살았던 희귀한 생물에는 독도 강치도 있다. 독도 강치는 독도를 중심으로 동해 연안에 살았던 바다사자이다. 덩치가 크고 지능이 좋았던 독도 강치는 먹이가 풍부한 독도 주변에서 수만 마리가 서식했다. 그러나 일제 강점기 때 무자비한 포획으로 독도 강치는 멸종되었고 이제는 박제로밖에 볼 수 없다.

라 독도는 위치적으로도 가치가 높다. 독도는 우리나라의 가장 동쪽에 있기 때문에 우리나라의 배타적 경제 수역 설정에 중요한 역할을 한다. 우리나라는 독도에서 200해리 떨어진 수역까지 배타적 경제 수역을 설정할 수 있는데, 이를 통해 이 수역 안의 어업 및 광물 자원 등의 경제적 권리를 주장할 수 있다. 이렇게 독도는 동북아 강대국의 중심에 있기 때문에 군사적·전략적 요충지로서 역할을 한다.

간단 체크 활동 문제

07 이 글의 주제로 적절한 것은?
① 독도의 지리
② 독도의 가치
③ 독도의 기후와 환경
④ 독도의 문화적 특징
⑤ 독도에 사는 생물들

08 이 글의 내용으로 알맞지 <u>않은</u> 것은?
① 독도에는 희귀한 생물인 독도 강치가 살고 있다.
② 독도는 섬 전체가 천연 보호 구역으로 지정되었다.
③ 독도는 해저 화산의 성장과 진화의 과정을 보여 준다.
④ 독도 주변에 엄청난 양의 메탄 하이드레이트가 매장되어 있다.
⑤ 독도는 우리나라의 가장 동쪽에 있어서 배타적 경제 수역 설정에 중요한 역할을 한다.

[2] 통일성 있는 글 쓰기

(1) 가~라의 중심 내용을 정리해 보고, 글의 흐름을 고려할 때 통일성을 깨뜨리는 문단을 찾아보자.

문단	중심 내용
가	🖐 독도의 ☐☐적 가치
나	독도의 환경·생태학적 가치
다	🖐 독도에 살았던 강치
라	🖐 독도의 위치적 가치

● 통일성을 깨뜨리는 문단: 🖐 ☐

간단 체크 활동 문제

중요
09 (가)~(라) 중, 글의 흐름을 고려할 때 통일성을 깨뜨리는 문단을 쓰시오.

(2) 가에서 다른 문단으로 이동해야 할 문장을 찾고, 어느 문단으로 이동해야 하는지 말해 보자.

🖐 (가)의 "그리고 독도는 서쪽으로는 한반도, 북쪽으로는 러시아, 동쪽과 남쪽으로는 일본에 둘러싸여 있다."라는 문장은, 독도의 경제적 가치를 설명하고 있는 (가)의 중심 내용과 거리가 있다. 따라서 이 문장은 '독도의 위치적 가치'를 설명하고 있는 ☐로 옮기는 것이 적절하다.

중요
10 67쪽 ㉠의 문제점으로 적절한 것은?
① 문단의 중심 내용과 관련이 없다.
② 예상 독자의 수준에 맞지 않는다.
③ 글쓴이의 주장과 반대되는 의견이다.
④ 독자의 흥미를 불러일으키지 못한다.
⑤ 내용을 뒷받침할 만한 객관적인 자료가 부족하다.

(3) 나에서 삭제해야 하는 문장에 밑줄을 긋고, 그 까닭을 써 보자.

🖐 • 삭제해야 하는 문장: 바위섬인 독도는 비가 오면 빗물이 흘러내리기 때문에 식물이 살기 어렵다.
• 까닭: (나)에서는 독도의 환경이 특수하며, 그곳에 희귀한 생물들이 많이 살아서 독도가 환경·생태학적으로 가치가 매우 높은 곳임을 설명하고 있다. 하지만 "바위섬인 독도는 비가 오면 빗물이 흘러내리기 때문에 식물이 살기 어렵다."라는 문장은 (나)의 중심 내용과 반대되는 내용이므로 문단의 통일성을 깨뜨린다.

학습콕

❶ 통일성 있는 글을 쓰는 과정

계획하기	내용 ☐☐하기	내용 조직하기	표현하기와 고쳐쓰기
글의 목적, 예상 독자, 주제, 글의 종류 등을 정함.	• 내용 수집하기: 주제와 관련된 내용을 중심으로 다양한 자료를 수집함. • 내용 선정하기: 수집한 자료 중 주제와 관련이 있는 자료를 선정함.	생성한 내용을 글의 흐름에 맞게 체계적으로 배열하여 ☐☐를 작성함.	• 표현하기: 하나의 주제를 중심으로 내용과 내용을 긴밀하게 연결함. • 고쳐쓰기: 글의 주제와 관련 없는 문단이나 문장은 삭제하고, 글의 흐름을 고려하여 문장이나 문단을 이동함.

적용 ❶ 통일성 있는 글 쓰기

다음 과정에 따라 통일성 있는 글을 써 보자.

1 단계 계획하기

1 보기에서 소재를 선택하여 글쓰기 계획을 세워 보자.

보기		
일회용품	공정 여행	✓기부 문화
대중문화	미래 과학	청소년 건강
우리나라 전통 음식	기타: _____	

예시 답》

글의 목적	친구들에게 기부하자고 설득하기 위해
예상 독자	중학생
주제	기부를 활성화하자.
글의 종류	☐☐하는 글

2 단계 내용 생성하기

2 1을 바탕으로 글을 쓰기 위한 자료를 다양한 매체에서 수집해 보고, 그 내용을 정리해 보자.

예

매체의 종류	내용	활용 방안
책, 『착한 성장 여행』	어린 딸과 함께 공정 여행을 다녀온 엄마가 쓴 여행기	공정 여행의 실제 사례로 소개함.

예시 답》

매체의 종류	내용	활용 방안
인터넷	한 해 기부금의 60%가 12월과 1월에 집중됨.	우리나라 기부 문화의 현실을 제시할 때 사용함.
방송	낮은 기부 의식을 높이기 위해 본보기상을 개발해야 함.	기부 문화를 활성화하기 위한 방안으로 제시함.
신문 기사	어느 회사의 회장이 복지 재단에 전 재산을 기부하기로 발표함.	기부를 실천한 본보기상으로 제시함.

간단 체크 활동 문제

11 다음 중 계획하기 단계에서 해야 하는 활동이 <u>아닌</u> 것은?

① 주제를 정한다.
② 예상 독자를 설정한다.
③ 글의 종류를 확정한다.
④ 다양한 자료를 수집한다.
⑤ 글의 목적을 분명히 한다.

12 '우리나라 기부 문화의 현실'을 주제로 글을 쓴다고 할 때, 활용할 수 있는 자료로 가장 적절한 것은?

① 재능 기부 참여를 독려하는 홍보 영상
② 기부를 통해 삶의 가치를 깨달은 사람과의 인터뷰
③ 기부에 대한 부정적인 생각을 부각한 방송 프로그램
④ 기부금의 대부분이 일정 시기에 집중된다는 통계 자료
⑤ 어렵게 돈을 모은 상인이 전 재산을 기부했다는 신문 기사

3 단계 내용 조직하기

3 2에서 수집한 자료를 바탕으로 개요를 작성해 보자.

예시 답 >>

제목	우리나라의 기부 문화
처음 (서론)	우리나라 기부 문화의 실태
가운데 (본론)	1. 기부 문화가 활성화되지 않는 □□ 　가. 기부의 필요성 인식 부족 　나. 기부 단체에 대한 불신 　다. 기부 참여 방안 부족 2. 기부 문화 활성화 방안 　가. 기부의 필요성 공유 　나. 기부 문화의 투명성 강화 　다. 다양한 기부 방안 마련
끝 (결론)	기부 문화 활성화의 필요성

📖 **지식 사전**

개요의 개념과 종류
• 개념: 생성한 내용을 체계적으로 배열하여 구조화한 글의 뼈대를 말한다.
• 개요의 종류

화제 개요	내용을 핵심 어구(명사 또는 명사형)로 간략하게 표현하여 글의 전체적인 흐름을 한눈에 파악할 수 있음.
문장 개요	내용을 완성된 문장으로 표현하여 글의 전개 방향과 내용을 구체적으로 알 수 있음.

4 단계 표현하기와 고쳐쓰기

4 3에서 작성한 개요에 따라 글을 써 보자.

예시 답 >> 생략

5 다음 기준에 따라 4에서 쓴 글이 통일성이 있는지 점검하고, 글을 고쳐 써 보자.

• 글의 주제와 관련 없는 문단은 없는가?
• 각 문단에서, 문단의 중심 내용과 관련 없는 문장은 없는가?
• 글의 흐름을 고려했을 때, 이동해야 하는 문장은 없는가?

예시 답 >> 생략

---

13 ㄱ~ㅁ 중, '기부 단체에 대한 불신'이라는 내용이 들어가기에 적절한 곳은?

서론	1. 우리나라 기부 문화의 실태 2.(　　ㄱ　　)
본론	1. 기부 문화가 활성화되지 않는 원인 　가. 기부의 필요성에 대한 인식 부족 　나.(　　ㄴ　　) 2. 기부 문화 활성화 방안 　가.(　　ㄷ　　) 　나. 기부 문화의 투명성 강화
결론	•(　　ㄹ　　) • 기부 문화 활성화의 필요성 •(　　ㅁ　　)

① ㄱ
② ㄴ
③ ㄷ
④ ㄹ
⑤ ㅁ

14 통일성을 고려하여 글을 점검하는 기준으로 적절하지 않은 것은?

① 다양한 예를 들었는가?
② 문단의 내용이 글의 주제와 관련이 있는가?
③ 글의 흐름을 고려할 때 삭제해야 할 문장이 있는가?
④ 각 문단에서 문단의 중심 내용과 관련 없는 문장은 없는가?
⑤ 글의 흐름을 고려할 때 위치를 옮겨야 하는 문장은 없는가?

5 단계 평가하기

6 다음 기준에 따라 짝이 쓴 글을 평가해 보자.

예시 답 》

평가 기준			
• 글의 주제가 명료하게 드러나는가?	그렇다 ✓	보통이다 ☐	아니다 ☐
• 다양한 자료에서 수준과 흥미에 맞는 내용을 선정하였는가?	그렇다 ✓	보통이다 ☐	아니다 ☐
• 글의 내용이 하나의 주제로 긴밀하게 연결되었는가?	그렇다 ✓	보통이다 ☐	아니다 ☐

간단 체크 활동 문제

15 〈보기〉와 같은 내용을 점검해야 하는 글쓰기 단계는?

┤보기├
• 글의 주제가 명료하게 드러나는가?
• 다양한 자료에서 적절한 내용을 선정하였는가?
• 글의 내용이 하나의 주제로 긴밀하게 연결되었는가?

① 계획하기
② 표현하기
③ 평가하기
④ 내용 생성하기
⑤ 내용 조직하기

활동 마당

이 활동은
흩어져 있는 문단을 재배열하여 통일성 있는 글로 만들어 봄으로써 학생들이 글의 통일성을 쉽게 이해할 수 있도록 한 활동입니다.

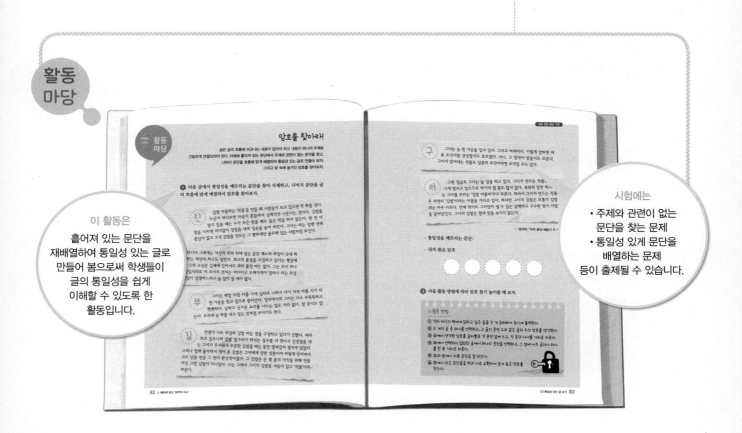

시험에는
• 주제와 관련이 없는 문단을 찾는 문제
• 통일성 있게 문단을 배열하는 문제
등이 출제될 수 있습니다.

●● 통일성 있는 글의 개념과 요건

개념	글의 내용들이 하나의 ❶◻◻로 긴밀하게 연결되는 것
요건	• 문단의 각 문장이 그 문단의 중심 생각과 긴밀하게 연결되어야 함. • 각 문단의 내용은 글의 주제와 긴밀하게 연결되어야 함.

●● 통일성 있는 글을 써야 하는 이유

통일성 있는 글을 써야 글쓴이가 전하고자 하는 바가 글에서 분명하게 드러나 독자가 그 뜻을 쉽게 파악할 수 있기 때문이다.

●● 통일성 있는 글을 쓰는 과정

(1) ❷◻◻하기
• 글의 목적, 예상 독자, 글의 주제, 글의 종류 등을 정함.

(2) 내용 생성하기

내용 수집하기	• 주제와 관련된 내용을 중심으로 자료를 수집함. • 다양한 매체를 통해 자료를 풍부하게 마련할 수 있음.
내용 선정하기	• 수집한 자료를 정리한 후, 주제와 거리가 멀거나 불필요한 자료는 삭제하고, 주제와 밀접한 관련이 있는 자료를 선정함.

(3) 내용 ❸◻◻하기
• 주제와 관련이 있는 내용을 중심으로 개요를 작성함.
• 상위 항목과 하위 항목을 적절하게 구분하여 내용을 배치함.

(4) 표현하기와 고쳐쓰기

표현하기	• 계획한 내용과 개요를 바탕으로 글을 씀. • 하나의 주제를 중심으로 내용과 내용을 긴밀하게 연결함.
고쳐쓰기	• 글의 주제와 관련 없는 문단은 ❹◻◻함. • 각 문단에서, 문단의 중심 내용과 관련 없는 문장은 삭제함. • 글의 흐름을 고려했을 때, 이동해야 하는 문장이 없는지 확인함.

시험에
나오는 소단원 문제

01~03 다음 개요를 보고, 물음에 답하시오.

제목	잊지 말아야 할 우리의 땅, 독도
처음	⊙독도를 잘 알지 못하는 우리의 현실
가운데	⊙1. 독도의 지리 　가. 독도의 기후 　⊙나. 경제적 가치 2. 독도의 역사 　가. 조선 시대까지의 역사 　나. 일제 강점기의 역사 　다. 현대의 역사 　⊙라. 독도를 관광하는 방법 3. 독도의 가치 　가. 환경·생태학적 가치 　⊙나. 위치적 가치
끝	독도의 소중함을 알고 가까이하려는 태도의 필요성

01 이 개요를 보고 글쓴이가 글을 쓰려는 목적을 바르게 추측한 것은?

① 독도가 가깝다는 인식을 심어 주기 위해
② 독도의 지리와 역사, 가치에 대해 알리기 위해
③ 독도가 우리의 땅이라는 증거를 수집하기 위해
④ 독도를 잘 알지 못하는 우리의 현실을 비판하기 위해
⑤ 독도의 원래 모습을 되찾기 위한 노력을 촉구하기 위해

02 이 개요를 바탕으로 글을 쓰려고 할 때, 〈보기〉의 자료를 활용하기에 적절한 위치는?

독도와 관련된 근대 이전의 기록

『삼국사기』에 신라 장군 이사부가 512년에 우산국을 복속하였다는 기록이 있다. 이후 고려 전기에 고려에 공납물을 바쳤다는 기록

이, 고려 중엽부터는 관원이 왕래했다는 기록이 『고려사』에 남아 있다. 『세종 실록 지리지』에는 무릉(울릉도)과 우산(독도)이 강원도 울진현의 정동쪽 바다 가운데 있다고 기록되어 있다.
　－ 한국 콘텐츠 진흥원, 『문화 원형 백과』

① 처음　　② 가운데 1　　③ 가운데 2
④ 가운데 3　　⑤ 끝

학습 활동 응용
03 ⊙~⊙에 대한 의견으로 적절하지 않은 것은?

① ⊙: 독도에 대한 지식이 부족한 현실 상황을 제시하면 이 글을 읽어야 할 필요성을 일깨울 수 있을 것 같아.
② ⊙: 하위 항목으로 '독도의 위치와 구성'을 추가하면 좋겠어.
③ ⊙: 내용상 '3. 독도의 가치'의 하위 항목으로 가는 것이 적절할 것 같아.
④ ⊙: 독도에 대한 사람들의 관심을 불러일으키는 내용이므로 처음 부분에 위치하는 게 더 좋을 것 같아.
⑤ ⊙: 독도의 가치 중 지리적 가치에 대한 내용이니 지금의 위치가 적절해.

학습 활동 응용
04 다음 글에 대해 평가한 내용으로 적절한 것은?

> 곧 시험이 있어 친구들과 도서관에 가기로 했다. 아침 일찍 일어나 밥을 먹고 도서관으로 갔다. 도서관으로 가는 길에 사나운 강아지를 봤다. 우리 집도 강아지를 키웠으면 좋겠다. 도서관에서 열심히 공부하다가 점심시간이 되어 식당에서 라면을 사 먹었다. 친구가 떡볶이를 먹는 걸 보니 라면을 먹은 것이 후회되었다. 나는 떡볶이를 좋아한다. 그래서 별명이 '떡순이'였다. 내 꿈은 요리사이다. 내가 만든 요리를 다른 사람이 맛있게 먹는 모습이 좋기 때문이다. 집에 가려고 도서관을 나섰는데 비가 내리고 있었다. 그런데 오빠가 우산을 들고 날 데리러 와서 집에 갈 수 있었다.

① 비유적 표현이 많아 내용을 이해하기 어렵다.
② 주장하는 글의 기본적인 구조를 따르고 있지 않다.
③ 너무 많은 내용을 담고 있어 주제를 파악하기 어렵다.
④ 자신의 경험을 과장하여 서술하여 신뢰성이 떨어진다.
⑤ 하루에 있었던 일을 시간 순서대로 나열하여 글의 흐름이 매끄럽다.

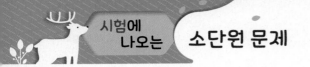
05~07 다음 글을 읽고, 물음에 답하시오.

가 독도는 경제적으로 매우 가치 있는 섬이다. 독도 주변의 바다는 한류와 난류가 만나는 조경 수역이기 때문에 어류의 먹이인 플랑크톤이 풍부하다. 그래서 겨울과 봄에는 명태 어장이, 여름과 가을에는 오징어 어장이 형성된다. 이뿐만 아니라 독도 주변에는 엄청난 양의 메탄 하이드레이트(methane hydrate)가 매장되어 있다. 메탄 하이드레이트는 메탄이 주성분인 천연가스가 얼음처럼 고체화된 것이다. 메탄 하이드레이트는 석유를 대체할 수 있는 훌륭한 에너지 자원이기 때문에 이것이 지닌 경제적 가치는 엄청나다. 그리고 독도는 서쪽으로는 한반도, 북쪽으로는 러시아, 동쪽과 남쪽으로는 일본에 둘러싸여 있다.

나 독도는 동해를 건너는 생물의 중간 서식지이자 지금까지 사람의 접근이 어려웠던 곳이다. 그래서 독도에서는 희귀한 생물들을 만날 수 있다. 독도의 하늘에는 괭이갈매기를 비롯하여 노랑부리백로, 흑비둘기, 슴새, 노랑지빠귀 등이 날고, 바다에는 파랑돔, 노랑씬벵이, 개볼락, 미역치, 말전복 등이 헤엄친다. 그리고 땅에는 곰딸기, 섬장대, 개갓냉이, 왕호장 등 다양한 식물이 산다. 이렇게 독도에는 희귀한 생물들이 살아 1999년에 섬 전체가 천연 보호 구역으로 지정되었다.

다 독도에 살았던 희귀한 생물에는 독도 강치도 있다. 독도 강치는 독도를 중심으로 동해 연안에 살았던 바다사자이다. 덩치가 크고 지능이 좋았던 독도 강치는 먹이가 풍부한 독도 주변에서 수만 마리가 서식했다. 그러나 일제 강점기 때 무자비한 포획으로 독도 강치는 멸종되었고 이제는 박제로밖에 볼 수 없다.

라 독도는 위치적으로도 가치가 높다. 독도는 우리나라의 가장 동쪽에 있기 때문에 우리나라의 배타적 경제 수역 설정에 중요한 역할을 한다. 우리나라는 독도에서 200해리 떨어진 수역까지 배타적 경제 수역을 설정할 수 있는데, 이를 통해 이 수역 안의 어업 및 광물 자원 등의 경제적 권리를 주장할 수 있다. 이렇게 독도는 동북아 강대국의 중심에 있기 때문에 군사적·전략적 요충지로서 역할을 한다.

05 이 글의 내용으로 알 수 <u>없는</u> 것은?

① 지금은 독도 강치를 볼 수 없다.
② 독도에서는 희귀한 생물들을 관찰할 수 있다.
③ 독도 주변에는 많은 양의 석유가 매장되어 있다.
④ 독도 주변의 바다에는 명태, 오징어 등의 어장이 형성된다.
⑤ 독도는 우리나라의 배타적 경제 수역을 설정하는 데 유리하게 작용한다.

서술형

06 (가)에서 다른 문단으로 옮겨야 할 문장을 찾고, 어느 문단으로 옮겨야 할지 쓰시오.

★ 학습 활동 응용

07 다음은 이 글을 읽은 후 두 학생이 나눈 대화이다. 빈칸에 들어갈 말로 적절한 것은?

> 태연: 이 글은 독도의 경제적·생태학적·위치적 가치에 대해 설명하고 있어. 그러므로 이 글의 주제는 '독도의 가치'로 정리할 수 있어.
> 지용: 나도 그렇게 생각해. 그런데 (다)는 _____
> _____.

① 글의 통일성을 고려하여 삭제하는 게 좋겠어.
② 글쓴이의 경험을 곁들여 설명하는 게 좋겠어.
③ 학생들에게 좀 더 친근한 내용으로 바꾸는 게 좋겠어.
④ 글의 주제를 고려할 때 중심 문단에 해당한다고 볼 수 있겠어.
⑤ 예로 든 내용이 지나치게 생소해서 익숙한 내용으로 보완하는 게 좋겠어.

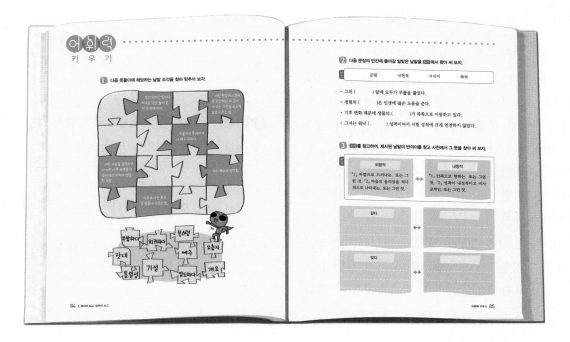

예시답안

1.

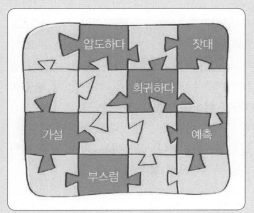

2.

• 그의 (군림) 앞에 모두가 무릎을 꿇었다.
• 경험의 (축적)은 인생에 많은 도움을 준다.
• 기후 변화 때문에 생물의 (서식지)가 북쪽으로 이동하고 있다.
• 그녀는 워낙 (낙천적) 성격이어서 시험 성적에 크게 연연하지 않았다.

3.

같다	다르다
「1」 서로 다르지 않고 하나이다. 「2」 다른 것과 비교하여 그것과 다르지 않다.	「1」 비교가 되는 두 대상이 서로 같지 아니하다. 「2」 보통의 것보다 두드러진 데가 있다.

맞다	틀리다
「1」 문제에 대한 답이 틀리지 아니하다. 「2」 말, 육감, 사실 따위가 틀림이 없다. 「3」 (앞 사람의 말에 동의하는 데 쓰여) '그렇다' 또는 '옳다'의 뜻을 나타내는 말	셈이나 사실 따위가 그르게 되거나 어긋나다.

확인 문제

1 밑줄 친 낱말의 사용이 바르지 <u>않은</u> 것은?

① 엄마 말씀이 <u>맞았다</u>.
② 우리가 사는 동네는 <u>같다</u>.
③ 은수가 적은 답이 <u>틀렸다</u>.
④ 준현이는 민지와 생각이 <u>다르다</u>.
⑤ 지아와 지수는 쌍둥이지만 생김새가 <u>틀리다</u>.

01~05 다음 글을 읽고, 물음에 답하시오.

㉠관계는 첫인상부터 시작된다

가 사람 사이의 모든 관계는 만남에서 시작된다. 만남 없는 관계란 있을 수 없고, 설사 있다 하더라도 극히 드물다. 다른 사람과 직접 얼굴을 마주하는 만남이 일반적이지만 전화나 전자 우편을 통한 만남도 얼마든지 있을 수 있다. 이러한 만남 가운데 가장 중요한 것은 첫 만남인데, 왜냐하면 사람들이 처음에 형성된 인상을 좀처럼 바꾸려 하지 않기 때문이다.

나 사람들은 왜 극히 제한된 정보로 형성된 첫인상을 바꾸려고 하지 않을까? 여기에는 여러 가지 원인이 있겠지만 가장 중요한 원인은 우리들 마음속에 있는 '가설 검증 바이어스'이다.

다 첫인상이 형성되고 난 다음에 사람들은 자신의 판단이 옳다는 것을 증명하는 정보만 선택적으로 받아들이고 자신이 내린 판단에 들어맞지 않는 정보는 무시하거나 쉽게 잊어버린다. 뚱뚱한 사람은 절제력이 부족하다고 생각하는 사람은 뚱뚱한 사람의 여러 행동 중에서 자기의 생각에 부합하는 것만 기억하고 나머지는 아예 무시해 버린다. 이 사람은 이러한 과정을 거듭하면서 자기의 생각이 옳다고 제멋대로 확신해 버린다. ㉡이러한 현상을 사회 심리학에서는 '가설 검증 바이어스'라고 부른다.

라 혈액형에 따라 성격을 분류하는 '혈액형 성격학'이 들어맞는 것처럼 생각하는 주된 근거도 '가설 검증 바이어스'이다. 사람들은 상대의 혈액형에 부합한다고 생각하는 성격이나 행동만을 의도적으로 수집하고 또 그것들을 축적하여, 혈액형이 성격과 관련 있다고 믿는다. 가령, 사람들은 A형인 사람의 여러 행동 중 내성적이고 소심하다는 것을 입증할 수 있는 정보만을 받아들인다. A형의 사람이 대범하게 행동하는 것을 보더라도 대수롭지 않게 받아들이고 그것은 곧 기억에서 사라진다. 기억에 남는 것이 내성적이고 소심한 행동뿐이다 보니 혈액형 성격학이 맞는 것처럼 여기는 것이다.

마 첫인상은 여러 측면이 있을 수 있는 상대의 성격을 제한된 정보뿐인 자기의 잣대로 재단하여 마음대로 형성한 것이기에 위험하다. 이 모두가 '가설 검증 바이어스' 때문이라는 것은 두말할 필요가 없다. 따라서 우리는 '가설 검증 바이어스'를 버리고 지속적인 관계를 통해 상대의 실제 모습을 보아야 할 것이다.

---

01 (가)~(마)의 중심 내용으로 알맞지 <u>않은</u> 것은?

① (가): 첫인상이 중요한 이유
② (나): 사람들이 첫인상을 바꾸려 하지 않는 이유
③ (다): '가설 검증 바이어스'의 개념
④ (라): '혈액형 성격학'이 들어맞는 것처럼 생각되는 이유
⑤ (마): '가설 검증 바이어스'의 위험성과 글쓴이의 당부

02 이 글을 읽으며 예측한 내용으로 적절하지 <u>않은</u> 것은?

① 이 글을 읽은 독자들은 첫인상만으로 사람을 판단하지는 않겠군.
② A형인 사람들의 일반적인 성격이 제시되어 있으므로 B형, AB형, O형인 사람들의 성격도 이어지겠군.
③ 이 글은 설명하는 글이니 설명하는 글의 일반적인 구조에 따라 내용이 '처음 – 가운데 – 끝'으로 전개되겠군.
④ '바이어스(bias)'가 '편견'이라는 뜻이니 '가설 검증 바이어스'는 어떤 가설을 검증할 때 편견이 들어가는 현상을 말하는 것이겠군.
⑤ '아예 무시해 버린다.', '제멋대로 확신해 버린다.'와 같은 표현을 보니, 글쓴이는 '가설 검증 바이어스'를 부정적으로 생각하는 것 같군.

03 (라)를 읽은 후의 반응으로 적절한 것은?

① '혈액형 성격학'에는 과학적 근거가 없군.
② 사람은 자신에게 유리한 것만 기억하는군.
③ 혈액형은 관계를 형성하는 중요한 요소이군.
④ 소심한 사람일수록 '가설 검증 바이어스'를 신뢰하는군.
⑤ 사람의 성격이 혈액형에 따라 다른 이유는 '가설 검증 바이어스' 때문이군.

04 ㉠을 통해 예측할 수 있는 내용으로 적절한 것은?

① 인간관계에 영향을 미치는 다양한 요인이 나열될 것임을 예측할 수 있어.

② 인간관계에서 '첫인상'이 어떤 역할을 하는지 설명하려는 글쓴이의 의도를 알 수 있어.

③ 어려운 단어의 뜻을 쉽게 풀이해 독자들의 이해를 돕고자 하는 글쓴이의 배려가 엿보여.

④ 만나는 대상에 따라 사람들의 심리가 어떻게 달라지는지 구체적인 사례가 제시될 것 같아.

⑤ 자신의 첫인상이 어떠한지 생각해 보고 지나온 삶을 반성하게 하려는 목적으로 쓴 글이야.

05 ㉡에 다음 문장을 넣을 때 생기는 문제점으로 적절한 것은?

> 그러나 신중하고 꼼꼼하게 상대를 살피고, 다양한 정보를 활용해 첫인상을 형성하는 사람들도 많다.

① 앞 문단의 내용과 중복된다.

② 문단의 길이가 길어져 글이 장황해진다.

③ 부적절한 접속어 사용으로 의미가 왜곡된다.

④ 내용이 어려워져 독자들의 흥미를 떨어뜨린다.

⑤ 주제와 반대되는 내용이라 글의 통일성을 해친다.

[06~08] 다음 글을 읽고, 물음에 답하시오.

㉠더위가 알려 준 진짜 충격

가 더위는 우리가 근본적인 고민을 하도록 만든다. 당장의 더위를 해결하지 않는 이상 그 어떤 것도 중요하지 않음을 몸소 경험함으로써 우리는 알게 모르게 이 시대의 문제를 마주하게 된다. 그렇다. 기후 변화는 현대의 큰 문제이다. 모든 이의 피부에 와 닿는 가장 심각한 전 지구적 문제, 나와 무관하다며 모든 것을 무시해 버려도 끝내 외면할 수 없는 생존의 문제이다.

나 국제 생태 발자국 네트워크(GFN)라는 단체가 운영하는 '지구 생태 용량 과용의 날'이라는 것이 있다. 지구의 일 년 치 자원을 12월 31일에 다 쓰는 것으로 가정하고 실제로 자원이 모두 소모되는 날을 측정하는 것이다. 2015년은 8월 13일이었던 것이 2016년에는 8월 8일로 5일 앞당겨졌다. 우리나라가 현재처럼 자원을 소비하면서 자원을 지속적으로 사용할 수 있는 상태를 유지

하기 위해서는 지구가 3.3개 필요하다고 한다. 한마디로 우리의 에너지 사용량, 그리고 그 증가량이 심하다고 할 수 있다.

다 (㉡) 우리는 더위 앞에서 에너지 사용량을 줄일 생각까지 미치지 못한다. 더위에 대응하는 근본적인 대책에 관해 우리 모두 관심이 적다. 우리 모두가 이렇게 위험성을 인식하지 못하고 있는 사실이 이 더위보다 충격적이라 할 수 있다. 지금부터라도 기후 변화가 중요한 문제임을 인식하고 자원을 아껴 사용해야 할 것이다. 그리고 지속적으로 발전할 수 있는 녹색 성장을 준비해야 할 것이다.

06 다음 중 글의 내용을 예측한 것끼리 바르게 묶은 것은?

> ㄱ. 제목을 보니 더위가 어떤 문제와 관련이 있다는 내용일 것 같아.
>
> ㄴ. 이 글을 읽은 독자들은 기후 변화 문제에 관심을 가지게 될 것 같아.
>
> ㄷ. (가)와 (나)의 내용으로 보아 자원을 아껴 써야 한다는 주장이 이어질 것 같아.
>
> ㄹ. (가)에서 기후 변화 문제의 심각성을 지적한 것으로 보아 기후 변화 문제를 보여 주는 자료가 제시될 것 같아.

① ㄱ, ㄴ   ② ㄱ, ㄴ, ㄷ   ③ ㄱ, ㄴ, ㄹ
④ ㄱ, ㄷ, ㄹ   ⑤ ㄴ, ㄷ, ㄹ

07 (다)로 보아, ㉠이 의미하는 바로 가장 적절한 것은?

① 더위가 생존의 문제라는 사실

② 우리의 에너지 사용량을 정확히 모른다는 사실

③ 기후 변화의 위험성을 인식하지 못하고 있는 사실

④ 지구의 일 년 치 자원이 8월에 모두 소모된다는 사실

⑤ 기후 변화 문제를 해결하기 위해 에너지를 아껴 써야 한다는 사실

08 앞뒤의 내용으로 미루어 볼 때, ㉡에 들어갈 접속어로 알맞은 것은?

① 또한   ② 그런데   ③ 그래서
④ 그리고   ⑤ 그러므로

09 빈칸에 들어갈 말을 바르게 묶은 것은?

> 글에서 (ⓐ)이란 글의 내용들이 하나의
> (ⓑ)로 긴밀하게 연결되는 것을 뜻한다.

	ⓐ	ⓑ		ⓐ	ⓑ
①	통일성	소재	②	통일성	주제
③	구체성	소재	④	구체성	주제
⑤	객관성	구조			

[10~11] 다음을 읽고, 물음에 답하시오.

가 지민: 너 이번 국어 수행 평가로 어떤 글을 쓸지 생각해 봤어?

정우: 응. 얼마 전 텔레비전에서 독도를 소개하는 여행 프로그램을 보았는데, 내가 생각보다 독도를 잘 몰랐다는 것을 알게 되었어. 그래서 이번 기회에 여러 자료를 수집해서 친구들에게 독도를 설명하는 글을 쓰려고 해.

지민: 오! 좋아.

정우: 이번에 열심히 준비해서 친구들에게 독도의 지리와 역사, 가치를 제대로 알리고 싶어.

나

매일일보	2016년 7월 27일

국립 수산 과학원, '찾아가는 독도 사진전' 개최

국립 수산 과학원의 독도 수산 연구 센터는 오는 28일부터 29일까지 포항에 있는 독도 수산 연구 센터에서 '찾아가는 독도 사진전'을 개최한다고 밝혔다.

독도 수산 연구 센터는 이번 사진전을 찾은 관광객들과 지역 주민이 독도의 수려한 자연 경관과 해양 생물의 생생한 모습 및 생태 특성을 한눈에 볼 수 있도록 한다는 계획이다.

독도 수산 연구 센터는 그간 독도 사진 전시회를 통해 우리나라 영토 독도에서 새로운 생명을 잉태하고 살아가고 있는 해양 생물 60여 종의 생생한 모습을 담아, 독도의 동도와 서도의 물밑을 직접 확인할 수 있는 기회를 제공해 왔다. – 김동기 기자

10 '정우'가 쓰려는 글에 대한 정보 중, (가)를 통해 알 수 <u>없는</u> 것은?

① 글의 목적 ② 글의 갈래 ③ 글의 주제
④ 글의 분량 ⑤ 예상 독자

11 (가)에서 계획한 내용을 바탕으로 글을 쓴다고 할 때, (나)를 활용할 수 있을지를 판단해 보고 활용 가능 여부와 그 이유를 쓰시오.

[12~13] 다음 글을 읽고, 물음에 답하시오.

여러 단계의 화산 활동으로 만들어진 독도는 다양한 암석과 지형, 지질 구조가 있기 때문에 해저 화산의 성장과 진화의 과정을 보여 주는 사례로 가치가 있다. ㉠<u>또한 독도는 동해를 건너는 생물의 중간 서식지이자 지금까지 사람의 접근이 어려웠던 곳이다.</u> ㉡<u>바위섬인 독도는 비가 오면 빗물이 흘러내리기 때문에 식물이 살기 어렵다.</u> ㉢<u>그래서 독도에서는 희귀한 생물들을 만날 수 있다.</u> 독도의 하늘에는 괭이갈매기를 비롯하여 노랑부리백로, 흑비둘기, 슴새, 노랑지빠귀 등이 날고, 바다에는 파랑돔, 노랑씬뱅이, 개볼락, 미역치, 말전복 등이 헤엄친다. ㉣<u>그리고 땅에는 곰딸기, 섬장대, 개갓냉이, 왕호장 등 다양한 식물이 산다.</u> ㉤<u>이렇게 독도에는 희귀한 생물들이 살아 1999년에 섬 전체가 천연 보호 구역으로 지정되었다.</u>

12 이 글의 중심 내용으로 적절한 것은?

① 독도의 구성 원리
② 독도의 환경·생태학적 가치
③ 독도에서 만날 수 있는 희귀한 생물들
④ 독도에서 화산 활동이 자주 일어나는 원인
⑤ 사람들의 접근이 어려운 독도의 위치적 특성

13 글의 주제를 고려할 때, ㉠~㉤ 중 삭제해야 할 문장으로 적절한 것은?

① ㉠ ② ㉡ ③ ㉢ ④ ㉣ ⑤ ㉤

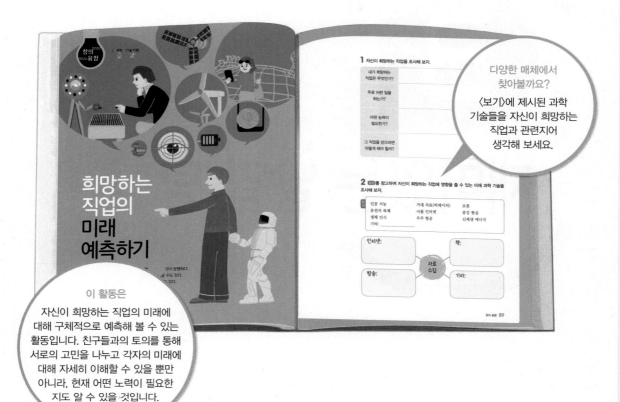

희망하는 직업의 미래 예측하기

이 활동은

자신이 희망하는 직업의 미래에 대해 구체적으로 예측해 볼 수 있는 활동입니다. 친구들과의 토의를 통해 서로의 고민을 나누고 각자의 미래에 대해 자세히 이해할 수 있을 뿐만 아니라, 현재 어떤 노력이 필요한 지도 알 수 있을 것입니다.

1 자신이 희망하는 직업을 조사해 보자.

다양한 매체에서 찾아볼까요?

〈보기〉에 제시된 과학 기술들을 자신이 희망하는 직업과 관련지어 생각해 보세요.

2 〈보기〉를 참고하여 자신이 희망하는 직업에 영향을 줄 수 있는 미래 과학 기술을 조사해 보자.

3 2에서 조사한 내용을 바탕으로 미래 사회에서 자신이 희망하는 직업이 어떻게 변할지 토의해 보자.

4 3에서 토의한 내용을 바탕으로 자신이 희망하는 직업이 어떻게 변할지 예측하여 정리해 보자.

5 4에서 정리한 내용을 바탕으로 미래에 자신이 일하는 모습을 그림으로 표현해 보자.

그림 공유하기

예측한 내용을 바탕으로 그린 그림을 친구들과 함께 나눠 보세요.

3 재미있는 낱말 탐험

의사소통 역량

왜 배울까?

우리말에는 50만 개가 넘는 낱말이 있다. 의사소통을 잘하기 위해서는 이 낱말들을 말하는 상황에 맞게 사용할 줄알아야 한다. 낱말들을 특성과 기원, 쓰임 등에 따라 나누어 보는 활동은 낱말을 깊고 넓게 이해할 수 있게 하여 낱말을 사용하는 능력을 기르는 데 큰 도움이 된다. 또한 이 활동은 실제 언어생활에서 사용되는 낱말들을 살펴보면서 다양한 기준에 따라 분류해 보는 과정을 거쳐야 하기 때문에 이 활동을 하면서 낱말을 탐구하는 능력도 자연스럽게 기를 수 있을 것이다.

뭘 배울까?

이 단원에서는 의사소통 역량을 기르기 위해 형태, 기능, 의미를 기준으로 성질이 비슷한 낱말끼리 묶어 보고, 각 묶음이 지닌 특성을 학습할 것이다. 그리고 낱말들을 그 말의 뿌리(어종)와 쓰임에 따라 나누어 보면서 우리말 어휘의 체계와 양상을 살펴볼 것이다.

● 정답과 해설 10쪽

소단원 개념 길잡이

●● 품사란

형태, 기능, 의미 등의 기준에 따라 묶어 놓은 낱말의 무리로, 우리말은 명사, 대명사, 수사, 동사, 형용사, 관형사, 부사, 조사, 감탄사의 아홉 가지로 분류한다.

●● 품사의 분류 기준

형태	낱말이 문장에서 쓰일 때 형태가 변하느냐 변하지 않느냐에 따라 나눔. • 형태가 변하지 않는 말(불변어): 체언, 수식언, 관계언, 독립언 • 형태가 변하는 말(가변어): 용언
기능	낱말이 문장에서 쓰일 때 주로 어떤 역할을 하느냐에 따라 체언, 용언, 수식언, 관계언, 독립언으로 나눔.
의미	낱말이 지닌 공통적인 의미에 따라 명사, 대명사, 수사, 동사, 형용사, 관형사, 부사, 조사, 감탄사로 나눔.

●● 세 가지 기준에 따른 품사 분류

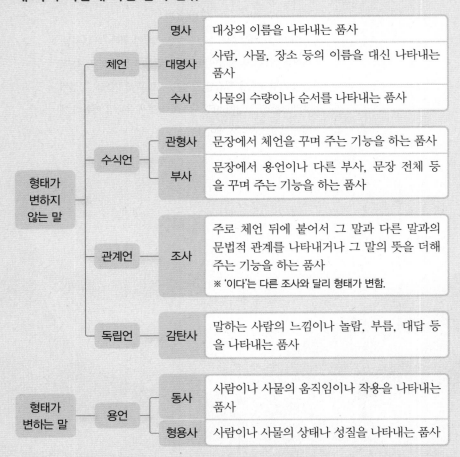

[1] 품사의 종류와 특성

학습 목표 품사의 종류를 알고 그 특성을 이해할 수 있다.

❶ 품사의 개념 이해하기 　　❷ 품사의 분류 기준 이해하기
❸ 품사의 특성 탐구하기

1 품사의 개념과 분류 기준

학습 포인트
❶ 품사의 개념 　　　　　　❷ 품사의 분류 기준

간단 체크 활동

품사의 분류 기준
낱말들을 일정한 기준에 따라 분류해 봄으로써 형태, 기능, 의미라는 품사의 분류 기준을 이해함.

체언의 종류와 특성
체언에는 명사, 대명사, 수사가 있다는 것을 이해하고 각 품사의 특성을 탐구함.

용언의 종류와 특성
용언에는 동사와 형용사가 있다는 것을 이해하고 동사와 형용사의 특성을 탐구함.

수식언의 종류와 특성
수식언에는 관형사와 부사가 있다는 것을 이해하고 관형사와 부사의 특성을 탐구함.

관계언의 종류와 특성
관계언에는 조사가 있다는 것을 이해하고 조사의 특성을 탐구함.

독립언의 종류와 특성
독립언에는 감탄사가 있다는 것을 이해하고 감탄사의 특성을 탐구함.

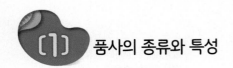

〔1〕 품사의 종류와 특성

1 보기에 제시된 낱말들을 다음 세 가지 기준에 따라 나누어 보자.

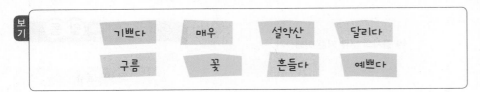

보기

기쁘다　매우　설악산　달리다
구름　꽃　흔들다　예쁘다

간단 체크 활 동 문제

O1 다음 낱말 중, 문장에서 쓰일 때 형태가 변하지 <u>않는</u> 것은?
① 설악산　② 기쁘다
③ 달리다　④ 흔들다
⑤ 예쁘다

분류 기준 ❶ 형태

(1) 다음을 참고하여 보기의 낱말을 형태가 변하는 낱말과 형태가 변하지 않는 낱말로 나누어 보자.

> 비 ┤ <u>비</u>가 내려 마른 땅을 촉촉이 적셔 주었다.
> 　　 인우는 <u>비</u>를 피하려고 건물 안으로 들어갔다.
>
> 착하다 ┤ 민아는 우리 반에서 가장 마음씨가 <u>착하다</u>.
> 　　　 <u>착하게</u> 살아야 나중에 복을 받는다.

- 형태가 변하는 낱말:
  답 기쁘다, ☐☐☐, 흔들다, 예쁘다

- 형태가 변하지 않는 낱말:
  답 매우, ☐☐☐, 구름, 꽃

'비'는 문장에서 어느 위치에 쓰이든 형태(모양)가 변하지 않지만, '착하다'는 위치에 따라 '착하고', '착하니' 등으로 그 형태가 변해.

O2 문장에서 쓰일 때 형태가 변하는 낱말을 모두 찾아 쓰시오.

> 인우는 비를 피하려고 건물 안으로 들어갔다.

분류 기준 ❷ 기능

(2) 다음 문장의 밑줄 친 낱말과 같은 기능을 하는 낱말을 보기에서 찾아 써 보자.

> <u>풍경</u>이 <u>정말</u> 아름다웠다.

- '풍경'과 같은 기능을 하는 낱말:
  답 설악산, ☐☐, 꽃

- '정말'과 같은 기능을 하는 낱말:
  답 ☐☐

낱말은 문장에서 주체가 되느냐, 주체의 상태나 성질, 움직임을 서술하느냐, 다른 말을 꾸며 주느냐 등 기능에 따라 분류할 수 있어.

중요

O3 기능에 따른 품사 분류에 대한 설명으로 옳은 것은?
① 낱말의 모양에 따라 분류하는 것이다.
② 낱말이 어떤 의미를 나타내느냐에 따라 분류하는 것이다.
③ 문장에서 주로 어떤 역할을 하는지에 따라 분류하는 것이다.
④ 문장에서 주로 어느 위치에 놓이는가에 따라 분류하는 것이다.
⑤ 문장에서 쓰일 때 형태의 변화가 있는가에 따라 분류하는 것이다.

분류 기준 ❸ 의미

(3) 다음에 제시된 의미에 따라 [보기]의 낱말들을 나누어 보자.

- 움직임을 나타내는 낱말: [답] 달리다, 흔들다

- 상태나 성질을 나타내는 낱말: [답] 기쁘다, ☐☐☐

- 이름을 나타내는 낱말: [답] 설악산, 구름, 꽃

품사의 분류 기준을 공부했으니 우리는 낱말 나라를 탐험할 자격이 있어. 이제 황금 카드를 찾으러 떠나 볼까?

[학습콕]

❶ 품사의 개념
낱말을 형태, 기능, 의미에 따라 묶어 놓은 무리를 말한다.

❷ 품사의 분류 기준

- ☐☐ : 낱말이 문장에서 쓰일 때 형태가 변하느냐 변하지 않느냐에 따라 나눔.

예	형태가 변하는 말(가변어)	착하다, 기쁘다, 달리다, 흔들다, 예쁘다 등
	형태가 변하지 않는 말(불변어)	비, 매우, 설악산, 구름, 꽃 등

- ☐☐ : 낱말이 문장에서 쓰일 때 주로 어떤 역할을 하느냐에 따라 나눔.

예	문장에서 주로 주체가 되는 말	풍경, 설악산, 구름, 꽃 등
	문장에서 주로 주체의 상태나 성질, 움직임을 서술하는 말	아름답다, 기쁘다, 예쁘다, 달리다, 흔들다 등
	다른 말을 꾸며 주는 말	정말, 매우 등

- ☐☐ : 낱말이 지닌 공통적인 의미에 따라 나눔.

예	☐☐을 나타내는 말	설악산, 구름, 꽃 등
	☐☐☐을 나타내는 말	달리다, 흔들다 등
	상태나 성질을 나타내는 말	기쁘다, 예쁘다 등

[지식 사전]

문장 성분과 품사의 비교

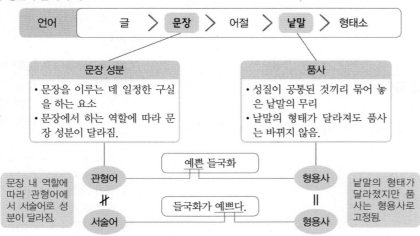

---

[1] 품사의 종류와 특성

② 품사의 특성

학습 포인트

❶ 체언의 개념과 종류   ❷ 체언의 특성

낱말 나라의 다섯 마을 중 먼저 체언 마을부터 찾아가 볼까?
이 마을에는 세 개의 품사, 즉 명사, 대명사, 수사가 있어.
이 품사들은 문장 안에서 주어, 목적어 등의 기능을 맡고 있지.
그럼, 지금부터 명사, 대명사, 수사를 자세히 탐험해 볼까?

1 다음 활동을 통해 명사의 특성을 알아보자.

> **보기**   걱정   우산   가방   사탕   손   우정

(1) **보기**의 낱말들을 차례대로 괄호 안에 그림으로 그려 넣어 다음 일기를 완성해 보자.

예시 답 》

> 오후에 갑자기 비가 내려서 어떻게 🏠에 갈까 (　　　)하고 있는데 누리가 (　　　)을 같이 쓰고 가자고 했다. 그런데 내 쪽으로 우산을 기울여 주느라 누리의 (　　　)이 다 젖고 말았다. 나는 누리가 너무 고마워서 가지고 있던 (　　　)을 가만히 주머니에 넣어 주었다. 누리는 웃으면서 내 (　　　)을 꼭 잡았다. 나는 오늘 (　　　)이 어떤 것인지 조금 느낄 수 있었다.

_{직접 눈으로 볼 수 있거나 손으로 만질 수 있는 것}

(2) **보기**의 낱말들을 그림으로 쉽게 그릴 수 있는 구체적인 대상을 나타내는 낱말과 그림으로 쉽게 그릴 수 없는 추상적인 대상을 나타내는 낱말로 나누어 보자.
_{직접 눈으로 볼 수 없거나 손으로 만질 수 없는 것}

• 구체적인 대상을 나타내는 낱말:	• 추상적인 대상을 나타내는 낱말:
답 우산, 가방, ☐☐, 손	답 걱정, ☐☐

황금 카드 1

2 다음 활동을 통해 대명사의 특성을 알아보자.

> 큰 나라에서 온 거만한 사신이 궁궐을 구경했어. 사신은 왕비가 머무는 궁을 가리키며 물었지.
> "저 집은 짓는 데 얼마나 걸렸소?"
> "예, 일 년 걸렸습니다."
> "쯧쯧, 일 년이나 걸리다니."
> 나는 ㉠그의 태도가 무척 거슬렸지만 꾹 참았어.

중요

06 다음 밑줄 친 낱말 중, 명사가 아닌 것은?

> 오후에 갑자기 비가 내려서 어떻게 집에 갈까 걱정이 됐다.

① 오후   ② 갑자기
③ 비   ④ 집
⑤ 걱정

07 다음 중 구체적인 대상을 나타내는 명사가 아닌 것은?

① 손   ② 우산
③ 가방   ④ 사탕
⑤ 우정

중요

08 대명사에 대한 설명으로 알맞은 것은?

① 이름을 나타내는 말이다.
② 이름을 대신 나타내는 말이다.
③ 문장에서 쓰일 때 형태가 변한다.
④ 뒤에 오는 말을 꾸며 주는 역할을 한다.
⑤ 문장에서 주로 주어를 서술하는 역할을 한다.

이번에는 불가사리가 새겨진 크고 화려한 굴뚝을 가리키며 물었지.

"그러면 ㉡저것은 만드는 데 얼마나 걸렸소?"

"예, 한 달 만에 완성했지요."

"허허, 우리 나라에서는 열흘이면 되는데."

이번에는 사신이 연못가에 있는 아름다운 누각을 보고 물었지.

"이 누각은 만드는 데 얼마나 걸렸소?"

그의 말이 끝나자 나는 깜짝 놀라는 표정으로

말했어.

"이 누각이 언제부터 ㉢여기 있었지? 분명 어

제는 없었는데."

(1) 이 이야기에서 ㉠~㉢이 무엇을 가리키는지 찾아 써 보자.

- ㉠: 📖 (큰 나라에서 온 거만한) 사신

- ㉡: 📖 (불가사리가 새겨진 크고 화려한) 굴뚝

- ㉢: 📖 ☐☐☐

(2) ㉠~㉢의 공통점이 무엇인지 말해 보자.

📖 ㉠~㉢은 모두 앞부분에 나왔던 말을 대신하는 말로, '무엇을 대신하여 나타내는 말'이라는 공통점이 있다.

3 다음 활동을 통해 수사의 특성을 알아보자.

(1) 이 대화에서 밑줄 친 낱말들의 공통점이 무엇인지 말해 보자.

📖 수와 관련된 낱말이다.

(2) 밑줄 친 낱말들을 제시된 기준에 따라 나누어 보자.

- 수량을 나타내는 낱말: 📖 둘, ☐☐

- 순서를 나타내는 낱말: 📖 첫째, ☐☐

간단 체크 **활동** 문제

09 다음 대화에 사용된 낱말 중, 대명사에 해당하는 것은?

> 민지: 지석아, 내일 공원에서 같이 운동할까?
> 지석: 응. 그런데 거기에서 무슨 운동을 할 거야?

① 지석   ② 공원
③ 같이   ④ 거기
⑤ 운동

중요

10 빈칸에 들어갈 말을 쓰시오.

> ( )란 둘, 셋째, 서넛처럼 사물의 수량이나 순서를 나타내는 품사를 말한다.

11 수사를 수량과 순서를 나타내는 말로 나눌 때, 밑줄 친 낱말 중 종류가 다른 하나는?

① 우리 둘은 단짝이다.
② 그 집은 딸만 다섯이다.
③ 언니의 나이는 스물이다.
④ 하나에 셋을 더하면 넷이다.
⑤ 맛의 비결은 첫째는 좋은 재료, 둘째는 정성이다.

황금 카드 1

활동 2의 이야기에서 사용된 낱말 중 자기 자신을 가리키는 대명사이자, 어른들께 말할 때에는 '저'라고 해야 하는 말은?

📖 나

학습콕

❶ 체언의 개념과 종류
문장에서 주로 주체가 되는 명사, 대명사, 수사를 통틀어 이르는 말이다.

명사 (名詞)	개념	대상의 □□을 나타내는 품사 예 하늘, 평화, 대한민국 등
	종류	구체적인 모습을 갖춘 대상을 나타내는 명사(구체 명사) 예 나무, 고양이, 안경 등
		추상적인 개념을 나타내는 명사(추상 명사) 예 사랑, 희망, 평화 등
□□□ (代名詞)	개념	사람, 사물, 장소 등의 이름을 대신 나타내는 품사 예 너희, 그것, 여기
	종류	사람을 가리키는 대명사(인칭 대명사) 예 나, 저, 우리, 너, 당신, 그녀 등
		사물이나 장소를 가리키는 대명사(지시 대명사) 예 이것, 그것, 저것, 여기, 거기, 저기 등
수사 (數詞)	개념	사물의 수량이나 □□를 나타내는 품사 예 둘, 셋째, 서넛 등
	종류	사물의 수량을 나타내는 수사(양수사) 예 하나, 둘, 셋, 일(一), 이(二), 삼(三) 등
		순서를 나타내는 수사(서수사) 예 첫째, 둘째, 셋째, 제일(第一), 제이(第二), 제삼(第三) 등

❷ 체언의 특성
• 형태가 변하지 않는다.
• 문장에서 주로 주어, 목적어 등의 기능을 한다.
• 주로 조사와 결합하여 쓰이며, 홀로 쓰일 수 있다.

학습 포인트

❶ 용언의 개념과 종류
❸ 동사와 형용사의 구분

❷ 용언의 특성

이제 용언 마을이야. 이 마을에는 동사와 형용사가 있는데, 이 둘은 문장 안에서 주로 주어를 서술하는 기능을 해. 동사와 형용사에 어떤 특성이 있는지 더 자세히 알아볼까?

1 **다음 활동을 통해 동사와 형용사의 특성을 알아보자.**

(1) 다음 문장에서 형태가 변하는 낱말을 찾아 밑줄을 긋고, 괄호 안에 그 기본형을 써 보자.

> 예 지민이가 <u>즐겁게</u> 노래를 <u>부른다</u>. ➡ (즐겁다, 부르다)

• 그의 팔이 나뭇가지처럼 <u>가늘었다</u>. ➡ (답 가늘다)

• 아버지께서 텃밭에 무를 <u>심으셨다</u>. ➡ (답 □□)

• 책이 <u>얇아서</u> 한 시간 만에 다 <u>읽었다</u>. ➡ (답 얇다, 읽다)

• 눈이 밤새 <u>내려서</u>, 온 거리가 <u>새하얗다</u>. ➡ (답 내리다, □□□□)

★중요
12 체언에 대한 설명으로 알맞지 **않은** 것은?

① 뒤에 조사가 결합할 수 있다.
② 명사, 대명사, 수사가 이에 속한다.
③ 문장에서 쓰일 때 형태가 변하지 않는다.
④ 문장에서 주로 주어, 목적어 등의 기능을 한다.
⑤ 문장의 의미를 더욱 구체적으로 만드는 기능을 한다.

13 밑줄 친 낱말의 기본형으로 알맞지 **않은** 것은?

> • 책이 <u>얇아서</u> 한 시간 만에 다 <u>읽었다</u>.
> • 아버지께서 텃밭에 <u>심으신</u> 무를 뽑아 <u>먹었는데</u> 참 <u>맛있었다</u>.

① 얇아서 → 얇다
② 읽었다 → 읽다
③ 심으신 → 심다
④ 먹었는데 → 먹는다
⑤ 맛있었다 → 맛있다

(2) (1)에서 밑줄 친 낱말 중 '움직임을 나타내는 낱말'에는 ○표를, '상태나 성질을 나타내는 낱말'에는 △표를 해 보자.

> 예 지민이가 즐겁게 노래를 부른다.

🗝 • 움직임을 나타내는 낱말(○표): 심으셨다. ☐☐☐, 내려서
• 상태나 성질을 나타내는 낱말(△표): ☐☐☐☐, 앓아서, 새하얗다

(3) 다음 낱말을 이용하여, 그림 속 상황을 설명하는 문장을 만들어 보자.

> 맛있다   찍다   높다   피다   주다

하늘이 (   ),
푸르다.

꽃이 활짝 (   ) 곳에서
사진을 (   ).

친구가 (   ) 김밥을
(   ) 먹는다.

🗝 • 하늘이 (높고), 푸르다.
• 친구가 (준 / 맛있는) 김밥을 (☐☐☐) 먹는다.
• 꽃이 활짝 (☐) 곳에서 사진을 (찍는다 / 찍었다).

(4) (1)~(3)을 바탕으로 다음 내용을 정리해 보자.

품사 이름	동사	(🗝☐☐☐)
의미	(🗝움직임)이나 작용을 나타내는 품사	상태나 성질을 나타내는 품사
공통점	• 문장에서 쓰일 때 형태가 (🗝변한다). • 문장 안에서 주로 주어를 서술하는 기능을 한다.	

간단 체크 활동 문제

14 밑줄 친 낱말이 움직임을 나타내는 것은?

① 하늘이 높고 푸르다.
② 지민이가 즐겁게 노래를 부른다.
③ 아버지께서 텃밭에 무를 심으셨다.
④ 그의 팔이 나뭇가지처럼 가늘었다.
⑤ 눈이 많이 내려서 온 거리가 새하얗다.

15 다음 낱말들의 공통점으로 알맞은 것은?

> 푸르다, 맛있다, 노랗다

① 이름을 나타내는 낱말이다.
② 이름을 대신 나타내는 낱말이다.
③ 상태나 성질을 나타내는 낱말이다.
④ 수량이나 순서를 나타내는 낱말이다.
⑤ 동작이나 움직임을 나타내는 낱말이다.

중요
16 〈보기〉에서 용언에 대한 설명을 골라 바르게 묶은 것은?

┤보기├
ㄱ. 명사와 대명사가 있다.
ㄴ. 문장에서 쓰일 때 형태가 변한다.
ㄷ. 사전에서는 기본형으로 찾아야 한다.
ㄹ. 문장에서 주로 다른 낱말을 꾸며 주는 역할을 한다.

① ㄱ, ㄴ   ② ㄱ, ㄷ
③ ㄱ, ㄹ   ④ ㄴ, ㄷ
⑤ ㄴ, ㄷ, ㄹ

2 다음 활동을 통해 동사와 형용사의 형태 변화에 어떤 차이가 있는지 알아 보자.

(1) 다음 두 낱말을 보기와 같이 '-는다/-ㄴ다', '-어라/-아라', '-자'를 붙여 활용해 보고, 활용이 어색한 낱말이 무엇인지 말해 보자.

> 문장에서 쓰임에 따라 형태가 변하는 것

보기	
앉다 [동사] ➔ 앉는다 / 앉아라 / 앉자	

치우다 [동사]
- 방을 (답 치운다)
- 방을 (답 치워라)
- 방을 (답 [ ][ ][ ])

깨끗하다 [형용사]
- 방이 (답 깨끗한다)
- 방이 (답 깨끗해라)
- 방이 (답 깨끗하자)

답 '치우다'는 활용이 자연스러우나, '깨끗하다'는 활용이 어색하다.

황금카드2

(2) 보기의 낱말 중 (1)과 같이 활용할 때 어색한 낱말을 찾아보자.

보기	
잡다 맑다 웃다 빠르다	

답 [ ][ ], 빠르다

(3) (1)과 (2)에서 활용이 어색한 낱말들의 공통점이 무엇인지 말해 보자.

답 [ ][ ][ ]라는 공통점이 있다.

학습콕

❶ **용언의 개념과 종류**
문장에서 주로 주체의 [ ][ ][ ], 상태, 성질 등을 서술하는 기능을 하는 동사, 형용사를 통틀어 이르는 말이다.

동사(動詞)	사람이나 사물의 움직임이나 작용을 나타내는 품사 예 뛰다, 생각하다, 당기다 등
[ ][ ][ ] (形容詞)	사람이나 사물의 상태나 성질을 나타내는 품사 예 예쁘다, 작다, 젊다 등

❷ **용언의 특성**
• 쓰임에 따라 형태가 변한다.(활용)
• 문장에서 주로 주어를 서술하는 기능을 한다.

❸ **동사와 형용사의 구분**
• 동사에는 현재를 나타내는 '-는다/-ㄴ다'를 붙일 수 있으나, 형용사에는 붙일 수 없다.
예 꽃을 본다.(○) / 꽃이 예쁜다.(×)
• 동사에는 명령을 나타내는 '-어라/-아라'를 붙일 수 있으나, 형용사에는 붙일 수 [ ][ ].
예 꽃을 보아라.(○) / 꽃이 예뻐라.(×)
• 동사에는 청유를 나타내는 '-자'를 붙일 수 있으나, 형용사에는 붙일 수 없다.
예 꽃을 보자.(○) / 꽃이 예쁘자.(×)

간단 체크 활동 문제

17 다음 빈칸에 들어갈 알맞은 말을 쓰시오.

> 용언은 문장에서 쓰일 때 그 형태가 변하는데 이를 용언의 ( )(이)라고 한다.

중요

18 다음 낱말 중, 〈보기〉와 같은 말을 붙여 활용할 때 어색한 것은? (정답 2개)

┌보기┐
• 명령을 나타내는 '-어라/-아라'
• 청유를 나타내는 '-자'

① 맑다
② 잡다
③ 앉다
④ 치우다
⑤ 깨끗하다

황금 카드 2

(2)의 보기에 제시된 낱말 중 '방긋', '방그레', '까르르' 등의 말과 잘 어울리는 동사는?

답 웃다

학습 포인트
❶ 수식언의 개념과 종류 ❷ 수식언의 특성

수식언 마을에는 다른 말을 꾸며 주는 기능을 하는 낱말들이 모여 살아. 그게 바로 관형사와 부사야. 관형사와 부사가 꾸며 주는 말들을 살펴보면, 관형사와 부사가 지닌 특성도 쉽게 파악할 수 있을 거야.

1 다음 활동을 통해 관형사와 부사의 특성을 알아보자.

(1) ㉮와 ㉯ 중 그림 속 상황을 더 분명하게 전한 말을 골라 보고, 그렇게 생각한 까닭을 써 보자.

㉮
학생이 발표하려고 손을 들었다. 그래서 선생님께서 놀라셨다.

㉯
모든 학생이 발표하려고 손을 들었다. 그래서 선생님께서 깜짝 놀라셨다.

• 상황을 더 분명하게 전한 말: 답 ▢

• 그렇게 생각한 까닭: 답 '▢▢', '▢▢'과 같은 말로 뒤의 말을 꾸며 주어 상황을 자세히 전했기 때문이다. (가)를 읽고는 학생들이 발표하려고 손을 들었는데 선생님께서 왜 놀라셨을까 하는 생각이 들었다. 그런데 (나)에는 '▢▢'과 '▢▢'이라는 말이 들어가서 선생님께서 놀라신 까닭을 알 수 있었고 선생님께서 놀라시는 모습도 쉽게 떠올릴 수 있었다.

📖 **지식 사전**

• **관형사와 대명사의 구분**
관형사 뒤에는 조사가 붙을 수 없지만, 체언인 대명사 뒤에는 조사가 붙을 수 있다.
예 이 책 / 그 사람 / 저 가방 → '책', '사람', '가방'을 꾸며 주는 관형사
이처럼 / 그가 / 저는 → 대명사

• **관형사와 수사의 구분**
관형사 뒤에는 조사가 붙을 수 없지만, 체언인 수사 뒤에는 조사가 붙을 수 있다.
예 셋째 줄에 앉아 있다. → '줄'을 꾸며 주는 관형사
달리기 시합에서 셋째로 들어왔다. → 수사

간단 체크 활동 문제

19 다음 빈칸에 공통으로 들어갈 알맞은 말을 쓰시오.

> 문장에서 쓰일 때, 다른 말을 꾸며 주는 기능을 하는 낱말을 (   )(이)라고 한다. (   )을/를 생략해도 문장이 성립하지만, (   )을/를 사용하면 뒤의 말을 꾸며 줌으로써 문장의 의미를 보충할 수 있다.

⭐중요
20 밑줄 친 낱말이 수식언에 속하지 <u>않는</u> 것은?

> 갑자기 <u>모든</u> 학생이 손을 <u>번쩍</u> <u>들었다</u>. 선생님께서 <u>무슨</u> 일인지 몰라 <u>깜짝</u> 놀라셨다.

① 모든
② 번쩍
③ 들었다
④ 무슨
⑤ 깜짝

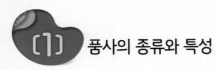

[1] 품사의 종류와 특성

(2) 보기 의 문장에서 다른 말을 꾸며 주는 낱말을 찾고, 그 낱말들을 제시된 기준에 따라 나누어 보자.

> 보기
> • 거북이가 엉금엉금 기어간다.
> • 너는 어떤 가수를 가장 좋아하니?
> • 분명히 그날은 비가 아주 많이 내렸다.
> • 두 사람은 사진을 보면서 옛 추억에 잠겼다.

• 체언을 꾸며 주는 낱말: 답 ☐☐, 두, 옛

• 용언이나 다른 부사, 문장 전체 등을 꾸며 주는 낱말:

답 엉금엉금, 가장, 분명히, ☐☐, 많이

(3) (1)과 (2)를 바탕으로 다음 내용을 정리해 보자.

품사 이름	관형사	부사
의미	답 ☐☐을 꾸며 주는 품사	용언이나 다른 부사, 문장 전체 등을 꾸며 주는 품사
공통점	• 문장에서 쓰일 때 형태가 변하지 않는다. • 답 문장 안에서 다른 말을 ☐☐ ☐☐ 기능을 한다.	

> **학습 콕**
>
> **❶ 수식언의 개념과 종류**
> 문장에서 다른 말을 꾸며 주어 문장의 의미를 더욱 구체적으로 만드는 기능을 하는 ☐☐☐와 부사를 통틀어 이르는 말이다.
>
> | 관형사(冠形詞) | 체언을 꾸며 주는 기능을 하는 품사
예 모든, 무슨, 아무런 등 |
> |---|---|
> | 부사(副詞) | ☐☐이나 다른 부사, 문장 전체 등을 꾸며 주는 기능을 하는 품사
예 과연, 결코, 느릿느릿 등 |
>
> **❷ 수식언의 특성**
> • 문장에서 쓰일 때 형태가 변하지 않는다.
> • 문장에서 뒤에 오는 다른 말을 꾸며 주는 기능을 한다.

간단 체크 **활 동** 문제

21 밑줄 친 낱말 중, 관형사에 속하지 않는 것은?

① 거북이가 엉금엉금 기어간다.
② 그는 헌 가방에서 옷을 꺼냈다.
③ 너는 어떤 가수를 가장 좋아하니?
④ 아버지는 아무런 말도 없이 사라졌다.
⑤ 두 사람은 사진을 보면서 추억에 잠겼다.

⭐중요
22 수식언에 대한 설명으로 알맞지 않은 것은?

① 부사는 주로 용언을 꾸며 준다.
② 관형사는 뒤에 오는 체언을 꾸며 준다.
③ 관형사는 문장 전체를 꾸미기도 한다.
④ 문장의 의미를 더욱 구체적으로 만들어 준다.
⑤ 관형사와 부사는 모두 형태가 변하지 않는다.

> 황금 카드3
>
> (2)의 보기 에 제시된 낱말 중 체언을 꾸며 주는 말이자 대상으로 삼는 것이 무엇인지 물어볼 때 쓰는 말은?
>
> 답 어떤

❶ 관계언의 개념과 종류 　　　　　　❷ 관계언의 특성

우아, 관계언 마을까지 오다니 정말 대단해. 이 마을에는 조사가 있는데, 조사는 주로 체언 뒤에 붙어 그 말과 다른 말과의 관계를 나타내 주거나 그 말의 뜻을 도와주는 기능을 담당하지. 조사가 문장 안에서 어떻게 쓰이는지 구체적으로 알아볼까?

1 다음 활동을 통해 조사의 특성을 알아보자.

(1) 다음 문장에서 홀로 쓰일 수 없는 말을 찾아 ○표를 해 보자.

> 나　는　가족　과　기차　여행　을　가겠다.
>
> 답 （　　）（○）　（　　）（○）　（　　）（　　）（○）　（　　）

(2) 다음 두 문장의 뜻이 달라진 까닭을 밑줄 친 낱말의 역할과 관련지어 말해 보자.

> 정우<u>가</u> 나라를 부른다. 　　　　　정우<u>를</u> 나라<u>가</u> 부른다.

답 두 문장에서 '가'는 앞에 오는 체언이 문장에서 '부른다'의 □□가 되게 하고, '를'은 앞에 오는 체언이 문장에서 '부른다'의 □□이 되게 한다. 따라서 '가'와 '를'의 위치가 바뀜에 따라 부른 사람과 불린 사람이 바뀌어 문장의 뜻이 달라진 것이다.

황금카드4

(3) 보기 의 밑줄 친 '도' 대신 '만', '까지', '조차'를 넣으면 문장의 뜻이 어떻게 달라지는지 말해 보자.

> 보기
> 나는 너<u>도</u> 좋아해.

답 • '만': 여러 사람 중 오로지 너를 좋아한다는 뜻이 된다.
• '까지'나 '조차': 다른 사람은 물론 자격이 부족한 너도 좋아한다는 뜻이 된다.

❶ **관계언의 개념과 종류**
문장에서 쓰인 낱말들의 관계를 나타내는 □□를 이르는 말이다.

조사 (助詞)	개념	주로 □□ 뒤에 붙어서 그 말과 다른 말과의 문법적 관계를 나타내거나 그 말의 뜻을 더해 주는 기능을 하는 품사 예 는, 에게, 처럼 등
	종류	앞말이 일정한 자격을 갖도록 하는 조사(격 조사) 예 이/가, 의, 을/를, 에게/에, 이다 등
		특별한 뜻을 더해 주는 조사(보조사) 예 도, 만, 까지, 마저, 조차 등

❷ **관계언의 특성**
• 혼자 쓰일 수 없다.
• 서술격 조사 '이다'를 제외하고는 형태가 변하지 않는다.

23 다음 문장에 사용된 조사의 개수를 쓰시오.

> 나는 봄에 가족과 기차 여행을 가겠다.

24 특별한 의미를 더해 주는 조사가 사용된 문장은?
① 선혜가 책을 읽는다.
② 동생이 딸기도 좋아한다.
③ 어린아이가 공원에서 놀고 있다.
④ 주상이와 민석이가 친한 친구이다.
⑤ 다인이가 나에게 공을 던져 주었다.

중요
25 조사에 대한 설명으로 알맞지 **않은** 것은?
① 홀로 쓰일 수 없다.
② 주로 용언의 의미를 보충한다.
③ 특별한 의미를 더해 주기도 한다.
④ 다른 말과의 문법적 관계를 나타낸다.
⑤ 문장에서 쓰일 때 형태가 변하는 조사도 있다.

황금카드4

(3)의 보기 에 제시된 낱말 중 '역시', '또한'이라는 뜻을 더해 주는 조사는?

답 도

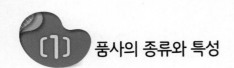

[1] 품사의 종류와 특성

학습 포인트
❶ 독립언의 개념과 종류　　　　　　❷ 독립언의 특성

드디어 마지막 탐험지인 독립언 마을에 도착했구나.
독립적으로 쓰이는 감탄사를 살펴보면서 탐험을 멋지게 마무리해 보자.

황금 카드 5

1 다음 활동을 통해 감탄사의 특성을 알아보자.

> **손님:** <u>여보세요</u>, ○○ 식당이죠?
> **식당 주인:** <u>네</u>, 그렇습니다. 무엇을 도와 드릴까요?
> **손님:** 오늘 저녁 일곱 시에 자리를 예약하려고 합니다.
> **식당 주인:** <u>이런</u>, 오늘은 주말이어서 자리가 벌써 다 찼습니다.
> **손님:** <u>아</u>, 너무 늦게 전화했군요.

(1) 밑줄 친 낱말을 빼고 읽었을 때, 이전 문장과 뜻이 크게 달라지는지 말해 보자.

🔑 밑줄 친 낱말을 빼도 이전 문장과 뜻이 크게 달라지지 않는다.

(2) 밑줄 친 낱말을 다음과 같이 나누어 보자.

- 느낌이나 놀람을 나타내는 낱말: 🔑 이런, ☐

- 부름을 나타내는 낱말: 🔑 여보세요

- 대답을 나타내는 낱말: 🔑 ☐

학습콕

❶ 독립언의 개념과 종류
문장에서 독립적으로 쓰이는 감탄사를 이르는 말이다.

감탄사 (感歎詞)	말하는 사람의 느낌이나 ☐☐, 부름, 대답 등을 나타내는 품사 예 우아, 아이코, 아하 등

❷ 독립언의 특성
- 형태가 변하지 않는다.
- 문장에서 ☐☐☐으로 쓰인다.

간단 체크 **활동** 문제

🌟 **중요**
26 밑줄 친 낱말에 대한 설명으로 알맞지 <u>않은</u> 것은?

> 아차, 친구에게 전화하기로 했는데 까맣게 잊고 있었구나.

① 감탄사에 속한다.
② 뒤에 조사를 붙일 수 없다.
③ 느낌이나 놀람을 나타낸다.
④ 문장의 처음에만 올 수 있다.
⑤ 생략해도 문장의 뜻이 크게 달라지지 않는다.

27 다음 중 감탄사가 사용되지 <u>않은</u> 문장은?
① 여보세요, ○○ 식당이죠?
② 네, 그렇습니다.
③ 오늘 저녁에 예약을 하고 싶습니다.
④ 이런, 오늘은 자리가 없습니다.
⑤ 아, 너무 늦게 전화했군요.

황금 카드 5

활동 1의 대화에서 사용된 한 글자의 낱말 중 놀라거나 당황할 때, 모르던 것을 깨달을 때, 슬프거나 뉘우칠 때 등의 상황에서 내는 소리는?

🔑 아

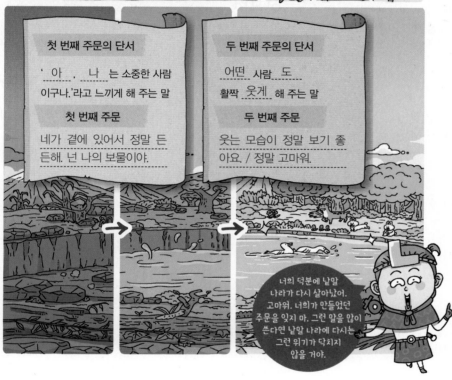

간단 체크 **활동** 문제

28 다음 문장에 대한 설명으로 적절하지 <u>않은</u> 것은?

> 우아, 당신의 웃는 얼굴이 정말 예쁘군요.

① 용언을 수식하는 말이 사용되었다.
② 형태가 변하는 말은 두 개 사용되었다.
③ 이름을 나타내는 말은 한 개 사용되었다.
④ 문장에서 독립적으로 쓰이는 말이 사용되었다.
⑤ 문법적인 관계를 나타내는 말이 사용되지 않았다.

29 다음 밑줄 친 낱말의 품사가 바르게 연결되지 <u>않은</u> 것은?

> 아, <u>나</u>는 소중한 <u>사람</u>이구나. <u>어떤</u> 사람도 <u>활짝</u> <u>웃게</u> 해 주니 말이야.

① 나 – 대명사
② 사람 – 명사
③ 어떤 – 관형사
④ 활짝 – 부사
⑤ 웃게 – 형용사

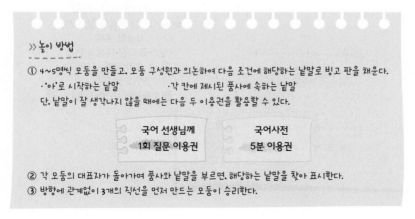

적용

❶ 품사의 개념과 특성을 종합하여 적용하기

앞에서 배운 품사의 개념과 특성을 떠올리며 다음 활동을 해 보자.

1 다음 놀이 방법에 따라 빙고 놀이를 해 보자.

>> 놀이 방법

① 4~5명씩 모둠을 만들고, 모둠 구성원과 의논하여 다음 조건에 해당하는 낱말로 빙고 판을 채운다.
  • '아'로 시작하는 낱말   • 각 칸에 제시된 품사에 속하는 낱말
  단, 낱말이 잘 생각나지 않을 때에는 다음 두 이용권을 활용할 수 있다.

국어 선생님께 1회 질문 이용권	국어사전 5분 이용권

② 각 모둠의 대표자가 돌아가며 품사와 낱말을 부르면, 해당하는 낱말을 찾아 표시한다.
③ 방향에 관계없이 3개의 직선을 먼저 만드는 모둠이 승리한다.

대명사	동사	감탄사
아무 예 아무도 없다.	🈲 아끼다, 아까워하다, 아물다, 아삭거리다, 아른거리다 등	🈲 아이고, 아차, 아무렴, 아하 등

수사	명사	관형사
🈲 아홉, 아흔 등	🈲 아주머니, 아기, 아버지, 아우, 아침, 아래, 아가미 등	**아무런** 예 아무런 대답도 못했다.

형용사	부사	조사
🈲 아름답다, 아깝다, 아득하다, 아니다, 아찔하다, 아담하다 등	🈲 아주, 아직, 아마, 아장아장, 아무리, 아무튼 등	**아** 예 성엽아, 지연아

30 밑줄 친 낱말 중, ⓐ과 같은 품사가 **아닌** 것은?

> 그는 다리가 ⓐ아파서 걷지 못했다.

① 아까운 재능을 썩히지 마.
② 우리는 물을 아껴 써야 한다.
③ 그는 정원을 아담하게 꾸며 놓았다.
④ 오늘 그를 만나지 못해서 아쉬웠다.
⑤ 그의 처지를 생각하면 가슴이 아린다.

활동 마당

이 활동은
품사를 주변 사람에 빗대어 표현해 봄으로써 품사의 특성을 깊이 이해하고 상상력을 발휘해 보는 활동입니다.

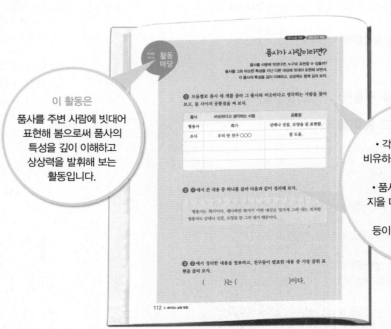

시험에는
• 각 품사를 특정 직업에 비유하고, 그 이유를 설명하는 서술형 문제
• 품사를 다른 대상과 연결 지을 때 그 이유가 적절한지 판단하는 문제
등이 출제될 수 있습니다.

●● 품사의 개념 및 분류 기준

개념		형태, 기능, 의미 등의 기준에 따라 묶어 놓은 낱말의 무리
분류 기준	형태	문장에서 쓰일 때 형태가 변하는가?
	❶ ☐☐	문장에서 쓰일 때 어떤 역할을 하는가?
	의미	낱말이 지닌 공통적인 의미는 무엇인가?

●● 품사의 종류와 특성

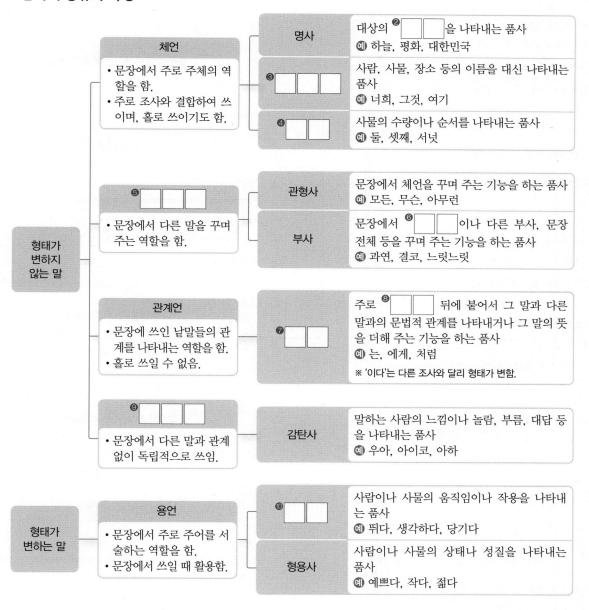

체언
• 문장에서 주로 주체의 역할을 함.
• 주로 조사와 결합하여 쓰이며, 홀로 쓰이기도 함.

명사
대상의 ❷ ☐☐ 을 나타내는 품사
예 하늘, 평화, 대한민국

❸ ☐☐☐
사람, 사물, 장소 등의 이름을 대신 나타내는 품사
예 너희, 그것, 여기

❹ ☐☐
사물의 수량이나 순서를 나타내는 품사
예 둘, 셋째, 서넛

❺ ☐☐☐
• 문장에서 다른 말을 꾸며 주는 역할을 함.

관형사
문장에서 체언을 꾸며 주는 기능을 하는 품사
예 모든, 무슨, 아무런

부사
문장에서 ❻ ☐☐ 이나 다른 부사, 문장 전체 등을 꾸며 주는 기능을 하는 품사
예 과연, 결코, 느릿느릿

관계언
• 문장에 쓰인 낱말들의 관계를 나타내는 역할을 함.
• 홀로 쓰일 수 없음.

❼ ☐☐
주로 ❽ ☐☐ 뒤에 붙어서 그 말과 다른 말과의 문법적 관계를 나타내거나 그 말의 뜻을 더해 주는 기능을 하는 품사
예 는, 에게, 처럼
※ '이다'는 다른 조사와 달리 형태가 변함.

❾ ☐☐☐
• 문장에서 다른 말과 관계 없이 독립적으로 쓰임.

감탄사
말하는 사람의 느낌이나 놀람, 부름, 대답 등을 나타내는 품사
예 우아, 아이코, 아하

형태가 변하지 않는 말

형태가 변하는 말

용언
• 문장에서 주로 주어를 서술하는 역할을 함.
• 문장에서 쓰일 때 활용함.

❿ ☐☐
사람이나 사물의 움직임이나 작용을 나타내는 품사
예 뛰다, 생각하다, 당기다

형용사
사람이나 사물의 상태나 성질을 나타내는 품사
예 예쁘다, 작다, 젊다

한끝의 한 끗

◆ 우리말의 품사에 대해 모두 배웠으니, 다음 문장의 밑줄 친 낱말들의 품사를 분류해 보면서 배운 내용을 정리해 볼까?

1. 하늘이 무척 푸르다.
2. 너는 정말 부지런하구나.
3. 앗, 도토리 하나가 떨어졌네.

4. 헌 옷을 새 옷처럼 고쳐 드립니다.
5. 네, 여기에 앉으세요.

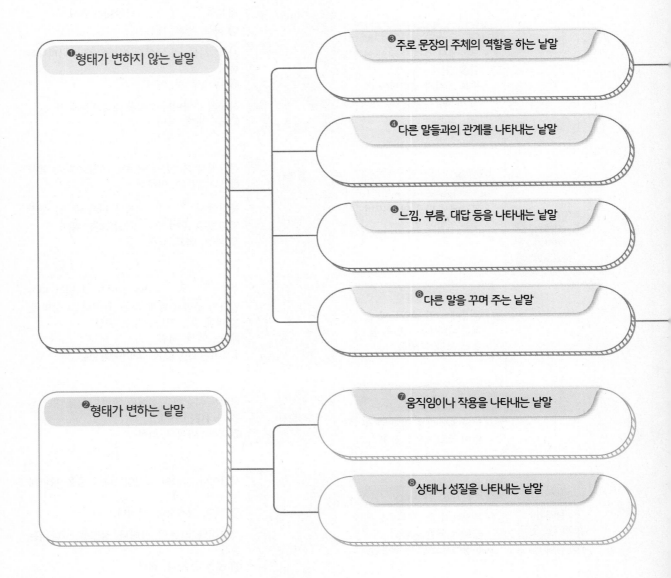

❶ 형태가 변하지 않는 낱말

❸ 주로 문장의 주체의 역할을 하는 낱말

❹ 다른 말들과의 관계를 나타내는 낱말

❺ 느낌, 부름, 대답 등을 나타내는 낱말

❻ 다른 말을 꾸며 주는 낱말

❷ 형태가 변하는 낱말

❼ 움직임이나 작용을 나타내는 낱말

❽ 상태나 성질을 나타내는 낱말

● 정답과 해설 12쪽

'이다'는 대개 체언에 붙어서 체언을 서술어로 기능하게 하는(서술어의 자격을 갖게 해 주는) 역할을 하기 때문에 서술격 조사라고 해. 그런데 '이다'는 다른 조사와는 달리 '이고/이며/이어서' 등과 같이 문장에서 그 쓰임에 따라 형태가 변하는 특성이 있어.

⑨ 대상의 이름을 나타내는 낱말

⑩ 이름을 대신 나타내는 낱말

⑪ 수량이나 순서를 나타내는 낱말

⑫ 체언을 꾸며 주는 낱말

⑬ 용언이나 다른 부사, 문장 전체를 꾸며 주는 낱말

01 품사에 대한 설명으로 알맞지 <u>않은</u> 것은?

① 형태의 변화 여부에 따라 두 갈래로 나뉜다.
② 낱말을 일정한 기준에 따라 묶어 놓은 것이다.
③ 같은 품사에 속하는 낱말은 공통적인 특성을 지닌다.
④ 낱말이 지닌 공통적인 의미에 따라 일곱 갈래로 나뉜다.
⑤ 문장에서 어떤 기능을 하느냐에 따라 다섯 갈래로 나뉜다.

02~03 〈보기〉를 보고, 물음에 답하시오.

┌ 보기 ┐
기쁘다, 매우, 한라산, 걷다, 구름
└────┘

★ 학습 활동 응용
02 〈보기〉의 낱말들을 형태를 기준으로 바르게 분류한 것은?

	형태가 변하는 낱말	형태가 변하지 않는 낱말
①	기쁘다, 걷다	매우, 한라산, 구름
②	기쁘다, 매우, 걷다	한라산, 구름
③	매우, 걷다, 구름	기쁘다, 한라산
④	기쁘다, 매우, 구름	한라산, 걷다
⑤	한라산, 걷다, 구름	기쁘다, 매우

★ 학습 활동 응용
03 〈보기〉의 낱말들을 의미를 기준으로 분류할 때, 같은 품사끼리 묶은 것은?

① 매우, 구름
② 한라산, 걷다
③ 한라산, 구름
④ 기쁘다, 매우
⑤ 기쁘다, 걷다

 서술형
04 ㉠, ㉡에 들어갈 알맞은 말을 쓰시오.

• 예문: 그는 <u>우산</u> <u>하나</u>를 샀다.
• 밑줄 친 단어의 공통점
 – (㉠)이/가 변하지 않는다.
 – 문장에서 주로 (㉡)나 목적어로 쓰인다.

★ 학습 활동 응용
05 다음 중 구체적인 대상의 이름을 나타내는 낱말은?

① 우정 ② 걱정 ③ 추억
④ 사탕 ⑤ 행복

★ 학습 활동 응용
06 ㉠~㉤ 중, 대명사에 해당하는 것은?

이번에는 ㉠사신이 연못가에 있는 아름다운 누각을 보고 ㉡물었지.
"㉢이 누각은 만드는 데 얼마나 걸렸소?"
그의 말이 끝나자 나는 ㉣깜짝 놀라는 표정으로 말했어.
"이 누각이 언제부터 ㉤여기 있었지? 분명 어제는 없었는데."

① ㉠ ② ㉡ ③ ㉢ ④ ㉣ ⑤ ㉤

★ 학습 활동 응용
07 밑줄 친 부분과 같은 품사에 속하는 것은?

비결이라면 <u>첫째</u>는 좋은 재료, 둘째는 정성이지요.

① 셋 ② 나무 ③ 그녀
④ 까지 ⑤ 온갖

08 다음 설명에 해당하는 품사로 알맞은 것은?

• 문장에서 쓰일 때 형태가 변한다.
• 문장에서 주로 주어를 서술하는 역할을 한다.
• 움직임을 나타내는 말, 상태나 성질을 나타내는 말이 이에 속한다.

① 체언 ② 용언 ③ 수식언
④ 관계언 ⑤ 독립언

09 밑줄 친 부분이 용언에 해당하는 것은?

① 장우가 즐겁게 노래를 <u>부른다</u>.
② 그의 팔이 <u>나뭇가지처럼</u> 가늘었다.
③ 아버지<u>께서</u> 텃밭에 무를 심으셨다.
④ 책이 얇아서 한 시간 만에 <u>다</u> 읽었다.
⑤ 눈이 밤새 내려서, <u>온</u> 거리가 새하얗다.

10 〈보기〉를 통해 알 수 있는 동사와 형용사의 차이점을 한 문장으로 쓰시오.

┌ 보기 ┐

먹다		예쁘다	
먹는다	○	예쁜다	×
먹어라	○	예뻐라	×
먹자	○	예쁘자	×

11 밑줄 친 두 낱말의 공통점으로 알맞은 것은?

<u>모든</u> 학생이 발표하려고 손을 들었다. 그래서 선생님께서 <u>깜짝</u> 놀라셨다.

① 형태가 변한다.
② 뒤에 오는 말을 꾸며 준다.
③ 문장의 주체가 되는 말이다.
④ 다른 말과의 문법적 관계를 나타낸다.
⑤ 다른 말과 관계없이 독립적으로 쓰인다.

12 다음 중 부사가 쓰이지 <u>않은</u> 문장은?

① 거북이가 엉금엉금 기어간다.
② 그날은 비가 아주 많이 내렸다.
③ 과연 이 소설은 어떻게 전개될까?
④ 봄이 되자 산에 진달래가 활짝 피었다.
⑤ 두 사람은 사진을 보면서 옛 추억에 잠겼다.

13 밑줄 친 낱말의 품사가 조사가 <u>아닌</u> 것은?

① 나는 너<u>도</u> 좋아해.
② 정우<u>를</u> 나라가 부른다.
③ 해돋이를 보<u>는</u> 사람이 많다.
④ 나는 가족<u>과</u> 기차 여행을 가겠다.
⑤ 이것은 동생이 가장 좋아했던 동화책<u>이다</u>.

14 밑줄 친 낱말이 감탄사가 <u>아닌</u> 것은?

① <u>야</u>, 여기 좀 봐.
② <u>앗</u>, 넘어질 뻔했네.
③ <u>아이코</u>, 이게 얼마만이야?
④ <u>네</u>, 엄마 지금 들어갈게요.
⑤ <u>꿈</u>, 내가 오늘 하루 최선을 다하는 이유이다.

15 ㉠~㉤의 품사를 잘못 파악한 것은?

<u>이런</u>, <u>오늘</u>은 주말<u>이어서</u> 벌써 다 <u>찼습니다</u>.
㉠ ㉡ ㉢ ㉣ ㉤

① ㉠: 관형사 ② ㉡: 명사
③ ㉢: 조사 ④ ㉣: 부사
⑤ ㉤: 동사

16 다음 문장에 사용된 낱말에 대한 설명으로 적절하지 <u>않은</u> 것은?

진희가 어떤 꽃을 가장 좋아할까?

① 이 문장에 사용된 품사의 개수는 다섯 개이다.
② '어떤'과 '좋아할까'는 모두 형용사에 해당한다.
③ 체언에 속하는 낱말은 '진희'와 '꽃' 두 개이다.
④ '가장'은 뒤에 오는 용언 '좋아할까'를 꾸며 주는 부사이다.
⑤ '가'와 '을'은 앞말과 다른 말의 문법적 관계를 표시해 주는 기능을 한다.

● 정답과 해설 13쪽

어휘의 개념

낱말이 모여서 이루어진 집합체를 말한다. 어휘는 일정한 기준에 따라서 다양하게 분류할 수 있다.

어종에 따른 우리말 어휘의 체계

우리말은 어종(말의 뿌리)에 따라 고유어, 한자어, 외래어로 분류할 수 있다.

	고유어	한자어	외래어
개념	우리말에 본디부터 있던 말이나 그것에 기초하여 새로 만들어진 말	한자를 바탕으로 만들어진 말	다른 나라에서 들어왔지만 우리말처럼 쓰이는 말
특성	• 일상생활에서 자주 쓰이다 보니 대개 하나의 낱말이 지닌 의미의 폭이 넓음. • 우리 민족 특유의 문화와 정서가 잘 반영됨.	• 일반적으로 고유어에 비해 그 뜻이 분화된 경우가 많아 고유어를 보완하는 역할을 함.	• 우리말의 어휘를 풍부하게 해 주는 역할을 함. • 무분별하게 사용할 경우 문화적 자긍심이 손상될 뿐만 아니라, 우리말의 정체성을 위협할 수 있음.
예	무지개, 구름, 꽃샘, 눈썹 등	학교(學校), 친구(親舊), 언어(言語), 자유(自由) 등	버스(bus), 커피(coffee), 피아노(piano), 햄버거(hamburger) 등

어휘의 양상

어휘는 낱말들을 모은 기준이나 모은 낱말들의 특성에 따라 여러 가지 양상으로 나타난다. 그중 언어가 사용되는 지역이나 그 말을 사용하는 집단에 따라 달라진 언어를 '방언'이라고 한다.

	지역 방언	사회 방언
개념	지역에 따라 다르게 쓰는 말 예 나무: 냉기(함경도), 남구(경상남도), 낭(제주도), 낭게(경상도), 남기(경기도), 낭이(평안도)	성별이나 세대, 직업 등의 사회적 요인에 따라 다르게 쓰는 말 예 하십시오체/해요체(성별 차이), 문화 상품권/문상(세대 차이), 오퍼러빌리티/수술 가능성(직업 차이)
특성	• 해당 지역의 고유한 정서와 문화를 반영함. • 우리말의 어휘를 풍부하게 함. • 공적인 상황에서는 표준어를 사용하지만, 같은 지역 사람들끼리나 사적인 상황에서는 지역 방언을 사용하는 경우가 많음.	• 같은 집단 내에서 의사소통의 효율성을 높이며, 구성원 간의 소속감과 친밀감을 형성함. • 우리말의 어휘를 다양하게 함. • 다른 사회 집단에서 사용하면 의사소통에 어려움이 생길 수 있음.

1 어종에 따른 어휘의 유형과 그 예를 알맞게 연결하시오.

고유어 •   • 학교

한자어 •   • 피아노

외래어 •   • 무지개

2 다음 빈칸에 공통으로 들어갈 말을 쓰시오.

> 지역에 따라 다르게 쓰이는 말을 지역 ☐☐ 이라고 하고, 사회적 요인에 따라 다르게 쓰이는 말을 사회 ☐☐ 이라고 한다.

3 다음 중 사회적 요인에 따라 다르게 쓰는 말의 예가 아닌 것은?

① 형부 – 매형
② 나무 – 남긔
③ 문상 – 문화 상품권
④ 열공 – 열심히 공부하다
⑤ 오퍼러빌리티 – 수술 가능성

어휘의 체계와 양상

① 어종에 따른 어휘의 체계 이해하기
② 지역적·사회적 요인에 따른 어휘의 양상 이해하기

1 어휘의 체계

학습 포인트

① 어종에 따른 어휘의 유형
② 고유어, 한자어, 외래어의 특성

1 그림 속에 제시된 낱말들을 다음 기준에 따라 분류해 보고, 이를 알맞은 이름에 연결해 보자.

(1) 우리말에 본디부터 있던 말:
답 치마, 나물, 김, ☐☐☐, 떡

○────────────○ 한자어

(2) 한자를 바탕으로 만들어진 말:
답 체육복, 냉면, ☐☐☐☐, 필통, 두유

○────────────○ 외래어

(3) 다른 나라에서 들어와 우리말처럼 쓰이는 말:
답 티셔츠, 볼펜, 아이스크림, ☐☐☐

○────────────○ 고유어

간단 체크 활동 문제

O1 낱말들을 다음과 같이 분류할 때, 빈칸에 들어갈 말을 쓰시오.

어종에 따른 어휘 유형		
고유어		외래어

중요
O2 다음 낱말 중, 고유어가 아닌 것은?

① 떡　　　　② 나물
③ 치마　　　④ 두유
⑤ 지우개

중요
O3 다른 나라에서 들어와 우리말처럼 쓰이는 낱말이 아닌 것은?

① 볼펜
② 티셔츠
③ 초콜릿
④ 시나브로
⑤ 아이스크림

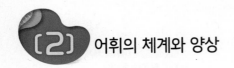

[2] 어휘의 체계와 양상

2 다음 활동을 통해 고유어의 특성을 알아보자.

(1) '붉다'와 비슷한 뜻을 지닌 낱말을 떠올려 보고, 이 낱말 중 사진 속 대상에 어울리는 낱말을 골라 빈칸에 써 보자.

붉다	빨갛다, 벌겋다, 불그스름하다, **예시 답》** 새빨갛다, 시뻘겋다, 뻘겋다, 발그레하다, 발그스름하다 등

↓

복숭아가 불그스름하다.

노을이 (   ).

예시 답》 붉다, 빨갛다 등

꽃이 (   ).

예시 답》 빨갛다, 새빨갛다 등

(2) 다음과 같이 우리말에 쌀과 관련된 낱말이 영어보다 다양한 까닭을 우리의 문화와 관련지어 말해 보자.

벗과의 한해살이풀

우리말	벼
영어	rice

벼에서 껍질을 벗겨 낸 알맹이

우리말	쌀
영어	rice

쌀을 물에 담아 끓여 익힌 음식

우리말	밥
영어	rice

📝 우리나라는 농경 사회였기 때문에 ☐과 관련된 말이 많이 발달한 것 같다. / 우리나라에서는 오래전부터 쌀이 주식이어서 많은 사람이 쌀을 중요하게 생각하였을 것이다. 그래서 쌀과 관련된 말도 많이 발달한 것 같다.

간단 체크 **활 동** 문제

04 밑줄 친 부분을 통해 알 수 있는 고유어의 특성으로 알맞은 것은?

> • 꽃이 <u>빨갛다</u>.
> • 꽃이 <u>새빨갛다</u>.
> • 꽃이 <u>불그스름하다</u>.

① 낱말의 뜻이 분명하지 않다.
② 지역마다 사용하는 낱말이 다르다.
③ 색깔을 표현하는 말이 발달하였다.
④ 다양한 색을 추상적으로 나타낸다.
⑤ 하나의 낱말에 여러 가지 뜻이 담겨 있다.

05 〈보기〉를 통해 알 수 있는 고유어의 특성으로 알맞은 것은?

┤보기├

영어	고유어
	벼
rice	쌀
	밥

① 같은 뜻을 지닌 낱말이 많다.
② 여러 나라의 말을 받아들였다.
③ 우리 민족 고유의 문화가 담겨 있다.
④ 지역마다 사용하는 고유어가 달랐다.
⑤ 개인이 새로운 낱말을 만들어 사용하였다.

(3) (1)과 **(2)**를 바탕으로 알 수 있는 고유어의 특성을 정리해 보자.

> **(1)**: 우리 고유어는 🔧 색의 정도나 느낌의 차이에 따라 다양하게 표현할 수 있는 ☐☐ 을 표현하는 말(색채어)이 ―――――――――――――――――――――――― 발달하였다.
>
> **(2)**: 우리 고유어는 🔧 농경 사회였기 때문에 농사와 관련된 말이 ―――――――――――――――――――――――――――――――― 발달하였다.

↓

> 오랜 기간 우리 민족의 삶과 밀접한 관련을 맺으면서 함께 발달해 온 고유어에는 우리 민족이 지닌 고유의 정서와 문화가 담겨 있다.

3 다음 활동을 통해 한자어의 특성을 알아보자.

(1) 다음 문장에서 밑줄 친 '마음'과 바꾸어 쓸 수 있는 한자어를 보기에서 골라 써 보자.

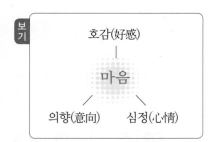

보기
호감(好感)
|
마음
의향(意向)   심정(心情)

- 여행 갈 <u>마음</u>은 있니?
  (🔧 의향)
- 나는 그 사람에게 <u>마음</u>이 있어.
  (🔧 ☐☐)
- 전학 갈 때 네 <u>마음</u>은 어땠어?
  (🔧 ☐☐)

(2) (1)에서 알 수 있는 한자어의 특성을 고유어와 비교하여 정리해 보자.

🔧 고유어는 하나의 낱말이 여러 뜻으로 쓰이지만, ☐☐☐는 고유어보다 분화된 뜻을 지니고 있어서 고유어를 보완하는 역할을 한다.

 지식 사전 ··············

고유어와 한자어

일상생활에서 자주 쓰는 고유어는 대개 의미의 폭이 넓고 상황에 따라 여러 가지 의미로 해석된다.

예
┌─ 깊은 생각에 빠져 있다. (명상)
├─ 우리의 처지를 잘 생각해 보자. (고려)
생각 ┤─ 잘 더듬어 생각해 보세요. (기억)
└─ 생각해 보건대, 그 일은 잘못된 것 같다. (추측)

예를 살펴보면, '생각'은 각각 '명상(冥想)', '고려(考慮)', '기억(記憶)', '추측(推測)'이라는 한자어들의 의미를 포괄하고 있다. 반대로 각 한자어는 고유어의 뜻 중 일정 영역을 담당하고 있다. 이와 같이 고유어는 하나의 낱말이 여러 뜻으로 쓰이지만, 한자어는 고유어에 비해 뜻이 구체적인 경우가 많아 고유어를 보완하는 역할을 한다.

간단 체크 활동 문제

06 고유어에 대한 설명으로 알맞지 **않은** 것은?

① 주로 일상어로 사용된다.
② 우리말에 원래부터 있던 낱말이다.
③ 옛날에 쓰였으나 지금은 거의 사라졌다.
④ 우리 민족 고유의 정서가 반영되어 있다.
⑤ 우리말의 정체성을 지키기 위해 보존할 필요가 있다.

07 〈보기〉에 대한 설명으로 알맞지 **않은** 것은?

보기
- 여행 갈 ㉠<u>마음</u>은 있니?
  → 여행 갈 ㉡<u>의향</u>은 있니?
- 나는 그 사람에게 ㉠<u>마음</u>이 있어.
  → 나는 그 사람에게 ㉢<u>호감</u>이 있어.

① ㉠은 문맥에 따라 여러 의미로 쓰인다.
② ㉠은 고유어이고, ㉡과 ㉢은 한자어이다.
③ ㉡과 ㉢을 서로 바꾸면 어색한 문장이 된다.
④ ㉡과 ㉢을 ㉠으로 바꾸면 뜻이 더 정밀해진다.
⑤ ㉡과 ㉢은 ㉠의 의미를 보완해 주는 역할을 한다.

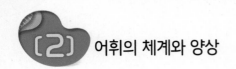

[2] 어휘의 체계와 양상

4 다음 활동을 통해 외래어의 특성을 알아보자.

> 얼마 전 <u>텔레비전 프로그램</u>에서 위니 할로(Winnie Harlow)라는 여성을 보았다. 위니는 4살 때부터 피부의 한 부분에 멜라닌 색소가 없어져 흰색 반점이 생기는 병인 <u>백반증</u>을 앓았다. 주위 사람들의 시선에 주눅이 들고 상처받을 수 있는 상황이었음에도 위니는 이 병을 약점이라고 생각하지 않고 자신의 피부를 당당하게 드러내었다고 한다. 현재 그녀는 많은 <u>디자이너</u>의 관심을 받는 세계적인 <u>패션모델</u>로 활약하고 있다. 자신을 사랑해야 기회가 온다며 미소를 짓던 위니 할로의 모습을 <u>패션쇼</u>에서 자주 보고 싶다.

(1) 이 글의 밑줄 친 말을 고유어로 쉽게 바꿀 수 있는지 말해 보자.

🔑 밑줄 친 낱말은 고유어로 바꾸기 어렵다.

(2) (1)을 통해 알 수 있는 외래어의 특성을 정리해 보자.

🔑 외래어는 ☐☐에서 들어온 말이지만 우리말처럼 사용된다.

간단 체크 문제

⭐ 중요

08 외래어의 특성으로 알맞지 **않은** 것은?

① 외국에서 들어온 말이다.
② 우리말로 굳어져 사용된다.
③ 고유어로 쉽게 바꿀 수 있다.
④ 다른 나라와의 문화적 교류로 생긴 말이다.
⑤ 될 수 있으면 우리말로 바꿔 쓰기 위해 노력해야 한다.

09 다음 중 외래어가 **아닌** 것은?

① 백반증
② 디자이너
③ 패션모델
④ 텔레비전
⑤ 프로그램

학습콕

❶ 어종에 따른 어휘의 유형

☐☐☐	한자어	외래어
우리말에 본디부터 있던 말이나 그것에 기초하여 새로 만들어진 말 예 치마, 나물, 지우개 등	한자를 바탕으로 만들어진 말 예 체육복(體育服), 색연필(色鉛筆), 두유(豆乳) 등	다른 나라에서 들어와 ☐☐ 처럼 쓰이는 말 예 볼펜(ball pen), 아이스크림(ice cream), 초콜릿(chocolate) 등

❷ 고유어, 한자어, 외래어의 특성

고유어	• 우리 민족 특유의 정서와 문화가 반영됨. • 일상생활에서 자주 쓰이다 보니 대개 하나의 낱말이 지닌 의미의 폭이 넓음.
한자어	• 고유어에 비해 그 뜻이 구체적인 경우가 많아 고유어를 ☐☐하는 역할을 함. • 중국에서 들어온 말 외에도 일본에서 만들어진 후 우리나라로 들어온 말, 우리 스스로 만들어 낸 말 등이 있음.
외래어	• 외국과의 문화적 교류 과정에서 많이 들어옴. • 우리말에 쓰인 지 오래되었거나, 우리말에 맞게 변화한 경우에는 고유어로 인식되기도 함. • 우리말의 어휘를 풍부하게 해 주는 역할을 함. • 무분별하게 사용할 경우 문화적 자긍심이 손상될 뿐만 아니라, 우리말의 ☐☐☐을 위협할 수 있음.

2 어휘의 양상

학습 포인트

❶ 지역 방언의 개념과 특성
❷ 사회 방언의 개념과 특성
❸ 사회 방언의 종류와 특성

1 다음 활동을 통해 지역 방언을 알아보자.

(1) 다음 그림에서 밑줄 친 낱말의 뜻을 적고, 이와 비슷한 뜻으로 사용되는 다른 지역의 말을 찾아보자.

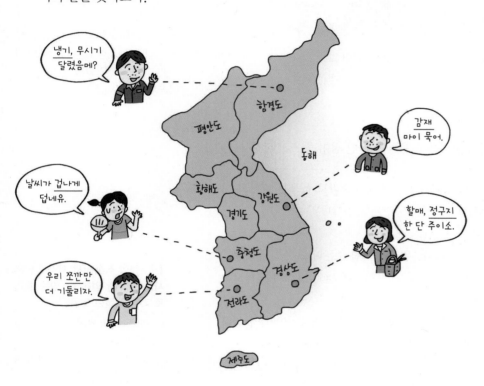

낱말	뜻	다른 지역에서 사용하는 말
냉기	'나무'의 방언	남구, 낭, 낭구, 낭게, 남긔, 낭이 등
감재	🔎 '감자'의 방언	갱게, 궁감자, 북감자, 지슬 등
겁나게	🔎 '⬜⬜'의 방언	🔎 억시, 호께, 모디르 등
쪼깐	'조금'의 방언	쬐까, 죠기, 쮀기, 띠꼼 등
정구지	'부추'의 방언	🔎 부치, 분추, 졸, 푸초, 푼추, 세우리 등

간단 체크 **활동** 문제

10 다음 빈칸에 들어갈 알맞은 말을 쓰시오.

> 같은 언어라도 지역적 차이 때문에 오랜 시간이 흐르면서 다르게 쓰는 말을 (   )(이)라고 한다.

11 두 낱말의 관계가 나머지와 다른 하나는?

① 감자 – 지슬
② 얼굴 – 안면
③ 조금 – 쪼깐
④ 매우 – 겁나게
⑤ 부추 – 정구지

중요

12 〈보기〉를 통해 알 수 있는 사실로 알맞은 것은?

┤보기├
> 냉기(함경도), 남구(경상남도), 낭(제주도), 남긔(경기도), 낭이(평안도)

① 비슷한 말이라도 지역에 따라 그 뜻이 달라진다.
② 지나친 줄임말은 원활한 의사소통에 방해가 된다.
③ 우리말은 '나무'와 관련된 말이 여러 갈래로 나뉘어 있다.
④ 같은 언어권 안에서도 지역의 차이에 따라 말이 달라지기도 한다.
⑤ 다른 지역 사람들에게 그 뜻을 숨기기 위해 새로운 말을 만들어 사용하기도 한다.

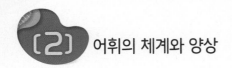

(2) <u>가</u>와 달리, <u>나</u>에서 지역 방언을 사용한 까닭을 말해 보자.

<u>가</u> 방송 중

<u>나</u> 방송 후

📝 (가)는 방송 중에 공식적인 대화를 하는 상황이고, (나)는 방송이 끝나고 ☐☐☐☐인 대화를 하는 상황이다. 두 사람은 비공식적인 대화에서 서로 친근감을 나타내기 위해 ☐☐☐☐을 사용한 것이다.

(3) 다음과 같이 문학 작품에서 지역 방언을 사용하면 어떤 점이 좋을지 말해 보자.

> "소가 토깽이냐? 사고 잡다고 달랑 사게. 당장 저 ¹도짓소라도 읎으믄 니하고 니 성, 핵교도 끝이여. 그란다고 니놈이 목에다가 멍에를 걸그냐?"
> 하며 씨도 안 먹힌다는 반응이었다.
> "그람, 차차 송아지 낳으믄 우리 주라고 해. 우리가 키워 주는디 고것 하나 못해."
> "네 이……. 아부지가 뭐라고 하디? 입이 너무 허황되게 넘의 밥그럭을 넘보는 고것을 뭐라고 하디?" / "불량배."
> "지발 우리는 그렇게 개적잖게 살지 말자. 강아지 한 마리 거저 은어다가 길렀다는 말은 들어 봤어도 송아지 한 마리 거저 은었다는 말은 못 들어 봤응께."
>
> – 전성태, 「소를 줍다」
>
> 1 **도짓소** 한 해 동안에 곡식을 얼마씩 내기로 하고 빌려 부리는 소.

📝 지역 방언은 그 지역 특유의 정서를 담고 있다. 그래서 문학 작품에 지역 방언을 사용하면 작품이 배경으로 하는 지역의 고유한 정서를 잘 담아내어 작품의 내용과 분위기 등을 더욱 섬세하고 풍부하게 표현할 수 있다.

📖 지식 사전

의미 관계에 따른 어휘 구분

낱말은 그 기원이나 양상에 따라 분류할 수도 있지만, 낱말 사이의 의미 관계에 따라 분류할 수도 있다.

유의어	말소리는 다르지만 뜻이 비슷한 낱말 ⓔ 친구 – 벗
반의어	서로 반대되는 뜻을 지닌 낱말 ⓔ 벗다 – 입다
상의어·하의어	두 개의 낱말 중, 한 낱말의 의미가 다른 낱말의 의미에 포함되는 관계를 갖는 낱말 • 상의어: 다른 낱말의 의미를 포함하는 낱말 • 하의어: 다른 낱말의 의미에 포함되는 낱말 ⓔ 동물(상의어) – 개, 고양이, 새(하의어)

간단 체크 활동 문제

⭐중요
13 지역 방언에 대한 설명으로 알맞지 <u>않은</u> 것은?

① 공식적인 상황에서 주로 사용된다.
② 우리말의 어휘를 풍부하게 해 준다.
③ 해당 지역의 향토색을 느낄 수 있다.
④ 사용하는 사람끼리 친근감을 느끼게 한다.
⑤ 다른 지역의 사람과 대화할 때 사용하면 내용 전달이 어려울 수 있다.

14 문학 작품에서 지역 방언을 사용했을 때 얻을 수 있는 효과로 가장 적절한 것은?

① 모든 독자에게 친근감을 느끼게 한다.
② 낯선 느낌을 주어 작품의 문학성을 높여 준다.
③ 작품의 배경이 되는 지역의 고유한 정서를 담아낸다.
④ 독자가 등장인물의 처지에 더욱 깊이 공감할 수 있다.
⑤ 독자가 등장인물의 말에 담긴 의미를 보다 쉽게 이해할 수 있다.

2 다음 활동을 통해 사회 방언을 알아보자.

세대, 성별, 직업 등에 따라 다르게 쓰이는 말

(1) 다음 상황을 살펴보고, 사회 방언이 나타나는 까닭을 찾아 연결해 보자.

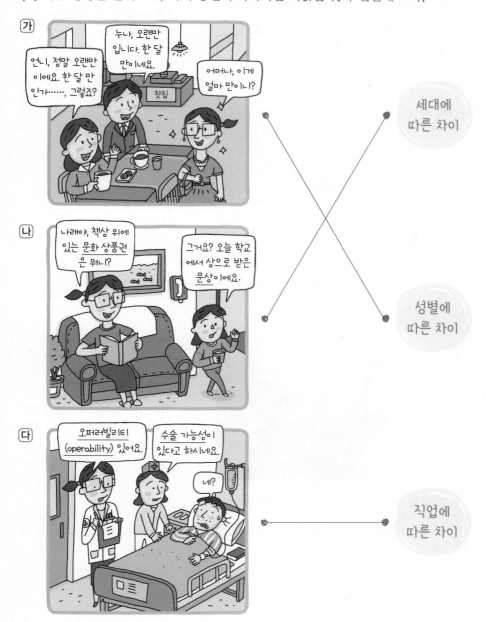

중요

15 사회 방언이 발생하는 요인이 <u>아닌</u> 것은?

① 직업의 차이
② 성별의 차이
③ 지역의 차이
④ 세대 간의 차이
⑤ 소속 집단의 차이

16 다음 중 직업에 따른 어휘 차이를 보여 주는 사례로 알맞은 것은?

① 오빠 – 형
② 친구 – 벗
③ 동생 – 아우
④ 조금 – 쬐까
⑤ 오퍼러빌리티 – 수술 가능성

17 다음과 같이 같은 대상을 가리키는 어휘의 차이가 발생하는 까닭을 2어절로 쓰시오.

문화 상품권 – 문상

📖 **지식 사전**

사회 방언에 영향을 미치는 요인

성별	성별에 따라 사용하는 어휘가 달라짐. 예 • 여성은 남성에 비해 감정을 표현하는 어휘를 더 많이 사용하는 경향이 있음. • 여성은 해요체를, 남성은 하십시오체를 상대적으로 더 많이 사용하는 경향이 있음.
세대	세대에 따라 사용하는 어휘가 달라짐. 예 노인 세대와 달리 젊은 세대에서는 '문상, 열공'과 같은 준말이나 컴퓨터 게임 용어를 즐겨 사용하는 경향이 있음.
직업	의학, 음악, 미술 등의 분야에 따라 사용하는 전문어가 다르며, 직업에 따라 그 직업에서만 사용하는 은어가 있기도 함.

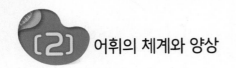

(2) 다음 드라마 대본을 통해 전문어의 특성을 알아보자.

> **강마에:** (잠시 기다려 주다가, 다짜고짜 강의에 들어간다.) 「넬라 판타지아」, 1986년 엔니오 모리코네가 작곡한 이 곡은 4분의 4박자로 원제는 「가브리엘 오보에」, 영화 「미션」의 주제가로 사용됐습니다.
>
> 　　단원들, 받아쓰기처럼 적기 시작한다.
>
> **강마에:** (계속 설명하는) 악보에는 작곡가의 자세한 설명이 나와 있진 않지만, 시디를 찾아 들어 보면 감이 오실 겁니다. 즉, 아주 많이 ¹레가토로 연주해야 하고, 중간중간에 나오는 ²트리플렛을 정확하게 연주해야 합니다.
>
> 　　단원들, 악보 넘겨 보고 적고 정신없다. 몇 명은 강마에를 멍하게 보는 ……
>
> **강마에:** ³싱커페이션도 최대한 잘 지켜 주셔야 하고, 특히 4분의 4박자이지만 ⁴알라 브레베의 느낌으로 연주해야 더 확실한 레가토를 느낄 수 있습니다. 그리고 악보에 나와 있는 ⁵세뇨, 확실히 지켜 주시고요.
>
> 　　　　　　　　　　　　　　　　－ 홍진아·홍자람, 「베토벤 바이러스」
>
> 1 **레가토**(legato) 악보에서, 둘 이상의 음을 이어서 부드럽게 연주하라는 말.
> 2 **트리플렛**(triplet) 셋잇단음표. 이등분하여야 할 음표를 삼등분하여 한데 묶어 나타낸 것.
> 3 **싱커페이션**(syncopation) 당김음. 한 마디 안에서 센박과 여린박의 규칙성이 뒤바뀌는 현상.
> 4 **알라 브레베**(alla breve) 2분의 2박자를 이르는 말.
> 5 **세뇨**(segno) 서양 음악의 악보에 쓰는 기호의 하나. 반복표로서 사용함.

• 〰〰로 표시된 낱말들을 주로 어떤 직업의 사람들이 사용할지 말해 보자.

📄 색칠된 낱말들은 모두 ☐☐과 관련 있다. 따라서 작곡가. 작사가. 연주자 등 음악과 관련된 직업의 사람들이 주로 그 낱말들을 사용할 것이다.

• 전문어를 사용하면 어떤 효과를 얻을 수 있는지, 그리고 전문어를 일반인에게 사용하면 어떤 문제가 생길 수 있는지 써 보자.

📄 전문어는 뜻이 정말하고 다의성이 적기 때문에 업무의 효율성을 높여 준다. 하지만 전문어는 대부분 그 분야에서만 사용하는 용어이기 때문에 전문가와 전문가가 아닌 사람의 의사소통에는 어려움을 줄 수 있다.

간단 체크 **활 동** 문제

18 ㉠~㉤ 중, 전문어에 속하지 <u>않는</u> 것은?

> ㉠싱커페이션도 최대한 잘 지켜 주셔야 하고, 특히 4분의 4박자이지만 ㉡알라 브레베의 ㉢느낌으로 연주해야 더 확실한 ㉣레가토를 느낄 수 있습니다. 그리고 악보에 나와 있는 ㉤세뇨, 확실히 지켜 주시고요.

① ㉠　　　　② ㉡
③ ㉢　　　　④ ㉣
⑤ ㉤

19 전문 분야의 사람들이 전문어를 사용하는 이유로 가장 적절한 것은?

① 전문어는 하나의 낱말에 여러 의미를 담을 수 있기 때문에
② 관련된 일을 효과적으로 수행하는 데 도움이 되기 때문에
③ 일반인들에게 전문 분야의 지식을 널리 알릴 수 있기 때문에
④ 일반인들도 전문적인 내용을 알아들을 수 있어야 하기 때문에
⑤ 전문어를 사용하여 자신의 직업을 일반인에게 알릴 수 있기 때문에

(3) 다음 글을 통해 은어와 속어의 특성을 알아보자.

> 은어는 다른 사람들이 알아듣지 못하도록 특정 집단의 구성원끼리만 사용하는 말이다. 그래서 은어는 다른 집단에 알려지면 즉시 새로운 은어로 변경되곤 한다. 심마니들이 사용하는 말인 '무림(밥), 도자(칼), 산개(호랑이), 데펭이(안개)'나 청소년들이 주로 사용하는 말인 '안습(안타까움), 열공(공부에 열중함)' 등을 은어의 예로 들 수 있다.
>
> 속어는 통속적으로 쓰는 저속한 말로, 일반적인 표현에 비해 비속하고 천박한 인상을 주기 때문에 비속어 또는 비어라고도 한다. 속어는 비밀 유지의 기능이 없다는 점에서 은어와 다르다. 속어는 정서적으로 가까운 사람들끼리 자유롭게 대화를 할 때 친밀감을 표현하려고 사용되기는 하나, 오히려 상대의 기분을 상하게 할 수 있으므로 가급적 사용하지 않는 것이 좋다.

● 은어와 속어를 사용하는 까닭을 말해 보자.

답 은어를 사용하는 까닭은 다른 집단의 사람들이 알아듣지 못하게 하기 위해서이고, 속어를 사용하는 까닭은 정서적으로 가까운 사람끼리 □□□을 표현하기 위해서이다.

● 은어와 속어를 자주 사용하면 어떤 문제가 생길지 말해 보자.

답 은어는 특정 집단에 속하는 사람들끼리 쓰는 말이므로, 외부 사람과의 □□□□을 방해하고 오해를 불러일으킬 수 있다. 그리고 친밀감의 표현이라 하더라도 □□를 자주 쓰면 상대에게 불쾌감을 줄 수 있을 뿐만 아니라, 말 자체의 공격성이 강해서 언어 습관에도 악영향을 미칠 수 있다.

학습콕

❶ 지역 방언의 개념과 특성

지역 방언	개념	□□에 따라 다르게 쓰는 말 예 나무 – 냉기, 남구, 낭, 낭구 등
	특성	• 우리말의 다양성을 보여 주는 소중한 언어 자료임. • 해당 지역의 고유한 정서와 문화를 반영함. • 공적인 상황에서는 □□□□를 사용하지만, 같은 지역 사람들끼리나 사적인 상황에서는 지역 방언을 사용하는 경우가 많음.

❷ 사회 방언의 개념과 특성

▢▢▢▢	개념	성별이나 세대, 직업 등의 사회적 요인에 따라 다르게 쓰는 말
	특성	• 같은 사회 집단에 속한 사람들끼리의 의사소통에 효율성을 높임. • 구성원 간의 소속감과 친밀감을 형성함.

❸ 사회 방언의 종류와 특성

	전문어	□□	속어
개념	학술이나 전문 분야에서 특별한 의미로 쓰는 말	다른 사람들이 알아듣지 못하도록 특정 집단의 구성원끼리만 사용하는 말	통속적으로 쓰는 저속한 말
특성	• 뜻이 매우 정밀함. • 업무의 효율성을 높임. • 일반인과 의사소통할 때에는 쉽게 풀어서 사용해야 함.	• 비밀 유지의 기능이 있음. • 외부로 알려지면 새로운 은어로 변경되기도 함.	• 정서적으로 가까운 사람들끼리 친밀감을 표현하기 위해 사용함. • 저속한 말이므로 상대의 기분을 상하게 할 수 있음.

중요

20 ㉠과 ㉡에 들어갈 알맞은 말을 각각 쓰시오.

> 다른 사람들이 알아듣지 못하도록 특정 집단의 구성원끼리만 사용하는 말을 (㉠)(이)라고 하고, 통속적으로 쓰는 저속한 말을 (㉡)(이)라고 한다.

21 다음에 제시된 낱말들의 공통점이 아닌 것은?

> • 안습(안타까움)
> • 열공(공부에 열중함.)

① 은어에 해당한다.
② 사회 방언에 속한다.
③ 전문 분야에서 사용된다.
④ 비밀 유지의 기능이 있다.
⑤ 주로 청소년들이 사용한다.

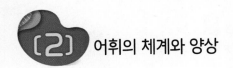

적용

① 올바르고 정확한 어휘 사용하기

다음 활동을 통해 어휘를 올바르고 정확하게 사용해 보자.

1 **다음 글을 읽고 외래어를 어떻게 사용해야 할지 생각해 보자.**

> 우리말 오염 현상이 심각하다. 일반인들은 물론 공공 기관에서조차 외래어를 무분별하게 사용한다. 또한 분야를 막론하고 그 뜻을 이해하기 힘든 외래어가 결합한 합성어를 어렵지 않게 발견할 수 있다. 외래어는 새로운 문화를 받아들이면서 자연스럽게 생겨나는 말로, 우리말을 보완하는 역할을 한다. 하지만 지나친 외래어 사용은 우리말의 정체성을 흔들고 우리 문화에 대한 자긍심을 떨어뜨릴 수 있다. 국제화, 세계화 과정에서 다른 나라의 말이 들어오는 것을 막을 수는 없지만, 그 말을 우리말로 바꾸려는 노력 없이 무분별하게 받아들이는 것은 경계해야 한다. 따라서 우리는 다른 나라의 말을 어떻게 수용할 것인가를 진지하게 고민하고, 이미 널리 쓰이는 외래어라 하더라도 최대한 우리말로 바꾸어 보려는 노력을 기울여야 할 것이다.

(1) 이 글을 바탕으로 무분별한 외래어 사용의 문제점이 무엇인지 정리해 보자.

답 외래어를 무분별하게 사용하면 우리말의 [　][　][　]이 흔들리고 우리 문화에 대한 자긍심이 손상될 수 있다.

(2) 보기 는 외래어를 고유어로 다듬은 예이다. 이를 참고하여 일상에서 자주 쓰는 외래어를 골라 고유어로 다듬어 보자.

> **보기**
> • 네티즌(netizen): 가상 공간에서 활동하는 사람 ➡ '누리꾼'으로 순화
> • 라이벌(rival): 같은 목적을 가졌거나 같은 분야에서 일하면서 이기거나 앞서려고 서로 겨루는 사람. ➡ '맞수'로 순화

예시 답 》 로드뷰(road view) → 거리 보기
가이드(guide) → 길잡이
다운로드(download) → 내려받기

📖 지식 사전

외래어를 순화한 예
국립국어원 누리집(http://www.korean.go.kr)에서 다듬은 말(순화어)을 검색해 볼 수 있다.

• 스커트(skirt) → 치마	• 블로그(blog) → 누리사랑방
• 팝업(pop—up)창 → 알림창	• 홈페이지(homepage) → 누리집
• 핫팬츠(hot pants) → 한뼘바지	• 이모티콘(emoticon) → 그림말
• 인터체인지(interchange) → 나들목	• 롤 모델(role model) → 본보기

간단 체크 **활동** 문제

22 외래어를 순화한 예로 적절하지 <u>않은</u> 것은?
① 라이벌 → 맞수
② 스커트 → 치마
③ 네티즌 → 누리꾼
④ 밧데리 → 배터리
⑤ 팝업창 → 알림창

23 다음 대화의 '손님'이 주로 사용한 어휘의 문제점을 한 문장으로 쓰시오.

> 손님: 아이스 아메리카노 레귤러 사이즈로 한 잔 주세요.
> 점원: 드시고 가실 건가요?
> 손님: 아니요, 테이크 아웃할게요. 이 텀블러에 담아 주세요.

2 다음 대화를 살펴보고 상황에 맞게 어휘를 사용해 보자.

(1) 할아버지와 손녀의 대화에 나타난 문제점이 무엇인지 말해 보자.

📝 할아버지와 손녀의 대화가 원활하지 않는데, 이는 손녀가 할아버지와 대화를 나누고 있는 상황임을 고려하지 않고 자기 또래 사이에서 쓰는 ☐☐ ☐을 사용하고 있기 때문이다.

(2) 할아버지와 손녀의 대화가 원활해지도록 손녀의 말을 바꾸어 써 보자.

📝 네, 이번에는 인터넷 강의를 들으면서 열심히 공부했어요. 성적이 오르면 삼촌이 ☐☐ ☐ ☐로 구두를 사 준다고 했거든요.

간단 체크 활동 문제

⭐중요
24 다음과 같은 어휘의 특성으로 적절하지 <u>않은</u> 것은?

> 인강, 열공, 생선

① 사회 방언에 속한다.
② 젊은 세대가 주로 사용한다.
③ 우리 민족의 정서가 담겨 있다.
④ 어법에 맞지 않는 줄인 말이다.
⑤ 상황에 따라 의사소통에 방해가 될 수 있다.

활동 마당

이 활동은
우리말로 이루어진 멋진 문장을 찾아 개성이 담긴 손글씨로 표현해 봄으로써 우리말의 아름다움을 느끼고 예술적 감수성을 기르는 활동입니다.

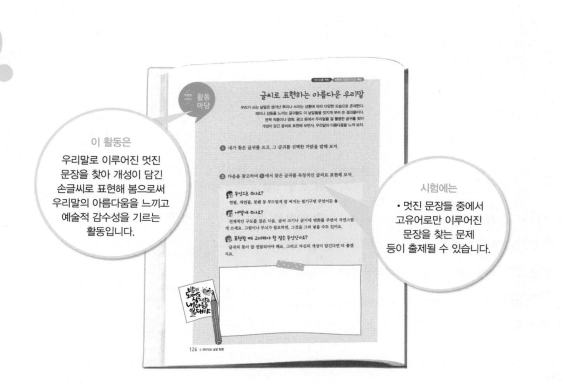

시험에는
• 멋진 문장들 중에서 고유어로만 이루어진 문장을 찾는 문제 등이 출제될 수 있습니다.

(2) 어휘의 체계와 양상 **113**

● 정답과 해설 14쪽

●● 어휘의 체계

유형	개념	특성
❶ ☐☐☐	우리말에 본디부터 있던 말이나 그것에 기초하여 새로 만들어진 말 예 무지개, 마음, 꽃샘 등	• 일상생활에서 자주 쓰이다 보니 대개 하나의 낱말이 지닌 의미의 폭이 넓음. • 우리 민족이 지닌 고유의 정서와 문화가 담겨 있음. 예 색깔을 나타내는 말(색채어)이나 농사와 관련된 말이 발달함.
한자어	❷ ☐☐를 바탕으로 만들어진 말 예 학교, 책상, 친구 등	• 일반적으로 고유어에 비해 뜻이 구체적이어서 고유어를 보완하는 역할을 함.
외래어	다른 나라에서 들어왔지만 우리말처럼 쓰이는 말 예 버스, 햄버거, 피아노 등	• 외국과의 문화적 교류 과정에서 많이 들어옴. • 우리말의 어휘를 풍부하게 해 주는 역할을 함. • 무분별하게 사용할 경우 우리말의 정체성을 위협할 수 있음.

●● 어휘의 양상

• 지역 방언과 사회 방언

언어가 사용되는 지역이나 그 말을 사용하는 집단에 따라 달라진 언어를 '방언'이라고 한다.

	❸ ☐☐☐☐	사회 방언
개념	지역에 따라 다르게 쓰는 말 예 '부추'의 방언 – 부치, 분추, 졸, 정구지 등	성별이나 ❹ ☐☐, 직업 등의 사회적 요인에 따라 다르게 쓰는 말 예 하십시오체/해요체, 문화 상품권/문상, 오퍼러빌리티/수술 가능성
특성	• 해당 지역의 고유한 정서와 문화를 담고 있음. • 우리말의 다양성을 보여 주는 소중한 언어 자료임. • 공적인 상황에서는 ❺ ☐☐☐를 사용하지만, 같은 지역 사람들끼리나 사적인 상황에서는 지역 방언을 사용하는 경우가 많음.	• 같은 집단 내에서 의사소통의 효율성을 높이며, 구성원 간의 소속감과 친밀감을 형성함. • 우리말의 어휘를 다양하게 함. • 다른 사회 집단에서 사용하면 의사소통에 어려움이 생길 수 있음.

• 사회 방언의 유형

	❻ ☐☐☐	은어	속어
개념	학술이나 전문 분야에서 특별한 의미로 쓰는 말 예 음악 분야의 용어: 레가토, 트리플렛 등	다른 사람들이 알아듣지 못하도록 특정 집단의 구성원끼리만 사용하는 말 예 심마니의 은어: 데팽이, 무림 등	통속적으로 쓰는 저속한 말
특성	• 뜻이 매우 정밀하고, 다의성이 적음. • 전문적인 작업의 효과적인 수행을 도움. • 일반인과 의사소통할 때에는 쉽게 풀어서 사용해야 함.	• ❼ ☐☐☐☐의 기능이 있음. • 외부로 알려지면 새로운 은어로 변경되기도 함.	• 정서적으로 가까운 사람들끼리 ❽ ☐☐☐을 표현하기 위해 사용함. • 저속한 말이므로 상대의 기분을 상하게 할 수 있음.

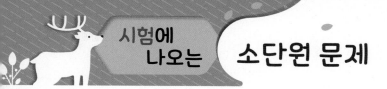

01 다음과 같이 어휘를 분류한 기준으로 알맞은 것은?

> 고유어 – 한자어 – 외래어

① 사용 매체　　② 사용 시기
③ 사용 계층　　④ 말의 뿌리
⑤ 공통적인 의미

02 고유어에 대한 설명으로 적절하지 <u>않은</u> 것은?

① 쌀과 관련된 낱말이 발달하였다.
② 쉽고 정답게 느껴지는 낱말이 많다.
③ 우리 민족 고유의 문화가 담겨 있다.
④ 전문적이고 추상적인 개념을 나타낼 때 많이 쓰인다.
⑤ 일상생활에서 자주 쓰이다 보니 하나의 낱말이 지니는 의미의 폭이 넓다.

서술형 ★ 학습 활동 응용

03 〈보기〉의 낱말들을 통해 알 수 있는 고유어의 특성을 한 문장으로 쓰시오.

┤보기├
> 붉다, 빨갛다, 벌겋다, 불그스름하다, 새빨갛다,
> 뻘겋다, 시뻘겋다, 발그레하다, 불그레하다

 학습 활동 응용

04 〈보기〉에 대한 설명으로 알맞지 <u>않은</u> 것은?

┤보기├
마음
- 여행 갈 ㉠의향(意向)은 있니?
- 나는 그 사람에게 ㉡호감(好感)이 있어.
- 전학 갈 때 네 ㉢심정(心情)이 어땠어?

① ㉠, ㉡, ㉢은 모두 '마음'으로 바꾸어 쓸 수 있다.
② ㉠과 ㉡은 서로 바꾸어 써도 그 뜻이 통한다.
③ ㉡과 ㉢은 서로 바꾸어 쓸 수 없다.
④ ㉠, ㉡, ㉢이 '마음'보다 더 구체적인 뜻을 가지고 있다.
⑤ 고유어인 '마음'은 한자어에 비해 다양한 뜻을 가지고 있다.

05 다음 밑줄 친 낱말이 한자어가 <u>아닌</u> 것은?

① 깊은 <u>명상</u>에 빠져 있다.
② <u>생각</u>과 행동이 일치한다.
③ 잘 더듬어 <u>기억</u>해 보세요.
④ 우리의 처지를 잘 <u>고려</u>해 보자.
⑤ <u>추측</u>해 보건대, 그 일은 잘못된 것 같다.

06 〈보기〉와 같은 어휘의 특성으로 옳지 <u>않은</u> 것은?

┤보기├
> 텔레비전, 버스, 볼펜, 초콜릿, 패션모델

① 외국에서 들어온 말이다.
② 고유어로 바꾸기가 어렵다.
③ 우리말처럼 사용되는 말이다.
④ 우리말의 어휘를 풍부하게 해 준다.
⑤ 외국인이 주로 사용하는 우리말이다.

07 〈보기〉에 대한 반응으로 적절하지 <u>않은</u> 것은?

┤보기├
> 핫한 여름에는 쿨한 ○○마운틴 페스티벌!
> 다양한 이벤트와 함께 해피하게 즐겨 보세요.

① 외래어를 무분별하게 사용하고 있군.
② 〈보기〉와 같은 언어생활은 외국어를 잘하는 데 도움이 되겠어.
③ 〈보기〉와 같은 언어생활은 우리말의 정체성을 위협할 수 있겠군
④ '핫한'은 '더운'으로, '쿨한'은 '시원한'으로 바꾸어 쓰는 것이 좋겠군.
⑤ 외국과의 문화 교류가 많아지면서 〈보기〉와 같은 언어생활이 늘어나고 있어.

08 방언에 대한 이해로 알맞지 <u>않은</u> 것은?

① 우리말의 어휘를 다양하게 한다.
② 지역 방언은 지역에 따라 달라진 말이다.
③ 사회 방언은 사회 집단에 따라 다르게 쓰는 말이다.
④ '안습'은 지역 방언, '토깽이'는 사회 방언의 예이다.
⑤ 무분별하게 사용하면 의사소통에 어려움을 겪을 수 있다.

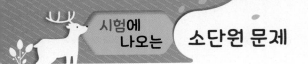
09 다음 중 지역 방언을 사용하기에 적절한 상황은?

① 회사에서 업무에 관해 회의를 할 때
② 고향 친구들과 함께 여행 계획을 세울 때
③ 수업 시간에 친구들과 독서 토론을 할 때
④ 뉴스 제작을 위해 기자가 인터뷰를 할 때
⑤ 낯선 곳에서 처음 만난 사람에게 길을 물어볼 때

★ 학습 활동 응용

10 다음 상황을 통해 알 수 있는 사회 방언의 발생 요인으로 알맞은 것은?

① 직업의 차이　　② 지역의 차이
③ 세대의 차이　　④ 성별의 차이
⑤ 친밀함의 차이

★ 학습 활동 응용

11 ㉠과 ㉡에 대한 설명으로 적절하지 <u>않은</u> 것은?

> 의사: ㉠오퍼러빌리티(operability) 있어요.
> 환자: 네?
> 간호사: ㉡수술 가능성이 있다고 하시네요.

① ㉠의 경우 대응하는 일반 어휘가 없다.
② ㉠과 ㉡은 어종이 다른 어휘에 속하는 낱말이다.
③ ㉠과 ㉡은 직업이라는 사회적 요인에 따라 다르게 쓰는 말이다.
④ 의학 분야의 전문가가 아니면 ㉠을 이해하지 못할 수 있다.
⑤ 해당 분야의 업무를 효율적으로 수행하기 위해 ㉠과 같은 어휘를 사용한다.

★ 학습 활동 응용

12 다음 낱말들의 공통점을 바르게 설명한 것은?

> 〈심마니들이 사용하는 말〉
> 무림(밥), 산개(호랑이), 도자(칼), 데팽이(안개)

① 한자를 바탕으로 만든 말이다.
② 대부분 외국에서 들어온 말이다.
③ 비밀 유지를 위해 사용하는 말이다.
④ 상대방에게 불쾌감을 줄 수 있는 말이다.
⑤ 친밀감을 주기 위해 쓰는 통속적인 말이다.

★ 학습 활동 응용

13 〈보기〉의 설명에 해당하는 어휘의 유형으로 옳은 것은?

> ─ 보기 ─
> • 일반적인 표현에 비해 비속하고 천박한 인상을 준다.
> • 정서적으로 가까운 사람들끼리 자유롭게 대화할 때, 친밀감을 표현하려고 사용한다.

① 은어　　② 속어　　③ 전문어
④ 고유어　　⑤ 지역 방언

✎ 서술형　★ 학습 활동 응용

14 다음 대화가 원활하지 않은 이유를 한 문장으로 쓰시오.

> 할아버지: 얼마 전에 치른 시험은 어땠니?
> 손녀: 네. 이번에는 인강 들으면서 열공했어요. 성적이 오르면 삼촌이 생선으로 구두 사 준다고 했거든요.
> 할아버지: 뭘 했다고? 구두를 생선 주고 사?

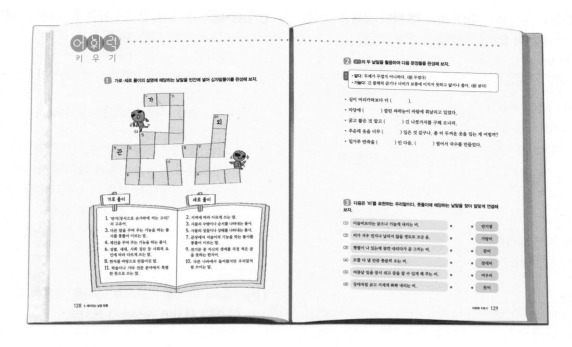

1.

2.

- 실이 머리카락보다 더 (가늘었다 / 가늘다 / 가늘구나 등).
- 마당에 (얇게) 깔린 싸락눈이 바람에 휘날리고 있었다.
- 굵고 짧은 것 말고 (가늘고) 긴 나뭇가지를 구해 오너라.
- 추운데 옷을 너무 (얇게) 입은 것 같구나. 좀 더 두꺼운 옷을 입는 게 어떨까?
- 밀가루 반죽을 (얇게) 민 다음, (가늘게) 썰어서 국수를 만들었다.

3.

(1) 가랑비

(2) 먼지잼

(3) 여우비

(4) 못비

(5) 잠비

(6) 장대비

확인 문제

1 밑줄 친 낱말의 사용이 적절한 것은?

① 실이 머리카락보다 더 <u>얇구나</u>.

② 추운데 옷을 너무 <u>얇게</u> 입은 것 같구나.

③ 굵고 짧은 것 말고 <u>얇고</u> 긴 나뭇가지를 구해 오너라.

④ 마당에 <u>가늘게</u> 깔린 싸락눈이 바람에 휘날리고 있었다.

⑤ 밀가루 반죽을 <u>가늘게</u> 민 다음, 가늘게 썰어서 국수를 만들었다.

01 〈보기〉는 일정한 기준에 따라 품사를 분류한 것이다. ㉠~㉤에 들어갈 내용으로 옳은 것은?

┌─ 보기 ┐

기준	품사 분류
(㉠)이/가 변하는가	불변어, 가변어
문장에서 어떤 (㉡)을/를 하는가	체언, 수식언, 관계언, 독립언, (㉢)
어떤 의미를 나타내는가	• 체언: 명사, 대명사, 수사 • (㉢): 동사, 형용사 • 수식언: 관형사, (㉣) • 관계언: (㉤) • 독립언: 감탄사

└─────┘

① ㉠: 기능　　　　② ㉡: 형태
③ ㉢: 용언　　　　④ ㉣: 조사
⑤ ㉤: 부사

02 다음 문장에 사용된 낱말에 대한 설명으로 알맞지 않은 것은?

┌──────────┐
민아는 우리 반에서 마음씨가 가장 착하다.
└──────────┘

① '우리'는 이름을 대신하는 낱말이다.
② 체언에 속하는 낱말은 모두 세 개이다.
③ '가장'은 다른 말을 꾸며 주는 역할을 한다.
④ '착하다'는 문장에서 쓰일 때 형태가 변한다.
⑤ '는', '에서', '가'는 문장에서 같은 기능을 한다.

03 밑줄 친 낱말이 대명사가 <u>아닌</u> 것은?

① 나는 <u>그</u>와 함께 영화를 보았다.
② <u>이것</u>은 내가 갖고 싶었던 옷이다.
③ 상자를 <u>여기</u>에 올려놓으면 안 된다.
④ <u>저</u> 사람은 전에 나와 만난 적이 있다.
⑤ 나는 <u>그곳</u>에서 겪은 일을 잊을 수가 없다.

04 명사를 〈보기〉와 같이 구분할 때, 밑줄 친 낱말의 성격이 나머지와 <u>다른</u> 것은?

┌─ 보기 ┐
• 구체 명사: 구체적인 모습을 갖춘 대상을 나타내는 명사
• 추상 명사: 추상적 개념을 나타내는 명사
└─────┘

① 철민과 경호는 <u>우정</u>의 선물을 주고받았다.
② 부모님께 <u>걱정</u>을 끼치지 않도록 해야 한다.
③ 민수는 <u>가방</u>에서 책을 꺼내어 나에게 주었다.
④ 공부만 하지 말고 <u>건강</u>에도 신경을 써야 한다.
⑤ 나는 은미와 <u>추억</u>을 만들기 위해 여행을 떠났다.

✎ 서술형

05 기능과 의미를 기준으로 품사를 분류할 때, ㉠과 ㉡이 어떤 품사에 속하는지 쓰시오.

┌──────────┐
• 농구를 좋아하는 ㉠<u>다섯</u>이 모였다.
• 우리는 ㉡<u>다섯</u> 사람을 만나 이야기를 나눴다.
└──────────┘

06 ㉠~㉤ 중, 용언에 해당하는 것은?

┌──────────┐
오늘 점심은 아주 매콤한 떡볶이이다.
　㉠　 ㉡　 ㉢　 ㉣　　 ㉤
└──────────┘

① ㉠　② ㉡　③ ㉢　④ ㉣　⑤ ㉤

07 〈보기〉는 용언을 활용한 것이다. 이를 참고하여 〈보기〉의 낱말들을 동사와 형용사로 바르게 구분한 것은?

┌─ 보기 ┐
• 잡다: 잡는다 / 잡아라 / 잡자
• 맑다: 맑는다 / 맑아라 / 맑자
• 웃다: 웃는다 / 웃어라 / 웃자
• 곱다: 곱는다 / 고와라 / 곱자
└─────┘

	동사	형용사
①	웃다	잡다, 맑다, 곱다
②	잡다, 웃다	맑다, 곱다
③	맑다, 웃다	잡다, 곱다
④	잡다, 맑다, 곱다	웃다
⑤	잡다, 맑다, 웃다	곱다

08 다음 문장에 사용된 수식언에 대해 바르게 설명한 것은?

> 분명히 그날은 비가 아주 많이 내렸다.

① 관형사가 사용되었다.
② 모두 네 개의 수식언이 사용되었다.
③ '아주'는 형용사 '많이'를 꾸며 주는 말이다.
④ '분명히'는 뒤에 오는 체언 '그날'을 꾸며 준다.
⑤ '많이'는 동사 '내렸다'를 꾸며 주므로 부사이다.

09 다음 문장에서 관형사를 모두 찾아 묶은 것은?

> 그 여자는 꽃 한 송이를 샀다.

① 그, 한
② 는, 를
③ 여자, 꽃
④ 그, 송이
⑤ 여자, 샀다

10 다음 문장에 대한 설명으로 알맞지 않은 것은?

> 정우가 나라를 부른다.

① '가'와 '를'의 품사는 조사이다.
② '가'와 '를'의 자리를 바꾸어도 의미는 같다.
③ '가'와 '를'은 문장에서 형태가 변하지 않는다.
④ '나라'가 동작의 대상임을 나타내는 것은 '를'이다.
⑤ '정우'가 문장에서 주체의 역할을 함을 표시해 주는 것은 '가'이다.

11 밑줄 친 낱말의 품사가 바르게 연결된 것은?

① 너 혼자 할 수 있겠어? → 명사
② 우유 하나만 더 주세요. → 관형사
③ 시간이 정말 빨리 지나간다. → 형용사
④ 어머, 갑자기 눈이 펑펑 오네. → 감탄사
⑤ 푸른 바다를 보니 가슴이 뻥 뚫리네요. → 관형사

12 우리말 어휘에 대한 설명으로 알맞지 않은 것은?

① 어휘는 낱말이 모여서 이루어진 집합체를 말한다.
② 말의 뿌리에 따라 고유어, 한자어, 외래어로 나눌 수 있다.
③ 외래어는 다른 나라에서 들어왔지만 우리말처럼 쓰이는 말이다.
④ 한자어는 다른 나라로부터 들어온 말이기 때문에 외래어 중 하나이다.
⑤ 고유어는 우리말에 본디부터 있던 말이나 그것에 기초하여 새로 만들어진 말이다.

13 밑줄 친 낱말들을 어종에 따라 분류하여 쓰시오.

> 작년 여름에 친한 친구와 버스를 타고 여행을 다녀왔어. 케이블카를 타고 산에 올라 시원한 바람을 맞으니 기분이 정말 좋더라.

14 〈보기〉를 통해서 알 수 있는 한자어의 특성으로 적절한 것은?

┤보기├
• 건물을 고치다 → 수리(修理)하다
• 옷을 고치다 → 수선(修繕)하다
• 병을 고치다 → 치료(治療)하다

① 고유어에 일대일로 대응된다.
② 한자어의 수가 고유어의 수보다 많다.
③ 고유어에 비해 뜻이 구체적인 경우가 많다.
④ 고유어보다 일반적이고 포괄적인 뜻을 지닌다.
⑤ 고유어보다 한자어를 사용하는 것이 바람직하다.

15 밑줄 친 낱말 중, 외래어에 속하는 것은?

> 얼마 전 ①텔레비전 프로그램에서 위니 할로라는 ②여성을 보았다. 위니는 4살 때부터 ③피부의 한 부분에 멜라닌 ④색소가 없어져 흰색 반점이 생기는 병인 ⑤백반증을 앓았다.

16 ㉠~㉤ 중, 작품에 지역의 고유한 정서와 분위기를 잘 담고 있는 어휘가 <u>아닌</u> 것은?

> "소가 ㉠토깽이냐? 사고 잡다고 달랑 사게. 당장 저 도짓소라도 읎으믄 니하고 니 ㉡성, 핵교도 끝이여. 그란다고 니놈이 목에다가 멍에를 걸그냐?"
> 하며 씨도 안 먹힌다는 반응이었다.
> "그람, 차차 송아지 낳으믄 우리 주라고 해. 우리가 키워 주는디 고것 하나 못해."
> "네 이…… ㉢아부지가 뭐라고 하디? 입이 너무 허황되게 넘의 ㉣밥그럭을 넘보는 고것을 뭐라고 하디?"
> ㉤"불량배."
> – 전성태, 「소를 줍다」

① ㉠   ② ㉡   ③ ㉢   ④ ㉣   ⑤ ㉤

17 사회 방언에 대한 설명으로 적절하지 <u>않은</u> 것은?

① 성별, 세대, 직업 등에 따라 다르게 쓰는 말이다.
② 많은 사람들과 원만한 관계를 유지하는 데 도움을 준다.
③ 같은 사회 방언을 사용하지 않는 사람들은 소외감을 느낄 수 있다.
④ 같은 사회 방언을 사용하는 사람들 간의 소속감과 친밀감을 높여 준다.
⑤ 같은 사회 방언을 사용하는 사람들끼리 효율적으로 의사소통할 수 있게 해 준다.

18 밑줄 친 낱말의 공통적인 특성에 해당하지 <u>않는</u> 것은?

> • 안타까움 → <u>안습</u>
> • 공부에 열중함. → <u>열공</u>

① 어법에 맞지 않는 말이다.
② 사회 방언에 속하는 말이다.
③ 비밀 유지의 기능을 지닌 말이다.
④ 전문 분야에서만 사용하는 말이다.
⑤ 주로 젊은 세대에서 사용하는 말이다.

19 〈보기〉에 드러나는 언어 차이와 관계 깊은 사례로 알맞은 것은?

> ┤보기├
> 엄마: 예인아, 책상 위에 있는 <u>문화 상품권</u>은 뭐니?
> 예인: 그거요? 오늘 학교에서 상으로 받은 <u>문상</u>이에요.

① 우리나라에는 '벼, 쌀, 밥' 등 쌀을 가리키는 다양한 낱말이 있다.
② 피겨 스케이팅 선수들은 '스파이럴, 악셀 점프' 등의 용어를 사용한다.
③ 여성은 남성에 비해 감정을 표현하는 어휘를 더 많이 사용하는 경향이 있다.
④ 나이가 적은 아이를 서울에서는 '어린아이'라고 하는데, 경상도에서는 '얼라'라고 한다.
⑤ 한 해의 맨 끝 달을 젊은 세대는 보통 '12월'이라고 하는데, 어른 세대는 '섣달'이라고도 한다.

🖋 고난도 서술형

20 〈보기〉에 사용된 말을 일반인이 쉽게 이해할 수 없는 까닭을 서술하시오.

> ┤보기├
> 싱커페이션도 최대한 잘 지켜 주셔야 하고, 특히 4분의 4박자이지만 알라 브레베의 느낌으로 연주해야 더 확실한 레가토를 느낄 수 있습니다. 그리고 악보에 나와 있는 세뇨, 확실히 지켜 주시고요.

> 조건
> ① 문제가 되는 낱말을 두 개 이상 찾아 쓸 것
> ② 어휘적 특성과 관련지어 '~기 때문이다.' 형식의 한 문장으로 쓸 것

이 활동은
살려 쓰고 싶은 고유어를
찾아 고유어 사전을 만들어
보면서 우리말에 관심을
가져 보는 활동입니다.

사전과 인터넷 등의
다양한 매체를
활용해 보면서
다양한 품사의 고유어를
찾아보아요.

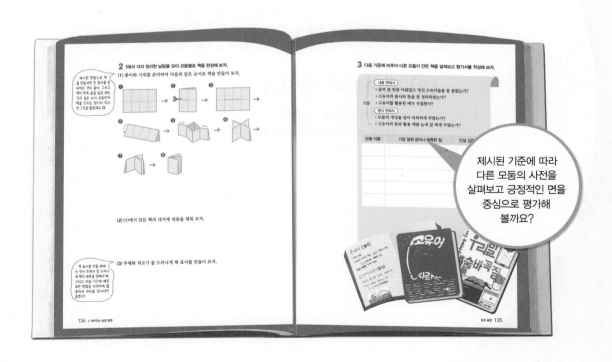

제시된 기준에 따라
다른 모둠의 사전을
살펴보고 긍정적인 면을
중심으로 평가해
볼까요?

4

갈등을 넘어 소통으로

문학

(1) 갈등하는 삶 _ 자전거 도둑(박완서)

- 갈등의 전개와 해결 과정을 파악하며 「자전거 도둑」 감상하기
- 「홍길동전」에 나타난 갈등의 원인을 살펴보고 해결 방안 생각하기
- 갈등 해결 지침서 만들기

듣기·말하기

(2) 배려하며 말하기

- 언어폭력의 문제점 이해하기
- 상대를 배려하며 말하는 태도의 중요성 이해하기
- '나 전달법'으로 말하기

우리는 하루에도 몇 번씩 선택의 갈림길에서 고민하기도 하고, 생각과 가치관의 차이로 다른 사람과 대립하기도 한다. 이러한 갈등은 문학 작품 속에서도 나타난다. 작가는 갈등하는 우리의 모습을 문학 작품에 담아냄으로써, 올바른 삶의 방향이 무엇인지에 대한 자기 생각을 전한다. 따라서 우리는 문학 작품 속 등장인물이 어떤 갈등 상황에 놓여 있는지 갈등을 어떻게 해결하는지 살펴봄으로써, 현실의 갈등을 해결할 실마리를 얻을 수 있다. 한편, 갈등은 상대를 배려하지 못한 말 한마디에서 비롯되기도 한다. 특히 언어폭력으로 인한 갈등은 개인뿐만 아니라 공동체에도 좋지 않은 영향을 미친다. 이 단원을 통해 소설 속 갈등을 거울삼아 갈등을 조정하는 능력을 기르고, 상대를 배려하며 말하는 태도를 갖춤으로써 우리는 건강한 공동체의 건강한 구성원으로 성장할 수 있을 것이다.

이 단원에서는 공동체·대인 관계 역량을 기르기 위해 갈등의 전개와 해결 과정에 주목하여 문학 작품을 감상해 볼 것이다. 또한 언어폭력의 문제점과 말하기 태도가 인간관계에 미치는 영향을 살펴보면서, 상대를 배려하며 말하는 태도를 길러 볼 것이다.

 소단원 개념 **길잡이**

●● 소설이란

현실 세계에 있음 직한 일을 글쓴이가 상상하여 꾸며 쓴 이야기를 말한다. 소설은 이야기를 줄글 형식으로 표현하는 산문 문학에 속한다.

●● 소설의 특성

허구성	사실이 아닌, 작가가 상상하여 꾸며 쓴 이야기임.
모방성	허구의 문학이지만 현실 세계를 본뜨거나 반영함.
서사성	인물, 사건, 배경을 갖추고 있고, 일정한 흐름에 따라 사건이 전개됨.
진실성	꾸며 쓴 이야기지만 인생의 진리와 삶의 진솔함이 담김.
예술성	문학 작품으로서의 예술적인 아름다움을 드러냄.

●● 갈등이란

문학에서는 등장인물의 마음속에서 일어나는 충돌 또는 등장인물과 그를 둘러싼 환경과의 대립 등을 가리킨다.

●● 갈등의 종류

내적 갈등	한 인물의 마음에 서로 다른 생각이나 감정이 동시에 나타나 생기는 갈등
외적 갈등	한 인물과 그 인물을 둘러싼 외부 환경 사이에서 일어나는 갈등 • 인물과 인물 사이의 갈등: 인물 간의 성격이나 가치관이 대립하면서 겪는 갈등 • 인물과 사회와의 갈등: 인물이 그가 살고 있는 사회의 관습이나 제도와 대립하여 겪는 갈등 • 인물과 자연과의 갈등: 인물이 자연환경과 대립하여 겪는 갈등 • 인물과 운명과의 갈등: 인물이 그에게 주어진 운명과 대립하여 겪는 갈등

●● 갈등 전개 과정에 따른 소설의 구성 단계

소설의 구성 단계는 갈등 전개 과정에 따라 5단계로 나뉜다.

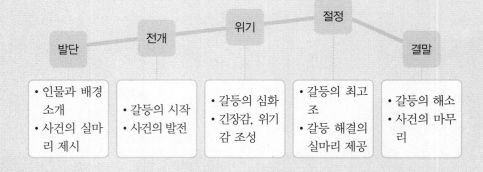

발단
• 인물과 배경 소개
• 사건의 실마리 제시

전개
• 갈등의 시작
• 사건의 발전

위기
• 갈등의 심화
• 긴장감, 위기감 조성

절정
• 갈등의 최고조
• 갈등 해결의 실마리 제공

결말
• 갈등의 해소
• 사건의 마무리

간단 체크 개념 문제

1 소설에 대한 설명이 맞으면 ○표, 틀리면 ✕표 하시오.

(1) 줄글 형식으로 표현한 산문 문학이다.　(　　　)

(2) 인물, 사건, 운율을 갖추고 있고, 일정한 흐름에 따라 사건이 전개된다.　(　　　)

(3) 작가가 상상하여 꾸며 쓴 이야기지만 현실에서 실제로 일어날 법한 일을 바탕으로 한다.　(　　　)

2 빈칸에 들어갈 알맞은 말을 쓰시오.

☐☐(이)란 한 인물의 마음속이나 인물과 인물, 인물과 환경 사이에서 일어나는 대립을 가리킨다.

3 〈보기〉에 나타난 갈등의 종류로 알맞은 것은?

┤보기├

나는 만화가가 되고 싶은데 아버지께서는 내가 공무원이 되길 바라신다.

① 인물의 내적 갈등
② 인물과 인물의 갈등
③ 인물과 사회의 갈등
④ 인물과 자연의 갈등
⑤ 인물과 운명의 갈등

●정답과 해설 16쪽

[1] 갈등하는 삶 _ 자전거 도둑

학습 목표 갈등의 전개와 해결 과정에 유의하며 작품을 감상할 수 있다.

▶ 박완서(1931~2011)
소설가. 한국 전쟁으로 인한 분단의 비극을 다루거나, 물질 만능주의가 만연한 사회를 비판하는 작품을 주로 썼다. 주요 작품으로는 「나목」, 「엄마의 말뚝」, 「그 많던 싱아는 누가 다 먹었을까」 등이 있다.

발단 학습 포인트

❶ 작품의 배경　　　　　　　**❷ '수남'과 '주인 영감'의 성격과 태도**

가 수남이는 청계천 세운 상가 뒷길의 전기용품 도매상의 꼬마 점원이다.

수남이란 어엿한 이름이 있는데도 꼬마로 통한다. 열여섯 살이라지만 볼은 아직 어린아이처럼 토실하니 붉고, 눈 속이 깨끗하다. 숙성한 건 목소리뿐이다. 제법 굵

（나이에 비하여 지각이나 발육이 빠른）

고 부드러운 저음이다. 그 목소리가 전화선을 타면 점잖고 떨떠름한 늙은이 목소

（마음이 내키지 않는 데가 있는）

리로 들린다.

이 가게에는 변두리 전기 상회나 전공들로부터 걸려 오는 전화가 잦다. 수남이

（어떤 지역의 가장자리가 되는 곳）（전기공. 발전, 변전, 전기 장치의 가설 및 수리 따위의 작업에 종사하는 사람）

가 받으면,

"주인 영감님이십니까?"

하고 깍듯이 존대를 해 온다.

"아, 아닙니다. 꼬맙니다."

수남이는 제가 무슨 큰 실수나 저지른 것처럼 황공해하며 볼까지 붉어진다.

"짜아식, 새벽부터 재수 없게 누굴 놀려. 너 이따 두고 보자."

이런 호령이라도 들려오면 수남이는 우선 고개를 움츠려 알밤을 피하는 시늉부터 한다. 설마 전화통에서 알밤이 튀어나올 리는 없는데 말이다. 실수만 했다 하면 알밤 먹을 것을 예상하고 고개가 자라 모가지처럼 오그라드는 게 수남이가 이곳 전기 상회에 취직하고 나서부터 얻은 조건 반사다.

（동물이 그 환경에 적응하기 위하여 후천적으로 획득하는 반사）

나 이곳 단골손님들은 우락부락한 전공들이 대부분이어서 성질들이 거칠고 급하

（몸집이 크고 얼굴이 험상궂게 생긴 데가 있는）

다. 자기가 요구하는 것을 수남이가 빨리 알아듣고 척척 챙기지 못하고 조금만 어릿어릿하면 '짜아식' 하며 사정없이 밤송이 같은 머리에 알밤을 먹인다.

（말과 행동이 활발하지 못하고 자꾸 생기 없이 움직이면）

수남이는 그 숱한 전기용품 이름을 척척 알아들을 수 있을 만큼 일에 익숙해질 때까지 숱한 알밤을 먹었다.

그런데 일에 익숙해진 후에도 ㉠수남이는 심심찮게 까닭도 없는 알밤을 얻어먹는다. 이 거친 사내들은 그런 짓궂은 방법으로 수남이를 귀여워하는 것이다. 예쁜 아이를 보면 물어뜯어 울려 놓고 마는 사람이 있듯이, 이 사내들은 그런 방법으로 수남이에게 애정 표시를 했다.

"짜아식, 잘 잤냐?"

"짜아식, 요새 제법 컸단 말야. 장가들여야겠는데, 짜아식 좋아서……."

그러고는 알밤이다. 주먹과 팔짓만 허풍스럽게 컸지, 아주 부드러운 알밤이다. 그러니까 수남이는 그만큼 인기 있는 점원인 셈이다.

간단 체크 내용 문제

중요

O1 '수남'에 대한 설명으로 알맞지 않은 것은?
① 순수하고 순진하다.
② 단골손님들에게 인기 있다.
③ 전기용품 도매상에서 일한다.
④ 나이에 비해 목소리가 어른스럽다.
⑤ 전공들을 상대해서 성질이 거칠다.

O2 단골손님들이 ㉠과 같이 행동하는 이유로 알맞은 것은?
① '수남'을 울리고 싶어서
② '수남'의 동작이 느려서
③ '수남'의 외모가 부러워서
④ '수남'에 대한 애정을 표현하기 위해서
⑤ '수남'의 철없음을 일깨워 주기 위해서

간단 체크 어휘 문제

다음 뜻풀이에 해당하는 낱말을 〈보기〉에서 찾아 쓰시오.

┤보기├
숙성한, 떨떠름한, 우락부락한

(1) 마음이 내키지 않는 데가 있는
　　　　　　　（　　　）

(2) 나이에 비하여 지각이나 발육이 빠른
　　　　　　　（　　　）

(3) 몸집이 크고 얼굴이 험상궂게 생긴 데가 있는
　　　　　　　（　　　）

다 수남이는 단골손님들에게만 인기가 있는 게 아니라, 주인 영감에게도 여간 잘 뵌 게 아니다. 누구든지 수남이에게 알밤을 먹이는 걸 들키기만 하면 단박 불호령 _{그 자리에서 바로} 이 내린다. _{몹시 심하게 하는 꾸지람}

"왜 하필 남의 머리를 쥐어박어? 채 굳지도 않은 머리를. 그게 어떤 머린 줄이나 알고들 그래, 응? 공부 많이 해서 대학도 가고 박사도 될 머리란 말야. 임자들 같은 돌대가리가 아니란 말야."

그러면 아무리 막돼먹은 손님이라도 선생님 꾸지람에 떠는 초등학생처럼 풀이 죽어서 수남이에게 진심으로 미안해했다. 그러고는,

"꼬마야, 그럼 너 요새 어디 야학이라도 다니니?" _{야간 학교. 밤에 수업을 받을 수 있도록 시설과 체계적인 교과 과정을 갖춘 교육 기관} 하며 은근히 부러워하는 눈치까지 보였다. 그러면 영감님은 딱하다는 듯이 혀를 차며,

"아니, 야학은 아무 때나 들어가나. 똥통 학교라면 또 몰라. 수남이는 내년 봄에 시험 봐서 들어가야 해. 야학이라도 일류로, 그래서 인석이 그저 틈만 있으면 책이라고. 허허……."

라 수남이는 가슴이 크게 출렁인다. 수남이는 한 번도 주인 영감님에게 하다못해 야학이라도 들어가 공부를 해 보고 싶단 말을 비친 적이 없다. 맨손으로 어린 나이에 서울에 와서 거지도 안 되고 깡패도 안 되고 이런 어엿한 가게의 점원이 된 것만도 수남이로서는 눈부신 성공인데, 벼락 맞을 노릇이지, 어떻게 감히 공부까지를 바라겠는가.

그러면서도 자기 또래의 고등학생만 보면 가슴이 짜릿짜릿하던 수남이다. 처음 전기용품 취급이 서툴러 시험을 하다 툭 하면 손끝에 감전이 되어 짜릿하며 화들짝 놀랐던 것처럼, 고등학교 교복은 수남이의 심장에 짜릿한 감전을 일으키며 가슴을 온통 마구 휘젓는 이상한 힘이 있었다.

그런 수남이의 비밀을 주인 영감님은 알고 있었던 것이다. 수남이는 부끄럽고도 기뻤다.

그래서 수남이는 "내년 봄에 시험 봐서 들어가야 해. 야학이라도 일류로……." 할 때의 주인 영감님이 그렇게 좋을 수가 없다. 그 소리를 듣기 위해서라면 그까짓 알밤쯤 하루 골백번을 맞는 것도 좋았다. 그런 소리를 자기를 위해 해 주는 주인 _{'여러 번을 강조하거나 속되게 이르는 말} 영감님을 위해서라면 뼛골이 부러지게 일을 한들 눈곱만큼도 억울할 것이 없을 것 같다. 월급은 좀 짜게 주지만, 그 감미로운 소리를 어찌 후한 월급에 비기겠는가. _{넉넉한, 많은}

마 수남이의 하루는 눈코 뜰 새 없이 고단하지만 행복하다. 내년 봄 — 내년 봄은 올봄보다는 멀지만 오기는 올 것이다. 그리고 영감님이 잘못 알아서 그렇지 시험 볼 때는 봄이 아니라 겨울이다. 겨울은 봄보다 이르다.

간단 체크 내용 문제

중요
O3 (다), (라)에 나타난 '수남'의 심정으로 알맞지 않은 것은?
① 기쁨　　② 감동
③ 억울함　④ 고마움
⑤ 부끄러움

O4 〈보기〉에서 설명하는 소재를 (라)에서 찾아 2어절로 쓰시오.

┤보기├
　'수남'에게 공부하고 싶다는 마음을 불러일으키는 구체적인 사물

간단 체크 어휘 문제

다음 낱말의 뜻풀이가 맞으면 ○표, 틀리면 ✕표 하시오.
(1) 후한: 남아 있는 한（　　）
(2) 단박: 그 자리에서 바로
（　　）
(3) 불호령: 버릇없고 난폭한 말이나 행동 （　　）
(4) 골백번: '여러 번'을 강조하거나 속되게 이르는 말
（　　）
(5) 야학: 밤에 수업을 받을 수 있도록 시설과 체계적인 교과 과정을 갖춘 교육 기관
（　　）

수남이는 온종일 눈코 뜰 새 없이 바쁘게 일을 하고 밤에는 가겟방에서 숙직을
한다. 꾀죄죄한 다후다 이불에 몸을 휘감고 나면 방바닥이야 차건 덥건 잠이 쏟아
<small>직장에서 밤에 교대로 잠을 자면서 지키는 일</small>
<small>합성 섬유의 한 종류로, 광택이 있는 얇은 평직 견직물을 일컬음</small>
진다.

그럴 때 "인석은 그저 틈만 있으면 책이라고." 하던 주인 영감님의 목소리가 생
생하게 들려온다. 수남이는 낮 동안 책은커녕 신문 한 귀퉁이 읽은 적이 없다. 도
대체가 그럴 틈이 없다. 점원이 적어도 세 명은 있어야 해낼 가게 일을 혼자서 해
내자니 여간 벅찬 것이 아니다. 그래도 수남이는 혹사당하고 있다는 억울한 생각
같은 것은 전혀 없다. 어쩌다 남들이 영감님에게,
<small>혹독하게 일을 시킴</small>

"꼬마 혼자 데리고 벅차시겠습니다. 좀 큰 애 하나 더 쓰셔야죠."

㉠영감님은 그런 소리를 제일 싫어한다. 벌레라도 씹어 먹은 듯이 이상야릇한
얼굴로 상대방을 흘겨보며,

"누가 뭐 사람 더 쓰기 싫어 안 쓰나. 어디 사람 같은 놈이 있어야 말이지. 깡패
놈이라도 걸려들어 봐. 우리 수남이가 물든다고. 이런 순진한 놈일수록 구정물
들긴 쉽거든."

🅑 얼마나 고마운 주인 영감님인가. 이런 고마운 어른을 위해 그까짓 세 사람이
할 일 혼자 못 할까 하고 양팔의 근육이 팽팽히 긴장한다.

그런 고마운 어른이 보지도 않는 책을 틈만 있으면 본다고 남들에게 자랑을 한
뜻은 밤이라도 잠만 자지 말고 열심히 공부해 두라는 뜻일 것이다. 수남이가 그렇
게 풀이한 것이다. 그런 생각을 하면 눈이 말똥말똥해지며 잠이 저만큼 달아난다.
혹시나 하고 보따리 속에 찔러 가지고 온 중학교 때 교과서랑 고등학교까지 다닌
형이 쓰던 참고서 나부랭이를 이렇게 유용하게 쓸 줄은 정말 몰랐었다. 책이라야
<small>어떤 부류의 사람이나 물건을 낮잡아 이르는 말</small>
통틀어 그것뿐이다.

주인 영감님이 심심할 때 사 본 주간지 같은 것이 굴러다닐 적도 있어서 소년다
<small>한 주일에 한 번씩 발행하는 잡지</small>
운 호기심이 동하지 않는 것도 아니었지만 "인석은 그저 틈만 있으면 책이라고."
<small>어떤 욕구나 감정 또는 기운이 일어나지</small>
하며 주인 영감님이 가리키는 책이란 결코 이런 주간지 조각이 아닐 것이라는 영
리한 짐작으로 수남이는 결코 그런 데 한눈을 파는 법이 없다. 시간이 아까워서라
도 그렇게는 할 수 없다.

가게를 닫고 셈을 맞추고 주인댁 식모가 날라 온 저녁을 먹고 나서 혼자가 될 수
<small>수를 따져 얼마인가를 세어 맞추는 일   남의 집에 고용되어 주로 부엌일을 맡아 하는 여자</small>
있는 시간은 거의 열한 시 경이다. 그때부터 공부라도 해야 되는 것이다. 그러고도
수남이는 이 동네 가게의 누구보다도 먼저 일어나야 하는 것이다. 수남이의 부지
런함은 이 근처에서도 평판이 자자했다.
<small>세상 사람들의 비평</small>

제일 먼저 가게 문을 열고, 물뿌리개로 골목길에 물을 뿌리고는 긴 골목길을 남
의 가게 앞까지 말끔히 쓸고 나서 가게 안 물건 먼지를 털고, 어떡하면 보기 좋을
까 연구를 해 가며 다시 진열을 하고 제 몸단장까지 개운하게 끝낸다. 그제야 주인
<small>여러 사람에게 보이기 위하여 물건을 죽 벌여 놓음</small>
영감님이 나온다.

(1) 갈등하는 삶 **127**

간단 체크 내용 문제

05 (마), (바)를 읽고 짐작할 수
있는 내용이 **아닌** 것은?
① '수남'은 가겟방에서 생활
한다.
② '수남'은 낮에 일하면서 틈
틈이 공부를 한다.
③ '수남'의 형은 고등학교까
지 다녔다.
④ '주인 영감'은 '수남'의 시험
에 관심이 없다.
⑤ '주인 영감'은 '수남'에게 벅
찬 양의 일을 시키고 있다.

06 (마), (바)에서 알 수 있는
'수남'의 면모로 알맞지 **않은** 것
은?
① 성실하다.
② 부지런하다.
③ 눈치가 빠르다.
④ '주인 영감'을 믿고 따른다.
⑤ '주인 영감'의 기대에 부응
하고 싶어 한다.

⭐중요
07 ㉠의 이유로 가장 적절한
것은?
① '수남'을 친자식처럼 생각
해서
② 남이 자신의 일에 간섭하는
게 싫어서
③ '수남'의 공부에 방해될까
봐 걱정되어서
④ '수남'이 나쁜 무리와 어울
릴까 봐 염려되어서
⑤ 점원을 부리는 데 드는 비
용을 아끼기 위해서

사 주인 영감님은 만족한 듯 빙긋 웃고 '짜아식' 하며 손으로 수남이의 머리를 더듬는다. 그러나 알밤을 먹이는 일은 한 번도 없었다. 따뜻하고 큰 손으로 머리를 빗질하듯 두어 번 쓸어 내려 주고는, 부드러운 볼로 해서 둥근 턱까지를 큰 손바닥에 한꺼번에 감쌌다가는 다시 한번 '짜아식' 하곤 놓아 준다. 수남이는 그 시간이 좋다. 그래서 남보다 일찍 일어나야 하는 것이다.

아직은 육친애에 철모르고 푼근히 감싸여야 할 나이다. 그를 실제 나이보다 어
_{부모와 자식, 형제자매 관계 등과 같이 혈족 관계에 있는 사람들 사이의 애정}
려 뵈게 하는, 아직 상하지 않은 순진성이 더욱 그에게 육친애를 목마르게 한다. 주인 영감님의 든든하고 거친 손에서 볼과 턱을 타고 전해 오는 따뜻함, 훈훈함은 거의 육친애적이었고 그래서 수남이는 그 시간이 기다려질 만큼 좋았고, 꿀같이 단 새벽잠을 떨쳐 낸 보람을 느끼고도 남을 충족된 시간이기도 했다.

학습 콕 발단 | 소주제: □□□□□ 도매상 직원 '수남'이 '주인 영감'의 보살핌에 육친애를 느낌.

❶ 작품의 배경
• 공간적 배경: 서울 청계천 세운 상가
• 시간적 배경: 1970년대(급속한 도시화, 산업화로 인해 물질적 가치가 중시되던 시기)

❷ '수남'과 '주인 영감'의 성격과 태도

	'수남'	'주인 영감'
성격	순진함, 순수함, 성실함.	인색함, 이기적임, 가식적임.
태도	• 점원 세 명이 할 일을 불평 없이 해내며 자신이 혹사당하고 있는지 모름. • 공부하고 싶은 자신의 마음을 알아주는 '주인 영감'에게 고마움과 더불어 □□□적인 따뜻함을 느낌.	• '수남'이 시험을 언제 보는지도 모를 정도로, '수남'의 시험에 관심이 없음. • 겉으로는 '수남'을 위하는 척하고 있지만, 자신의 이기적인 □□을 채우려고 '수남'을 이용함.

전개 ❶ 학습 포인트

❶ 바람의 역할   ❷ 도시 사람들의 가치관과 태도

아 그 어느 해보다도 긴 겨울이 가고 봄이 왔다. 내년 봄이 아니라 올봄이 온 것이다. 달력에는 벚꽃이 만발해 있었다. 그런데도 그 어느 해보다도 길게 해 먹은
_{꽃이 활짝 다 피어}
겨울은 뭘 아직도 덜 해 먹었는지 화창한 봄날에 끼어들어 심술을 부렸다. 별안간 기온이 급강하하더니 바람까지 세차게 몰아쳤다.
_{기온이나 가격, 비율 따위가 갑자기 내려감}
낮 동안 떼어서 세워 놓은 가게 판자문이 요란한 소리를 내고 나자빠지는가 하면, 가게 함석지붕은 얇은 헝겊처럼 곧 뒤집힐 듯이 펄럭대고, 골목 위 공중을 가
_{함석(표면에 아연을 도금한 얇은 철판)으로 인 지붕}
로지른 전화 줄에서는 온종일 귀신의 휘파람 같은 이상한 소리가 났다.

간단 체크 **내용** 문제

중요

08 (사)에서 '수남'이 '주인 영감'에게 느끼는 감정으로 알맞지 **않은** 것은?

① 부모에게서 받는 사랑
② 피곤을 잊을 만큼의 인정
③ 칭찬을 받을 때의 뿌듯함
④ 알밤을 먹을 때의 서글픔
⑤ 맡은 일을 성실히 해내야겠다는 책임감

09 글의 전개 과정으로 보아, (아)의 역할로 적절한 것은?

① 인물과 배경을 소개한다.
② 작가의 주제 의식을 드러낸다.
③ 앞으로 일어날 사건을 암시한다.
④ 갈등 해결의 실마리를 제공한다.
⑤ 인물 간의 갈등이 점차 심화된다.

간단 체크 **어휘** 문제

다음 문장에 들어갈 적절한 낱말을 〈보기〉에서 찾아 쓰시오.

┌ 보기 ┐
　급강하, 만발, 육친애

(1) 온 산에 진달래가 (　　　) 했다.

(2) 도시에서 고향 사람을 만나면서 (　　　)을/를 느꼈다.

(3) 며칠 새 기온이 (　　　)하면서 독감 환자가 늘고 있다.

● 정답과 해설 16쪽

자 낮에는 이 가게 골목에서 사고까지 났다. 전선을 도매하는 집 아크릴 간판이 다 마른 빨래처럼 훨훨 나는가 했더니, 곧장 땅으로 떨어지면서 때마침 지나가던 아가씨의 정수리를 들이받고 떨어졌다.

피가 아가씨의 분결 같은 볼을 타고 흘러 흰 스웨터에 선명한 붉은 반점을 줄줄이 그렸다. 피를 보자 다 큰 아가씨가 어린애처럼 앙앙 울어 댔다.

가게마다에서 사람들이 뛰어나왔으나 아가씨를 부축해서 병원으로 달려간 것은 바람에 간판을 날린 전선 도매집 주인아저씨였다.

사람들은 모두 치료비를 톡톡히 부담해야 할 그 아저씨를 동정했다. 지랄 같은 바람 때문이지, 그 아저씨가 무슨 잘못이 있기에 생돈을 빼앗기냐고, 그렇지만 돈지갑 옆구리에 차고 부는 바람 못 봤으니, 그 재수 나쁜 아가씬들 그 재수 나쁜 아 <u>쓸데없는 곳에 공연히 쓰는 돈</u> 저씨한테 떼를 쓸밖에 도리 없지 않겠느냐고 사람들은 쑥덕댔다.

하여튼 수남이가 알 수 있는 것은 그 아가씨도 그렇고 그 아저씨도 그렇고 오늘 재수 옴 붙었다는 것뿐이었다. <u>재수가 아주 없었다</u>

수남이는 문득 자기도 재수 옴 붙을 것 같은 예감이 들었다. 그래서 화들짝 놀라 큰 간판을 다시 점검하고 힘껏 흔들어 보고, 대롱대롱 매달린 아크릴 간판은 아예 떼어서 안에다 갖다 두고, 떼어 세워 놓은 빈지문은 좁은 옆 골목 변소 앞에 끼워 놓았다. <u>한 짝씩 끼웠다 떼었다 하게 만든 문</u>

차 바람 부는 서울의 뒷골목은 흉흉하고 을씨년스러웠다. 먼지는 물론 온갖 잡동 <u>분위기가 술렁술렁하여 매우 어수선하고</u> <u>보기에 날씨나 분위기 따위가 몹시 스산하고 쓸쓸한 데가 있었다</u> 사니들이 다 날아들어 가게 앞에 쓰레기 무더기를 만들었다. 쓸어도 쓸어도 당해 낼 도리가 없었다.

손님도 딴 날보다 적고 수남이는 까닭 없이 마음이 울적했다.

시골의 바람 부는 날 풍경이 생생하게 떠올랐다. 보리밭은 바람을 얼마나 우아하게 탈 줄 아는가, 큰 나무는 바람에 얼마나 안달 맞게 들까부는가, 큰 나무와 작 <u>'들까부르다'의 준말.</u> 은 나무가 함께 사는 숲은 바람에 얼마나 우렁차고 비통하게 포효하는가, 그것을 <u>위아래로 심하게 흔드는가</u> <u>사람, 기계, 자연물 따위가 세고 거칠게 소리를 내는가</u> 알고 있는 것은 이 골목에서 자기 혼자뿐이라는 생각이 수남이를 고독하게 했다.

카 전선 가게 아저씨가 어두운 얼굴을 하고 돌아왔다. 가게 주인들이 우르르 전선 가게로 모였다. 아가씨의 안부보다도 그 아저씨 손해가 얼마인가, 모두 그것이 궁금한 모양이었다.

수남이네 주인 영감님도 가더니, 한참 만에 돌아오면서 하늘을 쳐다보며 욕지거리를 했다.

"육시랄 놈의 바람, 무슨 끝장을 보려고 온종일 이 지랄이야."

아마 전선 가게 아저씨 손해가 대단했던 모양이다. 그래서 동정 삼아 그렇게 화를 내는 눈치다. 하긴 그런 일이 아니더라도 서울 사람들에게는 바람이 손톱만큼도 반가울 리가 없겠다. 바람의 의미를, 간판이 날아가는 <u>횡액</u>, 한없이 날아오는 <u>'횡래지액'의 준말. 뜻밖에 닥쳐오는 불행</u> 먼지, 쓰레기 그것밖에 모르니까.

(1) 갈등하는 삶 **129**

간단 체크 내용 문제

중요

10 (자)~(카)에서 일어난 '사고'에 대한 설명으로 알맞지 <u>않은</u> 것은?

① 가게 골목에서 일어났다.

② 강한 바람에 전선 도매집의 간판이 날아갔다.

③ 아크릴 간판이 떨어져 지나가던 아가씨가 다쳤다.

④ '전선 도매집 주인아저씨'가 애꿎은 치료비를 물게 되었다.

⑤ 사람들은 '전선 도매집 주인아저씨'보다 아가씨를 더 걱정했다.

11 (자)와 (차)를 통해 알 수 있는 '수남'의 심리로 적절하지 <u>않</u>은 것은?

① 평소보다 적은 손님 때문에 드는 초조함

② 을씨년스러운 분위기에서 느껴지는 불길함

③ 자신에게도 재수 없는 일이 생길 것 같은 불안함

④ 시골의 바람 부는 날을 떠올리며 느끼는 고독함

⑤ 바람 부는 서울의 뒷골목에서 느끼는 까닭 모를 울적함

중요

12 (카)에서 알 수 있는 '가게 주인들'의 성격으로 알맞은 것은?

① 겁이 많다.

② 퉁명스럽다.

③ 의심이 많다.

④ 이해타산적이다.

⑤ 대담하지 못하다.

봄바람이 게으른 나무들에게, 잠든 뿌리들에게, 생경한 꽃망울들에게 얼마나 신
_{익숙하지 않아 어색한}
기한 마술을 베풀고 지나갔나를 모르니까. 봄바람이 한차례 지나고 거짓말같이 화
창하고 아늑하게 갠 날, 들판이나 산등성이에 있어 본 적이 없을 테니까.
_{산의 등줄기}
ㄱ수남이는 다시 한번 울고 싶도록 고독해진다.

학습콕 | 전개 ① | 소주제: '수남'은 세찬 □□ 때문에 골목에서 사고가 나자 불길함을 느낌.

❶ **바람의 역할**
• 을씨년스러운 분위기를 조성함. → 불길한 사건이 발생할 것임을 □□함.
• '바람'에 대한 도시 사람들과 '수남'의 인식 차이를 드러냄. → '수남'이 고향을 떠올리며 고독을 느끼게 됨.

❷ **도시 사람들의 가치관과 태도**

사고를 당한 아가씨를 걱정하기보다 치료비를 물게 된 '전선 도매집 주인아저씨'를 동정하는 모습	▷	도시 사람들의 □□ 만능주의적 태도를 엿볼 수 있음.

전개 ② 학습 포인트
❶ '수남'과 '××상회 주인'의 갈등   ❷ '수남'의 장사꾼다운 면모

타 전화를 받은 주인 영감님이 좀 생기가 나더니 계산서를 작성해 주면서 ××상
_{싱싱하고 힘찬 기운}
회에 20와트 형광 램프 다섯 상자만 배달해 주고 오란다. 가까운 데 있는 소매상에
서는 이렇게 전화 주문으로 배달까지를 부탁해 오는 수가 많다. 수남이는 자전거
도 잘 타 배달이라면 문제도 없다.

그래도 오늘은 바람이 유난해서 조심하느라 형광 램프 상자를 밧줄로 꼼꼼히 묶
는다. 주인 영감님까지 묶는 걸 거들어 주면서,

ㄴ"인석아, 까불지 말고 조심해. 사고 내 가지고 누구 못할 노릇 시키지 말고."

오늘 장사가 좀 잘 안돼서 그런지 말씨가 퉁명스럽긴 했지만, 나쁜 말은 아닌데
도 수남이는 고깝게 듣는다.
_{섭섭하고 야속하여 마음이 언짢게}
꼭 네깐 놈 다칠 게 걱정이 아니라 나 손해 볼 게 겁난다는 소리로 들린다.

수남이는 보통 때 같으면 "할아버지 다녀오겠습니다." 하고 신바람 나게, 그리고
붙임성 있게 외치고는 방긋 웃어 보이고 나서야 페달을 밟고 씽 달렸을 터인데, 오
늘은 왠지 그래지지가 않는다. 아무 말 안 하고 자전거를 무거운 듯이 질질 끌다가
뭉기적 올라타면서 느릿느릿 페달을 젓는다. 주인 영감님이 뒤에서 악을 쓴다.

"인석아 조심해. 까불지 말고."

주인 영감님의 목소리가 회오리바람을 타고 이상하게 날카롭고 기분 나쁘게 들
린다. 수남이는 '쳇' 하고 혀를 차고는 도망치듯 씽 자전거의 속력을 낸다.

파 형광 램프를 ××상회에 부리고 나서 수금하는 데 또 한참이 걸린다. 장사꾼
_{실었던 것을 내려놓고   받을 돈을 거두어들이는}
의 생리란 묘한 데가 있다.
_{생활하는 습성이나 본능}
수남이는 아직도 그 생리만은 이해가 안 될뿐더러 문득문득 혐오감까지 느끼고
_{병적으로 싫어하고 미워하는 감정}
있다.

간단 체크 내용 문제

중요
13 ㄱ의 이유로 적절한 것은?
① 사고가 난 게 무서워서
② 바람 부는 날이 싫어서
③ 서울은 봄바람도 차가워서
④ 고향에 계신 부모님이 그리워서
⑤ 도시 사람들과 자신의 인식 차이를 깨달아서

14 '수남'에게 ㄴ이 고깝게 들린 까닭이 드러난 문장을 찾아 쓰시오.

간단 체크 어휘 문제

다음 뜻풀이에 알맞은 낱말에 ○표 하시오.
(1) 생활하는 습성이나 본능
(생리 , 생기)
(2) 섭섭하고 야속하여 마음이 언짢다. (고깝다 , 퉁명스럽다)
(3) 병적으로 싫어하고 미워하는 감정 (이질감 , 혐오감)

금고에 돈을 수북이 넣어 놓고도 꼭 땡전 한 푼 없는 얼굴을 하고 도무지 돈을 내주려 들지를 않는다. 조금 이따 오란다. 그동안에 수금이 되면 주겠다는 것이다.

그러나 이쪽에선 그 수에 넘어가지 말고 악착같이 지키고 서서 받아 내야 하는 것이다. 그것이 수남이가 서울에 와서 점원 노릇 하면서 배운 상인 철학 제1항이었다.

하 "아유, 오늘 더럽게 장사 안된다."

××상회 주인은 니코틴이 새까맣게 달라붙은 이빨 안쪽을 드러내고 크게 하품을 한다. 돈을 빨리 안 주는 변명 같기도 하고, '인석아, 하루 종일 기다려 봐라, 누가 돈을 호락호락 내줄 줄 아니.' 하는 공갈 같기도 하다.
_{'거짓말'을 속되게 이르는 말}

그러나 수남이는 들은 척도 안 하고 장승처럼 버티고 서 있다. 저런 수에 넘어가 호락호락 물러가면 주인 영감님에게 야단맞는 것도 맞는 거려니와, 앞으로 열 번도 넘게 헛걸음을 해야 수금을 끝마칠 수 있기 때문이다.

그것도 목돈이 아니라 오백 원, 천 원씩 푼돈을 녹여서 말이다.
_{한몫이 될 만한, 비교적 많은 돈}

거 이럴 때 수남이는 이 세상에 장사꾼처럼 징그러운 족속이 또 있을까 싶은 생각이 나서 한숨이 절로 난다. 그러면서도 자기도 어느 틈에 장사꾼다운 징그러운 수를 쓰고 만다.
_{같은 패거리에 속하는 사람들을 낮잡아 이르는 말}

ⓒ"오늘 물건 대금은 꼭 결제해 주셔야 돼요. 은행 막을 돈이란 말예요."

수남이는 은행 막는다는 말의 정확한 뜻을 잘 모른다. 그 번들번들하고 위엄 있는 은행이 뒤로 어디 큰 구멍이라도 뚫려 있단 소린지, 뚫려 있기로서니 왜 장사꾼이 막아야 하는지 잘 모르는 채로, 급하게 돈을 받아 내려는 장사꾼들이 으레 심각한 얼굴을 하고 그런 소리를 하길래 수남이도 그래 보는 것이다.
_{두말할 것 없이 당연히, 언제나}

너 "짜아식, 알았어. 기다려 봐. 돈 들어오는 대로 줄게."

주인이 퉁명스럽게 대답하곤 수남이의 머리에 힘껏 알밤을 먹인다. 수남이는 잽싸게 고개를 움츠러뜨렸는데도 눈에 눈물이 핑 돌 만큼 독한 알밤이다.

장사 더럽게 안된다는 주인 말과는 달리 손님이 쉴 새 없이 들락거린다. 정말로 가게는 조그맣지만 길 목이 아주 좋다. 수남이는 좁은 가게에서 이리 밀리고 저리 밀리면서 잘 버틴다. 버틸 뿐 아니라 속으로 돈이 얼마나 들어오나 암산까지 하고 있다.
_{자리가 좋아 장사가 잘되는 곳이나 길 따위}

소매상이라 큰돈은 안 들어와도 그동안 들어온 돈이 어림잡아 만 원은 됨 직하다. 수남이는 비실비실 안 나오는 웃음을 웃으며, / "어떻게 결제 좀 해 줍쇼."

하고 또 한 번 빌붙는다. 주인은 '짜아식' 하며 또 한 번 알밤을 먹이곤 오백 원짜리, 백 원짜리 합해서 만 원을 세 번이나 세어 보더니 아까운 듯이 내준다.

"짜아식 끈덕지기가 꼭 되놈 같다니까, 됐어."
_{되놈. 중국 사람을 낮잡아 이르는 말}

칭찬인지 욕인지 모를 소리를 하고 찍 웃는다. 수남이는 주인이 세 번씩이나 세어 준 돈을 또 두 번이나 센다. 그러고 나서야 "고맙습니다. 안녕히 계십쇼." 하고는 저만큼 자전거를 세워 놓은 쪽으로 횡하니 달음질친다.

간단 체크 내용 문제

⭐ 중요
15 (하)~(너)에 두드러진 갈등으로 알맞은 것은?
① 인물의 내적 갈등
② 인물과 인물의 갈등
③ 인물과 운명의 갈등
④ 인물과 자연의 갈등
⑤ 인물과 사회의 갈등

16 '수남'이 '××상회 주인'과 갈등하는 이유는?
① '수남'이 ××상회 장사를 방해해서
② '수남'이 장사꾼의 생리를 이해하지 못해서
③ '××상회 주인'이 물건 대금을 쉽게 주지 않아서
④ '수남'이 '××상회 주인'에게 알밤을 많이 맞아서
⑤ '주인 영감'과 '××상회 주인'의 사이가 좋지 않아서

17 ⓒ에 대한 설명으로 적절하지 <u>않은</u> 것은?
① 정확한 뜻을 모르고 한 거짓말이다.
② 물건 대금을 받아 내기 위해 한 말이다.
③ '주인 영감'에게 신신당부 받은 말이다.
④ '수남'이 도시 생활에 물들었음을 보여 주는 말이다.
⑤ 다른 장사꾼들이 으레 하는 소리를 듣고 배운 말이다.

학습콕 전개 ② | 소주제: '수남'이 '××상회 주인'에게서 악착같이 물건 대금을 받아 냄.

❶ '수남'과 '××상회 주인'의 갈등 – ☐☐ 갈등

'수남'		'××상회 주인'
어떻게든 물건 대금을 받아 내려 함.	⟷	물건 대금을 주지 않으려고 함.

❷ '수남'의 장사꾼다운 면모
• 물건 대금을 받아 내기 위해 거짓말을 함.
• '××상회 주인'의 비위를 맞춤.

위기 학습 포인트
❶ '수남'과 '신사'의 갈등 전개 과정 ❷ '신사'의 성격
❸ '수남'의 심리 변화

리 바람이 여전하다. 저만큼서 흙먼지가 땅을 한 꺼풀 벗겨 홑이불처럼 둘둘 말아 오는 것같이 엄청난 기세로 몰려온다. 골목 안의 모든 것이 '뎅그렁', '와장창', '우르릉' 하고 제각기의 음색으로 소리 높이 비명을 지른다.
기운차게 뻗치는 모양이나 상태

드디어 흙먼지 홑이불이 집어삼킬 듯이 수남이의 조그만 몸뚱이를 덮친다. 수남이는 눈을 꼭 감고 숨을 죽인다.

바람이 지난 후 수남이는 눈을 뜨고 침을 탁 뱉는다. 입속에 모래가 들어와 깔깔하고 목구멍이 알싸하니 아프다. 다시 자전거 쪽으로 걷는다. 조금 전만 해도 서 있던 자전거가 누워 있다. 그래도 날아가진 않았으니 다행이다.
매운맛이나 독한 냄새 따위로 코 속이나 혀끝이 알알하니

러 자전거뿐 아니라 골목의 모든 것이 다 제자리에 그대로 있다. 수남이는 그것이 신기하다. 누워 있는 자전거를 일으켜 세우고 날렵하게 올라타 막 페달을 밟으려는데, 어디선지 고함 소리가 벽력같이 들린다.
재빠르고 날래게

"이놈아, 어딜 도망가는 거야, 게 섰거라. 꼼짝 말고."

수남이는 자기에게 지르는 고함은 아니겠지 싶어 그대로 페달을 밟는다.

"아니 이놈이, 어디로 도망을 가려고 이래."

뒷덜미를 사납게 붙들린다. 점잖고 깨끗한 신사다. 이런 신사가 자기에게 어떤 볼일이 있다는 것인지, 수남이는 도시 짐작을 할 수 없다. 게다가 신사는 몹시 화가 나 있다. 신사를 화나게 할 일을 자기가 저질렀다고는 더구나 생각할 수 없다.
도무지, 아무리 해도

간단 체크 [내용] 문제

18 (더), (러)를 읽고 알 수 있는 내용으로 적절한 것은?
① '수남'은 바람을 무서워한다.
② '신사'는 '수남'을 오해하고 있다.
③ '수남'은 고함 소리를 듣고 놀랐다.
④ '신사'의 행동에 '수남'은 당황했다.
⑤ '수남'은 도망치려고 페달을 밟았다.

중요
19 (더)의 '바람'에 대한 설명으로 알맞은 것은? (정답 2개)
① 작품의 주제를 드러낸다.
② 인물과 갈등하는 존재이다.
③ 을씨년스러운 분위기를 조성한다.
④ 불길한 사건이 발생할 것임을 암시한다.
⑤ 인물들의 가치관을 간접적으로 제시한다.

간단 체크 [어휘] 문제

다음 빈칸에 들어갈 알맞은 낱말을 〈보기〉에서 찾아 쓰시오.

┌ 보기 ┐
기세, 도시, 날렵하게
└─────┘

(1) 수현이는 (　　　) 장애물을 통과하였다.

(2) 정우는 동생이 왜 화가 났는지 (　　　) 알 수가 없었다.

(3) 상대 선수의 (　　　)에 눌려 내 실력을 제대로 발휘하지 못했다.

"인마, 꼼짝 말고 있어."

신사의 말이 아니더라도 꼼짝하려야 할 수 있을 처지가 아니다. 꼼짝은커녕 숨도 제대로 쉴 수 없을 만큼 수남이의 뒷덜미는 신사의 손에 잔뜩 움켜쥐어져 있다.

(머) "인마, 네놈의 자전거가 쓰러지면서 내 차를 들이받았단 말이야. 이런 고급 차를 말이야. 이런 미련한 놈, 왜 눈은 째려, 째리긴. 그러니 내 차에 흠이 안 나고 배겼겠냐. 내 차는 인마, 여자들 손톱만 살짝 닿아도 생채기가 나는 고급 차야 인마, 알간?"

<small>손톱 따위로 할퀴거나 긁히어서 생긴 작은 상처</small>

그러고는 거울처럼 티 하나 없이 번들대는 차체를 면밀히 훑어보더니 "그러면 그렇지." 하고 환성을 질렀다. 아마 생채기를 찾아낸 모양이다.

<small>자세하고 빈틈이 없이</small>

"일은 컸다. 인마, 칠만 살짝 긁혔어도 또 모르겠는데 여 봐라, 여기가 이렇게 우그러지기까지 했으니 일은 컸다, 컸어."

신사가 덩칫값도 못하게 팔짝팔짝 뛰면서, 잘 봐 두라는 듯이 수남이의 얼굴을 차에다 바싹 밀어붙였다.

수남이는 차체에 비친 울상이 된 자기 얼굴을 볼 수 있을 뿐이었다. 꼭 오늘 재수 옴 붙은 일이 날 것 같더라만 이런 끔찍한 일이 일어나고 말았구나. 울음이 왈칵 솟구친다. 그러자 제 얼굴도, 차체의 흠도 아무 것도 안 보이고 온 세상이 부영게 흐려 보일 뿐이다.

"울긴, 인마. 너 한 달에 얼마나 버냐?"

신사의 목청이 다분히 누그러지며 목소리에 연민이 담긴 것을 수남이는 재빨리 알아차린다. 그러자 ㉠흑흑 소리까지 내어 운다.

<small>그 비율이 어느 정도 많게   불쌍하고 가련하게 여김</small>

"울긴 짜아식, 할 수 없다. 너나 나나 오늘 재수 옴 붙은 걸로 치고 반반씩 손해 보자. 오천 원만 내."

수남이는 너무 놀라 울음까지 끄르륵 삼키고 신사를 쳐다본다. 그 사이 사람들이 큰 구경이나 난 것처럼 모여들어 신사와 수남이를 에워싼다.

(버) 누군가가 뒤에서 "빌어, 이놈아. 그저 잘못했다고 무조건 빌어." 하고 속삭인다. 수남이는 여러 사람이 자기를 동정하고 있다고 느끼자 적이 용기가 난다.

"아저씨, 잘못했습니다. 한 번만 용서해 주십시오. 네, 아저씨."

<small>꽤 어지간한 정도로</small>

제법 또렷한 소리로 용서를 빈다.

"용서라니, 이만큼 했으면 됐지 어떻게 더 용서를 해."

"아저씨, 그러시지 말고 한 번만 봐주세요. 네, 아저씨."

수남이는 주머니에 든 만 원을 생각하면 얼굴이 화끈대고 공연히 무섭기까지 하다. 그렇지만 주인 영감님을 위해 그 돈만은 죽기를 무릅쓰고 지킬 각오를 단단히 한다.

<small>아무 까닭이나 실속이 없게</small>

간단 체크 내용 문제

⭐중요

20 이 글에서 '수남'과 '신사'의 갈등이 시작된 원인으로 적절한 것은?

① '수남'이 '신사'에게 거짓말을 했기 때문에

② '수남'과 '신사'가 모두 운이 없었기 때문에

③ '신사'가 '수남'에게 폭력을 휘둘렀기 때문에

④ 골목의 사람들이 두 사람이 싸우도록 부추겼기 때문에

⑤ '수남'의 자전거가 '신사'의 차에 생채기를 냈기 때문에

21 (머), (버)에 나타난 '신사'의 성격으로 알맞은 것은?

① 점잖고 무뚝뚝하다.

② 차분하고 예의바르다.

③ 야박하고 경박스럽다.

④ 논리적이고 날카롭다.

⑤ 순박하고 눈치가 없다.

22 '수남'이 ㉠과 같이 행동한 까닭으로 가장 적절한 것은?

① 돈이 없는 게 서러워서

② '신사'의 큰 목소리에 놀라서

③ '주인 영감'에게 혼날 게 두려워서

④ '신사'의 동정심을 유발하기 위해서

⑤ 모여든 사람들에게 도움을 청하기 위해서

서 "아니 윤석이 이제 보니 이런 큰일을 저지르고 그냥 내뺄 심사 아냐? 요런 악질 녀석 같으니라고."

신사의 표정은 은은히 감돌던 연민이 싹 가시고 점잖게 무표정해진다.

그러고는 옆에 섰던 운전사인 듯한 남자에게, / "안 되겠네. 요런 악질 깡패 녀석하고 시비해 봤댔자 공연히 시간만 낭비니, 자네 자물쇠 하나 마련해다 주게. 이 녀석 자전걸 잡아 놓기로 하세. 언제든지 오천 원 가져와서 찾아가라고."

그러고는 주머니에서 오백 원짜리를 한 장 꺼내서 운전사에게 주는 것이었다. 수남이로서는 전혀 예기치 못했던 사태였다. / 주머니의 만 원에 대해서만 생각했
<u>앞으로 닥쳐올 일을 미리 생각하고 기다리지</u>   <u>일이 되어 가는 형편이나 상황. 또는 벌어진 일의 상태</u>
었지 자전거에 대해선 전혀 생각이 미치지 못했었다.

운전사는 금방 커다란 자물쇠를 하나 사 가지고 왔다. 신사는 다시 네놈은 쳐다보기도 싫다는 듯이 수남이를 전혀 상대 안 하고, <u>묵묵히</u> 자전거 바퀴에다 자물쇠
<u>말없이 잠잠하게</u>
를 채우고, 앞에 빌딩을 가리키면서,

"나 저기 306호실에 있으니까 돈 오천 원 갖고 와. 그러면 열쇠 내줄테니."

하고는 수남이를 힐끗 흘겨보고 <u>유유히</u> 빌딩 속으로 사라져 갔다.
<u>움직임이 한가하고 여유가 있고 느리게</u>

어 수남이는 울지도 못하고 빌지도 못하고 그냥 막연히 서 있었다. 수남이와 신사의 시비를 흥미진진하게 구경하던 사람들도 헤어지지 않고 그냥 서 있었다. 아마 수남이가 앙앙 울거나, 펄펄 뛰면서 욕을 하거나 그런 일이 일어나 주기를 기다리는 눈치였다. / 수남이는 바보가 돼 버린 아이처럼 조용히 멍청히 서 있었다. 누군가가 나직이 속삭였다.
<u>소리가 꽤 낮게</u>

[A]

┌ "토껴라 토껴. 그까짓 것 갖고 토껴라."
<u>'도망가라'를 속되게 이르는 말</u>
│ 그것은 악마의 속삭임처럼 은밀하고 감미로웠다. 수남이의 가슴은 크게 뛰었다. 이번에는 좀 더 점잖고 어른스러운 소리가 났다.

│ "그래라, 그래. 그까짓 거 들고 도망가렴. 뒷일은 우리가 감당할게."

│ 그러자 모든 구경꾼이 수남이의 편이 되어 와글와글 외쳐 댔다.

└ "도망가라, 어서어서 자전거를 번쩍 들고 도망가라, 도망가라."

수남이는 자기편이 되어 준 이 많은 사람들을 도저히 배반할 수 없었다. 이상한 용기가 솟았다. 수남이는 자전거를 마치 <u>검부러기</u>처럼 가볍게 옆구리에 끼고 <u>질</u>
<u>가느다란 마른 나뭇가지, 마른 풀, 낙엽 따위의 부스러기</u>
<u>풍</u>같이 달렸다.
<u>몹시 빠르고 거세게 부는 바람</u>
정말이지 조금도 안 무거웠다. 타고 달릴 때보다 더 신나게 달렸다. 달리면서 마치 오래 참았던 오줌을 시원스레 내깔기는 듯한 <u>쾌감</u>까지 느꼈다.
<u>상쾌하고 즐거운 느낌</u>

중요
23 (어)에서 '수남'이 자전거를 들고 도망치면서 쾌감을 느낀 까닭으로 가장 적절한 것은?

① 자전거가 생각보다 가벼웠기 때문에
② 욕심 많은 '신사'를 골탕 먹일 수 있었기 때문에
③ '주인 영감'에게 물건 대금을 줄 수 있었기 때문에
④ 자신을 지지해 주는 사람을 따돌릴 수 있었기 때문에
⑤ 자전거를 빼앗겼다는 심리적 부담감을 떨쳐 버릴 수 있었기 때문에

중요
24 [A]에 나타난 갈등 양상을 3어절로 쓰시오.

낱말과 낱말의 뜻풀이로 알맞은 것을 찾아 선으로 연결하시오.

(1) 질풍 •   • ㉠ 상쾌하고 즐거운 느낌

(2) 쾌감 •   • ㉡ 일이 되어 가는 형편이나 상황

(3) 사태 •   • ㉢ 몹시 빠르고 거세게 부는 바람

학습콕 위기 | 소주제: '수남'의 자전거가 넘어지면서 '신사'의 차에 흠집을 내어 '신사'에게 자전거를 빼앗기게 되자 '수남'이 자전거를 들고 도망침.

❶ '수남'과 '신사'의 갈등 전개 과정

원인	'수남'의 자전거가 [ ]에 쓰러져 '신사'의 자동차에 흠집을 냄.

⊕

전개	• '신사'가 '수남'에게 자동차 수리비로 오천 원을 요구하고, '수남'은 그런 '신사'에게 빌면서 용서를 구함. • '수남'이 수리비를 줄 때까지 '신사'는 자전거를 돌려주지 않겠다고 하면서 '수남'의 자전거에 자물쇠를 채움.

⊕

결과	'수남'이 자전거를 들고 도망침.

❷ '신사'의 성격

생채기를 찾기 위해 차를 면밀히 살피고 생채기를 찾고 팔짝팔짝 뜀.	경박함.
어린 '수남'에게 큰 액수의 자동차 수리비를 요구함.	야박함, 이기적임.

❸ '수남'의 심리 변화

'신사'에게 갑자기 붙잡혀 당황함.	⊳	'신사'가 자동차에 난 흠집을 보여 주자 억울하고 걱정됨.	⊳	수리비로 큰돈을 요구하는 '신사'의 말에 놀람.	⊳	'신사'가 자전거를 빼앗자 막막함.	⊳	자전거를 들고 도망치며 [ ]을 느낌.

절정 학습 포인트

❶ '주인 영감'에 대한 '수남'의 태도 변화
❷ '수남'의 내적 갈등

저 주인 영감님은 자전거를 옆에 끼고 질풍처럼 달려온 놈을 눈을 휘둥그렇게 뜨고 바라볼 뿐이었다. 오늘 바람이 세더니만 필시 이 조그만 놈이 바람에 날아왔나, _{아마도 틀림없이} 설마 그럴 리야 없을 텐데 내 눈이 어떻게 된 것인가 그런 눈치였다.

수남이는 너무 숨이 차서 이런 주인 영감님의 궁금증을 시원히 풀어 주지 못하고 한동안 헉헉대기만 한다.

"인마, 말을 해. 무슨 일이야? 네놈 꼴이 영락없이 도둑놈 꼴이다, 인마."
_{조금도 틀리지 아니하고 꼭 들어맞게}
도둑놈 꼴이라는 소리가 수남이의 가슴에 가시처럼 걸린다. 수남이는 겨우 숨을 가라앉히고 자초지종을 주인 영감님께 고해바친다. 다 듣고 난 주인 영감님은 무엇
_{처음부터 끝까지의 과정}   _{어떤 사실을 윗사람에게 말하여 알게 한다}
이 그리 좋은지 무릎을 치면서 통쾌해한다.

"잘했다, 잘했어. 만날 촌놈인 줄만 알았더니 제법인데, 제법이야."

그러고는 가게에서 쓰는 드라이버니 펜치를 가지고 자전거에 채운 자물쇠를 분해하기 시작한다. 엎드려서 그 짓을 하고 있는 주인 영감님이 수남이의 눈에 흡사
_{거의 같을 정도로 비슷한 모양}
도둑놈 두목 같아 보여 속으로 정이 떨어진다. ㉠주인 영감님 얼굴이 누런 똥빛인 것조차 지금 깨달은 것 같아 속이 메스껍다.

간단 체크 **내용** 문제

25 (저)에 나타난 '주인 영감'에 대한 설명으로 알맞은 것은?

① 체면을 중시한다.
② '수남'에게 도둑질을 강요한다.
③ 모든 일을 긍정적으로 받아들인다.
④ '수남'을 친자식처럼 아끼며 걱정한다.
⑤ 도적적 양심보다 물질적 이익을 중시한다.

중요
26 '수남'이 ㉠과 같이 느낀 원인으로 적절한 것은?

① 너무 놀라서
② 쉬지 않고 달려와서
③ 자동차 주인이 두려워서
④ '주인 영감'이 도둑놈 두목 같아 보여서
⑤ '주인 영감'에게 사건의 전부를 털어 놓아서

간단 체크 **어휘** 문제

다음 뜻풀이에 해당하는 낱말을 〈보기〉에서 찾아 쓰시오.

┌ 보기 ┐
흡사, 필시, 자초지종

(1) 아마도 틀림없이 (   )
(2) 거의 같을 정도로 비슷한 모양 (   )
(3) 처음부터 끝까지의 과정 (   )

처 마침내 자물쇠를 깨뜨렸나 보다. 영감님 얼굴에 회심의 미소가 떠오르더니 자유롭게 된 자전거 바퀴를 시험이라도 하려는 듯이 자전거로 골목을 한 바퀴 빙그르르 돌아 들어와서는,

마음에 흐뭇하게 들어맞음

㉠"네놈 오늘 운 텄다."

그러고는 수남이의 머리를 쓰다듬고 볼과 턱을 두둑한 손으로 귀여운 듯이 감싼다. 영감님이 기분이 좋을 때면 수남이에 대한 애정의 표시로 으레 그렇게 했었고, 수남이도 그걸 좋아했었다.

㉡그런데 오늘은 싫다. 영감님의 손이 싫다. 그것이 운 트기는커녕 재수 옴 붙었다는 생각이 여전하고, 수남이는 그날 온종일 우울했다. 그러나 자기가 왜 그렇게 우울한지 그걸 차분히 생각할 새도 없는 바쁜 하루였다.

커 가게 문을 닫고 주인댁에서 날라 온 저녁밥을 먹고 나면 비로소 수남이 혼자만의 시간이다. 꿀 같은 시간이었다. 책을 펴 놓고 영어 단어를 찾고, 수학 문제를 풀어 보고, 턱을 괴고 소년답게 감미로운 공상에 잠길 수 있는 그런 시간이었다.

현실적이지 못하거나 실현될 가망이 없는 것을 막연히 그리어 봄. 또는 그런 생각

그러나 오늘 수남이는 그게 되지를 않았다. 책을 집어 던졌다.

[A] ┌ 낮에 내가 한 짓은 옳은 짓이었을까? 옳을 것도 없지만 나쁠 것은 또 뭔가. 자가용까지 있는 주제에 나 같은 아이에게 오천 원을 우려내려고 그렇게 간악

꾀거나 위협하거나 하여서 자신에게 필요한 돈이나 물품을 빼내려고

하게 굴던 신사를 그 정도 골려 준 것이 뭐가 나쁜가? 그런데도 왜 무섭고 떨

마음이 바르지 않고 흉하고 독하게

└ 렸던가. 그때의 내 꼴이 어땠으면, 주인 영감님까지 "네놈 꼴이 꼭 도둑놈 꼴이다."라고 하였을까.

27 '주인 영감'이 ㉠처럼 말한 이유로 가장 알맞은 것은?

① 화가 난 '신사'를 잘 따돌려서
② 금전적인 손해를 전혀 보지 않아서
③ 주변 사람들의 시선을 한몸에 받아서
④ 사고에도 불구하고 전혀 다치지 않아서
⑤ 자전거 바퀴에 채운 자물쇠가 쉽게 분해되어서

28 ㉡의 원인으로 가장 적절한 것은?

① '주인 영감'이 손을 씻지 않고 자신의 얼굴을 만져서
② '주인 영감'이 자신에게 다치지 않았는지 묻지 않아서
③ 자신의 자전거를 허락 없이 탄 '주인 영감'에게 화가 나서
④ '주인 영감'이 자신을 바른 길로 이끄는 존재가 아님을 알게 되어서
⑤ 혼자 공부할 시간을 충분히 주지 않은 '주인 영감'에게 서운함을 느껴서

중요

29 [A]에 대한 설명으로 적절하지 않은 것은?

① '수남'이 마음속으로 갈등을 하고 있다.
② '주인 영감'과의 갈등이 원인이 되었다.
③ '신사'의 행동이 잘못되었다고 생각한다.
④ 도덕성을 기준으로 행동을 평가하고 있다.
⑤ '주인 영감'의 말이 '수남'의 죄책감을 자극했다.

그럼 내가 한 짓은 도둑질이었단 말인가. 그럼 나는 도둑질을 하면서 그렇게 기쁨을 느꼈더란 말인가.

수남이는 몸을 부르르 떨면서 낮에 자전거를 갖고 달리면서 맛본 공포와 함께 그 까닭 모를 쾌감을 회상한다. 마치 참았던 오줌을 내깔길 때처럼 무거운 억압이
_{자기의 뜻대로 자유로이 행동하지 못하도록 억지로 억누름}
갑자기 풀리면서 전신이 날아갈 듯이 가벼워지는 그 상쾌한 해방감 — 한번 맛보
_{구속이나 억압, 부담 따위에서 벗어난 느낌}
면 도저히 잊힐 것 같지 않은 그 짙은 쾌감, 아아 도둑질하면서도 나는 죄책감보다는 쾌감을 더 짙게 느꼈던 것이다.

혹시 내 피 속에 도둑놈의 피가 흐르고 있기 때문이 아닐까. ⓒ순간 수남이는 방바닥에서 송곳이라도 치솟은 듯이 후다닥 일어서서 안절부절못하고 좁은 방안을 헤맸다.

ⓣ 수남이의 눈앞에는 수갑을 차고, 순경들에게 끌려와 도둑질 흉내를 그대로 내 보이던 형의 얼굴이 환히 떠오른다. 그리고 서울 가서 무슨 짓을 하든지 도둑질만은 하지 말라고 신신당부하던 아버지의 얼굴도 떠오른다.

수남이의 형 수길이는, 온 집안 식구가 기대를 걸고 고등학교까지 마쳐 준 보람도 없이 집에서 빈둥대다가, 어느 날 갑자기 서울 가서 돈 벌고 성공해서 돌아오겠
_{부끄러운 줄 모르고 게으름을 피우며 뻔뻔스럽게 놀기만 하다가}
다는 말 한마디를 남기고 훌쩍 집을 나갔다.

편지 한 장, 하다못해 인편에 안부 한마디 없는 2년이 지났다. 그동안 아버지는
_{오거나 가는 사람의 편}
폭 노쇠하고, 어머니는 뼈만 남게 야위어서 수남이랑 동생들을 들볶았다.
_{늙어서 쇠약하고 기운이 별로 없음}
들볶는 푸념 속에서 무정한 장남에 대한 원망과 함께 그래도 행여나 하는 기대
_{마음속에 품은 불평을 늘어놓음. 또는 그런 말}
가 곁들어 있는 것을 수남이는 느낄 수 있었다.

수남이도 뭔가 형에 대한 기대를 안 할 수가 없었다. 동생들이 발바닥이 다 닳아 없어져 웃더껑이만 남은 운동화를 신고 다니는 걸 봐도 "조금만 참아, 큰형이 돈
_{물건의 위에 덮어 놓는 물건을 이르는 말}
많이 벌어 가지고 오면 운동화랑 잠바랑 다 사 줄게." 하는 말을 할 지경이었다.

ⓟ 형이 돈을 많이 벌어 오면 — 이런 기대에 온 집안 식구가 하루하루를 매달려 살았다. 어느 날 밤, 형은 돌아왔다. 옷과 운동화와 과자와 고기를 한 짐이나 되게 사 가지고. 형이 정말 돈을 벌어서 별의별 것을 다 사 가지고 온 것이었다. 아버지는 밤중이지만 동네 사람을 모아 큰 잔치를 벌이지 못해 안달을 했다. ⓔ형이 험악
_{속을 태우며 조급하게 구는 일}
한 얼굴을 하고 안 된다고 했다. 잔치는커녕 동생들이 좋아서 떠드는 것도 못 하게 윽박질렀다.

간단 체크 내용 문제

30 ⓒ과 관련 깊은 속담으로 적절한 것은?

① 도둑이 제 발 저리다
② 발 없는 말이 천 리 간다
③ 바늘 도둑이 소도둑 된다
④ 아니 땐 굴뚝에 연기 날까
⑤ 뛰는 놈 위에 나는 놈 있다

31 ⓔ에서 짐작되는 '수길'의 속마음으로 알맞은 것은?

① 동생들이 시끄럽고 귀찮다.
② 도둑질이 들통날까 봐 두렵다.
③ 욕심부리는 가족들이 원망스럽다.
④ 선물을 더 사 오지 못해서 안타깝다.
⑤ 자랑하고 싶어 안달하는 아버지가 부끄럽다.

간단 체크 어휘 문제

낱말과 낱말의 뜻풀이로 알맞은 것을 찾아 선으로 연결하시오.

(1) 인편 •　• ㉠ 속을 태우며 조급하게 구는 일

(2) 푸념 •　• ㉡ 오거나 가는 사람의 편

(3) 안달 •　• ㉢ 늙어서 쇠약하고 기운이 없음

(4) 노쇠 •　• ㉣ 마음속에 품은 불평을 늘어놓은 말

허 수남이는 지금도 그날 밤 일이 생생하다. ㉠그날 밤 형의 누런 똥빛 얼굴은 정말로 못 잊겠다. 꼭 악몽 같다.

다음 날 형은 읍내에서 온 순경한테 수갑이 채워져 붙들려 갔다. 형은 악을 써서 변명을 하며 갔다.

"2년 만에 빈손으로 집에 들어갈 수는 없었단 말야. 도저히 그럴 수는 없었단 말야."

그래서 읍내 양품점을 털어 돈과 물건을 훔친 것이다. 다음에 수남이가 형을 본 것은 읍내에 현장 검증인가를 나왔을 때다. 도둑질한 것을 다시 한번 되풀이해 보여 주는 것인데, 딴 구경꾼들 틈에 섞여 수남이는 몸서리를 치면서 그것을 봤다.

<u>법원이나 수사 기관이 범죄 현장이나 기타 법원 외의 장소에서 실시하는 검증</u>

그 도둑놈과 형제간이란 게 두고두고 생각해도 몸서리가 쳤다.

고 아버지는 화병으로 몸져눕고 집안 형편은 말이 아니었다. 수남이는 드디어 어

<u>병이나 고통이 심하여 몸을 가누지 못하고 누워 있고</u>

느 날 형이 그랬던 것처럼 서울 가서 돈 벌어 오겠다고 집을 나섰다. 아버지는 말리지 않았다. 문지방을 짚고 일어나 앉아서 띄엄띄엄 수남이를 타일렀다.

<u>출입문 밑의, 두 문설주 사이에 마루보다 조금 높게 가로로 댄 나무</u>

㉡"무슨 짓을 하든지 그저 도둑질을 하지 마라, 알았쟈."

그런데 도둑질을 하고 만 것이다. 하지만 수남이는 스스로 그것을 결코 도둑질이 아니었다고 변명을 한다.

그런데 왜 그때, 그렇게 떨리고 무서우면서도 짜릿하니 기분이 좋았던 것인가? 문제는 그때의 그 쾌감이었다. 자기 내부에 도사린 부도덕성이었다. 오늘 한 짓이 도둑질이 아닐지 모르지만 앞으로 도둑질을 할지도 모르겠다는 생각이 들었다. 형의 일이 자기와 정녕 무관한 일이 아니란 생각이 들었다.

학습콕 절정 | 소주제: '수남'이 자전거를 들고 도망쳤던 자신의 행동을 되돌아보며 고민에 빠짐.

❶ '주인 영감'에 대한 '수남'의 태도 변화

자전거 관련 사건 이전	자전거 관련 사건 이후
• 자신의 마음을 알아주는 '주인 영감'에게 고마워함. • '주인 영감'의 손길에서 따뜻함과 육친애를 느낌.	• 자물쇠를 분해하는 '주인 영감'의 모습이 ☐ 같아 보여 정 떨어짐. • 자신을 칭찬하는 '주인 영감'의 손길이 싫어짐.

❷ '수남'의 ☐☐ 갈등

낮에 내가 자전거를 들고 도망친 일은 옳은 일이었을까?	
부도덕성	도덕성
• '나 같은 아이에게 오천 원을 우려내려고 그렇게 간악하게 굴던 신사를 그 정도 골려 준 것이 뭐가 나쁜가?'	• '내가 한 짓은 도둑질이었단 말인가.' • '내 피 속에 도둑놈의 피가 흐르고 있기 때문이 아닐까.'

→ '수남'은 자전거를 들고 도망친 자신의 행동이 도덕적으로 옳았는지 고민하면서 내적 갈등에 빠진다.

간단 체크 **내** **용** 문제

32 ㉠의 의미로 알맞은 것은?
① 형을 향한 굳은 믿음은 변함없다.
② 형의 상태가 위독해서 너무 걱정이다.
③ 형이 누명을 쓴 것이 너무 억울하다.
④ 형을 원망하는 아버지가 이해되지 않는다.
⑤ 형이 부도덕한 일을 한 것이 충격으로 남았다.

33 '아버지'가 ㉡과 같은 말을 한 까닭으로 가장 적절한 것은?
① 집안 형편이 예전보다 좋아졌기 때문에
② 도둑을 맞아 피해를 본 적이 있기 때문에
③ '수남'이 도둑질을 하게 될 것 같았기 때문에
④ 큰아들이 도둑질로 순경에게 끌려갔기 때문에
⑤ 자식들에게 도둑의 피를 물려주고 싶지 않았기 때문에

결말 학습 포인트

❶ '누런 똥빛'에 담긴 뜻 　　　　　　❷ '수남'의 결심과 갈등의 해소
❸ 작가가 강조하는 주제 의식

노 소년은 아버지가 그리웠다. 도덕적으로 자기를 견제해 줄 어른이 그리웠다.
주인 영감님은 자기가 한 짓을 나무라기는커녕 손해 안 난 것만 좋아서 "오늘 운
텄다."라고 좋아하지 않았던가.

〔일정한 작용을 가함으로써 상대편이 지나치게 세력을 펴거나 자유롭게 행동하지 못하게 억누름〕

수남이는 짐을 꾸렸다. 아아, 내일도 바람이 불었으면. 바람이 물결치는 보리밭
을 보았으면.

ⓒ마침내 결심을 굳힌 수남이의 얼굴은 누런 똥빛이 말끔히 가시고, 소년다운
청순함으로 빛났다.

> **중요**
> **34** '수남'이 갈등을 해결하기
> 위해 내린 결정을 한 문장으로
> 쓰시오.

학습콕 | **결말 | 소주제:** 양심의 가책을 느낀 '수남'이 자신을 도덕적으로 견제해 줄 '아버지'가 있는
　　　　　□□으로 돌아가기로 결심함.

❶ '누런 똥빛'에 담긴 뜻

'누런 똥빛'
• '수남'이 자전거를 훔쳐 도망쳐 온 일을 칭찬하던 '주인 영감'의 얼굴빛 • 돈과 물건을 훔쳐서 집에 돌아온 날 밤의 형 '수길'의 얼굴빛

↓

비양심성, 부도덕성을 상징함.

❷ '수남'의 결심과 갈등의 해소

'수남'의 결심		갈등의 해소
도덕적으로 자신을 견제해 줄 '아버지'가 있는 고 향으로 돌아가기로 결심함.	▷	'수남'의 얼굴은 '누런 똥빛'이 가시고, 소년다운 □□□으로 빛남.

❸ 작가가 강조하는 주제 의식
물질적인 가치를 중시하는 부도덕한 '주인 영감'을 떠나, 자신을 도덕적으로 견제해 줄 수 있는 '아버
지'가 있는 곳으로 떠나기로 결심하는 '수남'의 모습을 통해 작가는 물질적 이익만을 중시하는 세태를
비판하며 도덕적 양심의 회복을 강조하고 있다.

> **중요**
> **35** ⓒ을 통해 짐작할 수 있는
> 바로 가장 적절한 것은?
> ① '수남'의 외모가 갈수록 훤
> 　칠해졌다.
> ② '수남'의 죄의식이 말끔히
> 　사라졌다.
> ③ '수남'이 내적 갈등을 해소
> 　하게 되었다.
> ④ '수남'이 물질적 가치를 인
> 　정하게 되었다.
> ⑤ '수남'이 서울 생활의 모든
> 　것을 잊기로 결심하였다.

◆ 「자전거 도둑」의 등장인물

주인 영감

"잘했다, 잘했어. 만날 촌놈인 줄만 알았더니 제법인데, 제법이야."

겉으로는 '수남'을 위하는 척하지만, 사실은 자신의 이익을 위해서 '수남'을 이용하고 있다.

××상회 주인

"짜아식, 알았어.
기다려 봐.
돈 들어오는 대로 줄게."

돈이 있으면서도 물건 대금을 주지 않으려고 하는, 뼛속까지 장사꾼이다.

수남

그럼 내가 한 짓은 도둑질이었단 말인가.

아직은 부모의 사랑이 필요한 순진한 아이이다. 돈을 벌기 위해 서울로 올라와 열심히 살다가 자전거 사건을 계기로 내적 갈등에 빠진다.

신사

"나 저기 306호실에 있으니까 돈 오천 원 갖고 와. 그러면 열쇠 내줄 테니."

'수남'에게 차 수리비 오천 원을 악착같이 받아 내려 한다.

아버지

"무슨 짓을 하든지 그저 도둑질을 하지 마라, 알았쟈."

유일하게 '수남'을 도덕적으로 견제할 수 있는 어른이다.

❶ 「자전거 도둑」의 줄거리 파악하기
❷ 등장인물이 겪는 외적 갈등과 내적 갈등의 원인 및 해결 과정 파악하기
❸ 인물의 행동을 평가해 보며 스스로 성찰하기

간단 체크 활동 문제

1 이 소설의 주요 장면을 떠올리면서 줄거리를 파악해 보자.

'수남'이 자신을 따뜻하게 대해 주는 '주인 영감'에게 육친애를 느낌.

답 '수남'의 자전거가 바람에 넘어져 '신사'의 자동차에 흠집을 남기자 '신사'가 '수남'에게 수리비를 요구함.

답 '신사'가 '수남'의 자전거에 ☐☐☐를 채우자 '수남'이 자신의 자전거를 들고 도망침.

답 '수남'이 자신을 견제해 줄 '아버지'가 있는 ☐☐으로 돌아가기로 결심함.

그날 밤, '수남'이 낮에 있었던 일을 떠올리며 고민에 빠짐.

2 이 소설에 드러나는 인물 간 갈등의 원인과 해결 과정을 정리해 보자.

• '수남'과 '××상회 주인'의 갈등

갈등 원인	갈등을 해결하기 위한 행동
답 '××상회 주인'은 '수남'에게 물건 대금을 주지 않으려고 하고 '수남'은 물건 대금을 악착같이 받으려고 해서 갈등이 발생하였다.	답 '수남'이 끈질기게 버티고 서서 물건 대금이 '☐☐ 막을 돈'이라고 거짓말을 하자 '××상회 주인'이 더 이상 못 버티고 물건 대금을 주면서 갈등이 해결되었다.

01 이 글의 내용과 일치하지 않는 것은?

① '수남'은 '주인 영감'에게 따뜻한 육친애를 느낀다.
② '수남'의 자전거가 바람에 넘어지면서 '신사'의 자동차에 흠집을 냈다.
③ '신사'는 자동차 수리비를 가져올 때까지 '수남'의 자전거를 맡아 두려 했다.
④ '수남'은 자전거를 빼앗길 위기에서 벗어나기 위해 자전거를 들고 도망친다.
⑤ '수남'은 자동차 수리비를 마련하지 못해 어쩔 수 없이 고향으로 쫓겨 내려간다.

02 이 글에 나타난 갈등 양상을 모두 골라 바르게 묶은 것은?

ㄱ. '수남'의 내적 갈등
ㄴ. '수남'과 '신사'의 갈등
ㄷ. '수남'과 '주인 영감'의 갈등
ㄹ. '신사'와 '주인 영감'의 갈등
ㅁ. '수남'과 '××상회 주인'의 갈등

① ㄱ, ㄴ, ㄷ
② ㄱ, ㄴ, ㅁ
③ ㄱ, ㄷ, ㄹ
④ ㄴ, ㄹ, ㅁ
⑤ ㄷ, ㄹ, ㅁ

• '수남'과 '신사'의 갈등

갈등 원인	갈등을 해결하기 위한 행동
📖 '수남'의 자전거가 바람에 쓰러지면서 '신사'의 자동차에 흠집을 내었고, 흠집을 발견한 '신사'가 '수남'에게 수리비를 요구하면서 갈등이 발생하였다.	📖 '신사'는 '수남'이 수리비를 치를 때까지 자전거를 보관해 두겠다며 자전거 바퀴에 자물쇠를 채워 버리는데, '수남'이 자전거를 들고 □□치면서 갈등이 일단락되었다.

3 이 소설에 드러나는 인물의 마음속 갈등을 살펴보자.

(1) '수남'이 다음과 같이 갈등하는 원인이 무엇인지 말해 보자.

낮에 내가 한 짓은 옳은 짓이었을까?

옳을 것도 없지만 나쁠 것은 또 뭔가?

📖 '수남'은 '신사'가 자동차 수리비를 요구하며 자전거에 자물쇠를 채우자 자전거를 들고 도망간다. '수남'은 이러한 자신의 행동이 도덕적으로 옳았는지 고민하며 갈등한다.

(2) '수남'이 마음속 갈등을 해결하기 위해 내린 결정과 그러한 결정을 내린 까닭이 무엇인지 말해 보자.

📖 '수남'은 자신이 낮에 자전거를 들고 도망갈 때 느낀 □□이 자기 내부에 도사린 부도덕성이라고 생각한다. 그래서 도덕적으로 자기를 견제해 줄 어른인 아버지가 있는 고향으로 떠나기로 결심한다.

(3) 다음 글을 참고하여, 이 소설의 작가가 '수남'의 갈등 해결 과정을 통해 말하고자한 바가 무엇인지 써 보자.

> 이 소설은 경제 개발이 활발하게 전개되던 1970년대를 배경으로 한다. 당시는 산업화, 도시화가 급속하게 진행되면서 점차 물질적인 가치를 중시하는 사회 분위기가 널리 퍼졌다. 이 소설은 그러한 사회 분위기 속에서 도덕성을 잃고 물질적인 이익만을 좇는 사람들의 모습을 '주인 영감'이나 '신사'와 같은 인물을 통해 보여 준다.

📖 '수남'은 물질적인 가치를 중시하는 '주인 영감'을 따르지 않고, 자신을 도덕적으로 견제해 줄 수 있는 '아버지'가 있는 고향으로 떠나기로 결심하면서 도덕성을 회복한다. 이 소설의 작가는 이러한 '수남'의 모습을 통해 도덕적 양심보다 물질적 이익을 중시하던 당대의 세태를 □□하려고 했을 것이다.

간단 체크 활동 문제

03 다음 갈등을 해결하기 위해 '수남'이 한 행동을 쓰시오.

> 자동차 수리비를 치를 때까지 자전거를 보관해 두겠다며 자전거 바퀴에 자물쇠를 채우는 '신사'

↕

> '신사'가 자동차 수리비로 요구한 오천 원을 내기 어려운 '수남'

04 '수남'이 고향으로 떠나기로 결심한 계기로 가장 적절한 것은?

① '주인 영감'에게 쫓겨나서
② 시골의 정겨운 바람이 그리워서
③ 골목의 상인들에게 정이 떨어져서
④ 차 주인인 '신사'에게 잡힐 것 같아서
⑤ 도덕적으로 자기를 견제해 줄 '아버지'가 그리워서

05 〈보기〉의 설명에 해당하는 인물을 쓰시오.

⎜보기⎟
> 물질적인 이익을 중시하며 '수남'의 부도덕한 행동을 칭찬하는 인물

4 이 소설에서 자전거를 들고 도망친 '수남'의 행동을 판단해 보고, 그렇게 생각한 까닭을 써 보자.

나는 '수남'의 행동이 (옳다 / 옳지 않다)고 생각해.
왜냐하면 _____
_____
_____

예시 답》
· 나는 '수남'의 행동이 옳다고 생각해. 왜냐하면 '신사'가 '수남'과 합의도 하지 않고 일방적으로 지나치게 많은 보상금을 요구했기 때문이야.
· 나는 '수남'의 행동이 옳지 않다고 생각해. 왜냐하면 ☐☐ 탓이라고는 하지만 '수남'의 자전거가 '신사'의 차에 흠집을 낸 것은 사실이기 때문이야. '수남'은 '신사'에게 어떤 방식으로든지 보상을 했어야 돼. 그런데 보상은커녕 자전거를 들고 도망친 것은 무책임한 행동이야.

5 '수남'처럼 도덕적 갈등을 경험한 적이 있는지 떠올려 보고, 그러한 상황에서 자신은 어떻게 행동했는지 말해 보자.

예시 답》 얼마 전 가게에서 물건을 사고 거스름돈을 받았는데 주인아저씨께서 내가 받아야 할 돈보다 더 많은 돈을 거슬러 주셨다. 그래서 그 돈을 다시 주인아저씨께 돌려 드려야 할지 아니면 그냥 내가 쓸지 고민했던 경험이 있다. 결국 나는 모른 척하고 그 돈을 내가 쓰기로 마음먹고는, 바로 그 돈으로 과자를 사 먹었다. 하지만 주인아저씨께 돈을 돌려 드리지 않은 것이 마음에 걸려 그날 오후 내내 기분이 좋지 않았다.

학습콕

❶ 갈등의 개념
'칡'과 '등나무'가 서로 얽히는 것과 같이, 인물의 마음속에서 또는 인물 사이나 인물과 환경 사이에서 대립과 충돌이 일어나 서로 복잡하게 얽혀 있는 상태를 말한다.

❷ 갈등의 역할
· 사건을 전개한다.
· 작품의 긴장감을 높인다.

❸ 갈등의 종류

내적 갈등	한 인물의 마음속에서 일어나는 갈등으로, 애정과 증오처럼 완전히 다른 감정이나 바람이 마음속에 동시에 나타나면서 생기는 갈등
외적 갈등	인물과 그를 둘러싼 외부 환경 사이에 일어나는 갈등으로, 인물과 인물 사이의 갈등, 인물과 그 인물이 속한 사회와의 갈등, 인물과 자연환경과의 갈등, 인물과 그 인물이 처한 운명과의 갈등 등이 있음.

간단 체크 활동 문제

06 '수남'처럼 도덕적 갈등을 겪은 일로 알맞은 것은?
① 투표를 하고 싶은데 나이 때문에 할 수가 없어서 아쉬웠어.
② 사소한 의견 대립으로 짝꿍과 심하게 말다툼을 해서 기분이 별로였어.
③ 아버지와 영화를 보러 갔는데 15세 미만은 볼 수 없다고 해서 아쉬웠어.
④ 책을 읽고 싶은데 수학 문제를 풀라고 하시는 어머니 때문에 기분이 상했어.
⑤ 교실에서 천 원을 주워서 빵을 사 먹었는데 주인을 찾아 주지 않은 것이 마음에 걸렸어.

07 이 글에서 작가가 궁극적으로 추구하는 것은?
① 육친애
② 물질적 가치
③ 도덕적 양심
④ 근면 성실함
⑤ 원만한 인간관계

❶ '길동'이 갈등하는 원인을 당시의 시대 상황과 관련하여 파악하기
❷ '길동'의 선택 평가하기
❸ 「홍길동전」을 바탕으로 오늘날 우리 사회의 문제점 생각해 보기

다음은 고전 소설 「홍길동전」의 일부이다. 이 소설을 읽으면서 '길동'이 갈등하는 근본적인 원인이 무엇인지 생각해 보고, 그것을 바탕으로 오늘날 우리 사회의 모습을 되돌아보자.

갈래	고전 소설, 한글 소설, 영웅 소설	성격	현실 비판적
시점	전지적 작가 시점	배경	조선 시대
제재	홍길동의 영웅적 행위		
주제	• 적서 차별과 인간 평등 사상 • 불합리한 현실 비판과 이상 세계의 실현		
구성	• 발단: '길동'은 '홍 판서'의 서자로 태어나 천대를 받음. • 전개: '길동'은 신분 차별이 없는 이상적인 삶을 찾아 집을 떠남. • 위기: '길동'은 도적의 무리 활빈당의 괴수가 되어 빈민을 구제함. • 절정: 나라에서 '길동'을 잡으려고 하자 '길동'은 율도국으로 떠남. • 결말: '길동'은 율도국에서 이상국을 세움.		
특징	• 우리나라 최초의 한글 소설임. • 영웅의 일대기적 구성 방식을 취함. • 불합리한 사회 제도에 대한 저항 정신이 반영된 현실 참여 문학임.		

홍길동전

허균

가 세월이 흐르고 흘러 길동이 열한 살이 되었다. 비범한 아이인지라 누구 하나 길동
보통 수준보다 훨씬 뛰어난
을 칭찬하지 않는 이가 없었다. 비록 천비의 몸을 빌려 난 자식이긴 하지만, 길동의 재
신분이 천한 여자 종
주를 눈여겨본 대감 역시 길동을 무척 아끼고 사랑하였다.

그러나 길동의 가슴에는 늘 원한이 맺혀 있었다. 출생이 천한 탓에 아버지를 아버지
라 부르지 못하고 형을 형이라 부르지 못하기 때문이었다. 그는 자신의 천한 신분을 한
탄하고 또 한탄하였다.

나 어느 칠월 보름날, 길동은 밝은 달을 쳐다보며 뜰을 배회하고 있었다. 쓸쓸한 가
아무 목적도 없이 어떤 곳을 중심으로 어슬렁거리며 이리저리 돌아다니고
을바람 사이로 들려오는 기러기 울음소리가 마음에 외로움을 더했다. 길동의 가슴에는
절로 탄식이 일어났다.
한탄하여 한숨을 쉼. 또는 그 한숨
"대장부가 세상에 태어나서 공자, 맹자의 학문을 익힌 뒤에, 나가서는 장수가 되고
들어와서는 재상이 되며, 대장인을 허리춤에 차고 단 위에 높이 앉아 수많은 군사를
대장임을 나타내기 위해 차고 다니던 쇠나 돌로 만든 조각물
마음대로 지휘하며, 남쪽으로 초나라를 치고, 북쪽으로 중원을 평정하며, 서쪽으로
촉나라를 쳐 업적을 쌓은 후에, 얼굴을 기린각에 그려 빛내고 이름을 후세에 전함이
중국 한나라의 무제가 장안의 궁중에 세운 전각
대장부의 떳떳한 일일 것이다. 옛사람이 이르기를 '왕후장상의 씨가 따로 없다.'라고
계급이나 신분을 뛰어넘어 누구나 능력에 따라 높은 지위에 오를 수 있음을 이르는 말
하였는데 이는 나를 두고 말함인가? 아무리 하찮은 사람도 아버지를 아버지라 부르
고 형을 형이라 부르는데, 나만 홀로 그리하지 못하는구나. 내 인생은 어찌하여 이
리도 기박한가?"
팔자, 운수 따위가 사납고 복이 없는가
길동은 가슴에 차오르는 답답함을 걷잡을 수가 없었다. 달빛 아래서 칼을 잡고 한바
탕 춤을 추듯 몸을 날래게 움직이며 장한 기운을 다스리고 있었다.

간단 체크 **활동** 문제

08 이 글에 대한 설명으로 적절하지 **않은** 것은?

① 현실 비판적이다.
② 당시 사회의 모습이 드러난다.
③ 영웅의 일대기 구조가 드러난다.
④ 우리나라 최초의 한글 소설이다.
⑤ 인물과 그가 처한 자연환경의 대립이 두드러진다.

09 (가)에서 '길동'이 갈등하는 직접적인 이유를 찾아 2어절로 쓰시오.

간단 체크 **어휘** 문제

다음 뜻풀이에 해당하는 낱말을 〈보기〉에서 찾아 쓰시오.

┤보기├
비범하다, 배회하다, 기박하다

(1) 보통 수준보다 훨씬 뛰어나다.
( )
(2) 팔자, 운수 따위가 사납고 복이 없다.
( )
(3) 아무 목적도 없이 어떤 곳을 중심으로 어슬렁거리며 이리저리 돌아다니다.
( )

다 그때 홍 대감 역시 밝은 달빛을 즐기고자 창문을 열고 비스듬히 기대어 앉아 있다가 이런 길동의 모습을 보았다. 대감이 크게 놀라며 물었다.

"밤이 이미 깊었는데 너는 무슨 흥이 있어 이러고 있느냐?"

길동이 칼을 던지고 엎드려 대답하였다.

"소인이 대감의 정기를 받고 당당한 남자로 태어났으니 이만한 즐거움도 없습니다. 그러나 늘 서러운 것은 아버지를 아버지라 부르지 못하고 형을 형이라 부르지 못하는 신세이옵니다. 하인들까지 모두 천하게 보며, 친지와 친구조차도 아무개의 천생
천출. 종이나 기생으로서 남의 첩이 된 여자에게서 난 자손
이라고 이릅니다. 이런 원통한 일이 어디 있겠습니까?"

길동은 대성통곡하였다. 대감은 속으로는 길동이 불쌍했지만
짐짓 꾸짖어 말하였다. 만일 그 마음을 드러내서 위로하면 오히
마음으로는 그렇지 않으나 일부러 그렇게
려 버릇이 없어질까 염려하였던 것이다.

"재상의 집안에서 천한 노비에게 태어난 사람이 너뿐
이 아니다. 그러니 방자하게 굴지 마라. 다시 그런 말
어려워하거나 조심스러워하는 태도가 없이 무례하고 건방지게
을 입 밖에 꺼내면 내 앞에 서지도 못하게 할 것이다."

길동은 그저 눈물만 흘리며 한참 동안을 그렇게 엎
드려 있었다. 보다 못한 대감이 엄하게 물러가라
이르자, 비로소 고개를 들고 일어났다. 길동은
방으로 들어가는 대신 어미 춘섬을 찾아
가 통곡하며 말했다.

라 "어머니께서는 소자와 전생에 귀중한 인연이 있어 오늘날 모자지간이 되었습니다. 낳아 주시고 길러 주신 은혜는 하늘보다 더 큽니다. 사내대장부가 세상에 한번 태어났으면, 모름지기 입신양명한 후 조상을 섬기고 부모의 은혜를 만분의 일이라
출세하여 이름을 세상에 떨침
도 갚아야 할 것입니다. 그런데 이 몸은 팔자가 사나운 까닭에 천하게 태어나 남의 천대나 받게 되었습니다. 하지만 대장부가 어찌 구차하게 근본에 얽매여 후회를 하겠습니까? 이 몸이 당당하게 조선국 병조 판서 대장인을 차고 이름난 장군이 되지 못할 바에야, 차라리 산중에 들어가 세상 영욕을 모르는 채 지내고자 합니다. 옛날
영예와 치욕
장충의 아들 길산은 소자보다 더한 천생이었습니다. 하지만 열세 살에 그 어미와 이별하고 운봉산에 들어가 도를 닦아, 아름다운 이름을 후세에 전하였습니다. 소자도 그를 본받아 세상을 벗어나려 하옵니다. 감히 바라옵건대, 어머니께서는 소자의 사정을 살피어 아주 버린 듯이 잊고 계십시오. 훗날 소자가 돌아와 은혜를 갚을 날이 있을 것입니다. 그렇게만 짐작하고 계시옵소서."

길동이 말을 마치는데, 그 말하는 기상이 너무나 도도해 슬픈 기색조차 없었다.
마음의 작용으로 얼굴에 드러나는 빛

간단 체크 활동 문제

10 이 글로 미루어 알 수 있는 내용이 아닌 것은?

① '길동'은 무술 실력이 뛰어나다.
② '길동'은 집안에서 천대를 받았다.
③ '길동'은 형이라 부를 형제가 없다.
④ '길동'은 능력이 신분을 뛰어넘을 수 없는 사회에 태어났다.
⑤ 당시에는 아버지가 양반이어도 어머니가 천한 출신이면 그 자식의 신분은 천했다.

11 (나)～(라)에 나타난 갈등 양상으로 보기 어려운 것은? (정답 2개)

① '길동'과 '형'의 외적 갈등
② '길동'과 사회의 외적 갈등
③ '길동'과 운명의 외적 갈등
④ '길동'과 '어머니'의 외적 갈등
⑤ '길동'과 '홍 대감'의 외적 갈등

12 '길동'이 아버지를 아버지라 부르지 못하는 현실을 단적으로 보여 주는 낱말 두 가지를 (다)에서 찾아 쓰시오.

1 '길동'이 겪는 갈등의 원인과 해결 과정을 알아보자.

(1) '길동'의 바람과 현실을 다음과 같이 정리해 보자.

'길동'의 바람	↔	'길동'의 현실
• 아버지를 아버지라 부르고, 형을 형이라 부르고 싶음. • 🖉 입신양명하고 싶음.		• 🖉 아버지를 아버지라 부를 수 없고, 형을 형이라 부를 수 없음. • 🖉 천하게 태어나 ☐☐☐☐의 기회조차 없음.

(2) '길동'이 (1)과 같은 갈등을 겪는 까닭을 당시 사회의 모습과 관련지어 말해 보자.

🖉 이 소설의 배경은 조선 시대인데, 조선 시대는 ☐☐ 제도가 엄격하고, 적서 차별이 있었다. 양반인 아버지와 노비인 어머니 사이에서 태어난 '길동'은 뛰어난 능력이 있었지만 서얼이라는 신분 때문에 자신의 꿈을 펼칠 수 없었다.

(3) '길동'이 갈등을 해결하기 위해 어떤 결정을 내렸는지 써 보고, 자신이 '길동'이었다면 어떤 결정을 하였을지 그 까닭과 함께 써 보자.

'길동'의 결정은?	내가 '길동'이라면?
🖉 '길산'을 본받아 세상을 벗어나기로 결정하였다.	예시 답>> 당시에는 신분 제도가 있었기 때문에 어쩔 수 없이 그에 따르며 살아갔을 것 같다. 그리고 나의 신분에서 할 수 있는 일들을 찾아보았을 것 같다.

📖 지식 사전

「홍길동전」의 줄거리

'길동'은 '홍 판서'와 시비 '춘섬' 사이에서 서얼로 태어난다. 그는 총명하고 재주가 뛰어나 '홍 판서'의 사랑을 받지만, 천비 소생이라는 신분 때문에 천대를 받으면서 울분의 나날을 보낸다. '길동'은 집안에 자신을 해치려는 무리가 있음을 알고 출가한다. 위기를 피해 집을 나와 떠돌던 중, 도적의 무리를 만난 '길동'은 그들의 우두머리가 되어 '활빈당(活貧黨)'을 조직한다. 그 후 '길동'이 팔도의 탐관오리들을 응징하고 양민을 돕자, 조정에서는 그를 잡기 위해 애쓴다. '길동'을 회유하려고 조정에서 그를 병조 판서로 임명하자, 그에 만족한 '길동'은 조선을 떠난다. 조선을 떠나 남경으로 가던 중 율도국을 발견한 '길동'은 율도국을 정벌하여 왕이 된다. '길동'은 율도국에서 선정을 베풀다가 신선이 되어 사라진다.

간단 체크 활동 문제

13 이 글의 '길동'이 진심으로 바라는 바가 아닌 것은?
① 부모님께 효도하는 것
② 출세하여 이름을 알리는 것
③ 세상에서 벗어나 도를 닦는 것
④ 다른 사람들에게 천대를 받지 않는 것
⑤ '홍 대감' 가족의 일원으로 인정받는 것

14 이 글의 배경이 되는 사회의 모습으로 적절하지 않은 것은?
① 전생이 있다고 믿었다.
② 신분 제도가 엄격했다.
③ 축첩 제도가 허용되었다.
④ 사내는 특정 나이가 되면 출가했다.
⑤ 벼슬에 오르는 것을 성공이라 여겼다.

15 (라)로 미루어 보아, '길동'이 출가를 결심한 이유로 알맞은 것은?
① '길산'과 친해지기 위해서
② '홍 대감'에게 꾸지람을 들어서
③ 부모 형제의 은혜를 갚기 위해서
④ 현실에서는 자신의 꿈을 이룰 수 없어서
⑤ 집에는 '길동'을 시기하고 모함하는 이들이 많아서

2 이 소설을 바탕으로 오늘날 사회에는 어떤 문제점이 있는지 생각해 보자.

(1) 오늘날 우리 사회의 문제점이라고 생각하는 것이 무엇인지 그 까닭과 함께 써 보자.

예시 답 〉〉

오늘날 우리 사회의 문제점	장애인이나 외국인 노동자를 차별하는 사람들이 있다.
그 까닭	개인의 인권을 중시하는 오늘날에, 나와 다르다는 까닭으로 장애인이나 외국인 노동자의 인권을 무시하며 차별하는 것은 잘못된 태도라고 생각하기 때문이다.

(2) (1)의 문제를 해결하기 위해 우리가 무엇을 할 수 있을지 말해 보자.

예시 답 〉〉

• '그들은 이럴 거야.'라는 식의 편견을 버린다.

• 무턱대고 그들을 피하지 않는다.

• 인터넷 매체에 장애인이나 외국인 노동자를 차별하지 말자는 내용의 글을 쓴다.

간단 체크 활동 문제

16 다음을 읽고 찾을 수 있는 오늘날 사회의 문제점으로 가장 적절한 것은?

> 돈을 벌기 위해 한국으로 온 한 외국인 노동자는 사람들의 따가운 시선에 집밖을 돌아다니기 힘들다고 합니다. "얼굴만 보고 너희 나라로 가 버리라고 이야기하는 사람들이 많습니다."

① 빈부 격차 ② 환경 오염
③ 범죄 증가 ④ 청년 실업
⑤ 편견과 차별

활동 마당

이 활동은

학교생활을 하면서 친구들과 겪었던 갈등 사례를 떠올려 보고 이를 바탕으로 갈등을 원만하게 해결하는 방법을 탐색해 보는 활동입니다.

시험에는

• 친구들과의 갈등 상황을 묻는 문제

• 갈등의 원인과 바람직한 해결 방법을 묻는 문제 등이 출제될 수 있습니다.

● 정답과 해설 18쪽

갈래	현대 소설, 단편 소설, 성장 소설	성격	교훈적, 비판적
배경	1970년대, 서울 청계천 세운 상가	시점	전지적 작가 시점
제재	자전거	주제	물질적 이익만을 추구하는 도시 사람들에 대한 비판
특징	• 순진한 소년의 눈으로 어른들의 부도덕성을 고발함. • 전지적 작가 시점으로 인물의 심리를 구체적으로 드러냄. • 도덕적으로 대립되는 인물을 제시하여 도덕성과 양심의 회복을 강조함.		

●● 「자전거 도둑」의 구성

발단	전기용품 도매상 점원으로 일하는 '수남'이 '주인 영감'의 보살핌에 육친애를 느낌.
전개	❶[　][　]이 심하게 불던 날 배달을 가게 된 '수남'이 '××상회 주인'에게서 악착같이 돈을 받아 냄.
위기	'수남'의 자전거가 넘어지면서 '신사'의 차에 흠집을 내고, 이에 '신사'가 수리비를 요구하며 자전거를 빼앗자 '수남'이 자전거를 들고 도망침.
절정	'수남'이 자전거를 들고 도망쳤던 자신의 행동을 되돌아보며 고민에 빠짐.
결말	양심의 가책을 느낀 '수남'이 자신을 ❷[　][　]적으로 견제해 줄 '아버지'가 있는 고향으로 돌아가기로 함.

●● 등장인물의 성격

'수남'	순진함, 순수함, 성실함, 부지런함	'신사'	야박함, 냉정함, 경박스러움, 이기적임
'❸[　][　][　][　]'	인색함, 가식적임, 속물적임, 이기적임	'아버지'	도덕적임

●● 「자전거 도둑」에 나타난 갈등 양상

갈등 양상	'수남'과 '××상회 주인'의 외적 갈등	'수남'과 '신사'의 외적 갈등	'수남'의 ❹[　][　] 갈등
갈등 상황	물건 대금을 당장 받아 내려는 '수남'과 주지 않으려는 '××상회 주인'	'수남'의 자전거 때문에 자신의 차에 흠집이 나자 수리비로 오천 원을 요구하는 '신사'와 돈을 줄 형편이 되지 않는 '수남'	• 자전거를 들고 도망친 것이 옳은 일이었는지에 대한 후회 • 쾌감을 느낀 데에 대한 죄책감
갈등의 해결	'수남'이 결국 물건 대금을 받아 냄.	'수남'이 ❺[　][　][　]를 들고 도망침.	짐을 꾸려 아버지가 있는 고향으로 돌아가기로 결심함.

●● '주인 영감'에 대한 '수남'의 태도 변화

힘든 일과에도 불구하고 자신의 마음을 알아 주는 '주인 영감'의 기대에 부응하고자 성실히 일하고 칭찬을 받음.	⇨	자전거 사건	⇨	'주인 영감'이 자전거를 들고 ❻[　][　]친 자신의 행동을 칭찬함.
고마움, 따뜻함, 육친애를 느낌.				정이 떨어짐, 거부감, 혐오감을 느낌.

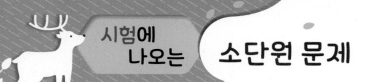
01~05 다음 글을 읽고, 물음에 답하시오.

가 수남이는 청계천 세운 상가 뒷길의 전기용품 도매상의 꼬마 점원이다. / 수남이란 어엿한 이름이 있는데도 꼬마로 통한다. 열여섯 살이라지만 볼은 아직 어린아이처럼 토실하니 붉고, 눈 속이 깨끗하다.

나 "꼬마 혼자 데리고 벅차시겠습니다. 좀 큰 애 하나 더 쓰셔야죠." / 영감님은 그런 소리를 제일 싫어한다. 벌레라도 씹어 먹은 듯이 이상야릇한 얼굴로 상대방을 흘겨보며, / "누가 뭐 사람 더 쓰기 싫어 안 써. 어디 사람 같은 놈이 있어야 말이지. 깡패 놈이라도 걸려들어 봐. 우리 수남이가 물든다고. 이런 순진한 놈일수록 구정물 들긴 쉽거든."

얼마나 고마운 주인 영감님인가. 이런 고마운 어른을 위해 그까짓 세 사람이 할 일 혼자 못 할까 하고 양팔의 근육이 팽팽히 긴장한다.

다 ㉠사람들은 모두 치료비를 톡톡히 부담해야 할 그 아저씨를 동정했다. 지랄 같은 바람 때문이지, 그 아저씨가 무슨 잘못이 있기에 생돈을 빼앗기냐고, 그렇지만 돈지갑 옆구리에 차고 부는 바람 못 봤으니, 그 재수 나쁜 아가씨들 그 재수 나쁜 아저씨한테 떼를 쓸밖에 도리 없지 않겠느냐고 사람들은 쑥덕댔다. / 하여튼 수남이가 알 수 있는 것은 그 아가씨도 그렇고 그 아저씨도 그렇고 오늘 재수 옴 붙었다는 것뿐이었다. / 수남이는 문득 자기도 재수 옴 붙을 것 같은 예감이 들었다.

라 "인석아, 까불지 말고 조심해. 사고 내 가지고 누구 못할 노릇 시키지 말고."

오늘 장사가 좀 잘 안돼서 그런지 말씨가 퉁명스럽긴 했지만, 나쁜 말은 아닌데도 수남이는 고깝게 듣는다.

㉡꼭 네깐 놈 다칠 게 걱정이 아니라 나 손해 볼 게 겁난다는 소리로 들린다.

마 "아유, 오늘 더럽게 장사 안된다."

××상회 주인은 니코틴이 새까맣게 달라붙은 이빨 안쪽을 드러내고 크게 하품을 한다. 돈을 빨리 안 주는 변명 같기도 하고, '인석아, 하루 종일 기다려 봐라, 누가 돈을 호락호락 내줄 줄 아니.' 하는 공갈 같기도 하다. / 그러나 수남이는 들은 척도 안 하고 장승처럼 버티고 서 있다.

01 이와 같은 글의 특징으로 적절하지 않은 것은?

① 갈등을 중심으로 사건이 전개된다.
② 사건이 일정한 흐름에 따라 전개된다.
③ 실존 인물의 일생과 업적을 통해 교훈을 준다.
④ 글쓴이가 상상력을 발휘해 꾸며 낸 이야기이다.
⑤ 실제로 일어날 수 있을 법한 이야기가 담겨 있다.

02 '수남'에 대한 설명으로 알맞지 않은 것은?

① 순진한 열여섯 살 소년이다.
② '××상회 주인'의 말을 믿지 않는다.
③ 청계천 전기용품 도매상의 점원이다.
④ 얼굴 생김새가 어린아이 같아 꼬마로 불린다.
⑤ '주인 영감'이 자신을 혹사시키는 데 불만이 많다.

⭐**학습 활동 응용**

03 (가)~(마)에 나타난 갈등 양상이 바르게 연결된 것은?

① (가): '수남'의 내적 갈등
② (나): '수남'과 '주인 영감'의 갈등
③ (다): '아가씨'와 '전선 도매집 주인아저씨'의 갈등
④ (라): '수남'과 자연환경의 갈등
⑤ (마): '수남'과 '××상회 주인'의 갈등

04 (다)에 나타난 '수남'의 심정을 바르게 묶은 것은?

① 걱정, 불길함   ② 실망, 답답함
③ 기쁨, 만족감   ④ 초조함, 놀라움
⑤ 아쉬움, 안타까움

05 ㉠과 ㉡에서 작가가 드러내고자 한 바로 적절한 것은?

① 정신 건강의 소중함
② 의료 보험 제도의 불합리성
③ 산업화로 인한 급속한 발전의 성과
④ 도시 사람들의 물질 만능주의적 가치관
⑤ 조상 대대로 전해져 내려오는 삶의 지혜

06~09 다음 글을 읽고, 물음에 답하시오.

가 자전거뿐 아니라 골목의 모든 것이 다 제자리에 그대로 있다. 수남이는 그것이 신기하다. 누워 있는 자전거를 일으켜 세우고 날렵하게 올라타 막 페달을 밟으려는데, 어디선지 고함 소리가 벽력같이 들린다.

"이놈아, 어딜 도망가는 거야, 게 섰거라. 꼼짝 말고."

수남이는 자기에게 지르는 고함은 아니겠지 싶어 그대로 페달을 밟는다.

"아니 이놈이, 어디로 도망을 가려고 이래."

뒷덜미를 사납게 붙들린다. 점잖고 깨끗한 신사다.

나 "인마, 네놈의 자전거가 쓰러지면서 내 차를 들이받았단 말이야. 이런 고급 차를 말이야. 이런 미련한 놈, 왜 눈은 째려, 째리긴. 그러니 내 차에 흠이 안 나고 배겼겠냐. 내 차는 인마, 여자들 손톱만 살짝 닿아도 생채기가 나는 고급 차야 인마, 알간?"

그러고는 거울처럼 티 하나 없이 번들대는 차체를 면밀히 훑어보더니 "그러면 그렇지." 하고 환성을 질렀다. 아마 생채기를 찾아낸 모양이다.

다 신사는 다시 네놈은 쳐다보기도 싫다는 듯이 수남이를 전혀 상대 안 하고, 묵묵히 자전거 바퀴에다 자물쇠를 채우고, 앞에 빌딩을 가리키면서,

"나 저기 306호실에 있으니까 돈 오천 원 갖고 와. 그러면 열쇠 내줄 테니." / 하고는 수남이를 힐끗 흘겨보고 유유히 빌딩 속으로 사라져 갔다.

라 수남이는 자기편이 되어 준 이 많은 사람들을 도저히 배반할 수 없었다. 이상한 용기가 솟았다. 수남이는 자전거를 마치 검부러기처럼 가볍게 옆구리에 끼고 질풍같이 달렸다.

정말이지 조금도 안 무거웠다. 타고 달릴 때보다 더 신나게 달렸다. 달리면서 마치 오래 참았던 오줌을 시원스레 내깔기는 듯한 쾌감까지 느꼈다.

마 낮에 내가 한 짓은 옳은 짓이었을까? 옳을 것도 없지만 나쁠 것은 또 뭔가. 자가용까지 있는 주제에 나 같은 아이에게 오천 원을 우려내려고 그렇게 간악하게 굴던 신사를 그 정도 골려 준 것이 뭐가 나쁜가? 그런데도 왜 무섭고 떨렸던가. 그때의 내 꼴이 어땠으면, 주인 영감님까지 "네놈 꼴이 꼭 도둑놈 꼴이다."라고 하였을까.

---

06 (가)~(마)의 중심 사건을 시간 순서대로 간추린 내용으로 적절하지 <u>않은</u> 것은?

① '수남'의 자전거가 쓰러지면서 '신사'의 고급 차에 흠집을 낸다.
●
② 겁이 나서 도망가려던 '수남'을 '신사'가 잡는다.
●
③ 차 수리비로 '신사'가 '수남'에게 오천 원을 요구한다.
●
④ '신사'가 차 수리비 대신 맡아 두겠다던 자전거를 '수남'이 들고 도망친다.
●
⑤ '수남'은 낮에 한 행동 때문에 고민에 빠진다.

★ 학습 활동 응용

07 (가)~(마)에 나타난 갈등에 대한 설명으로 적절하지 <u>않은</u> 것은?

① '신사'와 '수남'의 외적 갈등이 나타난다.
② '신사'는 갈등을 해결하려는 의지가 없다.
③ '수남'이 자전거를 들고 도망치는 방법으로 일단락되었다.
④ '수남'의 자전거가 '신사'의 차에 흠집을 낸 것이 원인이다.
⑤ '신사'와 '수남'의 갈등은 이후 '수남'의 내적 갈등의 원인이 된다.

08 (가)~(다)에서 알 수 있는 '신사'의 성격이 <u>아닌</u> 것은?

① 너그럽다.　　　② 야박하다.
③ 인색하다.　　　④ 경망스럽다.
⑤ 이기적이다.

✏️ 서술형

09 '수남'이 자전거를 들고 도망치면서 느꼈던 기분을 드러내는 표현을 (라)에서 찾아 두 글자로 쓰시오.

10~14 다음 글을 읽고, 물음에 답하시오.

가 "잘했다, 잘했어. 만날 촌놈인 줄만 알았더니 제법 인데, 제법이야." / 그러고는 가게에서 쓰는 드라이버니 펜치를 가지고 자전거에 채운 자물쇠를 분해하기 시작한다. 엎드려서 그 짓을 하고 있는 주인 영감님이 수남이의 눈에 흡사 도둑놈 두목 같아 보여 속으로 정이 떨어진다. 주인 영감님 얼굴이 ㉠누런 똥빛인 것조차 지금 깨달은 것 같아 속이 메스껍다.

나 수남이는 드디어 어느 날 형이 그랬던 것처럼 서울 가서 돈 벌어 오겠다고 집을 나섰다. 아버지는 말리지 않았다. 문지방을 짚고 일어나 앉아서 띄엄띄엄 수남이를 타일렀다. / "무슨 짓을 하든지 그저 도둑질을 하지 마라, 알았쟈." / 그런데 도둑질을 하고 만 것이다. 하지만 수남이는 스스로 그것을 결코 도둑질이 아니었다고 변명을 한다. / 그런데 왜 그때, 그렇게 떨리고 무서우면서도 짜릿하니 기분이 좋았던 것인가? 문제는 그때의 그 쾌감이었다. 자기 내부에 도사린 부도덕성이었다.

다 소년은 아버지가 그리웠다. 도덕적으로 자기를 견제해 줄 어른이 그리웠다. 주인 영감님은 자기가 한 짓을 나무라기는커녕 손해 안 난 것만 좋아서 "오늘 운 텄다."라고 좋아하지 않았던가.

수남이는 짐을 꾸렸다. 아아, 내일도 바람이 불었으면. 바람이 물결치는 보리밭을 보았으면.

마침내 결심을 굳힌 수남이의 얼굴은 ㉡누런 똥빛이 말끔히 가시고, 소년다운 청순함으로 빛났다.

라 길동의 가슴에는 절로 탄식이 일어났다.

"대장부가 세상에 태어나서 공자, 맹자의 학문을 익힌 뒤에, 나가서는 장수가 되고 들어와서는 재상이 되며, 대장인을 허리춤에 차고 단 위에 높이 앉아 수많은 군사를 마음대로 지휘하며, 남쪽으로 초나라를 치고, 북쪽으로 중원을 평정하며, 서쪽으로 촉나라를 쳐 업적을 쌓은 후에, 얼굴을 기린각에 그려 빛내고 이름을 후세에 전함이 대장부의 떳떳한 일일 것이다. 옛사람이 이르기를 '왕후장상의 씨가 따로 없다.'라고 하였는데 이는 나를 두고 말함인가? 아무리 하찮은 사람도 아버지를 아버지라 부르고 형을 형이라 부르는데, 나만 홀로 그리하지 못하는구나."

10 (가)~(다)에서 '수남'이 인식한 '주인 영감'과 '아버지'의 차이로 알맞은 것은?

① 세대   ② 도덕성   ③ 재산 정도
④ 가족의 유무   ⑤ 비판적인 시각

★ 학습 활동 응용

11 (나)에서 '수남'이 갈등하는 원인으로 적절하지 **않은** 것은?

① 아버지의 당부를 어겨서
② '주인 영감'이 갑자기 싫어져서
③ 자신이 한 행동이 도둑질임을 깨달아서
④ 자기 내부의 부도덕성을 발견하게 되어서
⑤ 잘못을 하고 쾌감을 느꼈다는 사실이 부끄러워서

12 ㉠과 ㉡에 공통적으로 담긴 뜻으로 적절한 것은?

① 비양심성   ② 건강 악화
③ 차별과 편견   ④ 물질적 풍요로움
⑤ 도시 사람들의 몰인정함

★ 학습 활동 응용

13 (라)에 나타난 사회상을 골라 바르게 묶은 것은?

> ㄱ. 신분에 따라 호칭을 다르게 사용했다.
> ㄴ. 출세의 길이 누구에게나 열려 있었다.
> ㄷ. 사내들은 불교의 사상과 학문을 공부했다.
> ㄹ. 사내들의 꿈은 출세하여 이름을 널리 알리는 것이다.

① ㄱ, ㄴ   ② ㄱ, ㄷ   ③ ㄱ, ㄹ
④ ㄴ, ㄷ   ⑤ ㄷ, ㄹ

✎ 서술형

14 (라)에서 〈보기〉에 제시된 작가의 가치관이 드러난 문장을 찾아 쓰시오.

> ┤보기├
> 이 소설의 작가는 신분에 관계없이 능력에 따라 높은 지위에 오를 수 있다고 믿었다.

[2] 배려하며 말하기

이해
❶ 언어폭력이 우리에게 미치는 영향 이해하기
❷ 다른 사람과 대화를 나눌 때 지녀야 할 태도 생각하기

학습 포인트
❶ 언어폭력의 문제점
❷ 상대를 배려하며 말하는 방법과 그 효과

1 다음은 '나라'가 한글날 특집 다큐멘터리를 보고 쓴 글이다. 이 글을 읽고 언어폭력이 우리에게 어떤 영향을 미치는지 알아보자.

얼마 전 텔레비전으로 한글날 특집 다큐멘터리를 봤다. 그 다큐멘터리에서 한 가지 실험을 보여 주었는데, 그 실험 결과가 매우 놀라웠다. 쌀밥을 두 군데의 그릇에 퍼 놓고 4주 동안 한쪽에는 '고맙습니다', '예쁘다' 등의 긍정적인 말을 들려주고, 다른 한쪽에는 '짜증 나', '미워' 등의 부정적인 말을 들려준 후 그 변화를 관찰하는 실험이었다. 그런데 놀랍게도 긍정적인 말을 들려준 쪽에서는 하얗게 예쁜 곰팡이가 피고 구수한 누룩 냄새가 났지만, 부정적인 말을 들려준 쪽에서는 ㉠거무스름한 곰팡이가 피고 심한 악취를 풍기는 것이다.

술을 빚는 데 쓰는 발효제
나쁜 냄새

고맙습니다.   짜증 나.

이 실험 대상이 쌀밥이 아니라 사람이었다면 어떻게 되었을까? 실험 기간이 4주가 아닌 4년이었으면 어떻게 되었을까? 이 다큐멘터리를 보면서 '말의 힘'이 얼마나 대단한지 새삼 깨달았고, 나의 언어생활을 반성해 볼 수 있었다.

(1) '나라'가 다큐멘터리를 보고 깨달은 점이 무엇인지 써 보자.

📋 '나라'는 다큐멘터리를 보고 ☐ 의 힘이 얼마나 대단한지 깨달았다.

(2) 일상생활에서 자주 사용하는 말을 긍정적인 말과 부정적인 말로 나누어 보자.

예시 답≫

긍정적인 말	부정적인 말
고마워, 미안해, 예쁘다, 좋은 생각이야, 재미있다 등	**짜증 나**, 닥쳐, 재수 없어, 꺼져, 하지 마, 미쳤어? 등

간단 체크 문제

중요

01 이 글에 나타난 실험에 대한 설명으로 적절하지 않은 것은?
① 곰팡이 배양이 목적이다.
② 쌀밥에 일어난 변화를 관찰한다.
③ 상반된 조건에 따른 결과를 비교한다.
④ 사람이 하는 말이 미치는 영향을 보여 준다.
⑤ 긍정적인 말을 쓰도록 노력하자는 결론을 도출할 수 있다.

02 이 글에 나타난 실험에서 ㉠과 같은 결과가 나온 쌀밥에게 들려주었을 말로 알맞은 것은?
① 넌 참 곱구나.
② 넌 안 될 거야.
③ 와, 잘 하는 걸?
④ 넌 좋은 친구야.
⑤ 우리 친하게 지내자.

(3) 대화 중에 **(2)**에서 정리한 말을 들었을 때 각각 어떤 기분이 들었고, 어떤 말을 했는지 떠올려 보자.

● 긍정적인 말을 들었을 때:

예시 답》 기분이 좋아지고 대화가 즐거웠다. 그리고 나 역시 상대에게 긍정적인 말을 하게 되었다.

● 부정적인 말을 들었을 때:

예시 답》 기분이 나빠지고, 오래 대화하고 싶지 않았다. 그리고 나 역시 부정적인 말만 골라서 하게 되었다.

(4) '나라'가 쓴 글의 내용을 고려할 때, 공격적이고 폭력적인 말이 우리에게 어떤 영향을 미칠지 말해 보자.

예시 답》 말이 더욱 거칠어지고 행동 역시 공격적으로 변하게 될 것 같다. 또한 성격이나 표정도 안 좋아질 것 같다. 그러면 주변 사람들이 점점 나와 거리를 둘 것이고 결국 외톨이가 될 것 같다.

🔖 지식 사전

● **공격적이고 폭력적인 말이란**

다른 사람을 위협하거나 조롱하는 말, 욕설이나 험담과 같이 상대에게 상처를 줄 수 있는 말을 가리킨다. 이러한 말은 원활한 소통을 막는 원인이 된다.

● **언어 예절을 지키는 대화**

기본 조건	상대를 존중하는 태도(상대의 상황이나 처지를 이해하고 배려하며 말하는 것)에서 시작됨.
대화할 때 고려할 사항	• 말하는 목적과 주제를 고려하여 말하기 • 시간이나 장소, 분위기 등의 상황을 고려하여 말하기 • 상대의 신분, 연령, 상대와의 친밀한 정도나 관계 등을 고려하여 말하기

O3 대화 중에 긍정적인 말을 들었을 때 나타나는 반응으로 적절하지 **않은** 것은?

① 기분이 좋아진다.
② 대화가 즐거워진다.
③ 대화를 빨리 끝내고 싶어진다.
④ 듣는 사람도 긍정적인 말을 하게 된다.
⑤ 다음에도 상대와 이야기하고 싶어진다.

⭐ 중요

O4 〈보기〉와 같은 말을 듣는 사람과 하는 사람 모두에게 미치는 영향으로 적절하지 **않은** 것은?

┤보기├
폭력적인 말, 욕설, 험담, 조롱하는 말, 위협하는 말

① 말이 더욱 거칠어질 것이다.
② 행동이 공격적으로 변할 것이다.
③ 성격이나 표정이 안 좋아질 것이다.
④ 주변 사람들과 관계가 점점 나빠질 것이다.
⑤ 자신의 의사를 분명하게 표현하게 될 것이다.

[2] 배려하며 말하기

2 1을 바탕으로 어떤 말하기 태도가 좋을지 자신의 생각을 정리하여 써 보자.

예시 답 》

> ● 내가 부정적인 말을 듣는다면 어떤 기분일지 먼저 생각한 후 말한다.
>
> ● 상대의 입장과 처지를 고려하여 말한다.
>
> ● 상대를 존중하는 언어 표현을 사용하여 말한다.
>
> ● 부정적인 말보다는 □□적인 말 위주로 말한다.
>
> ● 부정적인 내용을 전해야 할 때에는 될 수 있는 대로 돌려 말한다.

간단 체크 문제

05 다음 중 바람직한 언어생활을 실천했다고 보기 <u>어려운</u> 학생은?
① 경주: 주로 긍정적인 말을 하려고 노력한다.
② 보라: 상대의 입장과 처지를 고려하며 말한다.
③ 영서: 상대를 존중하는 언어 표현을 골라 쓴다.
④ 규진: 부정적인 내용을 말해야 할 때에는 될 수 있는 한 돌려 말한다.
⑤ 현영: 부정적인 내용을 전해야 할 때에는 큰 목소리로 빠르게 말한다.

06 대화를 할 때 고려해야 할 사항과 가장 거리가 <u>먼</u> 것은?
① 대화의 목적
② 상대의 인기 정도
③ 상대의 연령과 신분
④ 상대와의 관계나 친밀도
⑤ 대화 시간이나 장소, 분위기

학습콕

❶ 언어폭력의 문제점
• 욕설이나 비난, 협박, 조롱 등의 언어폭력은 □□□□를 해칠 뿐만 아니라, 사용하는 사람의 행동도 거칠게 만듦.
• 언어폭력이 심각할 경우 개인의 삶까지도 파괴할 수 있으며, 그 피해자가 나 자신이 될 수도 있음.
• 최근에는 언어폭력이 휴대 전화, 문자 메시지, 인터넷 매체 등에서도 나타나 심각한 사회 문제가 되고 있음.

❷ 상대를 배려하며 말하는 방법과 그 효과

상대를 배려하며 말하는 방법	자기중심적인 생각에서 벗어나 상대의 관점에서 생각하며, 상대의 입장이나 처지 등을 고려하며 말하는 것을 뜻함.
상대를 배려하며 말하는 태도의 효과	• 대화가 □□하게 이어지도록 도와줌. • 인간관계를 더욱 좋아지게 만들어 줌.

❶ 말하기 태도가 인간관계에 미치는 영향 이해하기
❷ 자신의 언어생활 돌아보기

다음 활동을 해 보면서 우리의 언어생활을 돌아보고 상대를 배려하며 말하는 태도를 길러 보자.

1 다음 드라마 대본의 한 장면을 살펴보면서 말하기 태도가 인간관계에 미치는 영향을 알아보자.

> 피아노가 무대 한가운데로 옮겨져 있다. 그 앞에 세리가 새침하게 앉아 있다. 옥림, 어이없어하며 세리를 바라본다.
>
> 옥림: 네 마음대로 무대를 바꾸면 어떡해?
>
> 세리: 너만 무대 중앙에 있으란 법 있니?
>
> 옥림: 피아노 가운데 놓고 드레스 입으면 없던 실력이 갑자기 생기냐? 차라리 뒤에 숨어 있는 게 나아.
>
> 세리: 그게 무슨 얘기야?
>
> 옥림: 연주나 잘하라고. 그것도 연주냐? 체르니 50번까지 쳤다는 거 다 거짓말이지?
>
> 세리: 너 보자 보자 하니까 웃긴다. 난 뭐 네 시가 좋아서 참은 줄 아니? 솔직히 말해 줘? (비웃으며) 허, 초등학생도 그 정도는 쓰겠다. 우정으로 가는 계단? 유치해서 정말…….
>
> 옥림: 뭐?
>
> 세리: 왜? 내 말이 틀렸어? 창피당하기 싫으면 그 우정인지 뭔지 하는 시나 다시 써.
>
> 옥림: 싫다. 너나 그 엉터리 연주하지 말고 다시 연습해 와.
>
> 세리: 어우, 쩍쩍 갈라지는 네 목소리는 얼마나 듣기 싫은지 알아?
>
> 옥림이와 세리, 서로 노려본다.
>
> – 권기경, 「라이벌」

📖 **지식 사전** ....

권기경, 「라이벌」
• 갈래: 드라마 대본
• 성격: 교훈적
• 주제: 진정한 우정
• 특징: 중학생들의 삶을 사실적으로 그리고 있음.
• 전체 줄거리: 평소에 자주 티격태격하는 '옥림'과 '세리'가 한 조로 '시와 음악의 밤'이라는 문화제 행사에 참여하게 된다. '옥림'과 '세리'는 함께 연습하면서 점차 가까워지지만 '옥림'이 '세리'의 생일잔치에 참석하지 못하자, '세리'는 서운함을 느낀다. 그 후 '세리'가 상의 없이 무대 배치를 바꾼 것 때문에 말다툼을 한 일, '세리'가 '옥림'에게 구취제를 선물한 일로 '옥림'과 '세리'는 서로에게 마음이 상한다. 둘은 결국 문화제 행사를 함께할 수 없다고 선생님께 말씀드린다. 하지만 '세리'가 전학을 간다는 사실을 알게 된 '옥림'은 '세리'의 소중함을 깨닫고, 둘은 문화제 행사에 함께 참여한다.

간단 체크 활동 문제

07 이 글의 '옥림'과 '세리'의 말하기 방식과 태도에 대한 설명으로 가장 적절한 것은?

① 서로 거짓말을 하여 믿음을 주지 못하였다.

② 별명으로 친구를 불러 상대의 인격을 깎아내렸다.

③ 서로 비꼬는 말을 하여 상대의 기분을 상하게 하였다.

④ 자기 자랑을 늘어놓음으로써 자기를 높이고 상대를 낮추었다.

⑤ 한 명이 일방적으로 윽박질러 다른 한 명을 주눅 들게 하였다.

⭐중요
08 이 글의 '옥림'과 '세리'와 같은 말하기 태도가 인간관계에 미치는 영향으로 적절하지 <u>않은</u> 것은?

① 인간관계를 해친다.

② 갈등이 더욱 심화된다.

③ 상대를 불쾌하게 만든다.

④ 인격적으로 모욕감을 준다.

⑤ 상대의 말을 귀담아듣게 된다.

[2] 배려하며 말하기

(1) 이 장면에서 '옥림'과 '세리'의 말하기 태도에 어떤 문제가 있는지 쓰고, 이러한 태도가 두 사람의 관계에 어떤 영향을 미쳤을지 추측해 보자.

예시 답 »

말하기 태도의 문제점	상대의 기분을 배려하지 않고 서로의 실력이 부족하다며 비꼬듯이 말함.
말하기 태도가 두 사람의 관계에 미친 영향	서로의 실력을 비꼬는 말 때문에 감정이 나빠지면서 갈등이 더욱 심화됨. 두 사람 모두 말하기 [ ][ ]를 바꾸지 않는다면, 앞으로 이 둘의 관계는 더 서먹해지고, 심하게는 절교를 할 수 있음.

(2) '옥림'과 '세리'의 관계가 회복될 수 있도록 대본의 뒷부분을 완성해 보자.

예시 답 »

> 그날 저녁, 옥림이는 휴대 전화를 만지작거리다 뭔가 결심한 듯한 표정을 지은 후 잠자리에 든다. 다음 날 점심시간, 옥림이는 교실 창밖을 멍하니 바라보고 있는 세리에게 다가간다.
>
> **옥림:** 세리야, 어제는 내가 미안했어. 네가 나와 상의도 하지 않고 피아노를 무대 중앙으로 옮긴 것 때문에 나도 모르게 심한 말을 했어.
>
> **세리:** 아니야, 먼저 너와 이야기하지 않고 피아노를 옮겨서 미안해.
>
> **옥림:** 네 피아노 실력이 부족하다고 비꼰 것도 미안해. 네 연주가 있어야 내가 쓴 시의 분위기가 더 잘 살아나.
>
> **세리:** 나도 네가 쓴 시가 유치하다고 한 것은 화나서 한 말이었어. 미안해.
>
> 옥림이와 세리, 서로 바라보며 멋쩍은 듯이 웃는다.

(3) (2)의 대본으로 짝과 함께 역할극을 해 보자.

예시 답 » 생략

간단 체크 활 동 문제

중요

09 '옥림'과 '세리'가 관계 회복을 위해 할 말로 알맞지 **않은** 것은?

① 옥림: 미안해. 아까는 내가 너무 심했어.

② 세리: 아니야, 나도 잘한 것은 딱히 없는걸.

③ 옥림: 그래, 이제라도 네가 잘못을 알아서 다행이야.

④ 세리: 아까 한 말은 진심이 아니었어. 화가 나서 그냥 한 말이야.

⑤ 옥림: 나도 네 기분을 먼저 생각했어야 했는데 내가 생각이 깊지 못했어.

10 (2)의 대본으로 역할극을 할 때, '옥림'과 '세리' 역의 연기자에게 연출자가 요청할 내용으로 적절하지 **않은** 것은?

① 미안한 듯한 표정을 지어 주세요.

② 한층 누그러진 목소리로 연기해 주세요.

③ 조심성 없고 가벼운 어조로 연기해 주세요.

④ 진심이 담긴 차분하고 점잖은 말투가 좋겠어요.

⑤ 서로 손을 내밀어 악수를 청하는 몸짓도 부탁해요.

2 다음 신문 기사를 참고하여 자신의 언어생활을 돌아보자.

"충격받았어요. 이렇게 나쁜 말을 많이 사용했다니……"

"이 앱으로 꼭 욕을 줄이겠습니다."

"이 앱을 사용하니 욕하는 걸 의식하게 돼요."

'애플리케이션(application)'의 줄인 말. 스마트폰 따위의 운영 체제에서 사용자의 편의를 위해 개발된 응용 프로그램

바른말 사용을 위해 고등학생들이 만든 앱을 사용한 사람들의 후기이다. 이 앱은 사용자가 휴대 전화로 대화를 나눌 때 비속어나 욕설을 입력하면 자동으로 순화된 언어나 재미있는 그림말(이모티콘)로 바꿔 준다. 하루에 얼마나 비속어를 많이 쓰는지 통계 수치도 보여 주어 올바른 언어 습관을 만들어 가는 데 도움을 준다.

– 「국민일보」, 2015. 10. 9.

(1) 친구들과 주고받은 문자 메시지나 온라인 대화를 살펴보고, 자신이 비속어나 욕설 등의 폭력적인 언어를 사용한 횟수와 들은 횟수를 세어 보자.

예시 답》

날짜	2018년 3월 8일
폭력적인 언어를 사용한 횟수	48회
폭력적인 언어를 들은 횟수	35회

(2) (1)의 문자 메시지나 온라인 대화에 사용된 폭력적인 언어를 순화한 말이나 그림말로 바꾸어 표현해 보자.

예시 답》

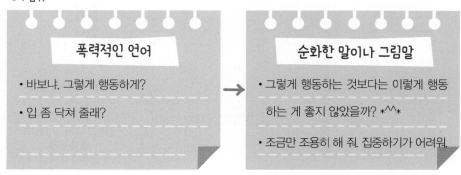

폭력적인 언어	순화한 말이나 그림말
• 바보냐, 그렇게 행동하게? • 입 좀 닥쳐 줄래?	• 그렇게 행동하는 것보다는 이렇게 행동하는 게 좋지 않았을까? *^^* • 조금만 조용히 해 줘. 집중하기가 어려워.

(3) (2)의 두 말을 소리 내어 읽어 보고, 느낌이 어떻게 다른지 말해 보자.

예시 답》 순화하기 전의 대화를 읽을 때에는 말투도 거칠어지고 목소리도 커졌다. 실제 대화가 아닌데도 기분이 좋지 않았다. 순화한 후의 대화를 읽을 때에는 말투도 부드러워지고, 대화를 읽으면서 미소가 번졌다. 또한 그림말로 바꾸니 대화가 재미있게 느껴졌다.

간단 체크 활동 문제

11 이 기사에 실린 앱에 대한 설명으로 바르지 <u>않은</u> 것은?

① 바른말 사용을 위해 학생들이 만들었다.
② 올바른 언어 습관을 만드는 데 도움이 된다.
③ 비속어나 욕설의 뜻과 함께 순화어를 말해 준다.
④ 비속어 사용을 줄이기 위한 하루 목표를 설정할 수 있다.
⑤ 하루 동안 자신이 사용한 비속어의 통계 수치를 보여 준다.

중요
12 〈보기〉와 같이 행동했을 때, 기대되는 반응으로 보기 <u>어려운</u> 것은?

보기
온라인 대화에서 폭력적인 언어를 순화한 말이나 그림말로 바꾸어 표현했다.

① 대화에 생동감이 사라진다.
② 대화를 읽으며 표정이 밝아진다.
③ 대화를 하면서 기분이 좋아진다.
④ 말투가 자연스럽게 부드러워진다.
⑤ 자신도 순화된 말을 쓰려고 노력하게 된다.

(4) (1)~(3)을 바탕으로, 배려하며 말하기를 권하는 표어를 만들어 보자.

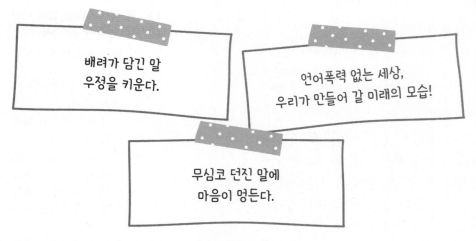

> 배려가 담긴 말
> 우정을 키운다.

> 언어폭력 없는 세상,
> 우리가 만들어 갈 미래의 모습!

> 무심코 던진 말에
> 마음이 멍든다.

예시 답》 말로 하는 폭력, 평생 지울 수 없는 상처를 남긴다.

간단 체크 **활동** 문제

13 배려하며 말하기를 실천하기 위한 지침을 모두 골라 바르게 묶은 것은?

ㄱ. 친한 친구를 부를 때는 놀리기 좋은 별명으로 부른다.
ㄴ. 욕설이나 비속어 등 부정적이고 폭력적인 언어를 사용하지 않는다.
ㄷ. 말로 하는 폭력이 친구에게 상처로 남을 수 있다는 점을 고려하여 신중하게 말한다.
ㄹ. 인터넷상에서 언어폭력 문제가 발생하였을 경우 피해자가 먼저 잘못하지 않았는지 확인해야 한다.

① ㄱ, ㄴ   ② ㄱ, ㄷ
③ ㄴ, ㄷ   ④ ㄴ, ㄹ
⑤ ㄷ, ㄹ

활동 마당

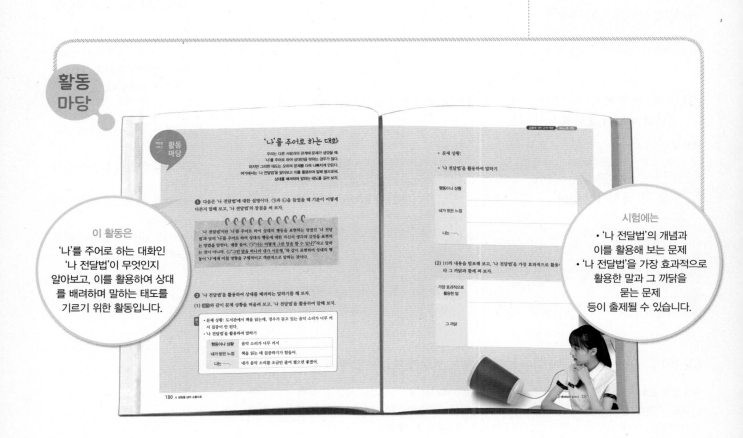

이 활동은
'나'를 주어로 하는 대화인 '나 전달법'이 무엇인지 알아보고, 이를 활용하여 상대를 배려하며 말하는 태도를 기르기 위한 활동입니다.

시험에는
• '나 전달법'의 개념과 이를 활용해 보는 문제
• '나 전달법'을 가장 효과적으로 활용한 말과 그 까닭을 묻는 문제
등이 출제될 수 있습니다.

●● 언어폭력이란

다른 사람을 위협하거나 조롱하는 말, 욕설이나 험담과 같이 상대에게 상처를 줄 수 있는 말을 하는 것이다.

●● 언어폭력의 문제점

• 대화 상대의 기분을 상하게 해 갈등이 생길 수 있다.
• 주변 사람들이 점점 거리를 두어, 인간관계를 해칠 수 있다.
• 사용하는 사람의 말과 행동을 거칠고 공격적으로 만든다.
• ❶ ☐☐☐☐ 이 심각할 경우 개인의 삶까지 파괴할 수 있으며, 그 피해자가 나 자신이 될 수 있다.

●● 상대를 배려하며 말하는 방법과 그 효과

상대를 배려하며 말하는 방법	효과
• 상대의 입장과 처지를 고려하여 말한다. • 상대를 존중하는 언어 표현을 사용하여 말한다. • 부정적인 말보다는 ❷☐☐☐ 인 말 위주로 말한다. • 자기중심적인 관점에서 벗어나 상대의 관점에서 생각한다. • 부정적인 내용을 전해야 될 때에는 될 수 있는 대로 돌려 말한다.	• 대화가 원활하게 이어진다. • 인간관계가 더욱 좋아진다. • 자신도 모르게 말투가 부드러워진다. • 대화에 참여한 사람들의 기분이 좋아진다. • 상대의 입장을 헤아리게 되어 쉽게 공감할 수 있다.

●● '옥림'과 '세리'의 말하기 태도와 그것이 미친 영향

말하기 태도의 문제점	상대의 기분을 ❸☐☐ 하지 않고 서로의 실력이 부족하다며 비꼬듯이 말함.
말하기 태도가 두 사람의 관계에 미친 영향	• 서로의 실력을 비꼬는 말 때문에 감정이 나빠지면서 ❹☐☐ 이 더욱 심화됨. • 두 사람 모두 말하기 태도를 바꾸지 않는다면 앞으로 이 둘의 관계는 더 서먹해지고, 심하게는 절교를 할 수 있음.

●● 자신의 언어생활에 대한 성찰

친구들과 주고받은 문자 메시지나 온라인 대화 등에서 사용한 비속어나 욕설 등의 폭력적인 언어를 순화한 말로 바꾸어 표현함.

⊙

긍정적이고 서로를 존중하는 언어를 사용함으로써 배려하며 말하는 태도를 기르도록 함.

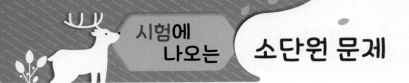
01~04 다음 글을 읽고, 물음에 답하시오.

가 얼마 전 텔레비전으로 한글날 특집 다큐멘터리를 봤다. 그 다큐멘터리에서 한 가지 실험을 보여 주었는데, 그 실험 결과가 매우 놀라웠다. 쌀밥을 두 군데의 그릇에 퍼 놓고 4주 동안 한쪽에는 '고맙습니다', '예쁘다' 등의 긍정적인 말을 들려주고, 다른 한쪽에는 '짜증나', '미워' 등의 부정적인 말을 들려준 후 그 변화를 관찰하는 실험이었다. 그런데 놀랍게도 긍정적인 말을 들려준 쪽에서는 하얗게 예쁜 곰팡이가 피고 구수한 누룩 냄새가 났지만, 부정적인 말을 들려준 쪽에서는 거무스름한 곰팡이가 피고 심한 악취를 풍기는 것이다.

이 실험 대상이 쌀밥이 아니라 사람이었다면 어떻게 되었을까? 실험 기간이 4주가 아닌 4년이었으면 어떻게 되었을까? 이 다큐멘터리를 보면서 '말의 힘'이 얼마나 대단한지 새삼 깨달았고, 나의 언어생활을 반성해 볼 수 있었다.

나 피아노가 무대 한가운데로 옮겨져 있다. 그 앞에 세리가 새침하게 앉아 있다. 옥림, 어이없어하며 세리를 바라본다.

옥림: 네 마음대로 무대를 바꾸면 어떡해?

세리: 너만 무대 중앙에 있으란 법 있니?

옥림: 피아노 가운데 놓고 드레스 입으면 없던 실력이 갑자기 생기냐? 차라리 뒤에 숨어 있는 게 나아.

세리: 그게 무슨 얘기야?

옥림: 연주나 잘하라고. 그것도 연주냐? 체르니 50번까지 쳤다는 거 다 거짓말이지?

세리: 너 보자 보자 하니까 웃긴다. 난 뭐 네 시가 좋아서 참은 줄 아니? 솔직히 말해 줘? (비웃으며) 허, 초등학생도 그 정도는 쓰겠다. 우정으로 가는 계단? 유치해서 정말……. / 옥림: 뭐?

세리: 왜? 내 말이 틀렸어? 창피당하기 싫으면 그 우정인지 뭔지 하는 시나 다시 써.

옥림: 싫다. 너나 그 엉터리 연주하지 말고 다시 연습해 와.

세리: 어우, 쩍쩍 갈라지는 네 목소리는 얼마나 듣기 싫은지 알아?

옥림이와 세리, 서로 노려본다.

01 (가)의 글쓴이가 궁극적으로 하고 싶은 말로 적절한 것은?

① 부정적인 말이 미치는 영향은 크지 않다.
② 바른말, 고운 말을 쓰려고 노력해야 한다.
③ 언어폭력도 일종의 죄이므로 처벌해야 한다.
④ 긍정적인 말과 부정적인 말을 구분해 사용해야 한다.
⑤ 사물에게 말을 들려주고 그 변화를 관찰할 필요가 있다.

⭐ 학습 활동 응용

02 (나)에 나타난 '옥림'과 '세리'의 말하기 태도의 문제점으로 가장 알맞은 것은?

① 서로 거짓말을 하고 있다.
② 상대의 기분을 배려하지 않고 있다.
③ 상대와의 친밀한 정도를 무시하고 있다.
④ 대화 시간과 장소를 고려하지 않고 있다.
⑤ 대화 주제와 목적에 벗어난 말을 하고 있다.

⭐ 학습 활동 응용

03 (나)와 같은 대화의 결과로 알맞지 <u>않은</u> 것은?

① 둘 다 기분이 나빠진다.
② 서로에게 더 솔직해진다.
③ 점점 더 말이 거칠어질 것이다.
④ 행동이 공격적으로 변할 수 있다.
⑤ 분위기는 냉기가 흐르고 썰렁해진다.

04 〈보기〉와 (나)의 상황과 관련 있는 속담으로 가장 적절한 것은?

보기

부정적인 말을 들으면 기분이 나빠지고 그 상대와 오래 대화하고 싶지 않다. 그리고 나 역시 일부러 부정적인 말을 골라서 하게 된다.

① 말이 씨가 된다
② 발 없는 말이 천 리 간다
③ 호랑이도 제 말 하면 온다
④ 낫 놓고 기역 자도 모른다
⑤ 가는 말이 고와야 오는 말이 곱다

05 밑줄 친 말이 '진우'와 '소연'에게 미칠 영향으로 알맞지 <u>않은</u> 것은?

> 진우: 야! 김소연, 지금이 몇 시야?
> 소연: 진우야, 미안해. 오는 길에 사정이 생겨서.
> 진우: <u>사정은 무슨 사정. 네가 게을러서 그런 거지.</u>

① 둘 사이에 갈등이 생길 것이다.
② '소연'의 기분이 불쾌해질 것이다.
③ '소연'이 자신의 행동을 반성할 것이다.
④ '소연'이 인격적으로 모욕감을 느낄 것이다.
⑤ 말하기 태도를 바꾸지 않는다면 '진우'의 인간관계는 나빠질 것이다.

★ 학습 활동 응용

06 다음 기사를 읽고 난 후 학생들이 보인 반응으로 적절하지 <u>않은</u> 것은?

> "충격받았어요. 이렇게 나쁜 말을 많이 사용했다니……."
> "이 앱으로 꼭 욕을 줄이겠습니다."
> "이 앱을 사용하니 욕하는 걸 의식하게 돼요."
>
> 바른말 사용을 위해 고등학생들이 만든 앱을 사용한 사람들의 후기이다. 이 앱은 사용자가 휴대 전화로 대화를 나눌 때 비속어나 욕설을 입력하면 자동으로 순화된 언어나 재미있는 그림말(이모티콘)로 바꿔 준다. 하루에 얼마나 비속어를 많이 쓰는지 통계 수치도 보여 주어 올바른 언어 습관을 만들어 가는 데 도움을 준다.
> – 「국민일보」, 2015. 10. 9.

① 우선: 이런 앱이 있다면 바른말 사용에 도움이 되겠다.
② 효정: 맞아, 요즘 습관적으로 비속어를 사용하는 사람들이 너무 많아.
③ 성우: 나도 하루 동안 얼마나 많은 비속어나 욕설을 쓰고 있는지 궁금하네.
④ 미선: 다양한 비속어를 써 보면서 어떤 재미있는 그림말이 나오는지 확인해 볼래.
⑤ 준엽: 통계 수치를 눈으로 직접 확인하게 되면 올바른 언어 습관을 위해 노력하게 될 거야.

07 상대를 배려하며 대화할 때 고려할 사항으로 알맞지 <u>않은</u> 것은?

① 나의 입장을 확실하게 강조했는가?
② 상대의 입장과 처지를 고려했는가?
③ 상대를 존중하는 언어 표현을 사용했는가?
④ 부정적인 내용은 될 수 있는대로 돌려 말했는가?
⑤ 자기중심적인 관점에서 벗어나서 상대의 관점에서 생각해 보았는가?

★ 학습 활동 응용

08 배려하며 말하기를 권하는 표어를 만들고자 할 때, 그 내용으로 적절하지 <u>않은</u> 것은?

① 폭력 없는 세상에 살고 싶어요.
② 배려가 담긴 말, 우정을 키워요.
③ 무심코 던진 말에 마음이 멍든다.
④ 세상에서 가장 강한 힘, 당신의 '혀'입니다.
⑤ 말로 하는 폭력, 평생 지울 수 없는 상처를 남긴다.

09 ㉠과 ㉡을 비교한 내용으로 적절하지 <u>않은</u> 것은?

> '나 전달법'이란 '너'를 주어로 하여 상대의 행동을 표현하는 방법인 '너 전달법'과 달리 '나'를 주어로 하여 상대의 행동에 대한 자신의 생각과 감정을 표현하는 방법을 말한다. 예를 들어, ㉠"너는 어떻게 그런 말을 할 수 있니?"라고 말하는 것이 아니라, ㉡"그런 말을 하니까 내가 서운해."와 같이 표현하여 상대의 행동이 '나'에게 미칠 영향을 구체적이고 객관적으로 말하는 것이다.

	㉠	㉡
①	'너'가 주어이다.	'나'가 주어이다.
②	반감이 생기기 쉽다.	감정이 덜 상하게 된다.
③	상대를 비난하는 느낌이 든다.	자신의 감정을 솔직하게 전하는 느낌이 든다.
④	스스로 해결책을 찾을 수 있다.	소극적, 수동적으로 문제를 해결하게 된다.
⑤	상대의 행동을 표현한다.	상대의 행동에 대한 자신의 생각을 표현한다.

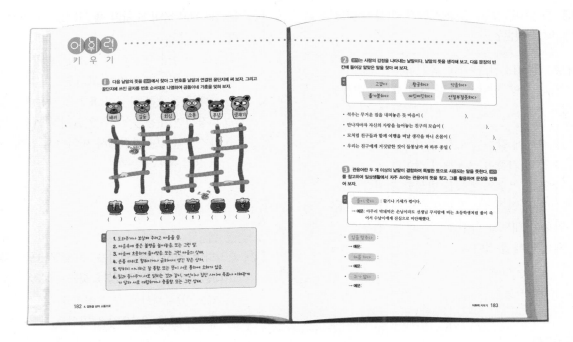

1.

1. 배려   2. 푸념   3. 회심   4. 생채기   5. 소통   6. 갈등
• 곰돌이네 가훈: 행복한 우리 집

2.

• 석우는 무거운 짐을 내려놓은 듯 마음이 (홀가분하다).

• 만나자마자 자신의 자랑을 늘어놓는 친구의 모습이 (고깝다).

• 모처럼 친구들과 함께 여행을 떠날 생각을 하니 온몸이 (짜릿짜릿하다).

• 우리는 친구에게 거짓말한 것이 들통날까 봐 하루 종일 (안절부절못하다).

3.

• 입을 맞추다: 서로의 말이 일치하도록 하다.
  → 예문: 그 일이 탄로 나지 않으려면 우리가 입을 맞춰야 해.

• 혀를 차다: 마음이 언짢거나 유감의 뜻을 나타내다.
  → 예문: 우리의 싸움을 본 동네 사람들은 눈살을 찌푸리고 혀를 찼다.

• 귀가 얇다: 남의 말을 쉽게 받아들인다.
  → 예문: 우리 오빠는 귀가 얇아서 소문에 쉽게 흔들리곤 한다.

확인 문제

1 낱말의 뜻풀이가 바르지 않은 것은?

① 회심: 마음에 흐뭇하게 들어맞음.

② 푸념: 마음속에 품은 불평을 늘어놓음.

③ 배려: 도와주거나 보살펴 주려고 마음을 씀.

④ 고깝다: 섭섭하고 야속하여 마음이 언짢다.

⑤ 홀가분하다: 헛되고 황당하며 미덥지 못하다.

2 밑줄 친 말이 적절하게 사용되지 않은 것은?

① 우리 모둠은 의견 소통이 잘 이루어진다.

② 범인이 공범과 입을 맞추기 전에 체포하라.

③ 지난 번 넘어져 생긴 생채기가 흉터로 남았다.

④ 영은이는 사기꾼의 말을 믿을 정도로 귀가 얇다.

⑤ 형은 합격자 발표를 기다리며 안절부절하고 있다.

시험에 나오는 대단원 문제

[01~04] 다음 글을 읽고, 물음에 답하시오.

가 수남이는 청계천 세운 상가 뒷길의 전기용품 도매상의 꼬마 점원이다. / 수남이란 어엿한 이름이 있는데도 꼬마로 통한다. 열여섯 살이라지만 볼은 아직 어린 아이처럼 토실하니 붉고, 눈 속이 깨끗하다.

나 수남이는 낮 동안 책은커녕 신문 한 귀퉁이 읽은 적이 없다. 도대체 그럴 틈이 없다. 점원이 적어도 세 명은 있어야 해낼 가게 일을 혼자서 해내자니 여간 벅찬 것이 아니다. 그래도 수남이는 혹사당하고 있다는 억울한 생각 같은 것은 전혀 없다.

다 주인 영감님의 든든하고 거친 손에서 볼과 턱을 타고 전해 오는 따뜻함, 훈훈함은 거의 육친애적이었고 그래서 수남이는 그 시간이 기다려질 만큼 좋았고, 꿀같이 단 새벽잠을 떨쳐 낸 보람을 느끼고도 남을 충족된 시간이기도 했다.

라 수남이네 주인 영감님도 가더니, 한참 만에 돌아오면서 하늘을 쳐다보며 욕지거리를 했다.

"육시랄 놈의 바람, 무슨 끝장을 보려고 온종일 이 지랄이야." / 아마 전선 가게 아저씨 손해가 대단했던 모양이다. 그래서 동정 삼아 그렇게 화를 내는 눈치다. 하긴 그런 일이 아니더라도 서울 사람들에게는 바람이 손톱만큼도 반가울 리가 없겠다. 바람의 의미를, 간판이 날아가는 횡액, 한없이 날아오는 먼지, 쓰레기 그것밖에 모르니까.

봄바람이 게으른 나무들에게, 잠든 뿌리들에게, 생경한 꽃망울들에게 얼마나 신기한 마술을 베풀고 지나갔나를 모르니까. 봄바람이 한차례 지나고 거짓말같이 화창하고 아늑하게 갠 날, 들판이나 산등성이에 있어 본 적이 없을 테니까.

수남이는 다시 한번 울고 싶도록 고독해진다.

마 "인석아, 까불지 말고 조심해. 사고 내 가지고 누구 못할 노릇 시키지 말고."

오늘 장사가 좀 잘 안돼서 그런지 말씨가 퉁명스럽긴 했지만, 나쁜 말은 아닌데도 수남이는 고깝게 듣는다.

꼭 네깐 놈 다칠 게 걱정이 아니라 나 손해 볼 게 겁난다는 소리로 들린다.

---

01 이 글의 등장인물에 대한 설명으로 알맞지 <u>않은</u> 것은?

'수남'	① 부지런하고 성실하다.
	② 나이는 어리지만 외모는 성숙하다.
	③ '주인 영감'의 따뜻한 손길을 좋아한다.
'주인 영감'	④ 물질적인 가치를 우선시한다.
	⑤ '수남'을 위하는 척하며 그를 혹사시킨다.

02 (라), (마)에서 작가가 비판하는 사회의 모습으로 가장 적절한 것은?
① 겉치레와 형식만 중요하게 여기는 사회
② 서로 도울 줄 모르는 개인주의적인 사회
③ 재산과 명예, 지위로 사람을 차별하는 사회
④ 물질을 최고로 여기는 물질 만능주의적인 사회
⑤ 전체의 이익을 위해 개인의 이익을 희생하는 사회

✏️ 서술형

03 서울 사람들과 '수남'의 바람에 대한 인식을 다음과 같이 정리할 때, 빈칸에 알맞은 말을 쓰시오.

서울 사람들		'수남'
횡액, 먼지, 쓰레기를 불러오는 존재	↔	

04 (마)에서 '주인 영감'이 가장 걱정하는 것은?
① 장사가 안되는 것
② 가게 간판이 날아가는 것
③ '수남'이 사고로 다치는 것
④ 금전적으로 손해를 보는 것
⑤ '전선 가게 아저씨'가 보상해야 하는 것

05~08 다음 글을 읽고, 물음에 답하시오.

가 "인마, 네놈의 자전거가 쓰러지면서 내 차를 들이받았단 말이야. 이런 고급 차를 말이야. 이런 미련한 놈, 왜 눈은 째려, 째리긴. 그러니 내 차에 흠이 안 나고 배겼겠냐. 내 차는 인마, 여자들 손톱만 살짝 닿아도 생채기가 나는 고급 차야 인마, 알간?"

그러고는 ㉠거울처럼 티 하나 없이 번들대는 차체를 면밀히 훑어보더니 "그러면 그렇지." 하고 환성을 질렀다. 아마 생채기를 찾아낸 모양이다.

나 신사의 표정은 은은히 감돌던 연민이 싹 가시고 점잖게 무표정해진다. 그러고는 옆에 섰던 운전사인 듯한 남자에게, / "안 되겠네. 요런 악질 깡패 녀석하고 시비해 봤댔자 공연히 시간만 낭비니, 자네 자물쇠 하나 마련해다 주게. 이 녀석 자전걸 잡아 놓기로 하세. 언제든지 오천 원 가져와서 찾아가라고."

다 "도망가라, 어서어서 자전거를 번쩍 들고 도망가라, 도망가라."

㉡수남이는 자기편이 되어 준 이 많은 사람들을 도저히 배반할 수 없었다. 이상한 용기가 솟았다. 수남이는 자전거를 마치 검부러기처럼 가볍게 옆구리에 끼고 질풍같이 달렸다. / 정말이지 조금도 안 무거웠다. ㉢타고 달릴 때보다 더 신나게 달렸다. 달리면서 마치 오래 참았던 오줌을 시원스레 내깔기는 듯한 쾌감까지 느꼈다.

라 "잘했다, 잘했어. 만날 촌놈인 줄만 알았더니 제법인데, 제법이야." / 그러고는 가게에서 쓰는 드라이버니 펜치를 가지고 자전거에 채운 자물쇠를 분해하기 시작한다. 엎드려서 그 짓을 하고 있는 ㉣주인 영감님이 수남이의 눈에 흡사 도둑놈 두목 같아 보여 속으로 정이 떨어진다. 주인 영감님 얼굴이 누런 똥빛인 것조차 지금 깨달은 것 같아 속이 메스껍다.

마 그러고는 수남이의 머리를 쓰다듬고 볼과 턱을 두둑한 손으로 귀여운 듯이 감싼다. 영감님이 기분이 좋을 때면 수남이에 대한 애정의 표시로 으레 그렇게 했었고, 수남이도 그걸 좋아했었다.

㉤그런데 오늘은 싫다. 영감님의 손이 싫다. 그것이 운 트기는커녕 재수 옴 붙었다는 생각이 여전하고, 수남이는 그날 온종일 우울했다.

05 (가)~(마)의 갈등 전개 양상이 바르지 않은 것은?

① (가): '신사'와 '수남'이 갈등하는 원인이 제시된다.
② (나): '신사'와 '수남'의 갈등이 심화된다.
③ (다): '수남'의 내적 갈등이 해소되지만 또 다른 내적 갈등의 원인으로 작용한다.
④ (라): '수남'과 '주인 영감'의 외적 갈등이 해소된다.
⑤ (마): '수남'의 내적 갈등이 전개된다.

06 (가)~(마)에서 짐작할 수 있는 '수남'의 심리 변화로 알맞은 것은?

	(가)	(나)	(다)	(라)	(마)
①	슬픔	분노	저항	원망	반성
②	놀람	원망	연민	미움	슬픔
③	당황함	두려움	쾌감	혐오감	우울함
④	억울함	불안함	해방감	역겨움	귀찮음
⑤	걱정	체념	즐거움	동정심	미움

07 (가)~(마)를 읽은 후의 반응으로 알맞지 않은 것은?

① '신사'는 인정이 없고 냉정하구나.
② '수남'은 자전거를 들고 도망친 것을 자책하는군.
③ '수남'은 위기 대처 능력이 뛰어난 영리한 아이야.
④ '주인 영감'은 '수남'의 비양심적인 행동을 오히려 칭찬하는구나.
⑤ '수남'은 자전거 사건 이후로 '주인 영감'을 비판적으로 바라보게 되었어.

08 ㉠~㉤ 중, 〈보기〉의 설명에 해당하는 것은?

┌─ 보기 ┐
자신이 한 부도덕한 행동을 합리화하는 '수남'의 심리가 드러나는 부분
└──────┘

① ㉠　　② ㉡　　③ ㉢　　④ ㉣　　⑤ ㉤

09~13 다음 글을 읽고, 물음에 답하시오.

가 낮에 내가 한 짓은 옳은 짓이었을까? 옳을 것도 없지만 나쁠 것은 또 뭔가. 자가용까지 있는 주제에 나 같은 아이에게 오천 원을 우려내려고 그렇게 ⊙간악하게 굴던 신사를 그 정도 골려 준 것이 뭐가 나쁜가? 그런데도 왜 무섭고 떨렸던가. 그때의 내 꼴이 어땠으면, 주인 영감님까지 "네놈 꼴이 꼭 도둑놈 꼴이다."라고 하였을까.

그럼 내가 한 짓은 도둑질이었단 말인가. 그럼 나는 도둑질을 하면서 그렇게 기쁨을 느꼈더란 말인가.

나 수남이는 드디어 어느 날 형이 그랬던 것처럼 서울 가서 돈 벌어 오겠다고 집을 나섰다. 아버지는 말리지 않았다. 문지방을 짚고 일어나 앉아서 띄엄띄엄 수남이를 타일렀다.

"무슨 짓을 하든지 그저 도둑질을 하지 마라, 알았쟈."

그런데 도둑질을 하고 만 것이다. 하지만 수남이는 스스로 그것을 결코 도둑질이 아니었다고 변명을 한다.

그런데 왜 그때, 그렇게 떨리고 무서우면서도 짜릿하니 기분이 좋았던 것인가? 문제는 그때의 그 쾌감이었다. 자기 내부에 ⓒ도사린 부도덕성이었다. 오늘 한 짓이 도둑질이 아닐지 모르지만 앞으로 도둑질을 할지도 모르겠다는 생각이 들었다.

다 소년은 아버지가 그리웠다. 도덕적으로 자기를 ⓒ견제해 줄 어른이 그리웠다. 주인 영감님은 자기가 한 짓을 나무라기는커녕 손해 안 난 것만 좋아서 "오늘 운 텄다."라고 좋아하지 않았던가. / 수남이는 짐을 꾸렸다.

라 "소인이 대감의 정기를 받고 당당한 남자로 태어났으니 이만한 즐거움도 없습니다. 그러나 늘 서러운 것은 아버지를 아버지라 부르지 못하고 형을 형이라 부르지 못하는 신세이옵니다. 하인들까지 모두 천하게 보며, 친지와 친구조차도 아무개의 ⓔ천생이라고 이릅니다. 이런 원통한 일이 어디 있겠습니까?"

길동은 대성통곡하였다. 대감은 속으로는 길동이 불쌍했지만 짐짓 꾸짖어 말하였다. 만일 그 마음을 드러내서 위로하면 오히려 버릇이 없어질까 염려하였던 것이다.

"재상의 집안에서 천한 노비에게 태어난 사람이 너뿐이 아니다. 그러니 ⓜ방자하게 굴지 마라. 다시 그런 말을 입 밖에 꺼내면 내 앞에 서지도 못하게 할 것이다."

09 (가)~(다)에 대한 설명으로 적절하지 않은 것은?
① 현재와 과거를 오가고 있다.
② 인물의 내적 갈등이 두드러지게 나타난다.
③ 서술자가 등장인물의 속마음을 모두 알고 있다.
④ 소년의 시각에서 어른들의 부도덕성을 고발한다.
⑤ 등장인물 간의 대화를 중심으로 사건이 전개된다.

10 (가)~(다)에 나타난 '수남'의 속마음으로 적절하지 않은 것은?
① 낮에 내가 한 짓은 도둑질인가?
② 도둑질을 하면서 왜 쾌감을 느꼈을까?
③ 장난 한번 한 것이 나쁠 것은 또 뭔가?
④ 고약한 신사를 골려 준 것이 잘못인가?
⑤ 내 자전거인데 도둑질까지는 아니지 않나?

✏️**서술형**

11 (가)~(다)의 '주인 영감'과 '아버지'의 가치관을 다음과 같이 정리할 때, 빈칸에 들어갈 말을 한 문장으로 쓰시오.

'주인 영감'	'아버지'
물질적 가치를 중시한다.	

12 (라)의 '길동'에 대한 설명으로 알맞지 않은 것은?
① 호부호형을 하지 못했다.
② 신분 상승에 대한 의지가 강하다.
③ 재상의 집안에서 서자로 태어났다.
④ 대감의 아들로 인정받고 싶어 했다.
⑤ 친구와 하인들로부터 천대를 받았다.

13 ⊙~ⓜ의 뜻풀이로 바르지 않은 것은?
① ⊙: 간사하고 악독하게
② ⓒ: 마음이나 생각 따위가 깊숙이 자리 잡은
③ ⓒ: 책임이나 의무 따위를 면하여 줌.
④ ⓔ: 종이나 기생으로서 남의 첩이 된 여자에게서 난 자손
⑤ ⓜ: 조심스러워하는 태도가 없이 무례하고 건방지게

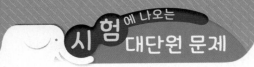

14~17 다음 글을 읽고, 물음에 답하시오.

가 얼마 전 텔레비전으로 한글날 특집 다큐멘터리를 봤다. 그 다큐멘터리에서 한 가지 실험을 보여 주었는데, 그 실험 결과가 매우 놀라웠다. 쌀밥을 두 군데의 그릇에 퍼 놓고 4주 동안 한쪽에는 '고맙습니다', '예쁘다' 등의 긍정적인 말을 들려주고, 다른 한쪽에는 ⊙'짜증 나', '미워' 등의 부정적인 말을 들려준 후 그 변화를 관찰하는 실험이었다. 그런데 놀랍게도 긍정적인 말을 들려준 쪽에서는 하얗게 예쁜 곰팡이가 피고 구수한 누룩 냄새가 났지만, 부정적인 말을 들려준 쪽에서는 거무스름한 곰팡이가 피고 심한 악취를 풍기는 것이다.

이 실험 대상이 쌀밥이 아니라 사람이었다면 어떻게 되었을까? 실험 기간이 4주가 아닌 4년이었으면 어떻게 되었을까? 이 다큐멘터리를 보면서 '말의 힘'이 얼마나 대단한지 새삼 깨달았고, 나의 언어생활을 반성해 볼 수 있었다.

나 피아노가 무대 한가운데로 옮겨져 있다. 그 앞에 세리가 새침하게 앉아 있다. 옥림, 어이없어하며 세리를 바라본다.

옥림: ⓒ네 마음대로 무대를 바꾸면 어떡해?

세리: 너만 무대 중앙에 있으란 법 있니?

옥림: 피아노 가운데 놓고 드레스 입으면 없던 실력이 갑자기 생기냐? 차라리 뒤에 숨어 있는 게 나아.

세리: 그게 무슨 얘기야?

옥림: 연주나 잘하라고. 그것도 연주냐? 체르니 50번까지 쳤다는 거 다 거짓말이지?

세리: 너 보자 보자 하니까 웃긴다. 난 뭐 네 시가 좋아서 참은 줄 아니? 솔직히 말해 줘? (비웃으며) 허, 초등학생도 그 정도는 쓰겠다. 우정으로 가는 계단? 유치해서 정말…….

옥림: 뭐?

세리: 왜? 내 말이 틀렸어? 창피당하기 싫으면 그 우정인지 뭔지 하는 시나 다시 써.

옥림: 싫다. 너나 그 엉터리 연주하지 말고 다시 연습해 와.

세리: 어우, 쩍쩍 갈라지는 네 목소리는 얼마나 듣기 싫은지 알아?

14 (가)의 글쓴이가 반성했을 내용으로 알맞지 않은 것은?

① 긍정적인 말을 많이 사용하도록 노력해야지.

② 비속어는 또래 친구들끼리만 적절히 써야겠어.

③ 바람직하지 않은 말은 되도록 하지 말아야겠어.

④ 남들 따라 의미 없이 했던 욕설도 그만 써야겠어.

⑤ 친구에게 상처가 되는 말을 한 적은 없는지 되돌아봤어.

15 (나)의 '옥림'과 '세리'에게 조언할 내용으로 적절하지 않은 것은?

① 상대를 존중하는 언어 표현을 사용해야 해.

② 부정적인 말보다는 긍정적인 말을 위주로 하자.

③ 상대의 입장과 처지를 고려하여 말하는 게 좋겠어.

④ 상대의 기분을 상하게 하지 않으려면 적절한 거짓말도 필요해.

⑤ 부정적인 내용을 전해야 할 때는 우회적으로 말하는 법도 배우길 바란다.

고난도 서술형

16 ⊙과 같은 언어를 사용할 때의 문제점을 세 가지 쓰시오.

17 ⓒ을 〈보기〉와 같이 바꾸어 말했을 때의 효과로 적절하지 않은 것은?

┤보기├

나와 상의도 없이 무대를 바꿔서 내가 좀 당황스럽고 서운해. 우리가 함께하는 무대이니만큼 네가 나와 먼저 상의하고 결정하면 좋겠어.

① 듣는 이에게 반감이 생기지 않는다.

② 듣는 이가 공격받는 느낌을 받지 않는다.

③ 말하는 이 자신의 의견을 강하게 주장할 수 있다.

④ 듣는 이가 말하는 이의 입장을 먼저 헤아리게 된다.

⑤ 말하는 이의 상황과 감정을 솔직하게 전할 수 있다.

이 활동은

갈등을 겪을 때 우리 몸의 다양한 반응을 알아보고, 스트레스를 해소하는 방법을 찾아 안내문을 만들어 봄으로써 건강한 자아와 조화로운 대인 관계를 형성하는 능력을 기르는 활동입니다.

갈등을 겪을 때 우리 몸에서 어떤 반응이 일어나는지 떠올려 보고, 그러한 반응이 나타날 때 어떻게 대처해야 할지 생각해 보세요.

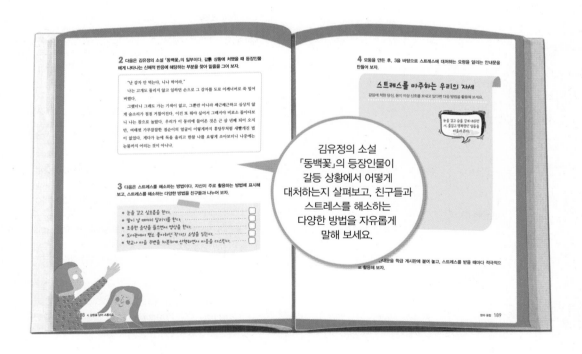

김유정의 소설 「동백꽃」의 등장인물이 갈등 상황에서 어떻게 대처하는지 살펴보고, 친구들과 스트레스를 해소하는 다양한 방법을 자유롭게 말해 보세요.

대단원	소단원	교재 쪽수	제재명	저자	출처
1. 마음을 움직이는 글	소단원 (1)	009	유성	오세영	『적멸의 불빛』(㈜문학사상사, 2001), 35쪽
		012	봄은 고양이로다	이장희	『봄은 고양이로다』(아인북스, 2017), 20쪽
		014	구슬비	권오순 작사, 안병원 작곡	『초등학교 음악 3~4』(2014), 42쪽
	소단원 (2)	019	우리가 눈발이라면	안도현	『그대에게 가고 싶다』(㈜도서출판 푸른숲, 1991), 52쪽
		022	오우가	윤선도	성낙은 엮음, 『고시조 산책』(국학자료원, 1996), 359~362쪽
		023	우리나라 축구 국가 대표팀 상징물	대한 축구 협회	대한 축구 협회 누리집 (http://www.kfa.or.kr)
	소단원 (3)	031	활동 (1)의 '인상적인 부분'	박경화	『고릴라는 핸드폰을 미워해』(북센스, 2006), 171쪽
		032	활동 (1)의 '인상적인 부분' 예시 답	이옥수	『파라나』(비룡소, 2014), 142쪽
		033	'불야성' 사전 풀이	국립 국어원	『표준 국어 대사전』 (http://stdweb2.korean.go.kr)
			과도한 빛 노출이 우리 몸을 망친다	조용민	『인터넷 의협신문』, 2016. 1. 4.
		034	사이버 불링		네이버 지식 백과
2. 헤아려 읽고, 맞추어 쓰고	소단원 (1)	047	관계는 첫인상부터 시작된다	이철우	『관계의 심리학』 (경향미디어, 2008), 14~19쪽
		055	더위가 알려 준 진짜 충격	김산하	『김산하의 야생 학교』(갈라파고스, 2016), 124~128쪽
		058	떡 먹기 내기	지은이 모름	서정오 옮김, 『옛이야기 보따리 6 박박 바가지』(㈜도서출판 보리, 1996), 31~38쪽
	소단원 (2)	064	2번 자료 글 (가)	한국 콘텐츠 진흥원	문화 원형 백과 누리집 (http://www.culturecontent.com)
		065	2번 자료 글 (나)	포항 MBC	포항 MBC 다큐멘터리 『독도야』, 2010. 8. 6.
			2번 자료 글 (다)	김동기	『매일일보』, 2016. 7. 27.
			2번 자료 글 (라)	전국 사회과 교과 연구회	『독도를 부탁해』 (서해문집, 2011), 24쪽
		071	우리 동네 예술가 두 사람	양귀자	『길모퉁이에서 만난 사람』(도서출판 쓰다, 2015), 38~42쪽
3. 재미있는 낱말 탐험	소단원 (1)	086	2번 자료 글		『중학교 국어 2-1』(교육 과학 기술부, 2002), 182쪽
	소단원 (2)	108	소를 줍다	전성태	『국경을 넘는 일』(㈜창비, 2005), 90쪽
		110	베토벤 바이러스	홍진아·홍자람	『베토벤 바이러스 1』(MBC C&I, 2013), 174~175쪽
4. 갈등을 넘어 소통으로	소단원 (1)	125	자전거 도둑	박완서	『자전거 도둑』(도서출판 다림, 1999), 11~45쪽
		144	홍길동전	허균	류수열 옮김, 『춤추는 소매 바람을 따라 휘날리니』(나라말, 2003), 23~28쪽
	소단원 (2)	155	라이벌	권기경	『반올림 1』(KBS, 2004. 6. 5.), 28회
		157	2번 자료 글	김준엽	『국민일보』, 2015. 10. 9.
		167	동백꽃	김유정	『원본 김유정 전집』(㈜도서출판 강, 2007), 221쪽

그림 암호로 통하는
화통한 이야기

>> 정답은 뒷면에

 재미있는 그림 암호를 풀어 볼까요?

나의 성적을 올려 줄 히든카드 속 그림 암호를 풀어 볼까요?

한끝

정답과 해설

한번에 끄~읕!

교과서편
중등 국어
1·1

visang

도전하는 네게 용기를 주는
비밀 신호

정답과 해설

비상교육 교과서편(김진수 외)

중등 국어 1-1

본책

① 마음을 움직이는 글

[1] 비유 표현

간단 체크 개념 문제
본문 008쪽

1 (1) ○ (2) × (3) ○　**2** 비유　**3** ⑤

1 (2) 시를 읽을 때 느껴지는 말의 가락을 '운율'이라고 한다. '심상'은 시를 읽을 때 마음속에 그려지는 모습이나 감각적인 느낌을 말한다.

2 '비유'는 어떤 대상을 그와 비슷한 점을 지닌 다른 대상에 빗대어 표현하는 방법이다. '비유'를 사용하면 직접 설명하는 것보다 참신하고 생생한 느낌을 줄 수 있고, 대상을 인상 깊고 구체적으로 표현할 수 있다.

3 표현하려는 대상인 '입술'을 '같은'이라는 연결어를 사용하여 '앵두'에 직접 빗대고 있다.

학습콕
본문 009쪽

별들, 유성, 사람

간단 체크 내용 문제
본문 009쪽

01 ③　**02** ④　**03** 유성

01 이 시에는 같은 문장 구조가 나타나지 않는다. 이 시의 운율은 겉으로 드러나지 않고 시 속에서 은근히 느낄 수 있다.

02 ㉠에는 표현하려는 대상인 '밤하늘'을 연결어 없이 '운동장'에 빗대어 표현한 은유법이 쓰이고 있다. 이와 동일한 표현 방법이 쓰인 것은 ④로, '나'를 '나룻배'에, '당신'을 '행인'에 각각 빗대고 있다.

> **오답 풀이** ① '갈잎'이 노래를 부른다고 사람처럼 표현한 의인법이 사용되었다.
> ② '같이'라는 연결어를 사용하여 '꽃'을 '내 누님의 얼굴'에 직접 빗대어 표현한 직유법이 사용되었다.
> ③ '같이'라는 연결어를 사용하여 표현한 직유법과 '햇발'이 '돌담'에 속삭인다며 사람처럼 표현한 의인법이 사용되었다.
> ⑤ '샘물'이 웃는다고 사람처럼 표현한 의인법이 사용되었다.

03 ㉡은 밤하늘을 가로지르며 떨어지는 '유성'을 비유한 표현이다. '빗나간 야구공'과 '유성'은 예정된 궤도에서 벗어난 움직임을 보인다는 점에서 유사성을 지닌다.

학습 활동
본문 010~014쪽

이해 밤하늘, 천둥소리, 유성, 유성
적용 불길, 입술, 털, 눈, 봄

간단 체크 활동 문제
본문 010~014쪽

010쪽	**01** ③	**02** ⑤
011쪽	**03** ⑤	**04** ①, ④
012쪽	**05** ②	**06** 은유법　**07** ③
013쪽	**08** ②	**09** ④
014쪽	**10** ③	

01 이 시는 별들이 가득 찬 밤하늘의 아름다운 모습을 은유법과 의인법을 활용하여 참신하고 생동감 있게 표현하고 있다. 이 시에 대화하는 형식은 사용되지 않았다.

02 ㉠의 '빗나간 야구공'(보조 관념)이 뜻하는 대상은 '유성'(원관념)이다. '빗나간 야구공'과 '유성'은 예정된 궤도에서 벗어난 움직임을 보인다는 점에서 유사하다.

03 Ⓐ와 Ⓑ는 모두 반짝이는 별들이 가득한 밤하늘의 모습을 떠올릴 수 있게 한다는 점에서 공통적이다. 그러나 Ⓐ를 Ⓑ와 같이 바꾸면, 원래의 표현에 쓰인 은유법과 의인법이 사라짐으로써 참신함이 없어지고, 별들이 생기 있게 살아 움직이는 듯한 생생한 느낌도 약해진다.

> **오답 풀이** ① 비유 표현을 쓰지 않았다고 해서 시의 주제를 알기 어려워지는 것은 아니다.
> ② Ⓐ에서보다 Ⓑ에서 리듬감이 더 느껴지는 것은 아니다.
> ③ 표현하려는 대상을 직접 설명했기 때문에 시어의 함축적 의미가 없어진다.
> ④ 표현하려는 대상을 직접 설명했기 때문에 시의 내용을 이해하기가 더 쉬워진다.

04 이 시에는 은유법과 의인법이 활용되었다. 이와 같은 비유적 표현을 활용하면 대상을 인상 깊고 구체적으로 표현할 수 있고, 직접 설명하는 것보다 참신하고 생생한 느낌을 줄 수 있다.

05 이 시의 말하는 이는 '봄'을 '고양이'에 빗대어 표현하고 있다. 즉 말하는 이가 '고양이'인 것은 아니며, 말하는 이는 작품 속에 등장하지 않는다.

06 이 시의 제목인 '봄은 고양이로다'에서는 'A는 B이다'의 형태로 '봄'(원관념)을 '처럼, 같이'와 같은 연결어 없이 '고양이'(보조 관념)에 비유하고 있다. 이와 같은 표현 방법은 은유법이다.

07 이 시의 각 연에서는 고양이의 털, 눈, 입술, 수염의 모습에서 떠올린 봄의 느낌을 노래하고 있다. ③의 고양이의 코는 이 시의 말하는 이가 떠올린 고양이의 모습이 아니다.

08 이 시의 1연에서는 '고양이의 털'(원관념)이 '꽃가루'(보조 관념)와 같이 부드럽다고 표현하고 있다. 이는 '부드럽다'는 공통점을 지닌 두 대상을 연결어를 사용하여 표현한 것으로, 직유법에 해당한다.

09 이 시에서는 고양이의 모습에 담긴 동적인 이미지와 정적인 이미지를 봄의 속성에 조화롭게 연결했는데, '봄의 불길'과 '봄의 생기'는 동적인 이미지, '봄의 향기'와 '봄의 졸음'은 정적인 이미지에 해당한다.

10 ①, ②, ④, ⑤에는 '처럼', '같이'와 같은 연결어를 통해 대상을 비유한 직유법이 사용되었다. 그러나 ③의 '같이'는 연결어가 아니라 '둘 이상의 사람이나 사물이 함께'라는 뜻을 지닌 낱말이다. 따라서 ③은 '학교 운동장'을 '친구'에 빗댄 표현이 아니라, '나'가 '친구'와 함께 학교 운동장을 거닐었다는 의미의 시구이다.

본문 015쪽

❶ 별 **❷** 야구공 **❸** 의인법 **❹** 청각 **❺** 봄 **❻** 털
❼ 금방울

시험에 나오는 소단원 문제

본문 016~017쪽

01 ③ **02** ⑤ **03** ⑤ **04** ⑤ **05** ② **06** ④ **07** 빗나간 야구공 하나 **08** ① **09** ② **10** ④ **11** ②

01 (가)의 6행에는 의인법이 쓰이지 않았다. (가)의 6행에서는 청각적 심상을 활용하여 '유성'이 나타나는 순간을 생생하게 형상화하고 있다.

02 (나)는 '봄'을 '고양이'에 빗대어 봄의 느낌을 표현한 시이다.

03 [A]에는 은유법과 의인법이 사용되었다. 이러한 비유적 표현을 사용하면 표현하려는 대상을 구체화하고 더욱 생생하게 표현할 수 있다.

04 (나)의 1연에서 '고양이의 털'과 '꽃가루'의 공통점은 부드럽다는 것이고, 2연에서 '고양이의 눈'과 '금방울'의 공통점은 호동그랗다(크게 뜬 눈이 동그랗다)는 것이다.

05 ㉠은 이 시의 제목인 '유성'을 빗댄 표현으로, 은유법이 쓰이고 있다.

　오답 풀이 ① '꽃'이 웃는다고 사람처럼 표현한 의인법이 사용되었다.
③ '내 얼굴'을 '사과'에 직접 빗대어 표현한 직유법이 사용되었다.
④ '둥근 박'이 꿈꾼다고 사람처럼 표현한 의인법이 사용되었다.
⑤ '하이얀 꽃 이파리'가 날리는 모습을 '눈송이'에 직접 빗대어 표현한 직유법이 사용되었다.

06 (가)는 은유법과 의인법, (나)는 직유법을 사용하여 표현하려는 대상을 참신하고 생동감 있게 나타내고 있다.

　오답 풀이 ① (나)는 '-에', '-도다', '-아라'와 같은 말을 반복하고 있지만, (가)는 동일한 시구나 문장 구조를 반복하고 있지 않다.
② '향토적'이라는 말은 고향이나 시골의 정취가 담겨 있다는 뜻이다. (가)와 (나)에는 향토적인 소재가 사용되지 않았다.
③ (가)와 (나)에는 상징적인 시어가 사용되지 않았다.
⑤ 말하는 이가 시 속에 등장하려면 '나'라는 대상이 나와야 하는데, (가)와 (나) 모두 시 속에서 말하는 이를 찾을 수 없다.

07 **서술형** (가)에서는 시의 제목인 '유성'이 떨어지는 모습을 '빗나간 야구공 하나'에 빗대어 역동적으로 표현하고 있다.

08 이 시는 고양이를 통해 떠올린 봄의 느낌과 분위기, 정서를 감각적으로 묘사한 시로, 말하는 이가 자신의 내면을 성찰하고 있는 모습은 나타나지 않는다.

09 (나)의 4연에서는 '고양이의 수염'에 푸른 봄의 생기가 뛰논다고 표현하고 있다. 여기에서 말하는 이가 '고양이의 수염'에서 '봄의 생기'를 떠올렸음을 알 수 있다.

10 (나)와 같이 비유적 표현을 활용하면 직접 설명하는 것보다 참신하고 생생한 느낌을 줄 수 있고, 대상을 인상 깊고 구체적으로 표현할 수 있다. 그러나 비유적 표현을 활용한다고 해서 대상을 객관적으로 나타낼 수 있는 것은 아니다.

11 ㉡은 별들이 반짝이는 모습을 마치 사람이 움직이는 것처럼 표현하고 있다. 따라서 ㉡에 쓰인 표현 방법은 의인법이다.

---

[2] 상징 표현

간단 체크 개념 문제

본문 018쪽

1 (1) × (2) ○ (3) ○ 　**2** 시조 　**3** ①

1 (1) 상징은 추상적인 관념이나 사상 등을 구체적인 대상으로 표현하는 방법이다.

2 시조는 고려 중기에 발생하였고, 고려 말기부터 발달하여 지금까지도 창작되는 우리나라 고유의 정형시이다.

3 3장 6구 형식으로 이루어진 가장 기본적이고 대표적인 시조를 평시조라고 한다. 엇시조나 연시조, 사설시조는 평시조에서 길이나 형태 등이 변화된 시조이고, 현대 시조는 오늘날 창작되고 있는 시조를 말한다.

학습콕

본문 019쪽

이웃, 이웃, 진눈깨비, 함박눈, 새살

간단 체크 내용 문제

본문 019쪽

01 ③ 　**02** 세상이 바람 불고 춥고 어둡다 해도 　**03** ⑤

01 이 시는 '우리'를 '눈발'로 가정하여 어려운 이웃에게 용기와 희망을 주는 존재가 되자고 이야기하고 있을 뿐, 대상에 대한 그리움을 드러내고 있지는 않다.

02 이 시에서 말하는 이는 현실을 삭막하고 고통스러운 공간으로 인식하고 있다. '세상이 바람 불고 춥고 어둡다 해도'에서 '바람'은 힘들고 고달픈 삶을 의미한다.

03 이 시의 말하는 이는 고달픈 현실 속에서 '함박눈', '편지', '새살'처럼 어려운 이웃에게 위로와 희망을 주는 존재가 되자고 이야기하고 있다.

학습 활동
본문 020~023쪽

이해 진눈깨비, 함박눈, 희망, 함박눈
적용 변하지, 세상

간단 체크 활동 문제
본문 020~023쪽

020쪽	**01** 함박눈, 편지, 새살 **02** 낮은, 따뜻함 **03** ④
021쪽	**04** ④ **05** ⑤
022쪽	**06** ④ **07** ⑤ **08** 좋고도, 아마도, 보고도
023쪽	**09** ③

01 이 시에서 '함박눈, 편지, 새살'은 위로, 격려, 희망 등의 긍정적 의미를 지닌 소재이고, '진눈깨비, 바람, 깊고 붉은 상처'는 무관심과 외면, 고통, 슬픔 등의 부정적 의미를 지닌 시어이다. 따라서 이웃과 더불어 따뜻한 삶을 살고 싶어 하는 말하는 이의 바람이 반영된 시어들은 '함박눈, 편지, 새살'이다.

02 '함박눈'은 '진눈깨비'와 대비되는 긍정적인 의미의 시어로, 어렵고 소외된 사람들이 사는 곳으로 내려와 따뜻함을 전하는 존재이다.

03 이 시에서 '진눈깨비'와 '함박눈'은 서로 의미가 대비되는 소재이다. '진눈깨비'는 어려운 이웃에게 무관심하거나 이웃을 더욱 힘들게 만드는 사람을 상징한다. 반면 '함박눈'은 이웃에게 위로와 희망을 주는 사람을 상징한다.

04 이 시의 '잠 못 든 이'는 깊은 고민에 빠져 있거나, 그로 인한 불안감 때문에 잠에 들지 못하는 사람으로 볼 수 있다. ④는 '잠 못 든 이'를 돌보는 사람, 즉 말하는 이가 추구하는 삶을 살고 있는 사람이다.

05 이 시의 말하는 이는 '함박눈', '편지', '새살'이 되자고 말하면서, 소외되고 어려운 이웃과 더불어 살고자 하는 바람을 드러내고 있다.

06 이 시조는 대비되는 속성을 지닌 자연물을 대조하여 말하는 이가 추구하는 삶의 태도를 드러내고 있다. 하지만 색채 대비가 나타나지는 않는다.

07 이 시조에서 '꽃'과 '풀'은 순간적이며 가변적인 속성을 지닌 자연물로, 깨끗하고 영원한 속성을 지닌 '물, 바위'와 대비된다. 보고도 말을 하지 않는 과묵한 속성을 지닌 자연물은 '달'이다.

08 갈래의 특성을 고려할 때, 시조에서 종장의 첫 음보는 반드시 세 글자로 고정해야 한다.

09 이 시조에는 설의법, 의인법, 대조법 등이 쓰이고 있다. ③에는 이 시조에 활용되지 않은 열거법이 쓰이고 있다. ①, ④에는 의인법, ②에는 설의법, ⑤에는 대조법이 쓰이고 있다.

압축 파일
본문 024쪽

❶ 새살 ❷ 긍정적인 ❸ 바람 ❹ 위로 ❺ 깨끗하다
❻ 변하지 않는다 ❼ 과묵한

시험에 나오는 소단원 문제
본문 025~026쪽

01 ④, ⑤ **02** ② **03** 어려운 이웃에게 위로와 희망을 주는 사람 **04** ⑤ **05** ④ **06** ① **07** ④ **08** ③ **09** ⑤ **10** ③

01 (가)와 (나)에는 모두 상징적 시어가 쓰이고 있으며, 상징적 의미가 대비되는 시어를 통해 말하는 이가 지향하는 삶의 태도를 효과적으로 드러내고 있다.

오답 풀이 ① 표현하려는 대상(원관념)과 그것을 빗댄 대상(보조 관념)이 모두 겉으로 드러나는 것은 '비유'이다. (가)와 (나)에는 모두 '상징'이 사용되었다.
② (가)에서만 청유형 문장을 활용하여 말하는 이의 의지를 강조하는 동시에 듣는 이의 공감과 동참을 유도하고 있다.
③ 4음보의 율격을 보이고, 한 음보의 글자 수가 3(4)·4조로 반복되어 운율을 형성하는 것은 시조인 (나)이다.

02 (가)의 말하는 이는 이웃과 더불어 따뜻한 삶을 살고 싶은 소망을 드러낸다. ②는 친구의 고민을 함께 나누고 위로를 건네고 있으므로 이와 유사한 삶의 태도를 보인다고 할 수 있다.

03 서술형 (가)에서 '진눈깨비'와 '함박눈'은 서로 대비되는 의미를 지닌 시어이다. 말하는 이가 '따뜻한 함박눈이 되어 내리자'라고 하는 것으로 보아 '함박눈'은 어려운 이웃에게 위로와 희망을 주는 긍정적인 존재임을 알 수 있다.

04 '작은 것'은 '달'로, 말하는 이가 추구하는 삶의 태도를 상징하는 자연물이다. 말하는 이는 세상을 밝게 비추면서도 과묵한 속성을 지닌 '달'을 예찬하고 있다. 말하는 이는 이외에도 '물'과 '바위'를 예찬하고 있는데, '구름'과 '바람'은 '물'과, '꽃'과 '풀'은 '바위'와 대비되는 속성을 지니고 있다.

05 (나)에서 '물'은 깨끗하고 그치지 않는 속성을 지닌 대상으로, 정직하고 청렴한 태도, 끊임없이 노력하는 태도를 상징한다. 반면 '바위'는 변하지 않는 속성을 지닌 대상으로, 굳건하고 의연한 태도를 상징한다. ④의 남을 포용하는 태도는 '달'이 상징하는 삶의 태도이다.

06 시조는 3음보의 민요와는 달리, 4음보의 율격을 지닌다.

07 (가)에서 '물'은 그치지 않는 속성 즉, 영원성과 지속성을 지니는 대상으로 볼 수 있다. 반면, '구름'과 '바람'은 쉽게 변하는 속성(가변성)을 지니고 있다.

08 (나)에서 '잠 못 든 이'는 현실의 어려움으로 고통받고 있거나 우리 사회에서 소외된 이웃을 의미한다.

09 '진눈깨비'는 '무관심, 외면, 고통'을 상징하는 시어로, 어려움에 처해 있는 사람들을 더욱 춥고 힘들게 만든다. 따라서 말하는 이는 '진눈깨비' 같은 존재는 되지 말자고 하는 것이다.

10 ⓐ, ⓑ, ⓓ, ⓔ는 모두 말하는 이가 소망하는 삶의 태도를 상징하는 시어이다. ⓒ에는 삶의 태도가 담겨 있지 않다.

[3] 자료 찾으며 책 읽기

01 이 대화에서 두 학생은 모둠에서 함께 읽을 책의 분야를 정하기 위한 대화를 나누고 있으며, 대화를 통해 읽을 책의 범위를 환경 문제와 관련된 분야로 좁히고 있다.

02 두 학생은 모둠에서 읽을 책을 선정하기 위해 대화를 나누고 있다. 그리고 대화를 통해 모둠에서 함께 읽을 책의 범위를 환경 문제와 관련된 분야로 좁히고 있다. 그러나 두 학생이 여학생의 장래 희망에 대한 이야기는 나누지 않았다.

03 이 모둠은 국어 시간에 환경에 관한 책을 읽기로 하였다.

04 (2)의 대화에서는 모둠의 학생들이 읽을 책을 어떻게 고를지, 즉 책을 선정하는 다양한 방법에 대해 대화를 나누고 있다.

05 (2)에서는 모둠에서 읽을 책을 고르는 방법에 대해 이야기하고 있다. ③은 (2)의 대화에 언급된 내용이 아니다.

06 '나라'가 '지민'이 추천한 책을 반대한 이유는 책에 어려운 낱말과 개념이 너무 많아 자신들의 수준에 맞지 않다고 생각했기 때문이다.

07 읽을 책을 선정할 때는 자신의 관심 분야, 읽기 수준, 읽기 목적 등을 고려하여 책을 선정하는 것이 좋다. 책의 분량이 많다고 해서 무조건 좋은 것은 아니며, 책을 고를 때 자신이 소화할 수 있는 분량인지를 고려해야 한다.

08 책을 선정할 때 학생들의 흥미와 관심을 고려하지 않으면, 자칫 학생들이 책 읽기에 흥미를 잃을 수 있고, 책 읽기가 지루한 것이라는 선입견이 생길 수 있다. 따라서 학생들의 관심과 흥미를 고려하여 책을 선정해야 한다. 책을 읽을 때 내용을 꼭 외워야 할 필요는 없다.

09 책의 전체 쪽수를 확인하고, 책을 읽을 기간, 책을 읽는 속도, 모임의 횟수 등을 고려하여 책 읽기 계획을 세워야 한다. 읽을 책을 선정한 날짜는 책 읽기 계획을 세울 때 고려할 점이 아니다.

10 책을 읽을 때는 그날그날 읽은 부분에 대한 일지를 작성하는 것이 좋다. 일지를 작성하면 독후감이나 서평을 쓸 때 도움이 되고, 책의 내용을 오래 기억할 수 있다.

11 '정우'는 도시의 밤 조명 때문에 원래 낮에만 우는 매미가 밤에도 울게 되었다는 사실을 새롭게 알게 되었다.

12 책의 크기나 가격에 대한 정보는 일지에 반드시 들어가야 할 항목은 아니다.

13 책을 읽으며 일지를 작성하면, 책을 다 읽은 뒤에도 책의 내용을 오래 기억할 수 있고, 일지를 바탕으로 독후감이나 서평을 쓸 수도 있다.

14 '정우'네 모둠에서는 '불야성'에 대한 『표준 국어 대사전』 정보, 빛 공해와 관련한 텔레비전 뉴스 영상물, 인공조명이 인간에게 미치는 영향에 대한 정보가 담긴 인터넷 의협신문 누리집의 정보를 찾아보았다.

15 '정우'네 모둠처럼 자료를 찾으며 책을 읽으면 낯선 낱말이나 모르는 개념, 더 알고 싶은 내용 등을 알 수 있기 때문에 책의 내용을 더 깊이 이해할 수 있다.

16 자료의 출처로 보아 모둠은 인터넷을 통해 자료를 찾았음을 알 수 있다.

17 '사이버 불링'은 수많은 사람들이 동시에 보고 퍼 나르기 때문에 완전히 삭제하는 것이 어렵다.

18 책을 읽은 후 책 읽기 경험을 나누기 위한 질문이므로, 책을 구입한 방법을 묻는 질문은 적절하지 않다.

19 책을 함께 읽고 그 경험을 나누면, 자신만의 관점이 아닌 다양한 관점으로 책의 내용을 이해할 수 있다.

20 책을 읽을 때에는 가장 먼저 읽을 책의 분야를 정하고, 책 선정 기준을 마련하여 읽을 책을 선정해야 한다. 그 다음에 읽기 계획을 세우고 본격적으로 자료를 찾으며 책을 읽는다. 책을 다 읽고 난 후에는 책 읽기 경험을 나누면서 감상의 폭을 넓힌다.

압축 파일 본문 037쪽

❶ 서점 ❷ 인터넷 ❸ 기억 ❹ 일지 ❺ 개념 ❻ 즐거움

정답과 해설

시험에 나오는 소단원 문제
본문 038쪽

01 ① **02** 책의 차례와 내용을 직접 훑어볼 수 있어서 고르기 쉽다. **03** ③ **04** ④ **05** ③

01 (가)의 '나라'와 '정우'는 최근의 관심사인 환경 문제에 대해 이야기하고 있으며, '정우'는 환경 문제와 관련된 분야의 책을 읽자는 제안을 하고 있다.

02 서술형 '정우'는 서점에 가면 책의 차례와 내용을 직접 훑어볼 수 있기 때문에 책을 고르기 쉬울 것 같다고 이야기하고 있다.

03 (나)는 책을 고르는 다양한 방법에 대해 나눈 대화이다. 이 대화를 마친 후 학생들은 각자 정한 방법으로 책을 고를 것이다.

04 위와 같이 일지를 작성하는 것은 능동적인 책 읽기 방법에 해당한다. ④는 책 읽기 경험을 나눌 때 얻을 수 있는 효과이다.

05 책을 어떻게 읽을 것인지에 관해 계획을 세우는 것은 책을 읽기 전에 해야 하는 일이다.

어휘력 키우기
본문 039쪽

1 ②

1 '부산했다'는 급하게 서두르거나 시끄럽게 떠들어 어수선했다는 뜻으로 빈 운동장과는 어울리지 않는다.

시험에 나오는 대단원 문제
본문 040~042쪽

01 ⑤ **02** 은유법, 의인법 **03** ①, ④ **04** ② **05** ④
06 ① **07** ② **08** ②, ③ **09** ② **10** ①, ⑤ **11** 깨끗하고 그칠 때가 없는 '물'의 특징으로 보아, '물'은 정직하고 청렴한 태도, 끊임없이 노력하는 태도를 상징한다. **12** ③ **13** ③
14 '지민'이 고른 책에 어려운 낱말과 개념이 너무 많기 때문이다.
15 ⑤ **16** ①

01 (가), (나)는 시이다. 시의 언어에는 사전적 의미 외에도 시인이 의도적으로 부여한 의미가 담겨 있기 때문에 이러한 의미를 파악하면서 읽어야 그 내용을 효과적으로 이해할 수 있다.

02 서술형 '밤하늘은/별들의 운동장', '빗나간 야구공 하나'에는 은유법이, '오늘따라 별들 부산하게 바자닌다. / 운동회를 벌였나/아득히 들리는 함성,'에는 의인법이 사용되었다.

03 '오늘따라 별들 부산하게 바자닌다.'에는 시각적 심상이 나타나고, '아득히 들리는 함성,', '먼 곳에서 아슴푸레 빈 우레 소리 들리더니'에는 청각적 심상이 나타난다. 8~10행에는 시각적 심상과 청각적 심상이 모두 나타난다.

04 (나)에서는 고양이의 모습에서 연상되는 봄의 속성을 표현하고 있다. 1연(봄의 향기)과 3연(봄의 졸음)은 정적인 분위기를 형성하고 있으며, 2연(봄의 불길)과 4연(봄의 생기)은 동적인 분위기를 형성하고 있다.

05 '고양이의 털'에서 '봄의 향기'를, '고양이의 눈'에서 '봄의 불길'을, '고양이의 입술'에서 '봄의 졸음'을, '고양이의 수염'에서 '봄의 생기'를 떠올렸다.

06 ㉠은 은유법을 활용하여 밤하늘에 '유성'이 떨어지는 모습을 비유한 표현이다.

07 (가)에서는 상징적 시어와 이러한 상징적 시어들의 대비를 통해 주제를 강조하고 있다. 비유 표현은 사용되지 않았다.

08 (가)에서는 '─자'로 끝나는 청유형 문장을 반복하여 말하는 이의 의지를 강조하고, 듣는 이의 공감과 동참을 유도하고 있다.

09 '진눈깨비, 바람, 깊고 붉은 상처'는 부정적 의미의 시어이고, '함박눈, 편지, 새살'은 긍정적 의미의 시어이다.

10 ⓐ, ⓑ에는 모두 상징이 사용되었다. 상징은 추상적인 관념이나 사상 등을 구체적인 대상으로 표현하는 방법으로, 상징을 활용하면 작품의 주제를 효과적으로 드러낼 수 있고 작품 해석의 다양성을 높일 수 있다.

11 고난도 서술형 (나)에서 '물'은 깨끗하고 그칠 때가 없다는 특징이 있다. 이와 같은 특징이 상징하는 삶의 태도는 '정직하고 청렴한 태도, 끊임없이 노력하는 태도'라고 할 수 있다.

평가 목표	시에 나타난 상징 알아보기
채점 기준	✔ 물이 상징하는 태도를 〈조건〉에 맞게 쓴 경우 [상] ✔ 물이 상징하는 태도를 〈조건〉 중 한 개만 맞게 쓴 경우 [중] ✔ 물이 상징하는 태도를 〈조건〉에 맞지 않게 쓴 경우 [하]

12 (가)에서 '정우'는 서점을, '나라'는 학교 도서관을 이용할 것임을 알 수 있다. 또한 '준서'는 사서 선생님께 책을 추천 받을 계획이며, '지민'은 인터넷 블로그의 서평을 검색해 볼 것임을 알 수 있다.

13 감정과 정서를 자극할 수 있는가의 여부는 (나)의 대화와 관련이 없다.

14 서술형 (나)에서 '나라'는 '지민'이 고른 책에 어려운 낱말과 개념이 너무 많아서 자신들에게 어려울 것 같다고 말하였다.

15 책을 읽으며 모르는 개념이 있거나 더 알고 싶은 내용이 있을 때 도서관이나 인터넷 등에서 관련 자료를 찾을 수 있다. 제시된 자료는 책의 내용과 관련한 추가적인 정보를 다룬 것으로, 책의 이어질 내용을 예측하기 위해 찾은 자료라고 보기는 어렵다.

16 책 읽기 경험을 나눌 때에는 책의 제목이나 표지를 처음 봤을 때의 느낌, 책을 고른 뒤의 생각이나 감정, 책의 내용 중 인상적인 부분, 글쓴이가 말하고자 하는 바, 책을 읽은 후 알게 된 점과 느낀 점, 책을 읽은 후에 바뀐 생각 등을 질문할 수 있다. ①은 책 읽기 경험을 나누는 과정에서 할 수 있는 질문과 거리가 멀다.

[1] 예측하며 읽기

간단 체크 개념 문제
본문 046쪽

1 (1) 의도 (2) 배경지식, 맥락 **2** ② **3** 끝(맺음말)

2 예측하며 글을 읽으면 자신의 예측이 맞는지 확인하기 위해 글을 더 꼼꼼히 읽을 수 있고, 읽고 나서 자신의 생각을 수정 또는 보완할 수 있다. 하지만 글쓴이의 주장을 수정할 수 있는 것은 아니다.

3 설명하는 글의 끝(맺음말) 부분에서는 가운데(본문) 부분에서 설명한 내용을 요약정리하여 글을 마무리한다.

학습콕
본문 047~051쪽

047쪽	제목, 차례
048쪽	첫 만남, 배경지식
050쪽	가설 검증 바이어스, 첫인상
051쪽	실제

간단 체크 내용 문제
본문 047~051쪽

047쪽	**01** ⑤	**02** a, b, d
048쪽	**03** ③	**04** ①
049쪽	**05** ④	**06** ①
050쪽	**07** ②, ⑤	**08** ⑤
051쪽	**09** ⑤	

01 '나라'는 책의 제목과 표지를 활용해 책의 내용을 예측하였다.

02 ㉡은 글쓴이에 대한 정보를 활용하여 글쓴이가 책을 쓴 의도를 예측한 것이다. 이러한 읽기 방법은 글을 깊이 있게 이해하고 내용을 오래 기억하는 데 효과적이다.

03 (가)에서 사람들은 첫인상을 좀처럼 바꾸려 하지 않기 때문에 첫 만남이 중요하다고 하였다.

오답 풀이 ① (가)에서 전화나 전자 우편을 통한 만남도 있을 수 있다고 하였다.
② (나)에 사람들이 첫인상을 형성할 때 사용하는 정보들이 제시되어 있는데, 이 가운데 상대의 이름은 언급되어 있지 않다.
④ (나)에서 첫인상을 형성할 때, 상대의 얼굴 생김새, 체격, 키 등의 겉모습과 몸짓, 말투 등의 정보를 사용한다고 하였지만 이 중에서 말투가 가장 중요하다고 하지는 않았다.
⑤ (나)에서 첫인상만으로 상대의 성격뿐만 아니라 모든 것을 판단해 버린다고 하였다.

04 ㉠은 글의 내용을 예측한 것으로 '나라'가 머릿속에 들어 있는 배경지식을 활용한 것이다.

05 (라)에서 글쓴이는 '가설 검증 바이어스' 때문에 사람들이 첫인상을 쉽게 바꾸려 하지 않는다고 하였다.

06 단호하고 단정적인 어조가 사용된 것으로 보아 '가설 검증 바이어스'에 대한 글쓴이의 부정적인 시각과 태도를 알 수 있다.

07 ㉠은 글에 나타난 정보와 읽기 맥락을 활용하여 이어질 내용을 예측한 것이다.

08 사람들은 상대의 혈액형에 부합한다고 생각하는 성격이나 행동만을 의도적으로 수집하여 혈액형이 성격과 관련 있다고 믿는데, 이는 '가설 검증 바이어스' 때문이다.

09 글쓴이는 (자)에서 '가설 검증 바이어스'의 위험성을 지적하면서 '가설 검증 바이어스'를 버리고 지속적인 관계를 통해 상대의 실제 모습을 보아야 한다고 당부하고 있다.

간단 체크 어휘 문제
본문 047~051쪽

049쪽	(1) 부합 (2) 잣대 (3) 입증
050쪽	(1) ○ (2) ×

학습 활동
본문 052~058쪽

이해	가설 검증 바이어스, 혈액형 성격학, 첫인상, 글쓴이, 배경지식
적용	주장, 상승, 자원, 기후 변화

간단 체크 활동 문제
본문 052~058쪽

052쪽	**01** ③	**02** 가설 검증 바이어스
053쪽	**03** ①	**04** 글쓴이, 의도(목적, 이유)
054쪽	**05** ⑤	
055쪽	**06** ④	**07** ③
056쪽	**08** ④	
057쪽	**09** ⑤	
058쪽	**10** 녹색 성장	

01 이 글의 처음에서는 첫 만남이 중요한 이유가, 가운데에서는 '가설 검증 바이어스'의 개념과 그에 관한 사례가, 끝에서는 '가설 검증 바이어스'의 위험성과 글쓴이의 당부가 드러난다.

02 이 글의 제재인 '가설 검증 바이어스'에 대한 설명이다.

03 ㉠은 책의 제목과 표지에 드러난 정보를 활용하여 책의 내용을 예측한 것이고, ㉡은 독자의 배경지식을 활용하여 글의 내용을 예측한 것이다.

04 ㉡은 글쓴이가 해 온 활동을 보고 글쓴이가 이 글을 쓴 목적을 예측한 것이다.

05 「관계는 첫인상부터 시작된다」라는 제목을 활용하여 글쓴이가 글을 쓴 의도를 예측한 내용이다.

06 예측하며 읽기의 효과에 대해 나눈 대화이다. 예측하며 글을 읽으면 글의 내용을 더 깊이 이해할 수 있고 더 오래 기억할 수 있다. 또한 집중하면서 글을 읽을 수 있다.

07 글의 서두에 질문을 던져 독자의 주의를 환기하고 있지만 독자의 질문에 답을 하는 형식을 취하고 있지는 않다.

오답 풀이 ① 이 글의 중심 소재는 더위와 기후 변화이다.
② 이 글은 기후 변화가 중요한 문제임을 인식하고 이를 해결하기 위해 노력해야 한다는 주장을 담고 있다.
④ 미국 국립 해양 대기청과 미국 국립 항공 우주국의 통계 자료는 평균 기온이 상승하고 있음을 보여 주어 기후 변화의 심각성을 인식하자는 글쓴이의 주장에 신뢰를 더하고 있다.
⑤ '역대 가장 더웠던 연도 순위' 그래프, '지구 생태 용량 과용의 날' 등의 근거를 제시하여 글쓴이의 주장을 뒷받침하고 있다.

08 상승 추세를 보이는 지구의 연평균 기온 그래프를 통해, 글에서 다루고 있는 기후 변화 문제의 심각성을 시각적으로 보여 주고 있다.

09 ⑤는 글쓴이가 해 온 활동을 보고 글쓴이가 이 글을 쓴 의도를 예측하고 있다.

10 이 글은 기후 변화로 인한 문제 상황을 보여 줌으로써 사람들에게 문제의 심각성을 깨닫게 하고, 이러한 문제를 해결하기 위해 각자 변화하고 노력해야 한다는 점을 강조하고 있다.

압축 파일   본문 059쪽

❶ 의도   ❷ 배경지식   ❸ 영향   ❹ 기억

시험에 나오는 소단원 문제   본문 060~061쪽

01 ③   **02** ⑤   **03** '가설 검증 바이어스'를 버리고 지속적인 관계를 통해 상대의 실제 모습을 보아야 할 것이다.   **04** ③
05 ④   **06** ④   **07** ②

01 이 글은 사람들이 첫인상을 바꾸려고 하지 않는 이유를 밝히고, 지속적인 관계를 통해 상대의 실제 모습을 보아야 한다는 내용을 담고 있다. 그러나 좋은 첫인상을 형성하는 방법에 대해서는 언급하고 있지 않다.

02 자신이 직접 본 방송 내용을 떠올리며 글의 내용을 예측하는 것은 배경지식을 활용한 읽기의 예에 해당한다.

03 서술형 이 글의 주제는 (라)의 마지막 문장에 드러나 있다.

04 '아예 무시해 버린다.', '제멋대로 확신해 버린다.'와 같은 표현에서 글쓴이가 '가설 검증 바이어스'에 대해 부정적으로 생각한다는 것을 알 수 있다. 이와 더불어 글쓴이가 비판적 시각으로 '가설 검증 바이어스'에 대한 내용을 전개할 것임을 예측할 수 있다.

05 (가)에서 제시하고 있는 자료는 미국 국립 해양 대기청과 미국 국립 항공 우주국의 분석 자료이고, (다)에서 제시하고 있는 자료는 국제 생태 발자국 네트워크라는 단체가 측정한 자료이다. 이처럼 이 글에는 다른 나라나 국제 단체의 분석 및 연구 자료는 제시되어 있지만, 이 글을 통해 우리나라에서 기

후 변화에 대한 다양한 연구를 하고 있는지는 알 수 없다.

오답 풀이 ① (나)에서 전 세계가 기후 변화 문제로 허덕이고 있다고 하였다.
② (가)에서 1880년 기상 관측이 시작된 이래 2015년이 가장 더웠던 해로 분석되었다고 하였다.
③ (나)에서 세계 여러 나라가 탄소 배출량을 줄이는 데 애쓰고 있다고 하였다.
⑤ (라)에서 글쓴이는 더위에 대응하는 근본적인 대책에 관해 우리의 관심이 적음을 지적하면서 지금부터라도 기후 변화가 중요한 문제임을 인식하고 자원을 아껴 써야 한다고 주장하고 있다.

06 (다)에서 우리나라의 에너지 사용량과 그 증가량이 심하다고 지적하고 있으므로 ④는 적절하지 않은 반응이다.

07 〈보기〉는 글쓴이의 관심사와 그동안 해 온 활동 즉, 글쓴이에 대한 정보를 바탕으로 이 글의 내용을 예측한 것이다.

---

[2] 통일성 있는 글 쓰기

간단 체크 개념 문제   본문 062쪽

1 통일성   **2** ④   **3** (1) 서론 (2) 결론 (3) 본론

1 글의 통일성에 대한 설명이다. 글쓴이가 전하고자 하는 바를 분명하게 드러내기 위해서는 글의 내용이 하나의 주제로 연결되어 있어야 한다.

2 〈보기〉는 통일성 있는 글을 쓰는 과정 중에서 내용을 조직하는 과정이다.

학습 활동   본문 063~071쪽

이해 (나), 설명, (다), 경제, (다), (라)
적용 주장, 원인

학습콕   본문 063~071쪽

063쪽   통일성
068쪽   생성, 개요

간단 체크 활동 문제   본문 063~071쪽

063쪽	**01** ⑤	**02** ①	064쪽	**03** ①	**04** ⑤
065쪽	**05** ③	066쪽	**06** ③		
067쪽	**07** ②	**08** ①	068쪽	**09** (다)	**10** ①
069쪽	**11** ④	**12** ④	070쪽	**13** ②	**14** ①
071쪽	**15** ③				

01 (가)에는 너무 많은 내용이 담겨 있고, 그 내용이 유기적이지 않아 글쓴이가 무슨 말을 하는지 명확하게 알 수 없다.

02 (나)는 '오빠와 나는 사이가 좋다.'라는 주제를 전달하기 위해 오빠가 비 오는 날 우산을 들고 자신을 데리러 온 일화를 중심으로 글을 쓰고 있다.

03 표에 제시된 내용으로 보아 '정우'는 친구들에게 독도에 대해 알리기 위한 목적으로 글을 쓰려고 한다는 것을 알 수 있다.

04 글을 쓰기 위한 계획을 세운 후에는 내용을 생성해야 한다. 그 이후에 내용을 조직하고 표현한 내용을 고쳐 쓴다.

05 주제를 고려할 때, ③은 불필요한 자료이다.

06 '가운데 1. 독도의 지리'의 하위 항목으로 '독도의 위치와 구성'이 추가되는 것이 좋다(ㄱ). '가운데 - 2 - 라. 독도를 관광하는 방법'은 이 글의 주제와 관련이 적으므로 삭제해야 한다(ㄴ). '가운데 - 1 - 나. 경제적 가치'는 '독도의 가치'에 해당하는 내용이므로 '가운데 - 3.'의 하위 항목으로 이동하는 것이 적절하다(ㄷ).

07 이 글은 독도의 경제적 가치, 환경·생태학적 가치, 위치적 가치 등 '독도의 가치'에 대해 설명하고 있다.

08 독도 강치는 예전에는 살았지만, 일제 강점기 때 무자비한 포획으로 멸종되어 이제는 박제로밖에 볼 수 없다.

09 이 글은 '독도의 가치'에 대해 설명한 글이다. (다)는 '독도에 살았던 강치'에 대한 설명이므로 이 글의 통일성을 깨뜨리는 문단이다.

10 (나)의 중심 내용은 '독도의 환경·생태학적 가치'로, ㉠은 문단의 통일성을 고려할 때 삭제하는 것이 좋다.

11 자료 수집은 내용 생성하기 단계에서 해야 하는 활동이다.

12 '우리나라 기부 문화의 현실'이라는 주제를 고려할 때 ④가 가장 적절하다.

13 '기부 단체에 대한 불신'은 내용상 기부 문화가 활성화되지 않는 원인에 해당하므로 ㄴ에 들어가는 것이 적절하다.

14 통일성은 글의 내용들이 하나의 주제로 긴밀하게 연결되는 것을 말한다. ①은 글이 통일성이 있는지를 점검하는 기준과 거리가 멀다.

15 〈보기〉는 글을 쓴 후 평가하기 단계에서 평가하는 기준으로 삼을 수 있다.

압축 파일
본문 072쪽

❶ 주제 ❷ 계획 ❸ 조직 ❹ 삭제

시험에 나오는 소단원 문제
본문 073~074쪽

01 ② **02** ③ **03** ④ **04** ③ **05** ③ **06** "그리고 독도는 서쪽으로는 한반도, 북쪽으로는 러시아, 동쪽과 남쪽으로는 일본에 둘러싸여 있다."라는 문장을 (라)로 옮겨야 한다. **07** ①

01 글의 중심 내용이 담기는 가운데 부분의 내용으로 보아 이 개요는 독도의 지리와 역사, 가치를 알리기 위한 글을 쓰고자 조직한 것임을 알 수 있다.

02 〈보기〉는 독도와 관련된 근대 이전의 기록에 대한 내용이므로 '가운데 - 2. 독도의 역사'에서 활용하는 것이 적절하다.

03 '독도를 관광하는 방법'은 글의 주제와 무관한 내용이므로 삭제해야 한다.

04 이 글은 지나치게 많은 내용을 담고 있어서 글쓴이가 말하고자 하는 바를 파악하기가 어렵다.

05 (가)에서 독도 주변에는 석유를 대체할 수 있는 에너지 자원인 메탄 하이드레이트가 매장되어 있다고 하였다.

> **오답 풀이** ① (다)에서 현재는 독도 강치가 멸종되었고 박제로밖에 볼 수 없다고 하였다.
> ② (나)에서 독도에서 볼 수 있는 희귀 생물들을 소개하고 있다.
> ④ (가)에서 독도 주변의 바다는 한류와 난류가 만나는 조경 수역이기 때문에 겨울과 봄에는 명태 어장이, 여름과 가을에는 오징어 어장이 형성된다고 하였다.
> ⑤ (라)에서 독도는 우리나라의 가장 동쪽에 있기 때문에 우리나라의 배타적 경제 수역을 설정하는 데 중요한 역할을 한다고 하였다.

06 서술형 "그리고 독도는 서쪽으로는 한반도, 북쪽으로는 러시아, 동쪽과 남쪽으로는 일본에 둘러싸여 있다."라는 문장은 독도의 경제적 가치를 설명하고 있는 (가)의 중심 내용과 거리가 있다. 따라서 이 문장은 '독도의 위치적 가치'를 설명하고 있는 (라)로 옮기는 것이 적절하다.

07 (다)는 독도의 가치와 무관한 내용이므로 글의 통일성을 고려할 때 삭제해야 한다.

어휘력 키우기
본문 075쪽

1 ⑤

1 '틀리다'는 '셈이나 사실 따위가 그르게 되거나 어긋나다.'라는 의미이다. 따라서 ⑤와 같이 두 대상을 비교할 때는 '다르다'를 사용해야 한다.

시험에 나오는 대단원 문제
본문 076~078쪽

01 ① **02** ② **03** ① **04** ② **05** ⑤ **06** ④ **07** ③ **08** ② **09** ② **10** ④ **11** (나)는 '찾아가는 독도 사진전'을 개최한다는 내용의 신문 기사로, '독도의 지리와 역사, 가치'를 설명하는 글의 주제와 관련이 없으므로 활용할 수 없다. **12** ② **13** ②

01 (가)의 중심 내용은 '첫 만남이 중요한 이유'이다. 사람들이 처음에 형성된 인상을 바꾸려 하지 않기 때문에 첫 만남이 중요하다고 하였다.

정답과 해설

02 (라)에서 '혈액형 성격학'이 들어맞는 것처럼 생각되는 이유를 설명하기 위해 A형의 예를 든 것이므로 다른 혈액형의 성격도 이어질 것이라는 예측은 적절하지 않다.

> **오답풀이** ① 이 글이 독자에게 미칠 영향을 예측한 것이다.
> ③ 배경지식을 활용하여 글의 구조를 예측한 것이다.
> ④ 배경지식을 활용하여 낱말의 뜻을 예측한 것이다.
> ⑤ 글에 나타난 정보와 읽기 맥락을 활용하여 글쓴이의 생각과 태도를 예측한 것이다.

03 '혈액형 성격학'이 들어맞는 것처럼 생각되는 근거가 자신의 판단이 옳다는 것을 입증하는 정보만을 선택적으로 받아들이는 '가설 검증 바이어스'에 있다고 지적하면서 '혈액형 성격학'에 과학적 근거가 없음을 밝히고 있다.

04 「관계는 첫인상부터 시작된다」라는 글의 제목을 통해 인간관계에서 첫인상이 어떤 역할을 하는지 설명하려는 글쓴이의 의도를 예측할 수 있다.

05 (다)는 '가설 검증 바이어스'의 개념을 예를 들어 설명한 문단이다. 그런데 제시된 내용은 (다)의 '가설 검증 바이어스'와 반대되는 내용으로, 이 내용이 포함되면 글의 통일성을 해치게 된다.

06 ㄴ은 이 글이 독자들에게 미칠 영향을 예측한 것이고, 나머지는 글의 내용을 예측한 것이다.

07 (다)에서 우리가 기후 변화 문제의 위험성을 인식하지 못하고 있는 사실이 더위보다 더 충격적이라고 하였다.

08 (나)에서는 우리의 에너지 사용량과 그 증가량이 심각한 상태임을 지적하고 있고, (다)에서는 기후 변화 문제와 대책에 대한 관심이 적다고 밝히고 있으므로 (나)와 (다) 사이에는 상반되는 내용을 이끌 때 사용하는 '그런데'가 들어가는 것이 적절하다.

09 글의 통일성에 대한 설명이다. 통일성 있는 글을 쓰기 위해서는 하나의 주제를 정하고 그 주제와 밀접하게 관련되도록 내용을 선정하고 조직해야 한다.

10 (가)를 보고 글의 분량까지 예측하기는 어렵다.

11 고난도 서술형 (나)의 자료가 어떤 내용인지를 먼저 파악한 후, 그 내용이 (가)에서 쓰려고 하는 글의 주제와 관련 있는지 판단해 본다.

평가 목표	통일성 있게 글의 내용 생성하기
채점 기준	✔ (나)를 활용할 수 없다고 판단하고 그 이유까지 밝혀 쓴 경우 [상]
	✔ (나)를 활용할 수 없다고 판단하였으나 그 이유를 정확히 밝히지 못한 경우 [중]
	✔ (나)를 활용할 수 있다고 판단한 경우 [하]

12 이 글은 독도의 환경과 생태가 갖는 특징과 가치를 설명하고 있다.

13 제시된 글은 다양한 생물이 서식한다는 독도의 특징을 설명하고 있다. 그런데 ㉡은 독도에 식물이 살기 어렵다는 내용으로, 글의 중심 내용과 반대되므로 삭제해야 한다.

③ 재미있는 낱말 탐험

[1] 품사의 종류와 특성

> **간단 체크 개념 문제**   본문 082쪽
>
> **1** 품사   **2** ①   **3** (1) × (2) ○ (3) × (4) ○

1 품사는 낱말을 형태, 기능, 의미에 따라 분류해 놓은 것이다.

2 품사 분류의 기준에는 형태, 기능, 의미가 있다.

3 (1) 낱말은 그 형태에 따라 형태가 변하는 말과 형태가 변하지 않는 말로 나뉜다.
(3) 동사와 형용사는 문장에서 쓰임에 따라 형태가 변한다.

> **학습 활동**   본문 083~096쪽
>
> | | |
> |---|---|
> | 084쪽 | 달리다, 설악산, 구름, 매우 |
> | 085쪽 | 예쁘다 |
> | 086쪽 | 사탕, 우정 |
> | 087쪽 | 연못가, 하나, 둘째 |
> | 088쪽 | 심다, 새하얗다 |
> | 089쪽 | 읽었다, 가늘었다, 맛있게, 핀, 형용사 |
> | 090쪽 | 치우자, 맑다, 형용사 |
> | 091쪽 | (나), 모든, 깜짝, 모든, 깜짝 |
> | 092쪽 | 어떤, 아주, 체언, 꾸며 주는 |
> | 093쪽 | 주체, 대상   094쪽   아, 네 |

> **학습콕**   본문 083~096쪽
>
> | | |
> |---|---|
> | 085쪽 | 형태, 기능, 의미, 이름, 움직임 |
> | 088쪽 | 이름, 대명사, 순서 |
> | 090쪽 | 움직임, 형용사, 없다 |
> | 092쪽 | 관형사, 용언 |
> | 093쪽 | 조사, 체언   094쪽   놀람, 독립적 |

> **간단 체크 활동 문제**   본문 083~096쪽
>
> | | | | | | |
> |---|---|---|---|---|---|
> | 084쪽 | **01** ① | **02** 피하려고, 들어갔다 | | **03** ③ | |
> | 085쪽 | **04** ⑤ | **05** ⑤ | | | |
> | 086쪽 | **06** ② | **07** ⑤ | **08** ② | | |
> | 087쪽 | **09** ④ | **10** 수사 | **11** ⑤ | | |
> | 088쪽 | **12** ⑤ | **13** ④ | | | |
> | 089쪽 | **14** ③ | **15** ③ | **16** ④ | | |
> | 090쪽 | **17** 활용 | **18** ①, ⑤ | | | |
> | 091쪽 | **19** 수식언 | **20** ③ | | | |
> | 092쪽 | **21** ① | **22** ③ | | | |
> | 093쪽 | **23** 네 개 | **24** ② | **25** ② | | |
> | 094쪽 | **26** ④ | **27** ③ | | | |
> | 095쪽 | **28** ⑤ | **29** ⑤ | | 096쪽 | **30** ② |

01 '설악산'은 문장에서 어느 위치에 쓰이든 그 형태가 변하지 않는다.

오답 풀이 ②, ③, ④, ⑤ '기쁘다', '달리다', '흔들다', '예쁘다'는 문장에서 쓰임에 따라 '기뻐서, 기쁘니', '달리고, 달리며', '흔들고, 흔드니', '예쁘고, 예뻐서' 등과 같이 형태가 변한다.

02 '피하려고(피하다)'는 '피하고, 피하니, 피해서', '들어갔다(들어가다)'는 '들어가고, 들어가니, 들어가서'와 같이 문장에서 쓰일 때 그 형태가 변한다.

03 기능에 따른 품사 분류란 낱말이 문장에서 쓰일 때 어떤 역할을 하는지에 따라 분류하는 것을 말한다.

04 '꽃', '구름', '풍경', '설악산'은 대상의 이름을 나타내는 낱말인 명사에 해당한다. '기쁘다'는 상태나 성질을 나타내는 낱말인 형용사에 해당한다.

05 낱말은 형태, 의미, 기능에 따라 나눌 수 있다.

06 '갑자기'는 다른 말을 꾸며 주는 낱말이다. '오후', '비', '집', '걱정'은 모두 이름을 나타내는 낱말이다.

07 '우정'은 추상적인 대상을 나타내는 명사이다. '손', '우산', '가방', '사탕'은 모두 구체적인 대상을 나타내는 명사이다.

08 대명사는 사람이나 사물, 장소 등의 이름을 대신하는 말이다.

오답 풀이 ① 이름을 나타내는 말은 명사이다.
③ 대명사는 문장에서 쓰일 때 형태가 변하지 않는다.
④ 뒤에 오는 말을 꾸며 주는 역할을 하는 말은 수식언이다.
⑤ 대명사는 문장에서 주어, 목적어 등의 역할을 한다. 문장에서 주로 주어를 서술하는 역할을 하는 말은 용언이다.

09 '거기'는 앞에 나온 '공원'을 대신 나타내는 대명사이다. '지석', '공원', '운동'은 명사이며, '같이'는 뒤에 오는 '운동할까'를 꾸며 주는 부사이다.

10 사물의 수량이나 순서를 나타내는 품사는 '수사'이다.

11 '둘째'는 순서를 나타내는 수사이다. '둘', '다섯', '스물', '하나'는 사물의 수량을 나타내는 수사이다.

12 ⑤는 다른 낱말을 꾸며 주는 기능을 하는 수식언(관형사와 부사)에 대한 설명이다.

13 밑줄 친 낱말은 형태가 변하는 용언으로, '먹었는데'의 기본형은 '먹다'이다.

14 '심으셨다(심다)'는 움직임을 나타내는 동사이다. '높고(높다)', '즐겁게(즐겁다)', '가늘었다(가늘다)', '새하얗다'는 모두 상태나 성질을 나타내는 형용사에 해당한다.

15 제시된 낱말은 모두 상태나 성질을 나타내는 형용사이다.

16 용언에는 동사와 형용사가 있으며(ㄱ), 용언은 문장에서 주로 주어를 서술하는 기능을 한다(ㄹ).

17 용언이 문장에서 쓰임에 따라 그 형태가 변하는 것을 '활용'이라고 한다.

18 형용사는 명령을 나타내는 '−어라/−아라', 청유를 나타내는 '−자'를 붙여 활용하면 어색하다. '맑다'와 '깨끗하다'는 상태나 성질을 나타내는 형용사로, '맑아라', '맑자', '깨끗하라', '깨끗하자'와 같이 활용하는 것이 어색하다.

오답 풀이 ②, ③, ④ '잡다', '앉다', '치우다'는 모두 동사로, '잡아라', '잡자', '앉아라', '앉자', '치워라', '치우자'와 같이 '−어라/−아라'와 '−자'를 붙여 활용하는 것이 자연스럽다.

19 문장에서 쓰일 때 다른 말을 꾸며 주는 기능을 하는 낱말은 수식언이다. 수식언에는 체언을 꾸며 주는 관형사와 용언이나 다른 부사, 문장 전체를 꾸며 주는 부사가 있다.

20 '들었다'는 움직임을 나타내는 동사이므로 용언에 속한다.

오답 풀이 ① '모든'은 뒤에 오는 체언 '학생'을 꾸며 주는 관형사이다.
② '번쩍'은 뒤에 오는 용언 '들었다'를 꾸며 주는 부사이다.
④ '무슨'은 뒤에 오는 체언 '일'을 꾸며 주는 관형사이다.
⑤ '깜짝'은 뒤에 오는 용언 '놀라셨다'를 꾸며 주는 부사이다.

21 '엉금엉금'은 뒤에 오는 동사 '기어간다'를 꾸며 주므로 부사에 속한다. '헌', '어떤', '아무런', '두'는 각각 뒤에 나오는 체언인 '가방', '가수', '말', '사람'을 꾸며 주므로 관형사에 해당한다.

22 관형사는 뒤에 오는 체언을 수식한다. 부사는 주로 용언을 수식하며 때에 따라 다른 부사나 문장 전체를 수식하기도 한다.

23 '는', '에', '과', '을'이 조사에 속하므로 조사는 모두 네 개이다.

24 ②에서 '딸기도'의 '도'는 '역시'의 뜻을 더해 주는 보조사이다.

오답 풀이 ① '선혜가'의 '가'는 '선혜'를 문장의 주어로 만들어 주는 주격 조사이고, '책을'의 '을'은 '책'을 목적어로 만들어 주는 목적격 조사이다.
③ '어린아이가'의 '가'는 주격 조사이고, '공원에서'의 '에서'는 '공원'을 부사어로 만들어 주는 부사격 조사이다.
④ '주상이와'에서 '와'는 '주상이'와 '민석이'를 이어 주는 접속 조사이고, '민석이가'의 '가'는 '주상이와 민석이'를 주어로 만들어 주는 주격 조사, '친구이다'의 '이다'는 '친구'를 서술어로 만들어 주는 서술격 조사이다.
⑤ '다인이가'에서 '가'는 주격 조사, '나에게'의 '에게'는 부사격 조사, '공을'의 '을'은 목적격 조사이다.

25 조사는 주로 체언 뒤에 붙어 문법적 관계를 나타낸다.

오답 풀이 ① 조사는 홀로 쓰일 수 없으며 주로 체언 뒤에 붙어 쓰인다.
③ 조사 중에는 '도', '만', '까지', '조차' 등 특별한 뜻을 더해 주는 조사가 있는데, 이를 보조사라고 한다.
④ 조사는 다른 말과의 문법적인 관계를 나타낸다.
⑤ 서술격 조사 '이다'는 다른 조사와 달리 문장에서 쓰일 때 형태가 변한다.

26 감탄사는 다른 말과 관계없이 독립적으로 쓰이므로 문장의 처음, 중간, 끝 어디에도 올 수 있다.

27 ①의 '여보세요', ②의 '네', ④의 '이런', ⑤의 '아'는 감탄사이다. ③에는 감탄사가 사용되지 않았다.

28 '당신의'에서 '의'와 '얼굴이'에서 '이'는 문법적인 관계를 나타 내는 조사이다.

29 '웃게(웃다)'는 '웃는다, 웃어라, 웃자'와 같이 활용이 가능한 동사이다.

30 '아파서(아프다)'는 상태를 나타내는 형용사이다. '아껴(아끼 다)'는 움직임을 나타내는 동사에 해당한다. '아까운(아깝다)', '아담하게(아담하다)', '아쉬웠다(아쉽다)', '아린다(아리다)'는 모두 형용사에 해당한다.

압축 파일 본문 097쪽

❶ 기능 ❷ 이름 ❸ 대명사 ❹ 수사 ❺ 수식언
❻ 용언 ❼ 조사 ❽ 체언 ❾ 독립언 ❿ 동사

한끝의 한 끗 본문 098~099쪽

❶ 하늘, 무척, 너, 는, 정말, 앗, 도토리, 하나, 헌, 옷, 을, 새, 처럼, 네, 여기, 에 ❷ 푸르다, 부지런하구나, 떨어졌네, 고쳐 ❸ 하 늘, 너, 도토리, 하나, 옷, 여기 ❹ 는, 을, 처럼, 에 ❺ 앗, 네 ❻ 무척, 정말, 헌, 새 ❼ 떨어졌네, 고쳐 ❽ 푸르다, 부지런하 구나 ❾ 하늘, 도토리, 옷 ❿ 너, 여기 ⓫ 하나 ⓬ 헌, 새 ⓭ 무척, 정말

시험에 나오는 소단원 문제 본문 100~101쪽

01 ④ **02** ① **03** ③ **04** ㉠: 형태, ㉡: 주어 **05** ④
06 ⑤ **07** ① **08** ② **09** ① **10** 동사는 현재 시제를 나타내는 '-는다/-ㄴ다', 명령을 나타내는 '-어라/-아라', 청유 를 나타내는 '-자'를 붙여 활용할 수 있지만, 형용사는 할 수 없다.
11 ② **12** ⑤ **13** ③ **14** ⑤ **15** ① **16** ②

01 우리말의 품사는 공통적인 의미에 따라 명사, 대명사, 수사, 동사, 형용사, 관형사, 부사, 조사, 감탄사의 아홉 갈래로 분 류할 수 있다.

02 '기쁘다'는 '기쁘고, 기쁘니, 기쁜' 등과 같이 형태가 변하고, '걷다'는 '걷고, 걸으니, 걷는' 등과 같이 형태가 변한다.

03 의미를 기준으로 할 때, '기쁘다'는 형용사, '매우'는 부사, '한 라산'과 '구름'은 명사, '걷다'는 동사에 속한다.

04 서술형 '그'는 대명사, '우산'은 명사, '하나'는 수사로 모두 체 언에 속한다. 체언은 문장에서 쓰일 때 형태가 변하지 않고, 주로 주어나 목적어의 기능을 한다.

05 '사탕'은 눈으로 보고 손으로 만질 수 있는 구체적인 대상을 나타내는 구체 명사이다. '우정', '걱정', '추억', '행복'은 모두 추상적인 개념을 나타내는 추상 명사이다.

06 ㉤의 '여기'는 '연못가'를 대신하는 말이므로 대명사이다.

07 밑줄 친 부분은 순서를 나타내는 말이므로 수사에 속한다. '셋'은 사물의 수량을 나타내는 수사이다.
오답풀이 ② '나무'는 사물의 이름을 나타내는 명사이다.
③ '그녀'는 사람의 이름을 대신 나타내는 대명사이다.
④ '까지'는 주로 체언 뒤에 붙어서 특별한 의미를 더해 주는 조사이다.
⑤ '온갖'은 뒤에 오는 체언을 꾸며 주는 관형사이다.

08 움직임을 나타내는 말은 동사이고, 상태나 성질을 나타내는 말은 형용사이다. 동사와 형용사는 용언에 속한다. 용언은 문 장에서 쓰일 때 형태가 변하며, 주로 주어를 서술하는 역할을 한다.

09 '부른다'는 움직임을 나타내는 동사이므로 용언에 속한다. '나 뭇가지'는 명사이므로 체언에, '께서'는 조사이므로 관계언에, '다'는 부사, '온'은 관형사이므로 수식언에 속한다.

10 서술형 '먹다'는 움직임을 나타내는 동사이고, '예쁘다'는 상 태나 성질을 나타내는 형용사이다. '먹다'는 현재 시제를 나타 내는 '-는다/-ㄴ다', 명령을 나타내는 '-어라/-아라', 청 유를 나타내는 '-자'를 붙여 활용할 수 있지만, '예쁘다'는 할 수 없다.

11 '모든'은 뒤에 오는 명사 '학생'을 꾸며 주는 관형사이고, '깜 짝'은 뒤에 오는 동사 '놀라셨다'를 꾸며 주는 부사이다. 관형 사와 부사는 수식언에 속하며 뒤에 오는 말을 꾸며 주는 기능 을 한다.
오답풀이 ① 수식언은 문장에서 쓰일 때 형태가 변하지 않는다. 문 장에서 쓰일 때 형태가 변하는 말은 용언이다.
③ 문장의 주체가 되는 말은 체언이다.
④ 다른 말과의 문법적 관계를 나타내는 말은 관계언이다.
⑤ 다른 말과 관계없이 독립적으로 쓰이는 말은 독립언이다.

12 ⑤에는 동사나 형용사, 다른 부사, 문장 전체 등을 꾸며 주는 부사가 사용되지 않았다.
오답풀이 ① 동사 '기어간다'를 꾸며 주는 '엉금엉금'이 사용되었다.
② 부사 '많이'를 꾸며 주는 '아주'와 동사 '내렸다'를 꾸며 주는 '많이' 가 사용되었다.
③ 문장 전체를 꾸며 주는 '과연'이 사용되었다.
④ 동사 '피었다'를 꾸며 주는 '활짝'이 사용되었다.

13 ③에서 '보는'은 동사의 어간 '보-'에 어미 '-는'이 붙은 활용 형이다. 조사는 주로 체언 뒤에 붙는다. ⑤의 '이다'는 서술격 조사이다.

14 감탄사는 느낌이나 놀람, 부름이나 응답을 나타내는 낱말로, 생략해도 문장의 뜻이 크게 달라지지 않는다. '꿈'은 명사이다.

15 ㉠의 '이런'은 다른 말과 관계없이 독립적으로 쓰이는 감탄사 이다. ㉡의 '이어서'는 서술격 조사 '이다'의 활용형이다.

16 '어떤'은 뒤에 오는 명사 '꽃'을 꾸며 주는 관형사이고, '좋아할 까(좋아하다)'는 움직임을 나타내는 동사이다.
오답풀이 ①, ③, ④, ⑤ 이 문장에 사용된 품사는 명사(진희, 꽃), 조사(가, 을), 관형사(어떤), 부사(가장), 동사(좋아할까)로 총 다섯 개 이다.

간단 체크 개 념 문제 본문 102쪽

1 고유어-무지개, 한자어-학교, 외래어-피아노   **2** 방언
3 ②

1 '무지개'는 순우리말이므로 고유어이고, '학교(學校)'는 한자를 바탕으로 만들어진 말인 한자어이며, '피아노(piano)'는 외국에서 들어와 우리말처럼 쓰이는 말인 외래어이다.

2 한 언어에서, 사용 지역 또는 사용 집단에 따라 분화된 말의 체계를 방언이라고 한다.

3 '남긔'는 '나무'의 지역 방언이다. 나머지 말들은 사회적 요인에 따라 다르게 쓰이는 사회 방언에 해당한다.

학습 활동 본문 103~113쪽

103쪽	지우개, 색연필, 초콜릿
104쪽	쌀
105쪽	색깔, 호감, 심정, 한자어
106쪽	외국
107쪽	매우
108쪽	비공식적, 지역 방언
110쪽	음악
111쪽	친밀감, 의사소통, 속어
112쪽	정체성
113쪽	줄인 말, 생일 선물

학습콕 본문 103~113쪽

106쪽	고유어, 우리말, 보완, 정체성
111쪽	지역, 표준어, 사회 방언, 은어

간단 체크 활 동 문제 본문 103~113쪽

103쪽	**01** 한자어 **02** ④ **03** ④
104쪽	**04** ③ **05** ③
105쪽	**06** ③ **07** ④
106쪽	**08** ③ **09** ①
107쪽	**10** 지역 방언 **11** ② **12** ④
108쪽	**13** ① **14** ③
109쪽	**15** ③ **16** ⑤ **17** 세대(의) 차이
110쪽	**18** ③ **19** ②
111쪽	**20** ㉠: 은어, ㉡: 속어 **21** ③
112쪽	**22** ④ **23** 외래어를 무분별하게 사용하고 있다.
113쪽	**24** ③

01 어종(말의 뿌리)에 따른 어휘의 유형에는 고유어, 한자어, 외래어가 있다.

02 '두유(豆乳)'는 한자를 바탕으로 만들어진 말이다.

03 '시나브로'는 '모르는 사이에 조금씩 조금씩'이라는 뜻을 지닌 고유어이다.

04 밑줄 친 부분을 통해 고유어는 색깔의 정도나 느낌의 차이에 따른 다양한 색채어가 발달하였음을 알 수 있다.

05 〈보기〉는 고유어에 농사와 관련된 말이 발달했다는 것을 보여 준다. 이는 고유어에 우리 민족 고유의 문화인 농경 문화가 반영되어 있기 때문이다.

06 고유어는 옛날부터 쓰였고, 지금도 널리 쓰인다. 한자어나 외래어에 밀려 사라진 말이 있기는 하지만 고유어가 거의 사라진 것은 아니다.

07 〈보기〉에서 한자어 '의향', '호감'이 고유어 '마음'보다 분화된 뜻을 가지고 있음을 알 수 있다. 따라서 ㉠을 쓸 때보다는 ㉡과 ㉢으로 쓸 때 뜻이 더 정밀해진다.

오답 풀이 ① '마음'은 문맥에 따라 '의향', '호감', '심정' 등 여러 의미로 쓰인다.
② '마음'은 고유어이고, '의향(意向)'과 '호감(好感)'은 한자어이다.
③ '여행 갈 호감은 있니?', '나는 그 사람에게 의향이 있어.'로 바꾸면 어색한 문장이 된다.
⑤ '의향'과 '호감'은 '마음'이라는 낱말보다 뜻이 구체적이기 때문에 이를 보완하는 역할을 한다.

08 외래어는 외국에서 들어와 우리말로 굳어져 사용되는 말로, 대응되는 고유어가 없는 경우가 많다.

09 외래어는 한자어를 제외하고 외국에서 들어온 말이다. 백반증(白斑症)은 한자어이다.

10 지역에 따라 다르게 쓰는 말을 지역 방언이라고 한다.

11 ①, ③, ④, ⑤는 모두 '표준어 – 지역 방언'의 관계이나 ②는 '고유어 – 한자어'의 관계이다.

12 〈보기〉의 낱말들은 모두 '나무'를 뜻하는 말로, 지역에 따라 다르게 쓰는 말인 지역 방언에 해당한다.

13 지역 방언은 주로 비공식적인 상황에서 사용된다. 공식적인 상황에서는 표준어를 사용해야 의사소통을 더욱 원활하게 할 수 있다.

14 문학 작품에 지역 방언을 사용하면 작품의 배경이 되는 지역의 고유한 정서를 잘 담아내어 작품의 내용과 분위기를 더욱 섬세하고 풍부하게 표현할 수 있다.

15 지역의 차이에 의해 생긴 방언은 지역 방언이다.

16 '오퍼러빌리티'는 '수술 가능성'이라는 의미로, 주로 의학 분야의 직업을 가진 사람들이 사용하는 말이다. 따라서 ⑤가 직업에 따른 어휘의 차이를 보여 주는 예이다.

오답 풀이 ① '오빠'와 '형'은 성별에 따라 호칭이 달라진 말이다.
② '친구'와 '벗'은 뜻이 비슷한 낱말이다.
③ '동생'과 '아우'는 뜻이 비슷한 낱말이다.
④ '쬐까'는 '조금'의 지역 방언이다.

17 '문상'은 '문화 상품권'의 줄인 말로, 청소년 세대에서 주로 쓰이는 말이다.

18 '느낌'은 '몸의 감각이나 마음으로 깨달아 아는 감정'을 뜻하는 말로, 특정 분야의 전문가가 아닌 보통 사람들이 일상적으로 사용하는 말이다.

19 전문어는 전문 분야에서 특별한 뜻으로 쓰는 말이다. 전문어는 전문 분야와 관련된 정밀한 뜻을 지니고 있어서 업무를 효과적으로 수행하는 데 도움이 된다.

20 다른 사람들이 알아듣지 못하도록 특정 집단의 구성원끼리만 쓰는 말을 은어, 통속적으로 쓰는 저속한 말을 속어라고 한다.

21 제시된 낱말들은 청소년들이 주로 사용하는 은어이다. 전문 분야에서 사용되는 말은 전문어이다.

22 ④는 외래어 표기법에 어긋난 말을 바르게 고친 예이다.

23 '아이스 아메리카노', '레귤러 사이즈', '테이크 아웃', '텀블러'는 외래어이다. '아이스', '레귤러 사이즈', '테이크 아웃', '텀블러'는 고유어로 바꾸어 쓸 수 있는 말임에도 불구하고 외래어를 무분별하게 사용한 것이다.

24 제시된 단어는 '인터넷 강의', '열심히 공부하다', '생일 선물'의 줄인 말이다. 이들은 주로 새롭게 만들어지는 말이므로 우리 민족의 정서가 담겨 있지는 않다.

오답 풀이 ①, ② 청소년들이 주로 사용하는 사회 방언이다.
④, ⑤ 어법에 맞게 줄인 말도 표준어도 아니므로 제시된 낱말을 모르는 사람과 의사소통을 할 때에는 어려움을 겪을 수 있다.

압축 파일
본문 114쪽

❶ 고유어 ❷ 한자 ❸ 지역 방언 ❹ 세대 ❺ 표준어
❻ 전문어 ❼ 비밀 유지 ❽ 친밀감

시험에 나오는 소단원 문제
본문 115~116쪽

01 ④ **02** ④ **03** 색깔을 표현하는 말(색채어)이 발달하였다. **04** ② **05** ② **06** ⑤ **07** ② **08** ④ **09** ② **10** ④ **11** ① **12** ③ **13** ② **14** 손녀가 할아버지와 대화를 나누고 있는 상황임을 고려하지 않고 자기 또래 사이에서 쓰는 줄인 말을 사용하고 있기 때문이다.

01 '고유어 – 한자어 – 외래어'는 어종(말의 뿌리)에 따라 낱말을 분류한 것이다.

02 전문적이고 추상적인 개념을 나타내는 낱말이 많은 것은 한자어의 특성이다.

03 서술형 〈보기〉는 '붉다'와 비슷한 뜻을 가진 낱말들로, 이를 통해 고유어에는 색의 정도나 느낌의 차이에 따라 다양한 색채어가 있음을 알 수 있다.

04 ㉠은 '마음이 향하는 바 또는 무엇을 하려는 생각', ㉡은 '좋게 여기는 감정'이라는 뜻이다. 의미가 서로 다르므로 ㉠과 ㉡은 서로 바꾸어 쓸 수 없다.

05 '명상(冥想), 기억(記憶), 고려(考慮), 추측(推測)'은 모두 한자어이다. '생각'은 고유어에 해당한다.

06 〈보기〉는 모두 외래어이다. 외래어는 외국에서 들어와 우리말로 굳어져 사용되는 말로, 우리나라 사람들이 일상적으로 쓰는 말이다.

07 〈보기〉는 외래어를 남용한 예이다. 외래어를 무분별하게 사용하면 원활한 의사소통에 어려움을 겪고, 우리말의 정체성이 위협받을 수 있다. 외래어를 많이 사용한다고 해서 외국어를 잘하게 되는 것은 아니다.

08 '안습'은 안타까움을 뜻하는 은어로 사회 방언의 예이고, '토깽이'는 '토끼'를 귀엽게 이르는 사투리로 지역 방언의 예이다.

09 ②는 고향 친구들과의 사적인 대화 상황이므로 지역 방언을 사용하기에 적절하다.

10 여성은 남성에 비해 '어머나'와 같이 감정을 표현하는 어휘를 더 많이 사용하는 경향이 있다. 또한 여성은 해요체를 남성은 하십시오체를 상대적으로 더 많이 사용하는 경향이 있다.

11 ㉠은 직업에 따른 사회 방언의 예이다. ㉠과 대응하는 일반 어휘는 ㉡이다.

오답 풀이 ② ㉠은 외래어이고, ㉡은 한자어이다.
③ ㉠과 ㉡은 직업에 따른 사회 방언의 예이다.
④ 의학 분야 이외의 직업을 가진 사람들은 ㉠을 이해하지 못할 수도 있다.
⑤ ㉠은 의학 분야의 직업을 가진 사람들이 쓰는 전문어로, 해당 업무의 효율성을 높이기 위해 사용한다.

12 제시된 낱말들은 심마니들이 사용하는 은어이다. 은어는 다른 사람들이 알아듣지 못하게 하기 위해 특정 집단의 구성원끼리만 사용하는 말이다.

오답 풀이 ①은 한자어, ②는 외래어, ④, ⑤는 속어에 대한 설명이다.

13 〈보기〉에서 설명하는 어휘는 속어이다.

14 서술형 할아버지와 손녀의 대화가 원활하지 않은데, 이는 손녀와 할아버지의 세대에서 사용하는 말이 다르기 때문이다. 즉, 손녀가 할아버지를 상대로 자기 또래 사이에서 쓰는 줄인 말을 사용하고 있기 때문이다.

어휘력 키우기
본문 117쪽

1 ②

1 옷을 두껍지 않게 입었다는 의미이므로 '얇게'가 적절하다.

오답 풀이 ① 긴 물체인 실의 굵기나 너비가 머리카락보다 얇거나 좁다는 의미이므로 '가늘구나'가 옳은 표현이다.
③ '굵고'의 반대 의미로 사용되었기 때문에 '가늘고'가 옳은 표현이다.
④ 마당에 눈이 두께가 두껍지 아니하게 깔렸다는 의미이므로 '얇게'가 옳은 표현이다.
⑤ 밀가루 반죽을 두께가 두껍지 아니하게 밀었다는 의미이므로 '얇게'가 옳은 표현이다.

01 ③   **02** ②   **03** ④   **04** ③   **05** ㉠: 체언-수사, ㉡:
수식언-관형사   **06** ④   **07** ②   **08** ⑤   **09** ①   **10** ②
11 ④   **12** ④   **13** 고유어: 여름, 바람 / 한자어: 작년, 친구,
기분 / 외래어: 버스, 케이블카   **14** ③   **15** ①   **16** ⑤
17 ②   **18** ④   **19** ⑤   **20** '싱커페이션, 알라 브레베, 레가
토, 세뇨' 등 음악 분야에서 특별한 뜻으로 쓰이는 전문어가 사용
되었기 때문이다.

01 ㉠에는 형태, ㉡에는 기능, ㉢에는 용언, ㉣에는 부사, ㉤에
는 조사가 들어가야 한다.

02 체언에 속하는 낱말은 '민아', '우리', '반', '마음씨'로 모두 네
개이다.

03 ④의 '저'는 뒤에 오는 명사 '사람'을 꾸며 주는 역할을 하는
관형사이다.

04 '우정', '걱정', '건강', '추억'은 추상적인 대상을 나타내는 추상
명사이고, '가방'은 구체적인 대상을 나타내는 구체 명사이다.

05 ㉠은 문장에서 주어 역할을 하므로 체언에 속하고, ㉡은 뒤
에 오는 명사 '사람'을 꾸며 주는 역할을 하므로 수식언에 속
한다.

06 '매콤한'은 형용사 '매콤하다'의 활용형이므로 용언에 해당한다.

  오답 풀이   ①, ② '오늘'과 '점심'은 명사이므로 체언에 속한다.
③ '아주'는 부사이므로 수식언에 속한다.
⑤ '떡볶이이다'는 명사인 '떡볶이'와 서술격 조사인 '이다'가 합쳐진
말이다.

07 동사 뒤에는 현재형 어미 '-는다/-ㄴ다', 명령형 어미 '-아
라/-어라', 청유형 어미 '-자'가 모두 붙을 수 있으나 형용사
에는 모두 붙을 수 없다. 제시된 자료를 보면, '잡다', '웃다'는
활용형이 자연스러우나 '맑다', '곱다'는 활용형이 어색하다.
따라서 '잡다', '웃다'는 동사, '맑다', '곱다'는 형용사이다.

08 부사 '많이'는 뒤에 오는 동사 '내렸다'를 꾸며 준다.

  오답 풀이   ① 이 문장에서 관형사는 사용되지 않았다.
② 이 문장에는 '분명히', '아주', '많이' 총 세 개의 수식언이 사용되었다.
③ '아주'는 부사인 '많이'를 꾸며 준다.
④ '분명히'는 뒤에 오는 문장 전체를 꾸며 준다.

09 '그'는 명사 '여자'를, '한'은 명사 '송이'를 꾸며 주는 관형사이
다. '여자'와 '꽃', '송이'는 명사, '는'과 '를'은 조사, '샀다'는 동
사이다.

10 '가'와 '를'의 자리를 서로 바꾸면 '정우를 나라가 부른다.'가
되어 문장의 의미가 달라진다.

11 '어머'는 놀람을 표현하는 감탄사이다.

  오답 풀이   ①의 '너'는 대명사, ②의 '하나'는 수사, ③의 '정말'은 부
사, ⑤의 '푸른'은 형용사이다.

12 한자어는 한자를 바탕으로 이루어진 말이지만 우리말에서 많
은 비중을 차지하고 있다. 또 한자어 중에 중국이나 일본에서
들어온 것도 있지만 우리나라에서 만들어 사용하는 것도 있
으므로 외래어와는 다르다.

13 **서술형** '여름'과 '바람'은 우리말에 본디부터 있던 말인 고유
어에 해당하고, '작년(昨年)', '친구(親舊)', '기분(氣分)'은 한자
를 바탕으로 만들어진 말인 한자어에 해당한다. '버스(bus)'와
'케이블카(cable car)'는 다른 나라에서 들어와 우리말처럼 쓰
이는 말인 외래어에 해당한다.

14 〈보기〉는 고유어인 '고치다'가 한자어인 '수리하다', '수선하
다', '치료하다'를 포괄하고, 반대로 각 한자어는 고유어의 뜻
중 일정 영역을 담당하는 것을 보여 준다. 따라서 한자어가 고
유어에 비해 뜻이 구체적인 경우가 많다는 특성을 알 수 있다.

  오답 풀이   ① 〈보기〉에 따르면 한자어가 고유어에 일대일로 대응되
는 것이 아니라 고유어 하나에 다수의 한자어가 대응된다.
② 〈보기〉만 보고 한자어의 수가 고유어의 수보다 많다고 단정지을
수는 없다.
④ 고유어가 한자어보다 일반적이고 포괄적인 의미를 지닌다.
⑤ 고유어보다 한자어를 사용하는 것이 더 바람직하다고 볼 수 없다.
상황에 맞게 적절한 어휘를 선택하여 사용하는 것이 바람직하다.

15 '여성(女性)', '피부(皮膚)', '색소(色素)', '백반증(白斑症)'은 모
두 한자어에 속한다.

16 이 글은 지역 방언을 사용하여 농촌 마을의 현실을 생생하게
표현한 소설의 일부분이다. ㉤의 '불량배(不良輩)'는 한자를
바탕으로 이루어진 말로 지역 방언이 아니다.

17 사회 방언은 사회 계층이나 집단에 따라 달라진 말이다. 다른
집단 사람들과 의사소통할 때 사회 방언을 많이 사용하면 의
사소통에 어려움을 겪을 수 있으므로 ②는 적절하지 않다.

18 제시된 낱말은 사회 방언 중 젊은 세대에서 주로 사용하는 은
어에 속한다. ④는 전문어에 대한 설명이다.

19 〈보기〉는 세대에 따라 사용하는 언어가 달라질 수 있음을 보
여 주는 사례이다. 〈보기〉와 같이 세대에 따른 언어 차이가
드러나는 예는 ⑤이다.

  오답 풀이   ① 우리나라는 농경 문화가 발달되어서 고유어 '쌀'과 관
련된 말이 발달하였음을 보여 주는 예이다.
② 피겨 스케이팅 분야의 전문어로 직업에 따른 언어 차이의 예이다.
③ 성별에 따른 언어 차이의 예이다.
④ 지역에 따른 언어 차이의 예이다.

20 **고난도 서술형** 〈보기〉를 일반인들이 쉽게 이해할 수 없는 이
유는 음악 분야에서 특별한 뜻으로 쓰이는 전문어가 사용되
었기 때문이다. 〈보기〉에 사용된 음악 분야의 전문어로는 '싱
커페이션, 알라 브레베, 레가토, 세뇨' 등이 있다.

평가 목표	전문어의 특성 파악하기
채점 기준	✔ 〈보기〉를 일반인들이 이해하기 어려운 이유를 〈조건〉에 맞게 서술하였을 경우 [상]
	✔ 〈보기〉에서 전문어를 두 개 이상 찾아 적지 않았거나, 전문어의 특성을 형식에 맞게 서술하지 않았을 경우 [중]
	✔ 〈보기〉에서 전문어를 두 개 이상 찾아 적지 않았고, 전문어의 특성을 형식에 맞게 서술하지 않았을 경우 [하]

④ 갈등을 넘어 소통으로

[1] 갈등하는 삶

1 (1) ○ (2) × (3) ○   **2** 갈등   **3** ②

1 (2) 소설의 특성 중 서사성은 소설이 '인물, 사건, 배경' 등 소설 구성의 3요소를 갖추고 있고, 일정한 흐름에 따라 사건이 전개되는 것을 말한다.

2 문학에서 갈등은 등장인물의 마음속에서(내적 갈등) 또는 인물 사이나, 인물과 환경 사이에서(외적 갈등) 일어나는 대립과 충돌을 일컫는다.

3 나의 바람(만화가가 되고 싶은 바람)과 아버지의 바람(공무원이 되길 바람)이 대립하면서 일어난 갈등이므로 인물과 인물 간의 갈등에 해당한다.

128쪽	전기용품, 육친애, 욕심
130쪽	바람, 암시, 물질
132쪽	외적
135쪽	바람, 쾌감
138쪽	도둑놈 두목, 내적
139쪽	고향, 청순함

125쪽	**01** ⑤	**02** ④	
126쪽	**03** ③	**04** 고등학교 교복	
127쪽	**05** ②	**06** ③	**07** ⑤
128쪽	**08** ④	**09** ③	
129쪽	**10** ⑤	**11** ①	**12** ④
130쪽	**13** ⑤	**14** 꼭 네깐 놈 다칠 게 걱정이 아니라 나 손해 볼 게 겁난다는 소리로 들린다.	
131쪽	**15** ②	**16** ③	**17** ③
132쪽	**18** ④	**19** ③, ④	
133쪽	**20** ⑤	**21** ③	**22** ④
134쪽	**23** ⑤	**24** 인물('수남')의 내적 갈등	
135쪽	**25** ⑤	**26** ④	
136쪽	**27** ②	**28** ④	**29** ②
137쪽	**30** ①	**31** ②	
138쪽	**32** ⑤	**33** ④	
139쪽	**34** 아버지가 있는 고향으로 돌아가기로 결정하였다.		
	35 ③		

01 '수남'의 성질이 거친 것이 아니라 단골손님인 전공들의 성질이 거칠고 급한 것이다.

02 '수남'은 일이 익숙하지 않았을 때 단골손님들로부터 알밤을 먹었는데, 일이 익숙해진 후에도 단골손님들은 '수남'에게 알밤을 먹이는 것으로 애정을 표시하였다.

03 '수남'은 언젠가는 야학에라도 들어가 공부를 하고 싶다는 자신의 마음을 알아주는 '주인 영감'에게 감동과 고마움을 느낀다. 그래서 적은 월급을 받고 많은 일을 하는 것에 전혀 억울함을 느끼지 않는다.

04 '수남'은 고등학교 교복을 보면 심장이 감전된 것처럼 가슴이 휘저어지는 느낌을 받는다. 그것은 그만큼 고등학교 교복이 '수남'에게 공부하고 싶은 마음을 불러일으킨다는 의미인 것이다.

05 낮에는 가게 일이 너무 많고 바빠서 '수남'이 책을 읽거나 공부할 틈이 전혀 나지 않는다.

06 '수남'은 자신의 마음을 알아주는 '주인 영감'이 고마워, 그의 기대에 부응하고자 열심히 일하는 성실한 아이이다. 그러나 '주인 영감'이 자신을 겉으로 위하는 척하며 이용할 뿐임을 알지 못하므로 눈치가 빠른 것은 아니다.

07 '주인 영감'은 점원을 더 쓰면 그만큼 돈이 더 들기 때문에 인건비를 아끼고자 '수남'을 위하는 척하며 '수남'을 혹사시키는 것이다.

08 '주인 영감'은 '수남'에게 알밤을 먹이는 일이 한 번도 없었으므로 '수남'은 '주인 영감'에게 알밤을 먹을 때의 서글픔을 느끼지는 않는다.

09 (아)는 소설의 구성 단계상 전개에 해당하며, 봄이 왔는데도 바람이 강하게 부는 것으로 보아 앞으로 불길한 사건이 벌어질 것을 암시한다.

10 사람들은 다친 아가씨보다 애꿎은 돈을 물어야 하는 '전선 도매집 주인아저씨'를 더 동정했다. 이를 통해 도시 사람들의 물질 만능주의적인 태도를 엿볼 수 있다.

11 '수남'은 장사가 잘 안되는 것에 대해 초조하게 생각하고 있지 않다.

12 가게 주인들은 다친 아가씨의 안부보다 '전선 도매집 주인아저씨'의 손해가 얼마인가를 궁금해하며 계산적이고 이해타산적인 면모를 보인다.

13 '수남'은 바람을 자연에 생명을 불어넣는 존재로 인식하는 반면, 서울 사람들은 바람은 횡액, 먼지, 쓰레기를 불어오는 존재로 인식하기 때문에 그 인식 차이에서 고독을 느낀다.

14 이전에 바람 때문에 간판이 떨어져 아가씨가 다친 사고가 났을 때 사람들은 아가씨의 안부보다 '전선 도매집 주인아저씨'의 손해 정도에 더 관심을 가졌다. '수남'이 '주인 영감'의 말을 고깝게 듣는 것도 자신에 대한 걱정의 말이 아니라, 사고가 나면 '주인 영감' 자신이 손해를 볼 게 겁난다는 소리로 들렸기 때문이다.

15 물건 대금을 어떻게든 받아 내려는 '수남'과 주지 않으려고 거짓말을 하는 'xx상회 주인'의 대립, 즉 인물과 인물 간의 갈등이 두드러진다.

16 'xx상회 주인'이 '수남'에게 물건 대금을 주지 않으려고 해서 갈등이 일어나고 있다.

17 ⓒ은 '주인 영감'이 한 말이 아니라 '수남'이 물건 대금을 받아 내기 위해 거짓으로 하는 말이다.

①, ② '은행 막는다'는 말은 은행에서 대출을 받은 돈을 갚는다는 말이지만 '수남'은 그 말의 정확한 뜻을 모른 채 급하게 돈을 받기 위해 거짓말을 한다.
④, ⑤ '수남'에게 장사꾼은 남을 속이면서 자신의 이익을 추구하는 징그러운 족속이다. 하지만 다른 장사꾼들이 그런 식으로 물건 대금을 받는 것을 보고 '수남'도 물건 대금을 받아 내기 위해 자신이 혐오하는 장사꾼의 수법을 따라한다. 이는 '수남'이 도시 생활에 물들었음을 보여 준다.

18 '수남'은 '신사'에게 뒷덜미를 잡혔으나 어떤 영문인지 몰라 당황해하고 있다.

19 '바람'은 을씨년스러운 분위기를 조성하며 '수남'에게 불길한 사건이 발생할 것임을 암시하는 역할을 한다. 결국 바람에 '수남'의 자전거가 넘어져 '수남'과 '신사'가 갈등하는 사건의 원인이 된다.

20 '수남'의 자전거가 바람에 쓰러지며 '신사'의 차에 생채기를 냈다. 그것을 계기로 차 수리비를 받으려는 '신사'와 그처럼 큰돈이 없는 '수남'의 갈등이 시작된다.

21 차에 난 생채기를 찾고는 팔짝팔짝 뛰는 것으로 보아 경박스러우며, 어린 '수남'에게 차 수리비를 무리하게 요구하는 것으로 보아 야박한 인물임을 알 수 있다.

22 자신이 울자 '신사'의 목청이 다분히 누그러지며 목소리에 연민이 담기는 것을 알아차린 '수남'이, '신사'의 동정심을 더욱 유발하기 위해 흑흑 소리까지 내며 운 것이다. '수남'의 영악스러운 면모가 드러난다.

23 '수남'은 자전거를 들고 도망치는 자신의 행동을 속으로 합리화했기 때문에 달리는 그 순간에 일종의 '쾌감'을 느낀다. 이때의 '쾌감'은 자전거를 빼앗겼다는 것에서 비롯되었던 일종의 심리적 부담감이 사라짐으로써 느낀 해방감이라 할 수 있다.

24 '신사'에게 자전거를 빼앗길 위기에 처한 '수남'은 주변 어른들의 부추김에 내적 갈등을 겪다가 결국 자전거를 들고 도망치게 된다.

25 '주인 영감'은 '수남'이 자동차 수리비를 물어 주는 대신 빼앗길 뻔한 자전거를 들고 도망쳐 온 행동에 대해 금전상의 손실을 막았다는 이유만으로 칭찬한다.

26 '수남'은 자신이 부도덕한 행동을 했음에도 불구하고 야단치지 않고, 자신에게 금전적 손해를 입히지 않은 것만 기뻐하는 '주인 영감'이 마치 도둑놈 두목 같아 보여 속으로 혐오감을 느꼈다.

27 '주인 영감'은 '수남'이 자전거를 들고 도망쳐 와 '신사'가 요구한 수리비를 전혀 물지 않게 되어서 '수남'에게 "네놈 오늘 운 텄다."라고 말했다.

28 '수남'은 '주인 영감'이 자신을 옳은 길로 이끌어 주는 존재가 아니라는 것을 깨닫게 되면서 '주인 영감'에 대한 태도가 달라졌다.

29 [A]에서는 '수남'이 자전거를 들고 도망쳤을 때 쾌감을 느낀 것에 대한 '수남'의 내적 갈등이 드러난다. 이 소설에서 '수남'은 '주인 영감'과 갈등을 겪지 않는다.

30 ①은 '지은 죄가 있으면 자연히 마음이 조마조마해짐'을 비유적으로 이르는 속담이다. '수남'은 자신이 낮에 한 행동이 잘못임을 깨닫고 죄책감 때문에 불안해하고 있다.

31 '수남'의 형 '수길'이 떳떳하지 못한 방법으로 물건을 가져 온 것이기 때문에 자신의 잘못이 들킬까 봐 두려워 동네에서 잔치를 벌이거나 동생들이 떠드는 것도 못 하게 막고 있다.

32 '수남'은 도둑질을 한 사실을 숨긴 형의 얼굴빛을 '누런 똥빛 얼굴'로 기억한다. 이를 잊지 못한다는 것은 형이 부도덕한 일을 한 것이 '수남'에게 충격으로 남아 있다는 의미이다.

33 큰아들이 돈과 물건을 훔쳤다가 순경한테 끌려갔기 때문에 도둑질만은 하지 말라고 신신당부한 것이다.

34 자신이 부도덕하다는 사실 때문에 갈등하던 '수남'은 자신을 도덕적으로 견제해 줄 아버지가 있는 고향으로 가기로 결심하고 짐을 싼다.

35 '수남'의 얼굴에서 '누런 똥빛'이 가셨다는 것은 '수남'을 둘러싼 부도덕성이 말끔히 해소되었음을 뜻한다. 즉 '수남'이 내적 갈등에서 벗어나 잃어버린 도덕성을 회복하였음을 나타낸다.

간단 체크 어휘 문제 · 본문 125~139쪽

125쪽	(1) 떨떠름한 (2) 숙성한 (3) 우락부락한
126쪽	(1) × (2) ○ (3) × (4) ○ (5) ○
128쪽	(1) 만발 (2) 육친애 (3) 급강하
130쪽	(1) 생리 (2) 고깝다 (3) 혐오감
132쪽	(1) 날렵하게 (2) 도시 (3) 기세
134쪽	(1) ⓒ (2) ㉠ (3) ⓒ
135쪽	(1) 필시 (2) 흡사 (3) 자초지종
137쪽	(1) ⓒ (2) ㉣ (3) ㉠ (4) ⓒ

학습 활동 · 본문 141~147쪽

이해	자물쇠, 고향, 은행, 도망, 쾌감, 비판, 바람
적용	입신양명, 신분

간단 체크 활동 문제

본문 141~147쪽

141쪽	**01** ⑤	**02** ②	
142쪽	**03** 자전거를 들고 도망쳤다.	**04** ⑤	**05** '주인 영감'
143쪽	**06** ⑤	**07** ③	
144쪽	**08** ⑤	**09** 천한 신분	
145쪽	**10** ③	**11** ①, ④	**12** 소인, 대감
146쪽	**13** ③	**14** ④	**15** ④
147쪽	**16** ⑤		

01 '수남'이 고향으로 돌아가기로 결심한 이유는 자동차 수리비를 마련하지 못해서가 아니라 고향에 도덕적으로 자신을 견제해 줄 '아버지'가 있기 때문이다.

02 이 글에는 '수남'과 '××상회 주인'의 갈등, '수남'과 '신사'의 갈등, '수남'의 내적 갈등이 나타난다. '신사'와 '주인 영감'은 직접 대면한 적이 없으며, '수남'은 '주인 영감'에게 실망을 하고 혐오감을 느끼지만 겉으로 갈등을 겪지는 않는다.

03 '수남'은 자동차 수리비를 무리하게 요구하는 '신사'와 갈등을 겪다가, 자물쇠가 채워진 자전거를 들고 도망친다.

04 자전거를 들고 도망친 '수남'은 자기 내부에 숨겨져 있는 부도덕성 때문에 고민에 빠진다. 그래서 자신이 부도덕한 행동을 했음에도 금전적 손해를 막았다는 이유로 칭찬하는 '주인 영감'을 떠나, 도덕적으로 자기를 견제해 줄 수 있는 '아버지'가 있는 고향으로 떠나기로 결심한다.

05 '주인 영감'은 자전거를 들고 도망쳐 온 '수남'을 칭찬하는 부도덕적인 인물로, 도덕적인 양심보다 물질적인 가치를 중시한다.

06 '수남'은 내적 갈등을 겪었는데 ⑤가 내적 갈등에 해당한다.

07 이 소설은 '수남'이라는 순진한 소년이 도시에서 겪는 갈등을 통해 현대인들의 이기적이고 부도덕한 모습을 비판하고 있다. 결국 도덕적으로 자신을 견제해 줄 아버지를 찾아 떠나는 '수남'의 모습을 통해 작가는 도덕적 양심의 중요성을 강조하고 있다.

08 「홍길동전」에는 '길동'과 적서 차별 제도라는 사회 제도와의 갈등이 두드러진다. 이 갈등의 양상은 인물과 자연환경의 갈등이 아니라 인물과 사회, 인물과 운명과의 갈등이다.

09 (가)에서 '길동'은 자신이 뛰어난 재주를 가지고 태어났지만 천한 신분인 서자이므로 호부호형(아버지를 아버지라 부르고 형을 형이라 부름.)도 할 수 없고 출세의 길도 막혀 있음을 탄식하고 있다.

10 '길동'에게 형이 없는 것이 아니라 '길동'은 천생인 서자이기 때문에 형이 있어도 형을 '형'이라 부를 수 없는 것이다.

11 '형'은 이 글에 등장하고 있지 않으며, (라)에서 '길동'은 자신의 출가 결정을 '어머니'에게 알리고 있을 뿐, '어머니'와 외적 갈등하고 있지 않다.

오답 풀이 ③ '길동'은 자신의 재주를 펼쳐 출세하고자 하나 서자로 태어난 운명 때문에 갈등을 겪고 있다고 볼 수 있다.

12 '길동'이 홍 판서의 적자였다면 '소인' 대신에 '소자'라고 자신을 칭했을 것이고, '대감'이라는 말 대신 '홍 판서'를 '아버님'이라고 불렀을 것이다.

13 (다)에서 '길동'은 출가하는 까닭을 세상(속세)에서 벗어나기 위해서라고 말하고 있지만, 근본적인 까닭은 자신이 원하는 것을 이룰 수 없는 사회적 모순에 대한 저항 때문이라고 볼 수 있다.

14 '길동'은 뛰어난 재주와 능력이 있음에도 불구하고 신분의 한계 때문에 입신양명할 길이 막히자 속세를 떠나기로 한 것일 뿐, 남자라고 무조건 특정 나이가 되면 출가를 해야 하는 것은 아니다.

15 '길동'이 출가한 이유는 집안과 나아가 그가 속한 사회에서 풀지 못하는 갈등을 해결하기 위한 것이다. 즉 신분 제도 및 적서 차별의 현실에 대항하기 위해 출가를 결심하고 집을 나온 것이다.

16 나와 다르다는 편견 때문에 외국인 노동자를 무시하고 차별하는 태도는 우리 사회의 큰 문제가 될 수 있다.

간단 체크 어휘 문제

본문 144쪽

(1) 비범하다 (2) 기박하다 (3) 배회하다

압축 파일

본문 148쪽

❶ 바람 ❷ 도덕 ❸ 주인 영감 ❹ 내적 ❺ 자전거
❻ 도망

시험에 나오는 소단원 문제

본문 149~151쪽

01 ③	**02** ⑤	**03** ⑤	**04** ①	**05** ④	**06** ②	**07** ②
08 ①	**09** 쾌감	**10** ②	**11** ②	**12** ①	**13** ③	

14 왕후장상의 씨가 따로 없다.

01 이 글의 갈래는 소설이다. ③은 일반적으로 전기문의 특징이며, 나머지는 소설의 특징에 해당한다. 소설은 작가가 꾸며 낸 이야기이며, 인물들의 갈등을 중심으로 사건이 전개된다.

02 '수남'은 '주인 영감'에게 고마움을 느끼고 있기 때문에 세 사람 몫의 일을 혼자 하면서도 전혀 불평하지 않는다.

03 (마)에서 '××상회 주인'은 어떻게든 물건 대금을 주지 않으려고 하고, '수남'은 물건 대금을 받아 내려고 장승처럼 버티고 있으므로 둘의 외적 갈등이 나타난다고 볼 수 있다.

04 (다)에서 '수남'은 강하게 부는 바람 때문에 일어난 사고에 문득 자기도 '재수 옴 붙을 것 같다'는 불길한 예감이 들어 걱정하고 있다.

05 ㉠에는 다친 아가씨의 안부보다 치료비 액수를 더 중요하게 생각하는 도시 사람들의 모습이, ㉡에는 '수남'의 안전보다는 금전적 손해를 두려워하는 '주인 영감'의 모습이 나타난다. 작가는 이를 통해 도시 사람들의 물질 만능주의적 가치관을 드러내고 있다.

06 (가)에서 '수남'이 '신사'에게 잡힌 것은 사고를 파악하고 겁이나서 도망가려던 것이 아니다. '수남'이 상황 파악을 전혀 못한 상태에서 가던 길을 가려던 것뿐이다.

07 '신사'는 '수남'에게 자동차 수리비를 받는 것으로 갈등을 해결하고자 수리비를 가져올 때까지 자전거를 보관하고 있겠다고 하였다.

08 어린 '수남'에게 자동차 수리비를 무리하게 요구하는 것으로 보아 '신사'는 너그럽기는커녕 야박한 인물임을 알 수 있다.

09 〔서술형〕 '수남'은 자전거를 들고 도망치면서 오래 참았던 오줌을 시원스레 내깔기는 듯한 쾌감을 느꼈다. 그러나 그때의 쾌감은 이후 '수남'에게 또 다른 내적 갈등을 일으키는 계기로 작용한다.

10 '수남'은 부모 대신으로 따르면서 육친애까지 느꼈던 '주인 영감'이 자신의 부도덕한 행동을 칭찬하자 '주인 영감'에게서 정이 떨어진다. 결국 자신의 행동에 대해 진지하게 고민한 후 도덕적으로 자신을 견제해 줄 아버지가 있는 곳으로 돌아가기로 한다.

11 (나)에서 '수남'이 갈등하는 이유는 자신이 자전거를 들고 도망칠 때 양심의 가책을 느끼지 못하고 오히려 쾌감을 느꼈다는 사실 때문이다. '주인 영감'에게 혐오감을 느끼고 있기는 하지만 그것 때문에 고민하는 것은 아니다.

12 ㉠은 '수남'이 자전거를 들고 도망쳐 온 일을 칭찬하던 '주인 영감'의 얼굴빛이고, ㉡은 자전거를 들고 도망치며 쾌감을 느낀 데에 대한 죄책감으로 고민할 때의 '수남'의 얼굴빛이다. 둘 다 비양심성, 부도덕성을 상징한다.

13 서자인 '길동'이 아버지를 아버지라 부를 수 없고 형을 형이라 부를 수 없는 것으로 보아 신분에 따른 호칭 차이가 있었음을 알 수 있다. 또한 입신양명하는 것이 대장부의 떳떳한 일이라고 말하는 것으로 보아 당시에 입신양명이 중시되었다는 것을 알 수 있다.

〔오답 풀이〕 ㄴ. 「홍길동전」의 배경은 조선으로, 그 당시에는 양반만 과거를 볼 수 있었으며 그들에게만 출세의 길이 열려 있었다.
ㄷ. 유교적 가치관을 기반으로 사내들이 공자와 맹자의 학문을 익히고 입신양명하고자 하였다.

14 〔서술형〕 「홍길동전」의 작가 허균은 계급이나 신분을 뛰어넘어 누구나 평등한 인권을 부여받았다고 믿었다. 그러한 작가 의식이 '길동'의 말인 '왕후장상의 씨가 따로 없다.'를 통해 드러난다.

〔2〕 배려하며 말하기

〔학습 활동〕　　　　　　　　　　　　본문 152~158쪽

이해　말, 긍정
적용　태도

〔학습콕〕　　　　　　　　　　　　　본문 152~158쪽

인간관계, 원활

〔간단 체크 활동 문제〕　　　　　　　본문 152~158쪽

152쪽	**01** ①	**02** ②
153쪽	**03** ③	**04** ⑤
154쪽	**05** ⑤	**06** ②
155쪽	**07** ③	**08** ⑤
156쪽	**09** ③	**10** ③
157쪽	**11** ③	**12** ①
158쪽	**13** ③	

01 이 실험은 곰팡이를 배양하기 위한 실험이 아니라, 사람이 하는 말이 미치는 영향을 알아보기 위한 실험이다.

02 이 실험에 따르면 부정적인 말을 들려준 쪽의 쌀밥에서는 거무스름한 곰팡이가 피고 악취가 풍긴다고 하였다. ①~⑤ 중, 부정적인 말에 해당하는 것은 ②이다.

03 대화 중에 상대로부터 긍정적인 말을 들으면 기분이 좋아지고 대화가 즐거워진다. 또한 듣는 사람도 상대에게 긍정적인 말을 하게 되며, 다음에도 상대와 이야기하고 싶어진다.

04 〈보기〉와 같은 말들은 공격적이고 폭력적인 말에 해당하며, 듣는 이에게 마음의 상처를 줄 수 있다. 또한 원활한 소통을 막는 원인이 된다.

05 부정적인 말보다 긍정적인 말을 위주로 하는 것이 좋지만, 때로는 부정적인 내용을 전해야 할 때가 있다. 이럴 때는 될 수 있는 대로 돌려 말하는 것이 듣는 이에게 상처를 덜 주는 방법이다.

06 대화를 할 때는 대화의 목적, 대화 상황(대화 시간이나 장소), 상대의 처지나 상황을 고려해야 한다. 일반적인 대화에서 상대의 인기 정도를 고려할 필요는 없다.

07 '옥림'과 '세리'는 서로의 피아노 연주 실력과 시 창작 실력을 깎아내리면서 비난하고 조롱하고 있다.

08 부정적 말하기는 상대를 불쾌하게 할 뿐만 아니라, 인격적으로 모욕감을 줄 수도 있기 때문에 듣는 사람은 상대의 말을 듣고 싶지 않게 된다. 결국 이러한 말하기는 인간관계를 해칠 수 있으므로 사용하지 않아야 한다.

09 '옥림'과 '세리'는 상대의 기분을 고려하지 않고 마음에도 없는 말들로 서로에게 상처를 주었다. 이들이 관계를 회복하려면 진심을 담아 서로에게 사과를 해야 한다. 이 상황에서 다시 잘못을 상대에게 돌리거나 상대 탓을 하게 된다면 갈등은 해결되지 않을 것이다.

10 이 대본은 '옥림'과 '세리'가 서로에게 사과함으로써 갈등을 해소하는 내용을 담고 있다. 그런데 연출자가 연기자에게 조심성 없고 가벼운 어조로 말하라고 요청하면 인물들의 사과는 진정한 사과로 보이지 않을 수 있다. 따라서 연출자는 인물들에게 상황에 맞도록 진심을 담아 차분하게 이야기하도록 지시해야 한다.

11 이 앱은 사용자가 휴대 전화로 대화를 나눌 때, 비속어나 욕설을 입력하면 그 뜻과 함께 순화어를 말해 주는 것이 아니라 자동으로 순화된 언어나 재미있는 그림말(이모티콘)로 바꿔 주는 방식으로 운용된다.

12 온라인 대화에서 폭력적인 언어를 그림말(이모티콘)로 바꾸면 오히려 더욱 생동감 있는 대화가 가능하며 대화를 더 재미있게 즐길 수 있다.

13 상대방을 배려하며 말할 때 가장 기본적인 것은 상대방을 존중하는 태도를 지녀야 한다는 것이다. 부정적이고 폭력적인 언어 사용은 상대방에게 상처를 줄 수 있기 때문에 사용하지 않도록 주의해야 한다.

> **오답 풀이** ㄱ. 별명은 사람의 외모나 성격 따위의 특징을 바탕으로 만들어질 때가 많아 상대방의 인격을 폄하하는 내용이 담겨 있을 수 있다. 따라서 친구를 부를 때는 이름으로 부르도록 한다.
> ㄹ. 인터넷상에서 언어폭력은 상대방이 상처를 받을 것을 알면서도 순간적인 감정 때문에 생기는 경우가 많다. 폭력적인 언어를 사용하기 전에 자신의 감정을 추스르고 상대를 배려하는 마음이 필요하다.

압축 파일
본문 159쪽

❶ 언어폭력 ❷ 긍정적 ❸ 배려 ❹ 갈등

시험에 나오는 소단원 문제
본문 160~161쪽

01 ② 02 ② 03 ② 04 ⑤ 05 ③ 06 ④ 07 ①
08 ① 09 ④

01 (가)는 말이 미치는 영향을 알아보는 실험 결과에 대한 내용으로, 글쓴이는 부정적인 말을 삼가고, 긍정적인 말을 쓰려고 노력해야 한다는 것을 말하고자 한다.

02 '옥림'과 '세리'는 상대의 입장과 처지, 기분을 고려하지 않고 일부러 상대의 실력을 비난하는 말을 하고 있다.

03 '옥림'과 '세리'는 부정적이고 공격적인 언어로 말다툼을 하고 있다. 이러한 말을 사용하면 말이 더욱 거칠어지고 행동 역시 공격적으로 변하며 관계가 더욱 나빠질 뿐이다.

04 〈보기〉와 (나)는 모두 상대에게 부정적인 말을 하거나 들었을 때 그와 똑같이 대응하게 된다는 점을 보여 주고 있다. ⑤는 '자기가 남에게 말이나 행동을 좋게 하여야 남도 자기에게 좋게 한다.'는 의미의 속담이므로 이 상황에 가장 적절하다.

> **오답 풀이** ① 늘 말하던 것이 마침내 사실대로 되었을 때를 이르는 말이다.
> ② 말은 비록 발이 없지만 천 리 밖까지도 순식간에 퍼진다는 뜻으로, 말을 삼가야 함을 비유적으로 이르는 말이다.
> ③ 어느 곳에서나 그 자리에 없다고 남을 흉보아서는 안 된다는 말이다.
> ④ 기역 자 모양으로 생긴 낫을 보면서도 기역 자를 모른다는 뜻으로, 아주 무식함을 비유적으로 이르는 말이다.

05 〈보기〉와 같은 부정적인 말을 들으면 기분이 나빠져서 자신을 돌아보고 성찰할 여유가 생기지 않는다. 둘 사이의 관계만 나빠지고 말 것이다.

06 비속어를 입력하면 순화된 언어나 재미있는 그림말로 바꿔 주는 것은 비속어나 욕설을 사용하지 말고 순화된 표현으로 사용하라는 의도이다. 그런데 이를 확인하기 위해 다양한 비속어를 사용하는 것은 옳지 못한 행동이다.

07 배려하며 말을 할 때 나의 입장을 강조하기보다는 상대의 입장과 처지를 고려하여 상대를 존중하는 태도로 말해야 한다.

08 ①은 배려하는 언어생활에 대한 표어라고 하기 어렵다. 여기서 말한 '폭력'이 언어폭력임을 분명히 해야 한다.

09 ㉠은 '너 전달법', ㉡은 '나 전달법'으로 표현한 말이다. '나 전달법'을 사용하면 상대의 입장을 헤아려 스스로 문제의 해결책을 찾게 된다. 또 서로의 감정을 덜 상하게 하고, 합리적이고 능동적으로 문제를 해결할 수 있게 한다.

어휘력 키우기
본문 162쪽

1 ⑤ 2 ⑤

1 '홀가분하다'는 '거추장스럽지 않고 가볍고 편안하다'라는 뜻을 지녔다. '헛되고 황당하며 미덥지 못하다'는 '허황되다'의 뜻이다.

2 '안절부절하다'는 '안절부절못하다(마음이 초조하고 불안하여 어찌할 바를 모르다)'의 잘못된 표현이다.

시험에 나오는 대단원 문제
본문 163~166쪽

01 ② 02 ④ 03 자연에 생명을 불어넣는 존재 04 ④
05 ④ 06 ③ 07 ③ 08 ② 09 ⑤ 10 ③ 11 도덕적 가치를 중시한다. 12 ② 13 ③ 14 ② 15 ④
16 상대의 기분을 상하게 한다. / 사용하는 사람의 말과 행동이 거칠어진다. / 원활한 의사소통을 방해한다. / 인간관계를 해친다.
17 ③

01 (가)에서 '수남'은 열여섯 살이지만 볼은 아직 어린아이처럼 토실하다고 하였다.

02 (라)에서 '주인 영감'이 다친 사람을 걱정하기보다는 치료비로 물어야 할 돈을 아까워하는 모습과 (마)에서 '수남'의 안전보다 물건을 중요하게 여기는 모습에서 돈을 중시하는 사람들의 물질 만능주의적인 태도를 엿볼 수 있다.

03 서술형 바람을 자연에 생명을 불어넣는 존재로 인식하는 '수남'은 바람을 횡액, 먼지, 쓰레기를 불러오는 존재로 인식하는 서울 사람들 사이에서 고독을 느끼고 있다.

04 '주인 영감'은 '수남'의 안전보다 그 사고로 입게 될 금전적 손해를 더 염려하고 있다.

05 '수남'은 '주인 영감'에게 육친애를 느꼈었다. 하지만 (라)에서 '수남'은 자물쇠를 분해하는 '주인 영감'의 모습이 흡사 도둑놈 두목 같아 보여 그때부터 '주인 영감'에게 따뜻함과 애정 대신 혐오감을 느끼게 된다.

06 (가)에서 '수남'은 사고의 원인이 자신에게 있음을 깨닫지 못해 당황스러웠을 것이다. (나)에서 '수남'은 수리비 대신 자전거를 뺏겠다는 '신사'의 말에 걱정과 두려움을 느꼈을 것이다. (다)에서 '수남'은 사람들의 부추김에 힘입어 자전거를 들고 도망치면서 해방감과 쾌감을 느꼈을 것이다. (라)에서 '수남'은 '주인 영감'의 속물적인 모습에 혐오감을 느끼며 정이 떨어졌다. (마)에서 '수남'은 자신이 낮에 한 일 때문에 온종일 우울함을 느꼈을 것이다.

07 '수남'은 사람들의 부추김과 자전거를 빼앗길지 모른다는 두려움에 자물쇠를 채운 자전거를 들고 도망치기는 했지만, 자신의 행동에 후회를 하고 있으므로 위기 대처 능력이 뛰어나다고 볼 수 없다.

오답 풀이 ① '신사'는 어린 '수남'에게 차 수리비를 무리하게 요구하고 그것이 통하지 않자 자전거를 잡아 둘 만큼 인정이 없다.
② '수남'은 사람들의 부추김에 자전거를 들고 도망치지만 결국에는 자신의 행동을 자책한다.
④ '주인 영감'은 자전거를 들고 도망친 '수남'에게 칭찬을 한다.
⑤ '수남'은 자전거 사건 이전에는 '주인 영감'에게 고마움을 느끼며 그의 실체를 알지 못했다. 그러나 자전거 사건을 계기로 '주인 영감'이 도덕적 양심보다 금전적 이익을 중시하는 사람이라는 것을 깨닫게 되고, 그 후 '주인 영감'을 비판적으로 바라보게 되었으며 그에게서 혐오감을 느끼게 된다.

08 ㉡에는 자전거를 들고 도망친 자신의 행동을 합리화하는 '수남'의 심리가 드러나 있다.

09 (가)~(다)에 등장인물 간의 대화는 나타나지 않는다.

오답 풀이 ① (가)에서는 '수남'이 자신이 낮에 했던 행동이 옳은 일이었는지 고민하는 현재의 모습이, (나)에서는 '수남'이 서울로 올라오기 전 '아버지'가 '수남'에게 도둑질만은 하지 말라고 당부했던 과거의 일이, (다)에서는 '수남'이 고향으로 돌아가기로 한 현재의 모습이 서술되고 있다.
② (가)~(다)에는 '수남'이 자신이 낮에 한 일 때문에 고민하는 모습이 나타나 있다.

③ 서술자는 작품 밖에 있지만 신과 같이 '수남'의 속마음까지 모두 알고 있다. 이러한 시점을 '전지적 작가 시점'이라고 한다.
④ 이 소설은 '수남'이라는 순수한 소년의 눈으로 도시 사람들의 물질 만능주의와 부도덕성을 고발한다.

10 '수남'이 자물쇠 채워진 자전거를 들고 도망친 것은 장난이 아니었다. '신사'가 수리비 대신 자전거를 가져가려 하자 다급해져서 그 상황에서 벗어나고자 저지른 행동이다.

11 서술형 '주인 영감'은 도덕적 양심보다는 금전적 이익을 중요하게 여기는 사람인 반면, '아버지'는 도덕적으로 '수남'을 견제해 줄 수 있는 어른이다.

12 (라)에서 '길동'은 아버지인 '홍 대감' 앞에서 적자와 서자를 차별하는 사회에서 태어난 자신의 처지를 한탄할 뿐, 신분 상승에 대한 의지를 드러내지는 않는다.

13 ㉢의 뜻풀이는 '면제'라는 낱말에 해당한다. '견제'는 '일정한 작용을 가함으로써 상대편이 지나치게 세력을 펴거나 자유롭게 행동하지 못하게 억누름'이라는 뜻이다.

14 (가)에서는 긍정적인 말과 부정적인 말이 미치는 영향에 대한 실험 결과를 제시하고 있다. 이를 통해 말이 미치는 영향을 알고 부정적인 말보다 긍정적인 말을 쓰려고 노력해야 함을 알 수 있다. 또래 친구들끼리 비속어를 습관적으로 주고받다 보면 성격과 행동도 거칠어지고 자칫하면 싸우게 되어 결국 인간관계를 해칠 수 있다.

15 '옥림'과 '세리'는 상대의 기분을 배려하지 않고 서로의 실력이 부족하다며 비꼬고 깎아내리는 말을 하고 있다. 이들에게는 거짓말이 필요한 것이 아니라, 상대의 기분을 상하게 하지 않고 배려하며 말하는 방법에 대한 조언이 필요하다.

16 고난도 서술형 부정적인 말을 사용하다보면 말이 더욱 거칠어지고 행동 역시 공격적으로 변하게 된다. 나아가 인간관계에 부정적인 영향을 미칠 것이다.

평가 목표	언어폭력의 문제점 이해하기
채점 기준	✔ 부정적인 언어를 사용할 때의 문제점을 세 가지 쓴 경우 [상] ✔ 부정적인 언어를 사용할 때의 문제점을 두 가지 쓴 경우 [중] ✔ 부정적인 언어를 사용할 때의 문제점을 한 가지 쓴 경우 [하]

17 '나'를 주어로 하여 상대의 행동에 대한 나의 감정을 표현한다면 자신의 의견을 강하게 주장할 수 있는 것이 아니라, 상대의 행동이 '나'에게 미칠 영향을 구체적이고 객관적으로 말할 수 있다. 또한 문제 상황을 보다 합리적이고 능동적으로 해결할 수 있다.

❶ 마음을 움직이는 글

[1] 비유 표현

예상 적중 **소 단 원** 평가   본문 03쪽

01 ④ **02** ③ **03** ① **04** ④ **05** ②

01 (가)의 7~10행은 예정된 궤도에서 벗어나 별들 사이로 떨어지는 유성의 모습을 감각적으로 표현한 것이지 실제 운동회에서 날아간 야구공이 유리창을 깨는 모습을 표현한 것은 아니다.

02 (나)는 다양한 심상과 비유적 표현을 활용하여 고양이의 모습에서 연상되는 봄의 느낌과 분위기를 감각적으로 나타내고 있다. 그러나 상징적 시어를 활용하지는 않았다.

03 ㉠과 ㉡에는 모두 은유법이 쓰이고 있으며, 시에서 표현하려는 대상(원관념)을 찾을 수 있다. ㉠은 '밤하늘'을, ㉡은 '유성'을 비유하고 있다.

04 ㉢에서는 연결어 '–같이'를 사용하여 '고양이의 털'(원관념)을 '꽃가루'(보조 관념)에 직접 비유한 직유법이 사용되었다. ④에서도 '–듯이'라는 연결어를 통해 '나그네의 걸어가는 모습'(원관념)을 '구름에 달이 가는 모습'(보조 관념)에 빗대어 표현하고 있다.

> **오답 풀이** ① '내 마음'을 '호수'에 빗대어 표현한 은유법이 사용되었다.
> ② '꽃잎'이 웃는다며 사람처럼 표현한 의인법이 사용되었다.
> ③ '허수아비'가 팔을 벌리고 웃는다며 사람처럼 표현한 의인법이 사용되었다.
> ⑤ '바람'을 '가을 우체부'에 빗대어 표현한 은유법이 사용되었다. 여기에는 '바람'을 '우체부'라는 사람에 빗대어 표현한 의인법도 함께 사용되었다.

05 ⓑ는 '유성'이 나타나는 순간을 청각적 심상을 활용하여 생동감 있게 표현하였다. 반면, ⓐ, ⓒ, ⓓ, ⓔ에는 시각적 심상이 나타난다.

고득점 **서술형** 문제   본문 04~05쪽

1단계 **01** 빗나간 야구공 하나   **02** 6   **03** 부드럽다.
04 은유법   **05** 봄의 졸음(포근함)
2단계 **06** 반짝거리는 별들로 가득 찬(가득한) 밤하늘의 모습(풍경)을 바라보고 있다.   **07** ⓐ에서는 별들이 반짝이는 모습을 사람이 움직이는 것처럼 표현한 의인법을 활용하여 생동감을 주고 있다.   **08** (나)의 2연에는 '고양이의 눈'(원관념)을 '금방울'에 빗대어 표현한 직유법이 쓰이고 있다. 고양이의 눈과 금방울은 크고 동그랗다는 공통점이 있다.

3단계 **09** 반짝이는 별들이 가득한 밤하늘의 모습을 떠올릴 수 있다는 점에서는 원래의 시구와 바꾸어 쓴 시구의 내용이 비슷하다. 하지만 바꾸어 쓴 표현에서는 원래의 시구에서 활용된 은유법과 의인법이 주는 효과가 사라지기 때문에 별들이 생기 있게 살아 움직이는 듯한 느낌이 덜하다.   **10** 이 시의 제목에는 은유법이 쓰이고 있다. 제목에서 '봄'을 '고양이'에 빗대어 표현함으로써, 생명력이 가득하며 포근하고 따뜻한 봄의 분위기를 감각적이고 참신하게 느끼도록 해 준다.

1단계

01 (가)에서는 시의 제목인 '유성'이 떨어지는 모습을 '빗나간 야구공 하나'에 빗대어 표현하였다. '유성'과 '빗나간 야구공 하나'는 예정된 궤도에서 벗어난 움직임을 보인다는 공통점이 있다.

02 (가)의 6행에서는 밤하늘에 '유성'이 나타나려는 순간을 청각적 심상을 활용하여 생동감 있게 표현하고 있다.

03 (나)의 1연에서는 '고양이의 털'을 '꽃가루'에 빗대어 표현하고 있다. 두 대상은 부드럽다는 공통점이 있다.

04 ㉠은 원관념인 '밤하늘'을 '별들의 운동장'에 빗대고 있다. 두 대상을 이어 주는 말 없이 '무엇은 무엇이다.'의 형태로 비유하고 있으므로, ㉠은 은유법에 해당한다.

05 3연에서는 '고양이의 입술'에 떠도는 '봄의 졸음(포근함)'을 표현하였다.

2단계

06 (가)의 말하는 이는 반짝이는 별들로 가득 찬 밤하늘의 모습을 바라보고 있으며, 이와 같은 풍경을 비유적 표현과 시각적, 청각적 심상을 활용하여 참신하고 생생하게 전달하고 있다.

07 ⓐ에는 의인법이 쓰이고 있다. ⓐ에서는 밤하늘에 별들이 반짝이는 모습을 마치 사람이 부산하게 이리저리 거닐듯이 '바자닌다'라고 표현하고 있으며, 이를 통해 별들의 반짝임을 참신하고 생동감 있게 나타내고 있다.

08 (나)는 고양이의 각 부위(털, 눈, 입술, 수염)에 봄의 이미지를 대입하여 봄의 속성을 감각적이고 참신하게 표현한 시이다. 2연에서는 '고양이의 눈'을 '금방울'에 빗대어 표현하고 있는데, 그 둘의 공통점은 크고 동그랗다는 것이다.

3단계

09 (가)의 1~3행에서는 은유법과 의인법을 활용하여 별들이 반짝이는 밤하늘의 풍경을 생생하게 표현하고 있다. 그러나 이와 같은 표현을 〈보기〉와 같이 일상적인 표현으로 바꾸면 시에서 비유적 표현을 통해 형성하고 있던 감흥이 사라져 참신함과 생생한 느낌이 줄게 된다.

평가 목표	시에 활용된 비유적 표현과 그 효과 파악하기
채점 기준	✔ 원래의 시구와 바꾸어 쓴 시구의 느낌이 어떻게 달라지는지 〈조건〉에 맞게 쓴 경우 [25점] ✔ 원래의 시구와 바꾸어 쓴 시구의 공통점과 차이점 중 어느 하나가 드러나지 않은 경우 [5점 감점] ✔ (가)의 1~3행에 쓰인 비유적 표현을 언급하지 않은 경우 [5점 감점] ✔ 띄어쓰기나 맞춤법이 잘못되었을 경우 [1점씩 감점]

10 이 시의 제목인 '봄은 고양이로다'에는 '봄'을 '고양이'에 빗대어 표현한 은유법이 사용되었다. 이를 통해 생명력이 가득하며 포근하고 따뜻한 봄의 분위기를 감각적이고 참신하게 나타내고 있다.

평가 목표	제목에 쓰인 비유적 표현과 그 효과 파악하기
채점 기준	✔ '봄'을 '고양이'에 빗댐으로써 얻을 수 있는 효과를 〈조건〉에 맞게 쓴 경우 [20점] ✔ 제목에 쓰인 표현 방법을 포함하지 않은 경우 [5점 감점] ✔ '~해 준다.' 형태의 문장으로 끝맺지 않은 경우 [5점 감점] ✔ 띄어쓰기나 맞춤법이 잘못되었을 경우 [1점씩 감점]

[2] 상징 표현

예상 적중 소단원 평가   본문 07쪽

01 ①   **02** ⑤   **03** ④   **04** ⑤   **05** ③

01 (가)는 정해진 형식이나 운율에 구애받지 않고 자유로운 형식으로 쓴 자유시이다. 산문시는 시행을 나누지 않고 쓴 시를 말한다.

02 (가)의 말하는 이는 진눈깨비가 텅 빈 공중에서 머뭇거리며 흩날린다고 하였으므로, 진눈깨비가 사람이 사는 마을까지 내려온다는 설명은 적절하지 않다.

03 (나)에서 제2수의 '물'은 정직하고 청렴한 태도, 끊임없이 노력하는 태도를 상징한다. 그리고 제3수의 '바위'는 굳건하고 의연한 태도를, 제6수의 '달'은 포용하는 태도, 과묵한 태도를 상징한다.

04 ㉠에서 '잠 못 든 이'와 '그이'는 동일한 대상으로, 현실의 어려움 때문에 고통받는 사람을 뜻한다. (가)의 말하는 이는 고통받고 상처 입은 사람들에게 위로와 희망을 줄 수 있는 존재가 되기를 당부하고 있다.

05 (나)는 시조로, 종장의 첫 음보는 3글자로 고정해야 한다. 따라서 글자 수를 고정해야 하는 부분은 제2수의 '좋고도', 제3수의 '아마도', 제6수의 '보고도'이다.

고득점 서술형 문제   본문 08~09쪽

1단계 **01** 세상이 바람 불고 춥고 어둡다 해도   **02** 청유
03 깊은 고민에 빠져 잠을 못 자는 사람 / 불안한 마음에 잠을 깊이 못 자는 사람   **04** 평시조, 연시조   **05** 쉽게 변한다.

2단계 **06** '가장 낮은 곳'은 어렵고 소외된 사람들(이웃)이 사는 공간을 뜻한다.   **07** 어려운 이웃에게 위로와 희망을 주는 존재로 살아가자.   **08** (나)의 말하는 이는 제2수에서는 '물'을, 제3수에서는 '바위'를 예찬하고 있다. 깨끗하고 그치지 않는 특성을 지닌 '물'은 정직하고 청렴한 태도, 끊임없이 노력하는 태도를 상징한다. 변하지 않는 특성을 지닌 '바위'는 굳건하고 의연한 태도를 상징한다.

3단계 **09** (나)에서 '내 벗'이 가리키는 대상은 '달'이다. '달'은 온 세상을 비추는 특징과 보고도 말을 하지 않는 특징을 지니고 있다. 이로 보아 '달'은 포용하는 태도와 과묵한 태도를 상징하고 있음을 알 수 있다.

1단계

01 (가)의 4행은 말하는 이가 생각하는 삶의 현실, 즉 삭막하고 고달픈 현실을 나타내는 표현이다.

02 (가)에서는 '-자'로 끝나는 청유형 문장을 반복하여 말하는 이의 의지를 강조하고, 듣는 이의 공감과 동참을 이끌어 내고 있다.

03 (가)에서 '잠 못 든 이'는 현실의 어려움과 시련 때문에 고통받으며 밤에도 잠을 이루지 못하는 사람을 의미한다.

04 (나)는 시조의 기본 형식을 지닌 평시조이자, 이와 같은 평시조가 하나의 제목으로 엮여 있는 연시조이다.

05 (나)에서는 변하지 않는 특성을 지닌 '바위'와 쉽게 변하는 특성을 지닌 '꽃'과 '풀'을 대비하고 있다.

2단계

06 (가)에서 '가장 낮은 곳'은 어렵고 소외된 사람들이 사는 공간을 의미한다.

07 (가)에서 말하는 이는 '함박눈, 편지, 새살'과 같은 존재가 되자고 말하고 있다. 이 시어들은 위로, 희망, 격려 등을 상징한다. 말하는 이는 이러한 긍정적인 의미의 시어를 활용하여 어려운 이웃에게 위로와 희망을 주는 따뜻한 존재가 되고 싶은 바람을 드러내고 있다.

08 (나)의 말하는 이는 각 수에서 자신이 바라는 삶의 태도를 상징하는 자연물에 대해 예찬적인 태도를 보이고 있다. 제2수에서는 깨끗하고 그치지 않는 '물'을, 제3수에서는 변하지 않는 '바위'를 예찬하고 있다.

3단계

09 (나)의 제6수에서 '작은 것', '너', '내 벗'이 가리키는 대상은 '달'이다. (나)에서 '달'은 온 세상을 비추는 특징(포용하는 태도)과 보고도 말을 하지 않는 특징(과묵한 태도)을 지니고 있다.

평가 목표	자연물이 상징하는 삶의 태도 파악하기
채점 기준	✔ ㉢이 가리키는 자연물을 밝히고 자연물이 지닌 삶의 태도를 〈조건〉에 맞게 쓴 경우 [30점] ✔ 자연물을 밝혀 쓰지 않은 경우 [10점 감점] ✔ 자연물의 특징이나 자연물의 상징적 의미가 드러나지 않은 경우 [10점 감점] ✔ 띄어쓰기나 맞춤법이 잘못되었을 경우 [1점씩 감점]

[3] 자료 찾으며 책 읽기

01 ⑤　　**02** ④　　**03** 일지를 작성하면 독후감이나 서평을 쓸 때 도움이 되며, 책의 내용을 오래 기억할 수 있다.　　**04** ⑤

01 (가)의 두 학생은 대화를 통해 환경 문제와 관련된 분야에 관심과 흥미가 있음을 공유하고, 이와 관련하여 함께 읽을 책의 분야를 결정하기 위해 대화를 하고 있다.

02 (나)는 모둠에서 함께 읽을 책을 고르기 위해 나눈 대화로, 모든 구성원들이 참여하여 책을 선정하고 있음을 알 수 있다. 따라서 ④와 같은 반응은 적절하지 않다.

03 서술형 (다)는 책을 읽으면서 쓴 일지이다. 책을 읽을 때는 그날그날 읽은 부분에 대한 일지를 작성하여 낯선 낱말이나 잘 모르는 개념, 더 알고 싶은 내용을 정리해 두는 것이 좋다. 그 이유는 독후감이나 서평을 쓸 때 도움이 되고 책의 내용을 오래 기억할 수 있으며, 관련 자료를 찾으며 책을 읽는 데 도움이 되기 때문이다.

04 ㉠이 인공조명의 영향에 대한 내용을 다루고 있는 것으로 보아 환경 분야와 관련된 책임을 알 수 있다. 그런데 ⑤는 이야기 글을 읽고 난 후에 할 수 있는 질문에 해당한다.

01 ②　　**02** '빗나간 야구공 하나'가 비유하고 있는 대상은 '유성'이며, 두 대상은 예정된 궤도에서 벗어난 움직임을 보인다는 점에서 유사하다.　　**03** ④　　**04** ④　　**05** ⑤　　**06** ⑤
07 진눈깨비, 함박눈　　**08** ①　　**09** ①　　**10** ②　　**11** ③
12 ⑤　　**13** ⑤

01 (가)는 비유적 표현과 시각적, 청각적 심상 등을 활용하여 밤하늘의 모습을 참신하고 생동감 있게 표현하고 있다. 그러나 밤하늘이 변화하는 모습은 나타나지 않으며, 이를 통해 교훈적인 의미를 전달하고 있지도 않다.

02 고난도 서술형 (가)의 '빗나간 야구공 하나'는 이 시의 제목인 '유성'을 비유하고 있다. 지구로 떨어진 유성과 빗나가서 유리창을 깬 야구공은 모두 각자의 궤도에서 벗어난 상황에 있다는 유사점을 지닌다.

평가 목표	시에 활용된 비유적 표현 이해하기
채점 기준	✔ 원관념과 보조 관념의 유사점을 〈조건〉에 맞게 쓴 경우 [상]
	✔ 원관념과 보조 관념 중 어느 하나를 밝혀 쓰지 않은 경우 [중]
	✔ '~유사하다.' 형태의 한 문장으로 쓰지 않은 경우 [하]

03 (나)의 말하는 이는 고양이의 털, 눈, 입술, 수염에서 각각 봄의 향기, 불길(생명력), 졸음(포근함), 생기를 떠올렸으나, 고양이의 다리는 말하는 이가 언급한 고양이의 모습이 아니다.

04 ㉠에서는 '밤하늘'을 '운동장'에 빗대어 표현(은유법)하고 있고, 반짝이는 별들을 사람이 움직이는 것처럼 표현(의인법)하고 있다. 이러한 비유를 활용하면 표현하려는 대상인 반짝거리는 별들이 떠 있는 밤하늘의 모습을 참신하고 생동감 있게 전달할 수 있다.

05 ㉡에는 코를 통해 봄의 냄새를 맡는 듯한 느낌을 주는 후각적 심상이 사용되었다. 이와 동일한 심상이 사용된 시구는 ⑤로, ⑤에도 코를 통해 꽃지짐(꽃잎 등을 펴 놓고 지져 만든 전병)의 냄새를 맡는 듯한 느낌을 주는 후각적 심상이 사용되었다.

오답 풀이 ①, ④ 공감각적 심상(청각의 시각화)이 사용되었다.
② 청각적 심상이 사용되었다.
③ 시각적 심상이 사용되었다.

06 추상적인 관념이나 사상 등을 구체적인 사물이나 감각적 실체로 표현하는 방법을 '상징'이라고 한다. (가)와 (나)는 모두 상징적 의미를 지닌 시어를 활용하여 시인이 말하고자 하는 삶의 태도를 효과적으로 전달하고 있다.

07 서술형 (가)의 시상 전개에 따른 중심 내용을 〈보기〉와 같이 정리할 때, 1~3행의 중심 시어는 '진눈깨비'이고, 4~7행의 중심 시어는 '함박눈'이다.

08 (나)는 '물', '바위', '달'이 지닌 품성을 예찬한 시조이다. 이 작품은 역사적 사건과는 관련이 없다.

09 ㉠에서는 '우리'를 '눈발'로 가정하고 있지만, 이때의 '눈발'은 '진눈깨비'와 같은 부정적인 존재가 아니라, 상처받고 소외된 이웃에게 위안을 주는 '함박눈'과 같은 존재로서의 '눈발'이 되기를 바라는 마음을 담고 있는 존재라고 볼 수 있다.

10 ⓐ에서 설명하는 대상은 온 세상을 다 비추는 특성을 지닌 '달'이다. '달'은 포용하는 태도, 과묵한 태도를 상징하는데, 이와 유사한 삶의 태도를 보이는 학생은 동생의 실수를 너그럽게 감싸 주고 포용하는 '정미'이다. '현아'와 '주인'은 '물'과, '준서'와 '승민'은 '바위'와 유사한 삶의 태도를 보인다.

11 (가)에서는 모둠 구성원들이 함께 읽을 책을 어떻게 고를지에 대해 이야기하고 있고, (나)에서는 모둠에서 함께 읽을 책을 선정하기 위해 대화를 나누고 있다.

12 (가)의 모둠 구성원들은 각자 책을 어떻게 고를지에 대해서 이야기하고, 서로에게 책 고르는 방법을 제안하기도 하였다. '정우'가 신문 기사나 블로그의 서평을 찾아보라는 조언을 한 것은 맞지만, 조언한 대상은 '준서'가 아니라 '지민'이다.

13 책 읽기 경험을 다른 사람들과 나누는 행위는 책의 내용을 깊이 있게 이해할 수 있도록 도와준다. 같은 책을 읽더라도 감상한 내용이 다를 수 있으며 이는 다양한 관점을 이해하는 데 도움이 된다. 그러나 책 읽기 경험을 나눌 때, 다양한 관점을 하나로 모아야 하는 것은 아니다.

② 헤아려 읽고, 맞추어 쓰고

[1] 예측하며 읽기

01 ④   **02** ①, ②   **03** ④   **04** 첫인상은 여러 측면이 있을 수 있는 상대의 성격을 제한된 정보뿐인 자기의 잣대로 재단하여 마음대로 형성한 것이기에 위험하다.   **05** ③   **06** ③   **07** ① **08** ㄱ: 기후 변화, ㄴ: 에너지를 절약(자원을 절약)

01 글쓴이가 글을 쓴 의도는 글을 읽으면서 예측할 수 있는 내용이지, 예측할 때 활용할 수 있는 요소는 아니다.

02 이 글은 사람들이 첫인상을 쉽게 바꾸려고 하지 않는 이유를 밝히면서 '가설 검증 바이어스'의 개념에 대해 설명한 글이다. (라)에서 '가설 검증 바이어스'의 개념을 사례를 들어 설명하고 있다.

> **오답 풀이** ③ 이 글에서는 사례를 통해 구체적인 설명을 하고 있다. ④ 글쓴이의 경험보다는 사실적인 내용을 바탕으로 쓴 글이다. ⑤ '처음-가운데-끝'의 구조로 쓴 글이다.

03 이 글에서 ④의 내용을 확인할 수 있는 부분은 없다. 오히려 (다)에서 사람들은 한번 형성된 첫인상을 바꾸려고 하지 않는다고 하였다.

> **오답 풀이** ① (가)에서 전화나 전자 우편을 통한 만남도 있을 수 있다고 하였다.
> ② (마)에서 사람의 성격은 여러 가지 측면이 있을 수 있다고 하였다.
> ③ (나)에서 사람들이 첫인상을 형성할 때 얼굴 생김새, 체격, 키 등의 겉모습과 몸짓, 말투 정도를 사용한다고 하였다.
> ⑤ (라)에서 사람들은 자신의 판단이 옳다는 것을 증명하는 정보만 선택적으로 받아들이고 자신이 내린 판단에 들어맞지 않는 정보는 무시하거나 쉽게 잊어버리는 과정을 반복하면서 자신의 생각이 옳다고 확신한다고 하였다. 이로 미루어 보아 사람들은 자신이 내린 판단을 쉽게 바꾸려고 하지 않는다는 것을 알 수 있다.

04 **서술형** (마)에는 '가설 검증 바이어스'의 위험성과 글쓴이의 당부가 나타나 있다. 글쓴이가 첫인상이 위험하다고 한 이유는 (마)의 첫 문장을 통해 알 수 있다.

05 '나라'는 이 글의 읽기 맥락을 바탕으로 글이 사회에(독자에게) 미칠 영향을 예측하고 있다.

06 글쓴이는 (다)에서 많은 이들이 기후 변화 문제에 관심을 갖고 자원을 아끼려는 노력을 해야 한다고 주장하고 있다. 기후 변화의 과정을 이해하는 것만으로는 녹색 성장을 이룰 수는 없다.

07 〈보기〉는 「더위가 알려 준 진짜 충격」이라는 제목을 보고 글의 내용을 예측한 것이다.

08 **서술형** (다)에 기후 변화 문제의 심각성에 대한 인식과 이를 해결하기 위한 노력의 필요성이 제시되어 있다.

1단계 **01** 사람들이 처음에 형성된 인상을 좀처럼 바꾸려 하지 않기 때문이다.   **02** 자기의 경험과 지식   **03** 사람의 성격은 다양하다.   **04** '가설 검증 바이어스'를 버리고 지속적인 관계를 통해 상대의 실제 모습을 보아야 할 것이다.   **05** 가설 검증 바이어스 **2단계** **06** 마른 사람은 성격이 예민하고 날카로울 것이라는 자신의 생각이 옳다고 확신한다.   **07** 글쓴이에 대한 정보와 글의 제목을 활용하여 글의 내용과 글쓴이가 이 글을 쓴 의도를 예측하였다. **3단계** **08** 이 글의 제목을 보니 글쓴이는 인간관계에서 '첫인상'이 어떤 역할을 하는지 설명하려는 의도로 이 글을 쓴 것 같다. / '바이어스(bias)'가 '편견'이라는 뜻이니 '가설 검증 바이어스'는 어떤 가설을 검증할 때 편견이 들어가는 현상을 말하는 것 같다. / '아예 무시해 버린다.', '제멋대로 확신해 버린다.'와 같은 표현을 보니, 글쓴이는 '가설 검증 바이어스'를 부정적으로 생각하는 것 같다. 등

1단계

01 (가)의 마지막 문장에서 사람들은 처음에 형성된 인상을 좀처럼 바꾸려 하지 않기 때문에 첫 만남이 가장 중요하다고 하였다.

02 (나)는 같은 사람을 보더라도 보는 사람의 경험과 지식에 따라 상대의 성격을 다르게 평가한다는 내용이다. (나)의 마지막 문장에서 사람들이 자기의 경험과 지식을 잣대로 상대의 첫인상을 결정한다고 하였다.

03 사람의 성격을 나타내는 단어가 555개나 된다는 연구를 통해 사람의 성격이 다양하며, 같은 사람이라도 상황에 따라 성격이 달라질 수 있음을 알 수 있다.

04 글쓴이는 첫인상만으로 상대를 판단하는 것은 위험하므로 지속적인 관계를 통해 상대의 실제 모습을 보아야 한다고 독자들에게 당부하고 있다.

05 혈액형 성격학이 들어맞는 것처럼 생각되는 이유는 '가설 검증 바이어스' 때문이다. ㉠ 뒤에 '가설 검증 바이어스'가 작용하는 과정이 설명되어 있다.

2단계

06 '가설 검증 바이어스'는 자신이 세운 가설이 맞다는 것을 증명하는 정보만을 받아들이고, 그렇지 않은 정보는 무시함으로써 자신의 판단을 확신하는 현상을 말한다. 제시된 상황에 적용하면 마른 사람은 성격이 예민하고 날카로울 것이라는 자신이 세운 가설을 증명하는 정보만을 받아들여 자신의 생각과 판단이 옳다고 단정할 것이다.

07 글쓴이가 해 온 활동 즉, 글쓴이에 대한 정보와 「관계는 첫인상부터 시작된다」라는 글의 제목을 활용하여 글의 내용('인간관계에 작용하는 첫인상과 관련한 심리학')과 글쓴이가 이 글을 쓴 의도('대중에게 쉽게 설명하기 위해')를 예측하였다.

3단계

08 ㄱ과 ㄴ에서 하나씩 골라 예측하며 읽은 내용이 타당해야 한다.

평가 목표	예측하며 읽기
채점 기준	✔ ㄱ 중 하나를 활용하여 ㄴ 중 하나를 예측한 내용이 타당하며, 완결된 형태의 한두 문장으로 쓴 경우 [40점]
	✔ ㄱ과 ㄴ 중 하나만 포함되어 있을 경우 [20점]
	✔ ㄱ과 ㄴ에 제시되지 않은 내용을 활용하여 쓴 경우 [5점]
	✔ 띄어쓰기나 맞춤법이 잘못되었을 경우 [1점씩 감점]

[2] 통일성 있는 글 쓰기

예상 적중 소단원 평가 · 본문 21쪽

01 ④　　**02** ②　　**03** '가운데-1. 독도의 지리'의 하위 항목
04 ③

01 '정우'는 텔레비전에서 독도 여행 프로그램을 보고 독도에 대해 생각해 보게 되었다. '정우'는 글을 쓰기 위해 여러 자료를 수집하려고 계획하고 있지만 어디에서 수집할 것인지는 언급하지 않았다.

02 (가)에서 '정우'가 '독도의 지리와 역사, 가치'를 알리고 싶다고 하였다. 가운데 부분에서 빠진 내용을 확인해 보면 ㉠에는 '독도의 역사'에 관한 내용이 들어가는 것이 적절하다.

03 (서술형) 〈보기〉의 자료는 '독도의 지리'와 관련된 내용이다.

04 (다)의 맨 마지막 문장은 독도의 위치를 설명한 문장으로 (다)의 중심 내용인 '독도의 경제적 가치'와 관련이 없다. 따라서 문단의 통일성을 고려하여 삭제해야 한다.
　(오답 풀이) ① '가운데-3. 독도의 가치'에 해당하는 내용이다.
② 이 글은 객관성과 사실성이 두드러지는 설명하는 글이다.
④ (다)는 독도 주변에 석유를 대체할 수 있는 메탄 하이드레이트가 매장되어 있어 독도의 경제적 가치가 높다는 내용이다. 석유와 메탄 하이드레이트의 매장량을 비교하는 그래프는 필요하지 않다.
⑤ (다)는 '독도의 경제적 가치'에 관한 문단으로 '독도에 사는 희귀 생물'에 관한 내용이 나올 이유가 없다.

고득점 서술형 문제 · 본문 22~23쪽

1단계 **01** 내용 조직하기　**02** 설명하는 글　**03** 가운데-2. 독도의 역사　**04** 2-라. 독도를 관광하는 방법　**05** 오빠와 나는 사이가 좋다.
2단계 **06** '가운데-1-나. 경제적 가치'는 '가운데-3. 독도의 가치'의 하위 항목이므로 그쪽으로 위치를 옮겨야 한다.　**07** 〈보기〉는 '가운데-3-가. 환경·생태학적 가치'에 해당한다. '바위섬인 독도는 비가 오면 빗물이 흘러내리기 때문에 식물이 살기 어렵다.'라는 문장은 문단의 주제와 반대되는 내용이므로 글의 통일성을 고려하였을 때 삭제해야 한다.
3단계 **08** (다)는 글의 내용이 하나의 주제로 긴밀하게 연결되어 있는 반면, 〈보기〉는 한 편의 글에 너무 많은 내용이 담겨 있고 그 내용이 유기적이지 않아 글쓴이가 말하고자 하는 바 즉, 주제가 무엇인지 명확하지 않다.

1단계

01 글쓰기는 '계획하기-내용 생성하기-내용 조직하기-표현하기와 고쳐쓰기'의 단계를 거친다. (나)는 생성한 내용을 토대로 쓴 개요로, 내용 조직하기 단계에서 수행한다.

02 (나)는 설명하는 글의 일반적인 구조(처음-가운데-끝)를 띠고 있고, 가운데 부분의 내용이 독도에 대한 정보이므로 설명하는 글을 쓰기 위한 개요라고 볼 수 있다.

03 (가)는 독도의 과거에 대한 기록을 보여 주는 자료이므로 '독도의 역사' 부분에서 활용할 수 있다.

04 이 글은 독도의 역사와 가치 등에 대해 알리는 것을 목적으로 쓴 글로, '독도를 관광하는 방법'은 글의 주제와 관계없다.

05 (다)의 중심 문장은 첫 번째 문장이다.

2단계

06 개요의 상위 항목과 하위 항목이 적절하게 배열되어 있는지 점검해 보도록 한다.

07 〈보기〉는 독도가 화산의 성장과 진화의 과정을 보여 준다는 점, 희귀한 생물들을 만날 수 있다는 점에서 가치가 있음을 설명하고 있다. 이러한 내용은 '가운데-3-가. 환경·생태학적 가치'에 해당한다. 이와 같은 문단의 중심 내용을 고려할 때 '바위섬인 독도는 비가 오면 빗물이 흘러내리기 때문에 식물이 살기 어렵다.'라는 문장은 문단의 주제와 반대되는 내용이다.

3단계

08 (다)는 글이 하나의 주제(오빠와 나는 사이가 좋다.)로 연결되어 있는 반면, 〈보기〉는 하루에 있었던 여러 가지 일들을 나열하고 있어 글쓴이가 무엇을 말하고자 하는지 파악하기 어렵다.

평가 목표	글의 통일성 이해하기
채점 기준	✔ (다)와 〈보기〉의 다른 점을 밝히고, '주제'라는 낱말을 활용하여 〈보기〉의 문제점을 정확히 서술한 경우 [40점]
	✔ (다)와 〈보기〉의 다른 점을 밝히고, 〈보기〉의 문제점을 서술하였으나 '주제'라는 낱말을 활용하지 않은 경우 [30점]
	✔ 〈보기〉의 문제점을 서술하였으나 (다)와의 다른 점을 밝히지 않은 경우 [20점]
	✔ 띄어쓰기나 맞춤법이 잘못되었을 경우 [1점씩 감점]

예상 적중 대단원 평가 · 본문 24~27쪽

01 ②　**02** ⑤　**03** ②　**04** ⑤　**05** 우리가 첫인상만으로 그 사람이 어떤 사람이라고 단정하는 것은, 우리가 자신의 판단이 옳다는 것을 증명하는 정보만을 선택적으로 받아들였기 때문이래. 즉, '가설 검증 바이어스'가 작용하였기 때문이야. 혹시 네가 이러한 '가설 검증 바이어스'의 영향으로 그 친구가 예민하게 행동한 것만 기억하는 것은 아닐까? 아마 그 친구에게도 여러 측면의 성격이 있을 거야. 앞으로 그 친구를 만나면서 그 친구의 실제 모습을 보려고 노력해 봐.　**06** ③　**07** ③　**08** ④　**09** (다). (다)는 이 글의 주제인 '독도의 가치'와 관련이 없는 내용으로, 글의 통일성을 깨뜨린다.　**10** ③　**11** ⑤　**12** ②　**13** ④　**14** ④

01 이 글은 설명하는 글로, '처음-가운데-끝'의 구조를 가지고 있다. 글의 구성 단계별로 문단을 나누면 (가)는 처음, (나), (다), (라)는 가운데, (마)는 끝에 해당한다.

02 '가설 검증 바이어스'는 제한된 정보로 형성한 첫인상을 확고히 유지하게 하고, 상대의 실제 모습을 보기 어렵게 한다.

03 글쓴이가 해 온 활동, 제목을 통해 이 글이 인간관계를 중심으로 한 사람의 심리, 그중 첫인상과 관련된 내용을 다룰 것임을 예측할 수 있다.

04 낱말의 뜻을 활용하여 생소한 개념이나 상황을 이해하는 것도 예측하며 읽기에 해당한다. 선생님이 제시한 방법을 활용하여 이 글을 바르게 읽은 학생은 '지환'이다.

05 고난도 서술형 제시된 학생의 말의 문제점과 그에 대한 해결 방안을 찾되, 이 글의 내용을 바탕으로 해야 한다.

평가 목표	글의 내용 내면화하기
채점 기준	✔ '가설 검증 바이어스'의 개념을 활용하여 학생의 말에서 잘못된 점을 밝히고 해결 방안까지 쓴 경우 [상]
	✔ '가설 검증 바이어스'의 개념을 활용하여 학생의 말에서 잘못된 점만 밝힌 경우 [중]
	✔ 해결 방안만 밝힌 경우 [하]

06 신문 기사는 기부를 실천한 사례에 대한 내용을 담고 있으므로 ⓒ의 내용을 뒷받침하는 근거로 활용되기는 어렵다.

07 (나)의 개요를 보면, '가운데-1. 기부 문화가 활성화되지 않는 원인'과 '가운데-2. 기부 문화 활성화 방안'이 대응을 이루고 있다. ⓐ에는 '기부 단체에 대한 불신'에 대응하는 내용이 들어가야 하므로 ③이 가장 적절하다.

08 (다)에서 독도 강치는 일제 강점기 때 무자비한 포획으로 멸종되었다고 하였다.

09 서술형 '독도 강치'를 설명하고 있는 (다)는, 독도의 가치를 설명한 이 글의 주제와 관련이 없어 글의 통일성을 깨뜨린다.

10 (나)는 독도의 환경·생태학적 가치에 대해 설명하고 있다. 그런데 독도에 식물이 살기 어렵다는 내용은 (나)의 중심 내용과 반대되므로 삭제해야 한다.

11 (라)는 독도의 위치적 가치를 설명한 문단이다. 그런데 (가)의 마지막 문장은 독도의 위치를 설명하고 있으므로 (라)로 옮기는 것이 적절하다.

12 (나)의 중심 내용은 '자신의 경험과 지식을 잣대로 상대의 첫인상을 결정하는 사람들'이다. 뚱뚱한 사람과 마른 사람에 대한 여러 가지 첫인상은 중심 내용을 설명하기 위해 예로 든 사례이다.

13 ㉠은 제한된 정보로 상대의 첫인상을 형성한 후 자신의 판단에 부합하는 정보만을 선택적으로 받아들이게 되어 상대의 실제 모습을 알기 어렵다.

14 ④는 독자의 배경지식을 활용하여 글의 내용을 바르게 예측한 것이다.

---

③ 재미있는 낱말 탐험

〔1〕 품사의 종류와 특성

예상 적중 소 단 원 평가   본문 29~30쪽

01 ①	**02** ④	**03** ⑤	**04** ⑤	**05** ④	**06** ⑤

07 문장에서 쓰일 때 형태가 변한다. 또는 활용할 수 있다.   **08** ③
09 ③ **10** ① **11** ① **12** ⑤ **13** ⑤ **14** ㉠은 정우가 다른 사람들도 부르고 민호 역시 불렀다는 의미이고, ㉡은 여러 사람 중 오로지 민호만 불렀다는 의미이다. **15** ⑤ **16** ③

01 ㉠은 모두 용언으로 문장에서 쓰일 때 형태가 변한다. ㉡은 체언(꽃, 이것), 수식언(모든, 과연), 독립언(아하)이므로 형태가 변하지 않는다.

02 '보다'는 비교(~에 비해서)의 뜻을 나타내는 조사로 관계언에 해당한다.
오답 풀이 ① '춥다'는 주체의 상태를 서술하는 역할을 하는 용언이다.
② '풍경'은 문장에서 주체의 역할을 하는 체언이다.
③ '참'은 뒤에 오는 용언 '동그랗다'를 꾸며 주는 수식언이다.
⑤ '어허'는 다른 말과 관계없이 독립적으로 쓰이는 독립언이다.

03 낱말은 그 의미에 따라 명사, 대명사, 수사, 동사, 형용사, 관형사, 부사, 조사, 감탄사로 분류할 수 있다. ⑤는 모두 감탄사이다.
오답 풀이 ① '신발'은 명사, '당신'은 대명사, '셋째'는 수사이다.
② '맵다'는 형용사, '웃다'와 '씻다'는 동사이다.
③ '몹시'와 '실컷'은 부사, '무슨'은 형용사이다.
④ '에게'와 '부터'는 조사, '많이'는 부사이다.

04 '비', '우산', '가방', '사탕'은 구체적인 대상을 나타내는 명사이다. '우정'은 추상적인 개념을 나타내는 명사에 해당한다.

05 ㉡은 사신을 대신 나타낸 말이고 ㉤은 굴뚝을 대신 나타낸 말이다. ㉠은 관형사, ㉢은 명사, ㉣은 부사에 해당한다.

06 밑줄 친 낱말은 모두 수사에 해당한다. 수사는 체언에 속하는데, 체언은 주로 문장에서 주체가 되는 역할을 하므로 생략하면 문장의 의미가 달라진다.

07 서술형 〈보기〉는 동사(말하다)와 형용사(맛있다)가 문장 속에서 다양한 형태로 활용하고 있음을 보여 준다.

08 '새로운', '아파서', '좋은', '반갑네요'는 모두 형용사에 해당한다. '흐르는(흐르다)'은 동사에 해당한다.

09 '듣는'은 동사의 어간 '듣-'에 현재를 나타내는 어미 '-는'을 붙여 활용한 형태이다. 형용사인 '즐겁다'에는 현재형 어미가 붙을 수 없다.

10 다른 말을 꾸며 주는 역할을 하는 품사는 수식언이다. 수식언에는 관형사와 부사가 있다. '싶은'은 '-고 싶다'의 형태로 사용되는 보조 형용사이다.

11 ①의 '저기'는 장소를 대신 나타내는 대명사이다.

　오답 풀이　②의 '두'는 '명'을, ③의 '온갖'은 '종류'를, ④의 '새'는 '집'을, ⑤의 '어떤'은 '소리'를 꾸며 주는 관형사이다.

12 제시된 문장에 쓰인 '너무'는 부사 '많이'를, '유난히'는 형용사 '맑았다'를 꾸며 주는 부사이다. 체언을 꾸며 구체적으로 표현하는 품사는 관형사이다.

13 조사는 주로 체언 뒤에 붙어 문법적인 관계를 표시하거나 특별한 뜻을 더해 주는 역할을 한다. '가겠다'의 '-다'는 용언의 어간 '가-' 뒤에 붙은 종결 어미이다.

14 **서술형**　'도'는 이미 어떤 것이 포함되고 그 위에 더함의 뜻을 나타내는 보조사로 '역시'의 의미를 더해 주고, '만'은 다른 것으로부터 제한하여 어느 것을 한정함을 나타내는 보조사로 '오로지'의 의미를 더해 준다.

15 문장에서 독립적으로 쓰이는 낱말은 감탄사이다. '아'는 문장에서 독립적으로 쓰여, 생략해도 문장의 의미가 크게 달라지지 않는 감탄사이다.

　오답 풀이　① '그렇습니다'는 '그렇다'의 활용형으로 형용사이다.
② '오늘'은 명사이다.
③ '예약하려고는'은 '예약하다'의 활용형으로 동사이다.
④ '다'는 뒤에 오는 용언인 '찼습니다'를 꾸며 주는 부사이다.

16 제시된 문장에서 뒤에 오는 용언을 꾸며 주는 말인 부사는 사용되지 않았다.

　오답 풀이　① '우아'는 독립언이다.
② '하나'는 사물의 수량을 나타내는 말인 수사이다.
④ 문법적인 관계를 표시해 주는 낱말인 조사는 '에'와 '가' 두 개가 사용되었다.
⑤ 문장에서 쓰일 때 형태가 변하는 낱말인 용언은 '밝은'과 '떴다' 두 개가 사용되었다.

고득점 서술형 문제　　　　본문 31쪽

1단계　**01** ㉠: 품사 ㉡: 기능　**02** 여기, 필통, 연필, 하나
03 부사: 3개, 명사: 2개, 조사: 2개, 동사: 1개
2단계　**04** '가다'가 ㉮에서는 '가고', ㉯에서는 '가자', ㉰에서는 '가는' 등 형태가 달라지는 것처럼 용언은 문장에서 쓰일 때 활용한다.
3단계　**05** 관형사에 해당하는 '아무런'과 부사에 해당하는 '아마, 아직, 아무리'로 나눌 수 있다. 관형사와 부사는 둘 다 다른 말을 꾸며 주는 역할을 하지만, 관형사는 체언을 꾸며 주는 반면, 부사는 용언이나 다른 부사, 문장 전체 등을 꾸며 주는 역할을 한다.　**06** ⓐ는 관형사이고, ⓑ는 형용사이다. 관형사인 ⓐ는 문장에서 쓰일 때 형태가 변하지 않고, 뒤에 오는 체언을 꾸며 주는 기능을 한다. 반면 형용사인 ⓑ는 문장에서 쓰일 때 형태가 변하고 문장에서 주로 주체를 서술하는 기능을 하며, 사람이나 사물의 상태나 성질을 나타낸다.

1단계

01 품사는 낱말을 일정한 기준에 따라 분류해 놓은 것이다. 품사를 분류하는 기준에는 형태, 기능, 의미가 있다.

02 체언은 문장에서 주로 주체가 되는 말로, 체언에는 명사, 대명사, 수사가 있다. '여기'는 대명사, '필통'과 '연필'은 명사, '하나'는 수사에 해당한다.

03 '분명히', '아주', '많이'는 부사, '그날', '비'는 명사, '은'과 '가'는 조사, '내렸다'는 동사에 해당한다.

2단계

04 ㉮의 괄호 안에는 '가고, 가지만' 등이, ㉯의 괄호 안에는 '가자, 가요' 등이, ㉰의 괄호 안에는 '갈, 가는' 등이 들어갈 수 있다. 이와 같이 용언은 문장에서 쓰일 때 다양한 어미가 붙어 그 형태가 달라지는데, 이를 활용이라고 한다.

3단계

05 '아무런'은 관형사에 해당하고, '아마', '아직', '아무리'는 부사에 해당한다. 관형사와 부사는 다른 말을 꾸며 주는 역할을 하지만, 관형사는 체언을 꾸며 주는 반면, 부사는 용언이나 다른 부사, 문장 전체 등을 꾸며 주는 역할을 한다.

평가 목표	관형사와 부사의 공통점과 차이점 파악하기
채점 기준	✔ 〈보기〉의 밑줄 친 낱말을 올바르게 분류하고 그 공통점과 차이점을 〈조건〉에 맞게 서술하였을 경우 [25점]
	✔ 〈보기〉의 밑줄 친 낱말을 올바르게 분류하고 품사를 밝혔으나 공통점과 차이점을 서술하지 못한 경우 또는 그 반대의 경우 [12점]
	✔ 〈보기〉의 밑줄 친 낱말을 올바르게 분류하였으나 품사를 밝히지 못한 경우 [7점 감점]
	✔ 공통점과 차이점 중 하나만 서술하였을 경우 [7점 감점]
	✔ 띄어쓰기나 맞춤법이 잘못되었을 경우 [1점씩 감점]

06 문장에서 '새'와 '예쁜'은 둘 다 뒤에 오는 명사인 '옷'을 꾸며 준다. 그러나 두 낱말은 품사가 다르다. '새'는 형태가 변하지 않으며 체언 앞에서 그 체언을 수식하는 역할을 하는 관형사이다. '예쁜'은 형용사 '예쁘다'의 활용형으로 문장에서 쓰일 때 형태가 변하며 '옷이 예쁘다'와 같이 주로 주어의 상태를 설명하는 서술의 기능을 한다.

평가 목표	관형사와 형용사의 차이점 파악하기
채점 기준	✔ ⓐ와 ⓑ의 품사의 차이를 〈조건〉에 맞게 서술하였을 경우 [30점]
	✔ ⓐ와 ⓑ의 품사를 밝히지 않았을 경우 [10점 감점]
	✔ 관형사와 형용사의 품사적 특성 중 하나만 서술하였을 경우 [10점 감점]
	✔ 띄어쓰기나 맞춤법이 잘못되었을 경우 [1점씩 감점]

﹝2﹞ 어휘의 체계와 양상

예상 적중 소 단 원 평가　　　　본문 33~34쪽

01 고유어	**02** ④	**03** ①	**04** ⑤	**05** ⑤	**06** ①
07 ④	**08** ④	**09** ①	**10** ⑤	**11** ③	**12** ①
13 ②	**14** 은어는 특정 집단에 속하는 사람들끼리 쓰는 말이므로 외부 사람과의 의사소통을 방해하고 오해를 불러일으킬 수 있다.				

01 서술형 제시된 낱말들은 모두 우리말에 본디부터 있던 말인 고유어에 해당한다.

02 '얼굴'은 고유어이다. '주문(注文)', '필통(筆筒)', '체육복(體育服)', '시작(始作)'은 모두 한자어이다.

03 다른 나라에서 들어와 우리말처럼 쓰이는 낱말은 외래어이다. 외래어에 해당하는 낱말은 '초콜릿(chocolate)'이다. '오로지', '미리내', '시나브로', '나이테'는 모두 고유어에 해당한다.

04 고유어, 한자어, 외래어는 상호 보완의 관계로, 어느 하나만 사용하기보다는 상황에 맞게 사용할 줄 알아야 한다. 다만 외래어의 경우 무분별하게 사용하면 자국어의 정체성을 위협할 수 있으므로, 어느 정도 순화해 사용하려는 태도는 필요하다.

오답 풀이 ① 한자어는 고유어에 비해 그 뜻이 분화된 경우가 많아 고유어를 보완하는 역할을 한다.
② 외래어는 외국과의 문화적 교류 과정에서 들어온 말로, 고유어로 바꿀 수 없는 경우가 있어 우리말을 풍부하게 해 준다.
③ 고유어는 우리 민족 고유의 문화와 정서를 반영한다.
④ '빵'은 포르투갈 어, '고무'는 프랑스 어에서 왔으나 고유어처럼 인식된다.

05 고유어에는 색깔의 정도나 느낌의 차이에 따라 다양하게 표현할 수 있는 말(색채어)이 발달하였음을 보여 준다.

06 고유어 '마음'은 하나의 낱말이 여러 의미를 지니지만, 한자어는 고유어보다 의미가 분화되어 있음을 알 수 있다.

07 '웰빙(well-being)', '레스토랑(restaurant)', '에이스(ace)', '뷰티(beauty)', '센터(center)'는 모두 외래어이다. ㉣의 '국이랑 밥이랑'은 고유어만 사용하여 만든 이름이다.

08 밑줄 친 낱말은 모두 외래어이다. 외래어는 주로 이전에 없던 제도나 문물을 표현하기 위해 사용된다.

오답 풀이 ① 주로 한자어가 고유어에 비해 뜻이 분화되어 있다.
② 고유어에 대한 설명이다.
③ 전문어에 대한 설명이다.
⑤ 유행어에 대한 설명이다.

09 '텔레비전(television)'은 다른 나라에서 들어왔지만 우리말처럼 쓰이고 있는 외래어이다.

10 밑줄 친 낱말은 지역 방언에 해당한다. 지역 방언은 해당 지역 특유의 정서를 담고 있으며, 우리말의 다양성을 보여 주는 소중한 언어 자료이다. 그러므로 지역 방언이 촌스러운 말이라는 편견을 버리고 지역 방언을 보존하기 위해 노력해야 한다.

11 ③은 지역의 차이에 의해 다른 말을 사용하는 것이므로 지역 방언의 예에 해당한다.

오답 풀이 ① 심마니들이 사용하는 은어에 해당한다.
② 청소년들이 사용하는 은어에 해당한다.
④ 음악 분야의 전문어에 해당한다.
⑤ 성별에 따른 사회 방언에 해당한다.

12 〈보기〉에서 설명하는 어휘는 전문어이다. '정전'과 '엘리베이터'는 일상에서 자주 사용하는 낱말이다.

13 '꾸렸다네(꾸리다)'는 일반인들도 자주 사용하는 낱말이다. 나머지는 모두 심마니들이 사용하는 은어이다.

오답 풀이 ① '어인마니'는 '산삼 캐기에 경험이 많고 능숙한 사람'을 이르는 말이다.
③ '천둥마니'는 '산삼 캐기를 처음하거나 나이가 어린 심마니'를 이르는 말이다.
④ '데팽이'는 '안개'를 이르는 말이다.
⑤ '소망 보다'는 '산삼을 캐다'라는 말이다.

14 서술형 은어는 다른 사람들이 알아듣지 못하도록 특정 집단의 구성원끼리만 사용하는 말이다. 은어는 같은 집단 내에서의 의사소통의 효율성을 높이고 구성원 간의 소속감과 친밀감을 형성하지만, 다른 집단에서 사용할 경우 의사소통을 방해할 수 있다.

고득점 서술형 문제   본문 35쪽

1단계 **01** ㉠: 고유어 ㉡: 외래어   **02** 세대(나이, 연령)의 차이   **03** 속어(비속어, 비어)
2단계 **04** 문학 작품에서 지역 방언을 사용하면 작품의 배경이 되는 지역의 고유한 정서를 잘 담아내어 작품의 내용과 분위기를 섬세하고 풍부하게 표현할 수 있다.   **05** 밑줄 친 낱말들은 뜻이 정밀하고 분명한 전문어로, 전문어를 사용하여 대화하면 관련된 전문 분야의 일을 효과적으로 수행할 수 있다.
3단계 **06** '쓰는 말'은 외래어에 해당하고 '바꾼 말'은 고유어에 해당한다. 외래어를 고유어로 다듬어 쓰기 위해 노력해야 하는 이유는 외래어를 무분별하게 사용할 경우 우리말의 정체성이 흔들리고, 우리 문화에 대한 자긍심이 손상될 수 있기 때문이다.

1단계

01 우리말의 어휘를 어종(말의 뿌리)에 따라 분류하면 고유어, 한자어, 외래어로 나눌 수 있다. 고유어는 우리말에 본디부터 있던 말이나 그것에 기초하여 새로 만들어진 말이고, 외래어는 다른 나라에서 들어와 우리말처럼 쓰이는 말이다. 한자어는 한자를 바탕으로 만들어진 말이다.

02 세대의 차이 때문에 나타나는 현상이다. 어린아이는 '맘마(밥)', '까까(과자)'와 같은 말을 주로 쓴다.

03 통속적으로 쓰는 저속한 말은 '속어'이다. 속어는 일반적인 표현에 비해 비속하고 천박한 인상을 주기 때문에 비속어 또는 비어라고도 한다.

2단계

04 문학 작품에서 지역 방언을 사용하면 작품의 배경이 되는 지역의 고유한 정서를 잘 담아내어 작품의 내용과 분위기 등을 더욱 섬세하고 풍부하게 표현할 수 있다. 또한 등장인물의 심리를 생생하게 전달할 수 있으며 독자에게 현장에 있는 것 같은 느낌을 준다.

05 밑줄 친 낱말들은 음악 분야에서 사용되는 전문어이다. 전문어는 뜻이 정밀하고 분명하기 때문에 이를 사용하면 관련 분야의 전문적인 일을 효과적으로 처리할 수 있다.

3단계

06 〈보기〉에서 '쓰는 말'은 외래어이고, '바꾼 말'은 고유어이다. 외래어를 무분별하게 사용하면 우리말의 정체성이 흔들리고, 우리 고유의 문화에 대한 자긍심도 느끼지 못하게 될 것이다.

평가 목표	외래어 남용의 문제점 파악하기
채점 기준	✓ 외래어를 고유어로 바꿔 쓰기 위해 노력해야 하는 이유를 〈조건〉에 맞게 서술하였을 경우 [30점] ✓ '쓰는 말'과 '바꾼 말'의 어휘의 유형을 밝히지 못하였을 경우 [10점 감점] ✓ 외래어를 고유어로 바꾸어 쓰기 위해 노력해야 하는 이유를 바르게 제시하지 못하였을 경우 [10점 감점] ✓ 띄어쓰기나 맞춤법이 잘못되었을 경우 [1점씩 감점]

예상 적중 대단원 평가

본문 36~39쪽

01 ⑤	**02** ⑤	**03** ③	**04** ③	**05** ①	**06** ①
07 ④	**08** ②	**09** ⑤	**10** ①	**11** ③	**12** ①
13 ④	**14** ⑤	**15** ④	**16** ①	**17** ④	**18** 스커트 → 치마

19 ① **20** ⑤ **21** ② **22** ① **23** ⑤ **24** ① **25** ⑤ **26** 네, 이번에는 인터넷 강의를 들으면서 열심히 공부했어요. 성적이 오르면 삼촌이 생일 선물로 구두 사 준다고 했거든요. **27** ④

01 '몹시', '모든', '결코'는 모두 다른 말을 꾸며 주는 말인 수식언이다.

오답 풀이 ① 형태가 변하는 낱말인 용언에는 '기쁘다', '달리다'가 있다.
② 이름을 나타내는 낱말인 명사는 '구름'뿐이다. '그것'은 사물을 대신 나타내는 말인 대명사이며 '셋'은 사물의 수량을 나타내는 말인 수사이다.
③ 독립적으로 쓰이는 낱말인 독립언에는 '어머'가 있다. '에게'는 낱말 사이의 관계를 나타내 주는 말인 조사이다.
④ 움직임을 나타내는 낱말인 동사에는 '달리다'가 있다.

02 '사랑'은 눈으로 볼 수 없는 추상적인 개념을 나타내는 명사이다.

03 ③의 '두'는 숫자를 나타내는 말이지만 뒤에 오는 명사 '사람'을 꾸며 주는 역할을 하므로 수사가 아니라 관형사이다. 관형사 '두' 뒤에는 조사가 붙을 수 없다.

04 ③의 '역시'는 문장 전체를 꾸며 주는 역할을 하는 부사이다. ①은 수사, ②와 ⑤는 명사, ④는 대명사로 모두 체언에 해당한다.

05 ①의 '저'는 뒤에 오는 명사 '집'을 꾸며 주는 역할을 하므로 관형사에 해당한다.

06 품사는 기능에 따라 체언, 용언, 수식언, 관계언, 독립언으로 분류할 수 있다. ⓐ와 ⓒ는 문장에서 주로 주체를 서술하는 용언이다.

오답 풀이 ②~⑤ ⓑ는 주로 체언 뒤에 붙어 다른 말과의 관계를 나타내는 관계언이다. ⓓ와 ⓖ는 다른 말을 꾸며 주는 수식언이다. ⓔ는 문장에서 독립적으로 쓰이는 독립언이다. ⓕ는 주로 문장에서 주어나 목적어의 기능을 하는 체언이다.

07 ㉠, ㉡, ㉣은 상태나 성질을 나타내는 형용사이고 ㉢, ㉤은 움직임을 나타내는 동사이다.

08 '빨리'는 뒤에 오는 동사 '먹었다'를 꾸며 주는 부사로 수식언에 해당한다.

오답 풀이 ① '맛있게'는 형용사인 '맛있다'의 활용형이다.
③ '핀'은 동사인 '피다'의 활용형이다.
④ '가득했다'는 형용사인 '가득하다'의 활용형이다.
⑤ '지으며'는 동사인 '짓다'의 활용형이다.

09 형용사에는 현재 진행되는 상황을 나타내는 '-는다/-ㄴ다', 청유를 나타내는 '-자', 명령을 나타내는 '-아라/-어라'가 붙을 수 없다. 감탄을 나타내는 어미와 결합할 경우, 동사에는 '-는구나'가 붙을 수 있는 반면 형용사에는 '-구나'가 붙을 수 있다.

10 밑줄 친 낱말은 상태나 성질을 나타내는 형용사(용언)이다. ①의 '새'는 형태의 변화 없이 명사 '옷'을 꾸며 주므로 관형사(수식언)이다.

오답 풀이 ②의 '예쁜', ③의 '노란', ④의 '멋있는', ⑤의 '따뜻한'은 모두 형용사이다.

11 '아마'는 문장 전체를 꾸며 주는 부사에 해당한다. '옛', '다른', '이', '여러'는 각각 뒤에 오는 체언인 '친구', '일', '가방', '가지'를 꾸며 주므로 관형사이다.

12 '어떤'은 뒤에 오는 체언인 '학생'을 꾸며 주는 관형사이고 '급히', '그래서', '화들짝'은 부사이므로 모두 수식언에 해당한다. 수식언은 다른 말을 꾸며 주는 기능을 한다.

13 ㉠은 '역시'라는 의미를 더해 주는 조사이고, ㉡과 ㉢은 각각 앞말에 주어와 서술어의 자격을 부여해 주는 조사이다. 조사는 문장에서 쓰일 때 형태가 변하지 않는다는 특성을 지니지만 서술격 조사 '이다'는 예외적으로 형태가 변한다.

14 문장 전체를 꾸며 주는 역할을 하는 것은 부사이다. 감탄사는 뒤에 오는 문장을 꾸며 주는 낱말이 아니라 문장에서 다른 말과 관계없이 독립적으로 쓰이는 말이다.

15 혼자 쓰일 수 없는 낱말인 조사는 '에게', '을', '은', '이다'로 모두 네 개다.

오답 풀이 ① 독립언은 사용되지 않았다.
② 형태가 변하는 낱말은 '준', '이다'로 두 개 사용되었다.
③ 체언에 해당하는 낱말은 '그녀', '선물', '사람', '영호'로 네 개가 사용되었다.
⑤ 관형사는 사용되지 않았다.

16 '샤워'와 '빵'은 외래어이고, '얼굴'은 고유어, '우유'와 '복장'은 한자어이다.

17 ⓐ는 '사람이 어떤 일에 대하여 가지는 관심', ⓑ는 '이성이나 타인에 대한 사랑이나 호의(好意)의 감정'이라는 의미로 사용

되고 있지만, 이는 상황과 문맥에 따라 달라지는 것이지, 사용하는 사람의 성별에 따라 의미가 달라진 것은 아니다.

18 서술형 무분별한 외래어 사용은 고유어의 정체성을 위협하기 때문에 고유어로 바꾸어 쓸 수 있는 말은 고유어로 바꾸어 사용하는 것이 좋다. [A]에 사용된 외래어 중 '모델'은 고유어로 바꾸어 쓰기 어렵지만, '스커트'는 '치마'로 바꾸어 쓸 수 있다.

19 ①은 모두 고유어로 이루어진 문장이다.

오답 풀이 ② '학교'는 한자어, '버스'는 외래어이다.
③ '학교', '교훈', '성실'은 모두 한자어이다.
④ '친구', '서점' '소설책'은 모두 한자어이다.
⑤ '티셔츠'는 외래어이다.

20 '매장(賣場)'은 한자어이다.

오답 풀이 ① '립스틱'은 대응되는 고유어가 없다.
② '핑크(pink)'는 외래어, '색(色)'은 한자어이다.
③ '사랑스러움'은 고유어이다.
④ '상품(商品)'은 한자어이다.

21 〈보기〉는 외래어를 무분별하게 사용하는 것을 경계해야 한다는 글이다. 외래어를 사용하지 않은 학생은 '초롱'이다. '본보기'는 '롤 모델(role model)'을 순화한 말이다.

22 비공식적인 상황에서 같은 지역 사람끼리 지역 방언을 사용하면 서로 친근감을 느낄 수 있고 편안한 분위기에서 대화를 나눌 수 있다.

23 전문어는 일반인들이 이해하기 어려우므로, 일반인을 대상으로 말할 때에는 쉽게 풀이해서 사용해야 한다.

24 속어에는 비밀 유지의 기능이 없다. 비밀 유지의 기능이 있는 어휘는 은어이다.

25 〈보기〉는 주로 청소년 집단에서 사용하는 줄인 말이다. 다른 집단과 대화할 때 〈보기〉의 낱말들을 사용하면 상대방에게 불편함을 줄 수 있으므로 담화 상황에 맞게 사용해야 한다.

26 고난도 서술형 할아버지와 손녀의 대화가 원활하지 않은 이유는 손녀가 할아버지와 대화를 나누고 있는 상황임을 고려하지 않고 자기 또래 사이에서 쓰는 말을 사용했기 때문이다.

평가 목표	담화 상황에 맞는 어휘 사용하기
채점 기준	✔ '인강', '열공', '생선'을 모두 찾아 바르게 고친 경우 [상]
	✔ 두 개의 낱말만 찾아 바르게 고친 경우 [중]
	✔ 한 개의 낱말만 찾아 바르게 고친 경우 [하]

27 ㉠은 지역에 따라 다르게 쓰는 말인 지역 방언이 사용되었고, ㉡~㉣은 직업, 세대 등 사회적 요인에 따라 다르게 쓰는 말인 사회 방언이 사용되었다.

오답 풀이 ① 충청도 지역에서 쓰는 방언이 사용되었다.
② 효율적인 업무 수행을 위해 의학 분야에서 특별한 뜻으로 쓰는 전문어가 사용되었다.
③ ㉢은 통속적으로 쓰는 저속한 말인 속어, ㉣은 젊은 세대끼리 주로 쓰는 은어가 사용되었다.
⑤ 다른 지역 사람에게 지역 방언을 사용하거나, 사회 집단이 다른 사람에게 사회 방언을 사용하는 경우 모두 소외감을 느낄 수 있다.

❹ 갈등을 넘어 소통으로

[1] 갈등하는 삶

예상 적중 **소 단 원** 평가 본문 41~43쪽

01 ④ **02** ① **03** 사람들은 모두 치료비를 톡톡히 부담해야 할 그 아저씨를 동정했다. **04** ④ **05** ③ **06** ⑤ **07** '수남'이 울자 연민(동정심)이 생겼기 때문이다. **08** ⑤ **09** ① **10** ⑤ **11** ⑤ **12** 마침내 결심을 굳힌 수남이의 얼굴은 누런 똥빛이 말끔히 가시고, 소년다운 청순함으로 빛났다.

01 이 글의 갈래는 소설이다. 소설은 인물, 사건, 배경을 갖추고 있고, 등장인물들이 겪는 갈등에 따라 사건이 전개된다. 또한 소설은 작가가 상상하여 꾸며 낸 이야기이지만 현실에 있을 법한 이야기를 다루기 때문에 현실 세계를 반영하기도 하는 특성을 지닌다. 함축적 의미를 지닌 언어를 사용하여 표현하는 갈래는 시이다.

02 (가)는 '수남'이 어디에서 어떤 일을 하는지 밝히고 있으며, 외양 묘사를 통해 성격을 간접적으로 제시하였다. 그러므로 (가)는 소설의 구성 단계 중 인물과 배경이 소개되는 '발단'에 해당한다.

03 서술형 다친 사람을 걱정하기보다 애꿎은 돈을 물어야 하는 '전선 도매집 주인아저씨'를 동정하는 도시 사람들의 모습에서 사람의 안전보다 돈을 중시하는 도시 사람들의 물질 만능주의적인 태도를 엿볼 수 있다.

04 '수남'이 남보다 일찍 일어나는 이유는 아침부터 부지런하게 가게 일을 준비하면 받을 수 있는 '주인 영감'의 칭찬의 손길이 좋기 때문이다. '수남'은 그 손길에서 부모의 사랑과 같은 육친애를 느낀다.

오답 풀이 ① '수남'의 외양 묘사를 통해 그가 순수하고 순진한 성격임을 엿볼 수 있다.
② '수남'은 '주인 영감'이 겉으로만 자신을 이용하는 것을 모르고 공부하고 싶은 마음을 알아주는 '주인 영감'에게 고마움을 느낀다.
③ '주인 영감'이 사실은 '수남'의 공부에 관심이 없다는 것을 짐작할 수 있다.
⑤ 골목에서 난 사고로 '수남'은 자기에게도 재수 없는 일이 생길 것 같은 예감에 불안해한다.

05 '수남'의 안전보다 금전적 손해를 더 걱정하는 '주인 영감'의 말에서 그의 이기적이고 욕심 사나운 성격을 엿볼 수 있다.

06 강한 바람에 '수남'의 자전거가 쓰러지면서 '신사'의 차에 흠집을 낸 것이 원인이 되어 '수남'과 '신사'가 갈등하게 된다.

07 서술형 ㉠은 '수남'이 차 수리비를 물어 주어야 하는 상황이 되자 두렵고 억울하여 우는 모습을 본 '신사'의 반응이다. '신사'의 목청이 다분히 누그러지며 목소리에 연민이 담긴 것에서 '신사'는 '수남'이 우는 모습을 보고 동정심을 느끼고 있음을 알 수 있다.

08 '신사'는 운전사도 있을 만큼 부유하지만 어린 '수남'에게 자동차 수리비를 무리하게 요구하는 것으로 보아 야박하고 이기적인 인물임을 알 수 있다.

09 '수남'은 '주인 영감'에게서 따뜻한 육친애를 느껴 가게 일에 헌신해 왔다. 그러나 '주인 영감'이 잘못을 저지른 자신을 오히려 칭찬하자 '주인 영감'의 비도덕적인 본모습을 깨닫고 그에게 실망하게 된다.

10 '주인 영감'은 '수남'이 자전거를 들고 도망친 행동에 대해 칭찬하는 반면 '아버지'는 '수남'에게 도둑질만은 하지 말라고 당부한다. 이를 통해 '주인 영감'과 '아버지'는 도덕성을 기준으로 서로 다른 가치관을 지니고 있는 인물임을 알 수 있으며, '수남'은 이 둘 사이에서 갈등하고 있다.

11 '수남'이 말하는 도둑질은 '수남'의 자전거가 '신사'의 자동차에 흠집을 낸 것에 대해 정당한 대가를 치르지 않고 자전거를 들고 도망친 행동을 의미한다.

12 서술형 이 글에서 '누런 똥빛'은 비양심성, 부도덕성을 상징하는데, '수남'의 얼굴에서 '누런 똥빛'이 가셨다는 것은 '수남'을 둘러싼 부도덕성이 말끔히 해소되었음을 뜻한다.

고득점 서술형 **문제**   본문 44~45쪽

1단계 **01** (마)   **02** 순진하다.   **03** 생채기   **04** 수남이는 자기편이 되어 준 이 많은 사람들을 도저히 배반할 수 없었다. **05** 도덕적으로 자기를 견제해 줄 어른
2단계 **06** 점원을 더 쓰면 돈이 더 들기 때문이다.   **07** 자전거를 들고 도망친 일   **08** ⓐ: 전지적 작가 시점, ⓑ: 등장인물 ('수남')의 내적 갈등을 생생하게(구체적으로) 전달할 수 있다.
3단계 **09** 자신을 도덕적으로 견제해 줄 수 있는 '아버지'가 계신 고향으로 떠남으로써 내적 갈등을 해결하려는 '수남'의 모습을 통해 작가는 물질적 가치를 중시하는 당시의 세태를 비판하고자 했다.   **10** 어떤 식으로든 보상하여 갈등을 해결했을 것이다. 왜냐하면 '수남'의 자전거가 '신사'에게 손해를 입힌 것은 사실이기 때문이다. / 나도 '수남'처럼 자전거를 들고 도망쳤을 것이다. 왜냐하면 '신사'가 요구한 수리비는 '수남'과 합의도 거치지 않은 큰돈이었기 때문이다.

1단계

01 '수남'의 내적 갈등이 최절정에 이르는 문단은 구성 단계 중 '절정'에 해당하는 (마)이다. 자전거를 들고 도망쳤던 자신의 행동이 도덕적으로 옳은 일이었는지 고민하는 '수남'의 모습이 나타난다.

02 순진한 '수남'은 인건비를 아끼고자 자신을 혹사시키는 '주인 영감'의 속내를 알지 못하고 '주인 영감'의 말을 곧이곧대로 믿으며 고마워한다.

03 '신사'와 '수남'이 갈등하게 된 원인은 '수남'의 자전거가 바람에 쓰러지면서 '신사'의 차에 생채기를 냈기 때문이다.

04 (라)에서 자전거를 들고 도망칠 때, 자신에게 도망치라고 외쳤던 사람들을 배반할 수 없었다며 자신의 행동을 합리화하는 '수남'의 심리가 드러난다. 이때 '수남'은 쾌감을 느끼지만, 나중에는 이로 인해 또 다른 내적 갈등을 겪게 된다.

05 금전적 손해만 없으면 잘못된 행동도 칭찬하는 '주인 영감'과 달리 '아버지'는 도둑질만은 하지 말라고 당부하는, 도덕적 가치를 중시하는 인물이다.

2단계

06 (가)의 '주인 영감'의 말은 '수남'을 위해 하는 말 같으나 결국 점원을 더 안 쓰려는 핑계이다. '주인 영감'은 점원을 한 명 더 쓰면 그만큼 월급이 더 들기 때문에 인건비를 아끼고자 '수남'을 위하는 척하며 혹사시키는 것이다.

07 '수남'은 '신사'의 자동차에 흠집을 낸 일에 대한 대가를 치르지 않고 자전거를 들고 도망친 일이 도덕적으로 옳은 일이었는지 고민에 빠졌다.

08 이 글의 서술자는 작품 밖에 있는 누군가로, 사건의 전개뿐만 아니라 주인공인 '수남'의 심리를 자세히 알고 있다. 따라서 이 소설에서 등장인물이 겪는 내적 갈등과 갈등의 전개 상황을 구체적으로 전달할 수 있다.

3단계

09 '수남'은 물질적인 가치를 중시하는 '주인 영감'을 따르지 않고, 자신을 도덕적으로 견제해 줄 수 있는 '아버지'가 있는 고향으로 떠나기로 결심하면서 도덕성을 회복한다. 작가는 이러한 '수남'의 모습을 통해 도덕적 양심보다 물질적인 이익을 중시하던 당시 도시 사람들의 비도덕적이고 이기적인 세태를 비판하려고 했다.

평가 목표	작가의 궁극적인 집필 의도(주제) 파악하기
채점 기준	✔ 작가가 말하고자 하는 바를 〈조건〉에 맞게 쓴 경우 [20점] ✔ '수남'의 갈등 해결 방법을 쓰지 않은 경우 [10점] ✔ 한 문장으로 쓰지 않은 경우 [5점 감점] ✔ 맞춤법이 잘못되었거나 문장이 어색한 경우 [1점씩 감점]

10 '수남'의 해결 방법이 옳다고 생각할 수도, 옳지 않다고 생각할 수도 있지만 중요한 것은 평가에 대한 근거가 타당해야 한다는 것이다. '수남'과 같은 결정을 했을 것이라는 입장에서는 '신사'의 요구가 '수남'과 합의를 거치지 않은 일방적인 것이었고 그것은 어린 '수남'에게는 지나친 것이었다고 생각할 수 있다. 반면 '수남'과 반대의 결정을 했을 것이라는 입장에서는 상황이 어찌 되었든 타인에게 재산상의 손실을 입히고 도망친 '수남'의 행동을 무책임한 행동으로 볼 수도 있다.

평가 목표	도덕적 갈등 상황을 간접적으로 경험하고 이해하기
채점 기준	✔ 적절한 답을 〈조건〉에 맞게 쓴 경우 [20점] ✔ 선택한 갈등 해결 방법에 대한 근거가 부족한 경우 [10점] ✔ 주어진 형식을 따르지 않은 경우 [5점 감점] ✔ 맞춤법이 잘못되었거나 문장이 어색한 경우 [1점씩 감점]

[2] 배려하며 말하기

본문 47쪽

예상 적중 소단원 평가

01 ② **02** ⑤ **03** ③

01 ㉠과 같은 결과가 나타난 쪽은 부정적인 말을 들려준 쪽 쌀밥 그릇이다. 듣는 이에 대한 애정을 담은 감탄이나 찬사는 부정적인 말과는 다르게 듣는 이의 기분을 좋게 하는 긍정적인 말이다.

02 '옥림'과 '세리'의 대화에서 나타나는 문제점은 상대의 기분을 배려하지 않고 서로의 실력을 깎아내리며 비난하고 상처 주는 말을 하고 있는 것이다. '옥림'과 '세리'는 자신들의 이익을 위해 서로 상처 주는 말을 한 것은 아니며, 지금과 같은 상황에서 침묵으로 일관한다면 관계 회복에 도움이 되지 않는다. 두 사람에게는 상대의 입장과 처지를 배려하는 말하기 태도가 요구된다.

03 (서술형) 대화 맥락상 서로의 관계를 회복하기 위한 내용이 들어가야 하는데, ㉢에서 '옥림'은 다시 상대를 탓하고 있으므로 맥락에 적절하지 않다.

고득점 서술형 문제

본문 48쪽

1단계 **01** 언어폭력 **02** 대화를 원활하게 이어갈 수 있다. / 인간관계를 더욱 좋아지게 한다.
2단계 **03** 상대의 기분을 배려하지 않고, 서로의 실력이 부족하다며 비꼬듯이 말했다. **04** 두 사람의 갈등이 심화되며 관계가 서먹해지고 심하게는 절교를 할 수 있다. 관계 회복을 위해서는 상대의 입장과 처지를 고려하고 상대를 존중하는 언어 표현(말의 내용, 표정, 몸짓, 말투 등)을 사용해야 한다. **05** 부정적인 말을 들으면 기분이 나빠지고, 오래 대화하고 싶지 않으며, 나 역시 부정적인 말만 골라서 하게 된다. 따라서 말이 미치는 영향을 알고 부정적인 말보다는 긍정적인 말 위주로 말해야 한다.
3단계 **06** 말을 할 때에는 듣는 사람의 기분을 먼저 생각하고 말하라. / 듣는 사람 앞에서 부정적인 말을 하지 말라. 등

1단계

01 욕설이나 비난, 협박, 조롱과 같은 언어폭력은 말로써 사람을 공격하고 폭력을 가하는 것을 말한다. 이와 같은 언어폭력은 원활한 의사소통을 막는 원인이 되며, 사용하는 사람의 말과 행동도 거칠고 공격적으로 만들 수 있다. 또한 인간관계를 해칠 뿐만 아니라 심각할 경우 개인의 삶을 파괴할 수 있으므로 삼가도록 노력해야 한다.

02 상대를 배려하며 말하면 대화를 원활하게 이어갈 수 있을 뿐만 아니라, 인간관계를 더욱 좋아지게 한다. 일상생활에서 항상 배려하며 말하는 태도가 필요하다.

2단계

03 '옥림'은 '세리'의 피아노 실력이 부족함을 비꼬는 말을 했고, 이에 '세리'는 '옥림'이 쓴 시가 수준이 낮다며 비꼬는 말을 했다.

04 '옥림'과 '세리'는 상대를 배려하지 않고 말하여 갈등이 심화되었으므로 관계를 회복하기 위해서는 상대의 관점에서 생각하고 상대를 존중하는 언어 표현을 사용하는 것이 필요하다.

05 부정적인 말이 쌀밥에 좋지 않은 영향을 주었듯이, 부정적인 말은 그 말을 듣는 사람이나 사용하는 사람 모두에게 부정적인 영향을 준다. 따라서 부정적인 말보다는 긍정적이고 상대를 존중하는 언어를 사용하도록 노력해야 한다.

3단계

06 농부는 짐승이라도 그것이 듣는 앞에서 부정적인 말을 하지 않고 있다. 이는 '내가 부정적인 말을 하면 듣는 사람의 기분은 어떨까'를 먼저 생각했기 때문이다.

평가 목표	상대를 배려하며 말하는 방법 알기
채점 기준	✔ 〈보기〉의 교훈을 〈조건〉에 맞게 정확하게 쓴 경우 [25점] ✔ 내용이 부족한 경우 [15점] ✔ 명령형의 한 문장이 아닌 경우 [5점 감점] ✔ 맞춤법이나 띄어쓰기가 잘못되었을 경우 [1점씩 감점]

예상 적중 대단원 평가

본문 49~53쪽

01 ② **02** ⑤ **03** ② **04** ⓐ: 물건 대금을 당장 받아 내려 한다. ⓑ: 물건 대금을 주지 않으려 한다. **05** ⑤ **06** ① **07** 인물과 인물의 외적 갈등 / '신사'는 수리비를 가져올 때까지 자전거를 맡아 두는 것으로 갈등을 해결하고자 했고, '수남'은 자전거를 들고 도망침으로써 갈등을 해결했다. **08** ④ **09** ④ **10** ④ **11** ③ **12** 잘못을 저지른 자신을 칭찬했기 때문이다. **13** ⑤ **14** 자신을 도덕적으로 견제해 줄 '아버지'가 있는 고향으로 돌아가기로 결심했다. **15** ⑤ **16** ③ **17** ③ **18** ③ **19** 나와 상의도 없이 무대를 바꿔서 내가 좀 당황스럽고 서운해. 우리가 함께하는 무대이니만큼 네가 나와 먼저 상의하고 결정하면 좋겠어. **20** ③

01 이 소설은 전지적 작가 시점이다. 전지적 작가 시점은 서술자가 신(神)과 같은 입장에서 서술하므로 등장인물의 행동과 심리 상태를 모두 알고 있다.

02 '바람'에 대한 도시 사람들과 '수남'의 인식은 매우 다르다. 도시 사람들에게 바람은 사고를 일으키거나 먼지, 쓰레기를 불러오는 부정적 존재일 뿐이지만 시골에서 나고 자란 '수남'에게 바람은 자연에 생명을 불어넣는 존재이다. 따라서 '수남'은 시골의 바람 부는 풍경을 아는 사람이 골목에서 자기 혼자뿐이라는 생각이 들어 고독을 느낀 것이다.

03 (나)에서 '수남'은 '주인 영감'의 말이 자신이 다칠 것을 걱정해서 한 소리가 아니라 '주인 영감' 자신이 손해 볼 게 겁난다는 소리로 들렸기 때문에 마음이 언짢은 것이다.

04 서술형 '××상회 주인'은 '수남'에게 물건 대금을 가능한 한 나중에 주려고 하고, '수남'은 장사꾼의 징그러운 수를 쓰며 악착같이 굴어서라도 물건 대금을 당장 받으려 해서 갈등이 발생하였다.

05 자신의 자전거가 '신사'의 차에 흠집을 낸 것도 몰랐던 '수남'은 '신사'의 다그침에 당황하였을 것이다. 그리고 '신사'가 수리비로 오천 원을 요구하며 자전거를 빼앗았을 때는 자전거를 되찾지 못할까 봐 걱정하였을 것이다. 또한 구경꾼들의 부추김에 자전거를 들고 도망칠 때는 일종의 쾌감, 해방감을 느꼈다.

06 '수남'의 자전거가 바람에 쓰러져 '신사'의 고급 차에 흠집을 낸 것이 두 사람 간 갈등의 원인이다. '수남'은 '신사'와의 갈등을 해소하기 위해 자전거를 들고 도망치지만 이는 갈등의 완전한 해소가 아니라 '수남'의 또 다른 내적 갈등의 원인이 된다.

07 고난도 서술형 (가)~(라)에는 자동차 수리비를 받아 내려는 '신사'와 수리비를 내지 않으려는 '수남'의 외적 갈등이 나타난다. '신사'는 수리비를 가져올 때까지 자전거를 맡아 두려 하는 반면, '수남'은 자전거를 들고 도망침으로써 갈등을 일단락 짓는다.

평가 목표	갈등의 전개 과정 이해하기
채점 기준	✔ 갈등 양상과 갈등 해소 방법을 정확히 파악하여 쓴 경우 [상]
	✔ 갈등 양상을 쓰고 각 인물의 갈등 해소 방법 중 하나만 쓴 경우 [중]
	✔ 갈등 양상과 갈등 해소 방법을 제대로 쓰지 못한 경우 [하]

08 [A]는 여러 명의 구경꾼들이 와글와글 외쳐 대는 장면이므로 사람들의 입만 따로따로 촬영한 다음 그 화면을 떼어 붙이는 것이 효과적일 것이다.

09 (가)와 (나)에서 '수남'은 자신이 저지른 잘못된 행동을 칭찬하는 '주인 영감'의 모습에서 그의 비양심성, 부도덕성을 깨닫고 혐오감을 느낀다. 이는 소년인 '수남'의 눈으로 물질적 이익을 중시하는 '주인 영감'을 비판하는 것이라 할 수 있다.

10 (다)에서 '수남'은 자전거를 들고 도망친 자신의 행동이 도덕적으로 옳았는지를 두고 고민하며 갈등하는데, 이는 인물의 마음속에서 일어나는 내적 갈등이다. ④가 내적 갈등에 해당하며, 나머지는 외적 갈등에 해당한다.

11 ㉢은 오늘 있었던 일에 대한 '주인 영감'의 평가로, '주인 영감'의 말과 달리 '수남'은 오늘 자신이 한 일이 옳은 일이었는지 고민하게 된다.

오답 풀이 ① '주인 영감'이 '수남'의 모습을 보고 '도둑놈 꼴'이라고 하자, '수남'은 그 말이 가슴에 걸려 죄책감을 느낀다. 이는 '수남'이 옳지 않은 행동을 했음을 간접적으로 드러낸다.
② 잘못된 행동을 오히려 칭찬하는 '주인 영감'의 말을 듣고 '수남'의 '주인 영감'에 대한 생각이 달라진다.
④ '수남'의 내적 갈등이 드러난 부분으로, 자신에게 질문을 던짐으로써 자신의 행동을 성찰하고 있다.
⑤ '수남'이 자전거를 들고 도망칠 때 죄책감보다 쾌감을 느꼈던 것을 반성하는 부분으로, 이는 '수남'이 고민하는 근본적인 이유이다.

12 서술형 잘못을 저지른 자신을 오히려 칭찬하는 '주인 영감'의 모습에서 '주인 영감'이 도덕적 양심보다는 금전적 이익을 중요하게 생각하는 사람임을 깨달았기 때문이다.

13 서울로 돈 벌러 갔던 '수남'의 형은 빈손으로 집에 갈 수 없어 읍내 양품점을 털어 훔친 돈과 물건을 들고 왔다가 순경한테 잡혀 간다.

14 서술형 '수남'은 자신이 낮에 자전거를 들고 도망갈 때 느낀 쾌감이 자기 내부에 도사린 부도덕성 때문이라고 결론을 내린다. 그래서 물질적 가치를 중시하는 '주인 영감' 곁을 떠나, 도덕적으로 자신을 견제해 줄 수 있는 '아버지'가 있는 고향으로 떠나기로 결심하면서 도덕성을 회복한다.

15 ㉠은 돈과 물건을 훔쳐서 오랜만에 집에 돌아온 형 '수길'의 얼굴빛으로, 비양심성, 부도덕성을 상징한다. 그리고 아버지가 있는 고향으로 가기로 하면서 '수남'의 얼굴에서 ㉡이 가셨다는 것은 '수남'을 둘러싼 부도덕성이 해소되었음을 뜻한다.

16 '길동'은 서자로 태어나 남에게 천대를 받는 서러움과 출세하여 자신의 이름을 후세에 알릴 수 없는 괴로움 때문에 집을 떠나기로 결심한다.

17 (가)는 긍정적인 말과 부정적인 말의 영향력을 실험한 결과를 통해 말이 지닌 힘을 전하고 있다. 이를 토대로 부정적인 말을 자주 사용했던 언어생활을 반성하고, 긍정적인 말을 많이 사용하려고 노력해야 함을 알 수 있다.

오답 풀이 ① 외래어를 순화해야 한다는 것이 아니라 부정적인 말을 순화해 사용해야 한다는 점을 알 수 있다.
② 제시된 실험 결과는 쌀밥에 일어난 변화를 통해 말이 미치는 영향을 말하고자 한 것이다.
④ 실험 결과는 우리말의 맞춤법 사용에 대한 반성이 아니라, 언어생활 태도에 대한 반성에 초점을 둔 것이다.
⑤ 말을 수용하는 입장이 아니라, 사용하는 입장에서 부정적인 말을 삼가고 긍정적인 말을 써야 한다는 것이다.

18 '옥림'은 '세리'가 무대를 마음대로 바꾼 것에 화가 나서 '세리'의 피아노 연주 실력이 부족하다고 비꼬고 있다. '세리'의 연주 실력이 진심으로 향상되기를 바라면서 한 말이 아니다.

19 고난도 서술형 ㉠에서 '옥림'은 '세리'가 자기 마음대로 무대를 바꿔 놓은 것 때문에 불쾌한 감정을 표현하고 있다. ㉠은 '너'를 주어로 하는 '너 전달법'이므로 듣는 '세리'는 비난을 받는 느낌이 들 수 있다. 이를 '나'를 주어로 하여 나의 감정을 솔직히 표현하면 합리적으로 문제를 해결할 수 있다.

평가 목표	'나 전달법'으로 바꿔 표현하기
채점 기준	✔ ㉠을 '나 전달법'으로 〈조건〉에 맞게 바르게 표현한 경우 [상]
	✔ ㉠을 '나 전달법'으로 표현하되, 상대의 행동에 대해 내가 받은 느낌만 쓰거나 나의 제안만 쓴 경우 [중]
	✔ ㉠을 '나 전달법'으로 미흡하게 표현한 경우 [하]

20 친한 사람들끼리 비속어를 사용하면 친밀감을 느낄 수도 있다. 그러나 그것이 바람직한 언어생활은 아니며, 오히려 상대의 기분을 상하게 할 수 있으므로 순화하여 사용하는 것이 좋다.

01 유성　**02** ②　**03** ④　**04** ④　**05** 촉각적 심상, 꽃가루와 같이 부드러운 고양이의 털에　**06** ④　**07** 함박눈, 편지, 새살　**08** ①　**09** ③　**10** ④　**11** ④　**12** ⑤　**13** ⑤　**14** '함박눈'은 시인이 작품 속에서 창조해 낸 문학적 상징이지만, 〈보기〉의 '호랑이'는 오래전부터 되풀이해서 쓰인 관습적 상징이다.　**15** ②　**16** ⑤　**17** 책을 선정하는 기준(책 선정 기준)　**18** ④　**19** '가설 검증 바이어스'를 버리고 지속적인 관계를 통해 상대의 실제 모습을 보아야 한다.　**20** ⑤　**21** ④　**22** ⑤　**23** ⓐ: 글의 목적 ⓑ: 독도의 지리와 역사, 가치　**24** ⑤　**25** ②

01 서술형 '빗나간 야구공'은 (가)의 제목인 「유성」을 참신하고 생동감 있게 나타내기 위해 빗대고 있는 표현이다. 두 대상은 예정된 궤도에서 벗어난 움직임을 보인다는 점에서 유사성을 지니고 있다.

02 (나)에서 다루고 있는 고양이의 모습은 '털, 눈, 입술, 수염'이고, 이를 통해 떠올린 봄의 느낌은 '고운 봄의 향기, 미친 봄의 불길, 포근한 봄의 졸음, 푸른 봄의 생기'이다.

03 (나)의 제목인 「봄은 고양이로다」와 같이, 원관념과 보조 관념을 연결어 없이 결합하여 '무엇은 무엇이다'의 형태로 표현하는 방법을 '은유법'이라고 한다.

04 ㉠은 〈보기〉와 마찬가지로 반짝이는 별들이 가득한 '밤하늘'의 모습을 표현하고 있지만, 일상적 표현을 활용한 〈보기〉와 달리 비유적 표현을 활용하고 있기 때문에 별들이 생기 있게 살아 움직이는 듯한 느낌을 강조하는 효과가 있다.

오답 풀이 ① 〈보기〉를 ㉠과 같이 바꾼다고 해서 규칙적인 운율이 더 잘 드러나는 것은 아니다.

②, ⑤ 〈보기〉와 ㉠ 모두 반짝이는 별들이 가득한 '밤하늘'의 모습을 노래하고 있다는 점은 동일하다. 따라서 시구의 내용이 달라져서 주제에 변화가 생긴다는 설명은 적절하지 않다.

③ 〈보기〉와 달리 ㉠은 은유법, 의인법과 같은 비유적 표현을 활용하여 표현한 시구이다.

05 서술형 ㉡에 쓰인 심상은 촉각적 심상이다. (나)의 1행인 '꽃가루와 같이 부드러운'에도 피부의 감촉을 통해 느껴지는 촉각적 심상이 사용되었다.

06 (가)의 말하는 이는 소외되고 어려운 이웃에게 위로와 희망이 되는 존재로 살고 싶어 하는 소망을 지니고 있다. 이와 유사한 삶의 태도가 나타나는 것은 외로운 할머니를 보살펴 드리며 관심을 갖는 ④이다.

07 서술형 (가)에서 부정적 의미를 지닌 '진눈깨비', '바람', '깊고 붉은 상처' 등과 대비되는 긍정적 의미를 지닌 시어는 '함박눈', '편지', '새살'이다.

08 〈보기〉의 학생은 꿈이 있지만 귀찮고 힘들다는 이유로 숙제를 게을리하는 모습을 보이고 있다. 이와 같은 학생에게는 그칠 때가 없이 흐르는 '물'처럼 끊임없이 노력하는 태도를 본받으라는 조언을 해 줄 수 있다.

09 (나)의 제6수에서, '작은 것, 너, 내 벗'은 모두 '달'을 가리킨다. 따라서 ①, ②, ④, ⑤는 의미하는 대상이 모두 동일하다. '만물'은 달이 떠서 비추는 '온 세상(모든 백성)'을 의미한다고 볼 수 있다.

10 (나)에는 어려운 이웃과 더불어 따뜻한 삶을 살고자 하는 말하는 이의 소망이 '함박눈'을 통해 드러난다. (다)에는 '물', '바위', '달'과 같은 자연물의 특징을 바탕으로 말하는 이가 추구하는 삶의 태도가 드러난다. 그에 비해 (가)에는 말하는 이가 바라는 삶의 모습이 드러나지 않는다.

오답 풀이 ① (가)는 은유법과 의인법을 사용하여 대상을 생생하고 참신하게 표현하고 있다.

② (나)는 긍정적인 뜻을 지닌 '함박눈, 편지, 새살'과 같은 시어와 부정적인 뜻을 지닌 '진눈깨비, 바람, 깊고 붉은 상처'와 같은 시어를 함께 사용하고 있다. 이처럼 상징하는 바가 대비되는 시어를 통해 이웃과 더불어 살고자 하는 바람을 효과적으로 드러내었다.

③ (다)는 총 6수로 이루어진 연시조로, 우리말의 아름다움을 잘 담아내고 있다.

⑤ (가)에는 비유법이 사용되었고, (나), (다)에는 상징적 의미를 지닌 시어가 사용되었다. 이러한 비유와 상징을 활용하면 말하고자 하는 바를 더욱 생생하고 효과적으로 표현할 수 있다.

11 ㉣은 귀를 통해 소리를 듣는 심상인 청각적 심상을 활용하여 '유성'이 나타나려는 순간을 표현하고 있다.

12 (다)는 시조로, 4음보의 율격, 3장 6구의 기본 형식, 종장 첫 구의 글자 수 고정 등 일정한 형식과 규칙에 맞춰 지은 우리나라 고유의 정형시이다. 제2수와 제3수의 초장과 중장이 대구를 이루고 있지만, 중장과 종장이 대구를 이루지는 않는다.

13 ㉢의 '꽃'은 '풀'과 더불어 쉽게 피었다가 쉽게 지는 순간적인 속성을 지닌 자연물이다. 따라서 이 시조에 제시된 두 자연물은 시류에 영합하며 자꾸 태도를 바꾸는 사람이나 그러한 태도를 상징한다.

14 고난도 서술형 (나)의 '함박눈'은 '어려운 이웃에게 위로와 희망을 주는 존재'를 상징하는 시어로, 시인이 작품 속에서 창조해 낸 '문학적 상징'이다. 반면 〈보기〉의 '호랑이'는 일반적으로 '용맹, 지혜'를 상징하는 동물로, 오래전부터 되풀이해서 쓰인 상징인 '관습적 상징'이다.

평가 목표	상징의 개념 이해하기
채점 기준	✔두 대상의 상징이 어떻게 다른지 〈조건〉에 맞게 서술한 경우 [상]
	✔두 상징의 차이를 서술하였으나 조건 ②를 따르지 않은 경우 [중]
	✔두 상징의 차이를 조건 ①을 따르지 않고 미흡하게 서술한 경우 [하]

15 책을 읽을 때, 모르는 낱말이나 이해하기 어려운 내용이 생기면 도서관이나 인터넷을 활용하여 관련 자료를 찾는 것이 효과적이다.

16 '나라'는 '지민'이 고른 책에 어려운 낱말과 개념이 너무 많기 때문에 그 책을 모둠에서 함께 읽기에는 어려울 것 같다고 말하고 있다.

17 (서술형) 모둠 구성원들은 함께 읽을 책을 선정하기 위해 대화를 나누고 있다. 책을 선정할 때에는 관심 분야의 책인지, 흥미와 수준에 맞는 책인지, 책이 읽기 목적에 부합하는지 등을 종합적으로 고려해야 한다.

18 (마)의 첫 문장으로 보아, 글쓴이는 첫인상이 제한된 정보로 형성된 것이기 때문에 위험하다고 생각하고 있음을 알 수 있다.

> **오답 풀이** ①, ⑤ 이 글의 글쓴이는 사람들이 첫인상을 쉽게 바꾸려고 하지 않는 원인이 우리들 마음속에 있는 '가설 검증 바이어스' 때문이라고 하였다.
> ② (다)에 '가설 검증 바이어스'의 개념이 제시되어 있다. '가설 검증 바이어스'는 자신의 판단에 부합하는 정보만을 받아들여 자신의 판단을 확신하는 현상을 말한다.
> ③ 글쓴이는 일상생활에서 접할 수 있는 '가설 검증 바이어스'의 사례로 혈액형 성격학을 제시하였다.

19 (서술형) (마)의 마지막 문장에서, 글쓴이는 '가설 검증 바이어스'를 버리고, 지속적인 관계를 통해 상대의 실제 모습을 보아야 할 것이라고 당부하고 있다.

20 〈보기〉는 이 글을 읽은 독자들의 행동을 예측한 내용이다. 즉 이 글이 독자들에게 미칠 영향을 예측한 것이므로, '글이 사회에 미칠 영향'에 해당한다.

21 ㉣의 '제멋대로 확신해 버린다.'라는 표현을 통해 글쓴이가 '가설 검증 바이어스'를 부정적으로 생각한다는 것을 예측할 수 있다. 이는 글에 나타난 정보나 읽기 맥락을 활용하여 글쓴이의 생각이나 태도를 예측한 것이다. 또한 '가설 검증 바이어스'는 자신의 판단에 부합하는 정보만을 받아들여 자신의 판단을 확신하는 현상으로 사회 심리학에서 이론적 근거를 찾을 수 있다.

22 (가)는 통일성이 없는 글의 예로, 한 편의 글에 너무 많은 내용을 담고 있어 주제가 분명하지 않다는 문제가 있다. ③은 (가)의 특징에 해당하지 않으며, 오히려 (가)와 같이 한 편의 짧은 글을 쓸 때에는 특정 사건을 중심으로 내용을 서술하는 것이 적절한 방법일 수 있다.

23 (서술형) 글쓰기를 계획하는 단계에서는 글의 목적과 예상 독자, 주제, 글의 종류 등을 분명하게 정하는 것이 좋다. '정우'는 친구들에게 독도의 지리와 역사, 가치를 제대로 알리기 위한 목적으로 글쓰기를 계획했고, 이는 '정우'가 쓰고자 하는 글의 주제이기도 하다.

24 (다)는 독도에 사는 다양한 어류들을 소개하는 텔레비전 다큐멘터리 자료이므로 독도가 환경·생태학적으로 가치가 있다는 근거 자료로 활용하는 것이 적절하다.

25 ㉠은 독도에 식물이 살기 어렵다는 내용으로, 독도의 환경이 특수하며, 그곳에 희귀한 생물들이 많이 살아서 독도가 환경·생태학적으로 가치가 매우 높은 곳임을 설명하고 있는 (라)의 중심 내용과 상반되기 때문에 글의 통일성을 깨뜨리는 문장이다.

실전에 강한 중간 고사 대비 모의고사 2회   본문 61~66쪽

01 ⑤   **02** 반짝거리는 별들로 가득 찬 밤하늘의 아름다운 모습을 바라보았을 것이다.   **03** ③   **04** ②   **05** ②   **06** 진눈깨비: 어려운 이웃에게 무관심한 사람, 함박눈: 힘들고 어려운 이웃에게 위로와 희망을 주는 사람   **07** ④   **08** ②   **09** ③   **10** ②   **11** ①   **12** ②   **13** 현실의 어려움 때문에 고통받는 사람들에게 위로와 희망을 줄 수 있는 존재가 되자는 의미이다.   **14** ②   **15** 책을 선정하는 방법(책을 고르는 방법)   **16** ①   **17** ④   **18** ④   **19** ①   **20** ㉠: 뚱뚱한 사람은 절제력이 부족하다. ㉡: 받아들이지 않음.   **21** ⑤   **22** ③   **23** ④   **24** 내용 조직하기   **25** ⑤

01 〈보기〉는 (가)의 주제이다. '밤하늘의 아름다운 모습과 유성의 생동감'이라는 (가)의 주제를 고려할 때, '빗나간 야구공 하나'가 유리창을 깨고 떨어져 구르는 모습은 궤도를 벗어난 유성의 자유로운 움직임이라고 볼 수 있다.

02 (서술형) (가)는 '밤하늘'을 가득 메운 별들의 풍경과 그 사이로 떨어지는 '유성'의 모습을 감각적으로 노래한 작품이다. 이러한 시의 내용을 고려할 때, (가)를 창작하기 전 시인은 밤하늘의 아름다운 모습을 바라보았을 것임을 알 수 있다.

03 ㉠과 〈보기〉의 밑줄 친 시행 모두 은유법이 사용되었다. ㉠은 반짝거리는 별들이 떠 있는 '밤하늘'의 모습을 '별들의 운동장'이라고 표현하였고, 〈보기〉의 밑줄 친 시행 또한 '그대'에게 전하고 싶은 마음을 '호수'라고 표현하였다. ③과 같은 표현 방법은 의인법이다.

04 ⓐ는 시각적 심상, ⓑ는 청각적 심상, ⓒ는 후각적 심상, ⓓ는 촉각적 심상, ⓔ는 시각적 심상이 쓰이고 있다. 밑줄 친 부분과 동일한 심상이 쓰이지 않은 시구는 ②로, 후각적 심상이 사용되었다.

> **오답 풀이** ① 눈으로 보는 듯한 시각적 심상이 사용되었다.
> ③ 코로 냄새를 맡는 듯한 후각적 심상이 사용되었다.
> ④ 피부의 감촉으로 느끼는 듯한 촉각적 심상이 사용되었다.
> ⑤ 눈으로 보는 듯한 시각적 심상이 사용되었다.

05 (가)에서는 어둠과 밝음의 이미지 대립이 뚜렷하게 드러나 있지 않다. 또한 이 시에 부정적인 현실에 대한 극복 의지는 나타나지만, 이에 저항하는 의지가 드러나지는 않는다.

06 (서술형) 〈보기〉의 특성을 고려하여 '눈발'을 사람이라고 가정하면, '진눈깨비'는 이웃에게 무관심하거나 이웃을 외면하는 사람을 뜻함을 알 수 있다. 반면 '함박눈'은 이와 대조적으로 어렵고 소외된 이웃에게 다가가 그들을 따뜻하게 감싸 주는 사람을 뜻함을 알 수 있다.

07 (나)의 제3수에서 말하는 이는 '꽃', '풀'과 달리 변하지 않는 속성을 지닌 '바위'를 예찬하고 있다. 이로 보아 말하는 이가 자연의 변화를 긍정적으로 인식하기보다는, '꽃'과 '풀'처럼 쉽게 변하는 자연의 속성을 통해 신념이나 절개를 쉽게 저버리는 사람들을 비판하고 있음을 알 수 있다.

08 (나)에서 '물, 바위, 달'은 말하는 이가 본받고 싶어 하는 자연물로 예찬의 대상이지만, '구름, 바람, 꽃, 풀'은 쉽게 변하는 속성을 지닌 자연물로 말하는 이가 부정적으로 바라보는 대상이다.

09 (가)의 [A]는 별들이 반짝이는 모습을 사람이 움직이는 것처럼 표현하였고, 〈보기〉의 밑줄 친 부분은 꽃잎이 사람처럼 방긋 웃는다고 표현하였다. 즉, 이 둘은 의인법을 사용하고 있다는 공통점이 있다.

　오답 풀이 ① 말하고자 하는 바를 강조하기 위해 의도적으로 문장의 순서를 바꾸는 표현 방법을 도치법이라고 한다.
② 살아 있지 않은 것을 살아 있는 것처럼 표현하는 방법을 활유법이라고 한다. [A]의 경우 무생물인 별들을 사람에 빗대어 표현하였으므로 활유법이 사용되었다고 할 수 있지만, 〈보기〉의 밑줄 친 부분은 생물인 꽃잎을 사람에 비유하였으므로 활유법이 사용되었다고 할 수 없다.
④ 추상적인 관념이나 사상 등을 구체적인 사물이나 감각적 실체로 표현하는 수사법을 상징이라고 한다.
⑤ 비슷한 성질을 지닌 두 사물을 '~처럼, ~같이'와 같은 연결어를 사용하여 표현하는 방법을 직유법이라고 한다.

10 (나)는 전체적으로 '봄'을 '고양이'의 모습에 빗대어 표현하고 있는 것이지, '고양이'의 모습을 '봄'에 비유하고 있는 것은 아니다.

11 1연에서는 '고양이의 털'과 '꽃가루'를 '부드럽다'는 공통점으로 연결하고 있고, 2연에서는 '고양이의 눈'과 '금방울'을 '동그랗다(호동그랗다)'는 공통점으로 연결하고 있다.

12 말하는 이가 바라는 삶은 '함박눈'과 같이 어렵고 고통받는 이들에게 기쁨, 희망, 위안을 주는 삶이다. 국회 의원 당선이라는 자신의 목적을 위해 고아원을 방문하는 사람은 '함박눈'과 같은 존재로 보기 어렵다.

13 고난도 서술형 ⑤에서 '잠 못 든 이'는 '현실의 어려움 때문에 고통받는 사람'을 뜻하고, '편지'는 '위로, 격려, 희망' 등을 상징한다. 따라서 ⑤은 우리가 눈발이라면 현실의 어려움 때문에 고통받는 사람들의 곁에 '편지'처럼 다가가 위로와 희망을 주는 사람이 되자는 의미를 지닌다.

평가 목표	시어 및 시구의 의미 파악하기
채점 기준	✔ ⑤의 의미를 밝혀 〈조건〉에 맞게 서술한 경우 [상]
	✔ ⑤의 의미를 서술하였으나 조건 ②를 따르지 않은 경우 [중]
	✔ ⑤의 의미를 조건 ①을 따르지 않고 미흡하게 서술한 경우 [하]

14 ⓐ는 시각적 심상을 사용하여 별들이 가득한 밤하늘의 모습을 표현하였고, ⓑ는 따뜻하다는 촉각적 심상을 사용하여 함박눈의 긍정적인 의미를 표현하였기 때문에 ⓐ와 ⓑ에서 모두 감각적 이미지가 느껴진다.

15 서술형 모둠 구성원들은 환경 분야에 관한 책을 고르기 위해 대화를 나누고 있다. 이 대화를 통해 서점이나 도서관에 가는 방법, 주변 사람에게 추천을 받는 방법, 인터넷을 검색하는 방법, 책을 소개해 주는 신문 기사나 블로그에 올린 서평을 찾는 방법 등 다양한 방법으로 책을 찾아보기로 하였다.

16 '준서'의 첫 번째 말을 통해 이 대화를 나누기 전에 이미 환경 분야의 책을 읽기로 했음을 알 수 있다.

　오답 풀이 ②, ③ 책을 선정하는 방법을 정한 후에는 책 선정 기준을 마련하고, 함께 읽을 책을 선정해야 한다. 그리고 선정한 책을 어떻게 읽을 것인지 구체적인 계획을 세운 후, 본격적으로 책을 읽어야 한다.
④, ⑤ 책을 읽으면서 그날그날 읽은 부분에 대한 일지를 작성하여 낯선 낱말이나 모르는 개념, 더 알고 싶은 내용을 정리해 두는 것이 좋다. 그런 후에 일지를 바탕으로, 낯선 낱말이나 모르는 개념에 관한 자료를 도서관이나 인터넷에서 찾아본다.

17 '일지'를 작성할 때는 읽은 책의 내용과 책을 읽고 느낀 점, 자료를 찾기 위해 필요한 내용 등을 기록해 둘 수 있다. 그러나 앞으로 읽을 책에 관한 내용을 일지로 작성할 필요는 없다.

18 예측하며 읽는다고 해서 글의 내용을 항상 완벽하게 예측할 수 있는 것은 아니다. 예측하며 읽기는 예측 활동 자체로 의미가 있지, 예측이 맞는지 틀렸는지는 중요하지 않다.

19 〈보기〉는 독자가 (가)를 읽으며 예측한 내용이다. 독자는 글의 내용과 관련하여 자신이 과거에 다큐멘터리를 보았던 경험 즉, 배경지식을 활용하였다고 할 수 있다.

20 서술형 (다)에서 제시한 가설은 '뚱뚱한 사람은 절제력이 부족하다.'는 것이다. 이 가설을 믿는 사람은 뚱뚱한 사람의 여러 행동 중에서 가설에 들어맞는 정보는 받아들이고 가설에 들어맞지 않는 정보는 받아들이지 않을 것이다.

21 (라)에 제시된 그래프는 지구의 기온이 점점 더 상승하고 있는 상황을 보여 주어, 기후 문제의 심각성을 깨닫게 하려는 의도에서 제시한 것이다.

22 (가)에서 '정우'가 쓰려는 글의 주제는 '독도의 지리와 역사, 가치'인데, ③은 이러한 주제와 거리가 멀다.

　오답 풀이 ①, ② 독도의 지리를 알리기 위해 독도의 위치적 특징을 설명하고 있는 책과 독도의 구성과 위치를 설명하는 인터넷을 활용하는 것은 적절하다.
④ 독도가 우리 땅이라는 것을 알리기 위해 독도가 오래전부터 우리나라의 영토였음을 설명하는 자료로 백과사전을 활용할 수 있다.
⑤ 독도의 가치를 알리기 위해 독도에는 사시사철 다양한 어류들이 살아 환경·생태학적으로 가치가 있음을 설명하는 다큐멘터리 자료를 활용하는 것은 적절하다.

23 '가운데-2-다. 현대의 역사'는 독도와 관련된 여러 분쟁이 진행 중인 현대의 역사를 설명하는 부분이므로, 생략하면 안 된다.

24 서술형 (나)는 내용 조직하기 단계에서 작성한 개요이다. 개요는 생성한 내용을 체계적으로 배열하여 구조화한 글의 뼈대이다.

25 (다)의 중심 내용은 '독도의 경제적 가치'이다. ⑤~⑧은 '독도의 경제적 가치'와 관련이 있지만, ⑩은 '독도의 위치'와 관련되는 내용이므로 삭제해야 한다.

정답과 해설

실전에 강한 **기말** 고사 대비 **모의고사** 1회　　본문 67~72쪽

01 ①　**02** ⑤　**03** ②　**04** ⑤　**05** 조사, 주로 체언 뒤에 붙어 그 말과 다른 말과의 문법적 관계를 나타내거나 특별한 뜻을 더해 준다. / '이다'를 제외하고 형태가 변하지 않는다. / 홀로 쓰일 수 없고 언제나 앞의 말에 붙여 쓴다.　**06** ④　**07** ⑤　**08** ③　**09** ⑤　**10** 의사가 사용한 말은 의학 분야의 전문어이기 때문에 환자와 의사소통할 때에는 용어를 쉽게 풀어 설명해야 한다.　**11** ④　**12** ⑤　**13** ⑤　**14** 이 글은 작품 밖 서술자가 등장인물의 행동과 심리를 파악해 서술한 전지적 작가 시점이지만, 〈보기〉는 작품 안에 있는 주인공이 자신의 이야기를 서술한 1인칭 주인공 시점이다.　**15** ⑤　**16** ④　**17** ⑤　**18** ①　**19** ⑤　**20** ⑤　**21** 수남이는 짐을 꾸렸다.　**22** ④　**23** ④　**24** ⑤　**25** '너 전달법'을 사용하여 말한 것으로, 듣는 상대의 감정을 상하게 할 수 있다.

01 낱말은 형태 변화 여부에 따라 형태가 변하는 말과 변하지 않는 말로 나눌 수 있다. 이 중 동사, 형용사는 서술격 조사 '이다'와 함께 문장 안에서 쓰일 때 형태가 변한다.

02 체언이란 주로 주어, 목적어 등 문장의 주체가 되는 자리에 쓰이는 명사, 대명사, 수사를 묶어서 이르는 말이다. ⑤의 '세'는 뒤에 오는 '권'이라는 명사를 꾸며 주는 관형사로 조사와 결합할 수 없으며 수식언에 해당한다.

　오답 풀이　① 수량을 나타내는 수사에 해당한다.
② 사람의 이름을 대신 나타내는 대명사에 해당한다.
③ 사물의 이름을 나타내는 명사에 해당한다.
④ 특정하거나 유일한 대상의 명칭을 나타내는 명사에 해당한다.

03 〈보기〉의 낱말들은 모두 용언으로, 문장에서 주로 주체를 서술하는 역할을 하고 문장에서 쓰일 때 형태가 변한다는 공통점이 있다.

04 ㉠은 '학생'을 꾸며 주는 관형사이고, ㉡은 '놀라셨다'를 꾸며 주는 부사이다. 관형사와 부사는 모두 문장 안에서 다른 말을 꾸며 주는 기능을 하는 품사이지만, 꾸미는 대상이 다르다. 관형사는 체언을 꾸며 주고, 부사는 용언이나 다른 부사, 문장 전체를 꾸며 준다.

05 서술형　〈보기〉의 밑줄 친 낱말들은 주로 체언 뒤에 붙어 그 말과 다른 말과의 문법적 관계를 나타내거나 특별한 의미를 더해 주는 품사인 조사이다. 조사는 서술격 조사 '이다'를 제외하고 형태가 변하지 않으며, 홀로 쓰이지 못하는 특성을 지닌다.

06 ㉣은 '찾습니다'를 꾸며 주는 부사이고, ㉠, ㉡, ㉢, ㉤은 모두 감탄사이다.

　오답 풀이　① ㉠은 부름을 나타내는 감탄사이다.
② ㉡은 대답을 나타내는 감탄사이다.
③, ⑤ ㉢, ㉤은 느낌이나 놀람을 나타내는 감탄사이다.

07 하나의 낱말이 여러 뜻으로 쓰이는 고유어와 달리 한자어는 고유어보다 뜻이 구체적인 경우가 많아 고유어를 보완하는 역할을 한다.

08 ㉢의 '치료(治療)하다'는 '병이나 상처 따위를 잘 다스려 낫게 하다.'는 뜻으로, 모양이나 내용 따위를 바꾼다는 의미로 쓰인 ③의 '고치다(고쳐)'와 바꿔 쓰기에 적절하지 않다.

09 〈보기〉의 낱말들은 다른 나라에서 들어왔지만 우리말처럼 사용되는 외래어로, 대부분 고유어로 바꾸기 어려우나, 우리말 어휘를 풍부하게 해 준다. 우리말에 본디부터 있던 말이나 그것에 기초하여 새로 만들어진 말은 고유어이다.

10 서술형　의사가 사용한 말은 의학 분야의 전문어로, 일반인들은 말의 뜻을 이해하기 어려우므로 일반인과 의사소통을 할 때에는 쉽게 풀어 사용해야 한다.

11 〈보기〉에서 손녀가 쓰는 줄인 말은 청소년 계층과 같은 젊은 세대에서 흔히 사용하는 말이다. 하지만 손녀는 대화 상대가 할아버지라는 사실을 고려하지 않고, 줄인 말을 계속 사용했기 때문에 두 사람 사이의 대화가 원활하게 이루어지지 않은 것이다.

12 〈보기〉의 '이 말'은 은어를 가리킨다. ①~④는 심마니들이 그들끼리만 사용하는 은어이다. 그러나 ⑤의 '네티즌'은 외래어이며 이를 순화한 말이 '누리꾼'이다.

13 (가)~(라)는 작품의 전체 구성 단계 중 발단과 전개에 해당한다. 제시된 부분에서는 등장인물과 배경이 소개되면서 사건의 실마리가 제시되고 있을 뿐, 인물들 간 갈등의 원인이나 해결의 실마리가 제시되지 않았다.

　오답 풀이　① 주인공 '수남'의 직업은 전기용품 도매상의 꼬마 점원으로, 이는 (가)에 제시되어 있다.
② 이 작품의 공간적 배경은 청계천 세운 상가로, 이는 (가)에 제시되어 있다.
③ (나)에서 '수남'은 '주인 영감'의 진짜 속셈은 알지 못하고 자신을 위해 준다는 생각에 감동을 받고, 공부할 수 있다는 생각에 설레한다. (나)에는 '수남'의 이러한 심리 상태와 더불어 순진한 성격이 잘 드러난다.
④ (나)에서 '수남'은 '주인 영감'에게 고마운 감정을 느끼지만, (라)에서는 '주인 영감'의 말에 고까워한다.

14 고난도 서술형　이 글은 작품 밖의 서술자가 인물의 행동, 심리, 사건에 대해 신처럼 다 알고 이야기를 서술하는 전지적 작가 시점이지만, 〈보기〉는 주인공인 '나'가 자신의 이야기를 서술하는 1인칭 주인공 시점이다.

평가 목표	시점의 차이 파악하기
채점 기준	✔ 이 글과 〈보기〉의 서술자의 위치와 시점을 〈조건〉에 맞게 서술한 경우 [상]
	✔ 이 글과 〈보기〉의 시점을 맞게 서술하였지만, 서술자의 위치를 쓰지 않은 경우 [중]
	✔ 이 글과 〈보기〉의 시점 중 하나가 틀린 경우 [하]

15 다친 사람의 안위보다 치료비를 부담해야 할 '전선 도매집 주인아저씨'를 동정하는 모습과 '수남'의 안전보다 금전적 손해가 발생할 것을 더 염려하는 '주인 영감'의 모습에 도시인들의 이기적이고 물질 만능주의적인 태도가 잘 드러난다.

16 (가)에는 세찬 바람이 부는 골목의 풍경이 묘사되어 있는데, 이를 통해 을씨년스러운 분위기를 조성할 뿐만 아니라, '수남'에게 불길한 사건이 발생할 것임을 암시한다.

17 '신사'가 '수남'의 자전거를 잡아 놓기로 결심한 이유는 (라)에 제시되어 있다. '신사'는 '수남'이 차 수리비를 내지 않으려고 하자, '수남'에게 차 수리비를 끝까지 받아 내기 위해서 자전거에 자물쇠를 채운 것이다.

오답 풀이 ① '신사'는 차에 생긴 생채기를 찾아내고는 덩칫값도 못하게 팔짝팔짝 뛰면서 이야기하고 있다.
②, ④ 바람에 쓰러진 '수남'의 자전거가 '신사'의 차를 들이받으면서 '신사'와 '수남'의 갈등이 시작된다. '신사'는 '수남'에게 차 수리비를 받으려고 하고, '수남'은 돈을 내지 않으려고 애쓰고 있다.
③ '수남'은 '주인 영감'을 위해 수금한 돈 만 원을 어떻게든 지키려고 한다.

18 '수남'은 갑작스럽게 몰려온 바람 때문에 흙먼지를 뒤집어쓰게 되자 잠시 숨을 고르기 위해 ㉠과 같이 행동한 것일 뿐, 부끄러움 때문에 눈을 감은 것은 아니다.

19 자기편이 되어 준 많은 사람들을 도저히 배반할 수 없었다고 한 '수남'의 말에는 자전거를 들고 도망치는 자신의 행동을 합리화하기 위한 심리가 담겨 있다. '수남'이 자신을 응원해 준 사람들에 대해 실망감을 느낀 것은 아니다.

20 (나), (다)에는 낮에 자전거를 들고 도망친 자신의 행동이 도덕적으로 옳은 일이었는지에 대해 고민하는 '수남'의 내적 갈등이 나타난다. '수남'은 자전거를 들고 도망친 자신의 행동이 도덕적으로 옳지 않은 일임을 알고 있기에 "네놈 꼴이 영락없이 도둑놈 꼴이다"라고 한 '주인 영감'의 말이 가슴에 가시처럼 걸린 것이다.

21 서술형 '수남'은 도덕적으로 자신을 견제해 줄 어른(아버지)이 계신 고향에 가기로 마음먹으면서 자신의 내적 갈등을 해소한다.

22 ㉠은 '수남'의 옳지 못한 행동을 칭찬하는 과정에서 드러난 '주인 영감'의 부도덕성을, ㉡은 자전거를 들고 도망치며 쾌감을 느꼈던 '수남'의 부도덕성을 의미한다.

23 말하기 상황에서 한쪽의 일방적인 잘못으로만 대화 참여자들의 감정이 격해지는 경우는 거의 없다. 갈등의 원인을 찾아 누구의 탓인지 밝혀내면서 서로 잘못만 지적하다 보면 갈등이 더 심화될 뿐이다.

24 말의 영향력을 실험한 결과를 다룬 ㉠을 통해 부정적인 말의 위험성을 깨달을 수 있다. 그리고 하루 동안 사용하는 비속어의 통계 수치를 보여 주는 ㉡을 통해 잘못된 언어 습관을 개선하는 계기를 마련할 수 있다.

25 서술형 ⓐ와 〈보기〉의 밑줄 친 부분은 모두 '너'를 주어로 하여 상대의 행동을 표현하는 방법인 '너 전달법'을 사용하여 말한 것이다. '너'를 주어로 하여 말을 하면 듣는 상대가 자신을 비난하고 공격한다고 느껴 반감을 가질 수 있고, 이로 인해 감정이 상할 수도 있다.

실전에 강한 기 말 고사 대비 모의고사 2회 본문 73~79쪽

01 ① **02** ㉠: (큰 나라에서 온 거만한) 사신, ㉡: (불가사리가 새겨진 크고 화려한) 굴뚝, ㉢: 연못가 **03** ③ **04** ② **05** ① **06** ③ **07** 우리나라는 농경 사회였기 때문에 쌀과 관련된 말이 발달했다. **08** ⑤ **09** ③ **10** ④ **11** ⑤ **12** ⑤ **13** ② **14** ③ **15** 자신의 잘못된 행동을 칭찬하는 '주인 영감'의 모습에 실망함.(주인 영감=도둑놈 두목) **16** ③ **17** ③ **18** '아버지'는 가난하지만 도덕성을 중시하는 인물로, 비양심적이고 부도덕한 인물인 '수남'의 형('수길'), '주인 영감'과 대조된다. **19** ⑤ **20** ⑤ **21** ④ **22** 자신과 마찬가지로 출생이 천했지만, 당시의 신분 질서에 항거했던 '길산'을 본받아 적서를 차별하는 현실에 저항하겠다는 의지를 드러내기 위해서이다. **23** 부정적인 말보다는 긍정적인 말을 쓰도록 노력하자. **24** ① **25** ④

01 품사는 형태(형태가 변하는 말, 형태가 변하지 않는 말), 기능(체언, 용언, 수식언, 관계언, 독립언), 의미(명사, 대명사, 수사, 동사, 형용사, 관형사, 부사, 조사, 감탄사)로 분류한다.

02 서술형 ㉠~㉢은 모두 대명사로, 대명사는 사람, 사물, 장소의 이름을 대신 나타내는 말이다.

03 ㉠은 사람이나 사물의 움직임이나 작용을 나타내는 동사이고, ㉡은 사람이나 사물의 상태나 성질을 나타내는 형용사이다.

04 ㉡은 뒤에 나오는 '가수'라는 체언을 꾸며 주는 관형사이다. 관형사는 문장 안에서 쓰일 때 형태가 변하지 않는다.

05 조사는 주로 체언 뒤에 붙어 그 말과 다른 말과의 문법적 관계를 나타내거나 특별한 의미를 더해 준다. 조사는 형태가 변하지 않는 말이지만, 예외적으로 서술격 조사 '이다'는 문장 안에서 쓰일 때 그 형태가 변한다. ①의 '-을'은 형용사 '깊다'가 활용할 때 결합한 연결 어미이다.

06 ③의 '생각'은 문맥의 의미를 고려할 때, 마음속에 품고 있는 여러 가지 생각이라는 뜻을 지닌 '상념(想念)'과 바꾸어 쓸 수 있다. '명상(冥想)'은 고요히 눈을 감고 깊이 생각한다는 뜻이다.

07 서술형 우리말에는 벼, 쌀, 밥을 가리키는 말이 각각 따로 있지만 영어에서는 'rice'라는 말로만 표현하거나 'rice'를 바탕으로 만든 말로 표현한다. 우리말에 쌀과 관련된 낱말이 영어보다 다양한 것은 농경 문화와 관련이 있다.

08 (나)에서 두 사람은 같은 지역의 지역 방언으로 대화하고 있다. 지역 방언을 사용하면 특정 지역의 향토색을 느낄 수 있다.

오답 풀이 ① (가)는 '방송'이라는 공식적인 대화 상황으로, 두 사람이 표준어를 사용하여 대화하고 있다.
② (나)는 방송이 끝나고 대기실에서 이야기하는 비공식적인 대화 상황으로, 지역 방언을 사용하고 있다.
③ 지역 방언은 같은 지역 사람들에게는 친근감과 유대감을 주지만, 다른 지역 사람들에게는 이질감과 소외감을 줄 수 있다.
④ (가)보다는 (나)와 같이 같은 지역 출신 사람들끼리 비공식적 대화 상황에서 지역 방언을 사용할 경우 친근감을 느끼기 쉽다.

09 지역 방언은 그 지역 특유의 정서를 담고 있어 문학 작품에서 이를 사용하면 작품의 배경이 되는 지역의 고유한 정서를 잘 담아내어 작품의 내용과 분위기를 더욱 섬세하고 풍부하게 표현할 수 있다. 그러나 친밀감을 형성하고 결속력을 높일 수 있다는 것은 같은 지역 사람들끼리 지역 방언을 사용했을 때의 효과이다.

10 〈보기〉의 밑줄 친 낱말인 '레가토'와 '트리플렛'은 음악 분야에서 사용하는 전문어이다. 전문어는 학술이나 기타 전문 분야에서 특별한 뜻으로 쓰는 말로, 전문적인 작업의 효과적인 수행을 돕는다.

11 (가), (나)에는 물건 대금을 주지 않으려는 '××상회 주인'과 물건 대금을 받으려는 '수남'의 외적 갈등이 드러난다. 그리고 (다), (라)에는 차 수리비를 받으려는 '신사'와 그의 동정심을 이용하여 어떻게든 상황을 모면하려는 '수남'의 외적 갈등이 드러난다.

12 고급 자동차를 몰면서 어린 '수남'에게 끝까지 차 수리비를 받아 내려고 하는 '신사'의 모습으로 보아 그가 인색하고 야박한 성격을 지니고 있음을 알 수 있다.

13 ⓛ'수남이는 비실비실 안 나오는 웃음을 웃으며'는 '수남'이 '××상회 주인'을 배려하는 행동이 아니라 물건 대금을 받아 내기 위해 '××상회 주인'의 비위를 맞추는 행동이다. 이를 통해 '수남' 역시 물질적 가치를 중시하는 도시 생활에 물들었음을 알 수 있다.

14 (가), (나)에서는 '수남'과 '신사'의 갈등이 점점 깊어지면서 긴장감이 조성되고 있다. 이는 소설의 구성 단계 중 '위기'에 해당한다.

> **오답풀이** ① '결말'에 대한 설명이다.
> ② '전개'에 대한 설명이다.
> ④ '발단'에 대한 설명이다.
> ⑤ '절정'에 대한 설명이다.

15 고난도 서술형 '수남'은 자전거를 들고 도망쳐 온 자신을 혼내기는커녕 오히려 칭찬하는 '주인 영감'의 모습에 실망하고, 자물쇠를 분해하는 '주인 영감'의 모습이 도둑놈 두목 같아 보인다고 생각한다. 자전거 사건 이후로 '수남'은 '주인 영감'이 고마운 존재에서 실망스러운 존재로 바뀌었다.

평가 목표	인물의 태도 변화 파악하기
채점 기준	✔ '주인 영감'에 대한 생각이 달라졌음을 나타내는 말을 포함하여 '수남'의 태도 변화를 앞의 형식과 동일하게 서술한 경우 [상]
	✔ '수남'의 태도 변화를 앞의 형식과 동일하게 서술하지 않은 경우 [중]
	✔ '주인 영감'에 대한 생각이 달라졌음을 나타내는 말을 포함하지 않고, '수남'의 태도 변화를 서술한 경우 [하]

16 '수남'은 문득 도둑질을 저질러 순경들에게 끌려와 도둑질 흉내를 그대로 내보이던 형을 떠올린다. 그리고 자전거를 훔친 자신에게도 도둑놈의 피가 흐르고 있는 것이 아닌지 생각하며 괴로워한다.

17 이 소설은 1970년대, 도시화·산업화가 진행되던 서울을 배경으로 한 작품으로, 비양심적이고 물질적 이익만 추구하는 도시인들의 모습을 그리고 있다. 따라서 토속적인 분위기와는 거리가 멀다.

18 서술형 (나)에서 아버지가 '수남'에게 도둑질만은 하지 말라고 당부한 것으로 보아 '아버지'는 도덕성을 중요하게 생각하는 인물임을 알 수 있다. 즉 '아버지'는 도덕적 가치보다 금전적 이익을 더 중시하는 '주인 영감', 도둑질을 한 '수남'의 형과 대조적인 인물이다.

19 이 소설은 도시화·산업화 과정에서 돈을 벌러 서울에 온 '수남'이 겪는 다양한 갈등을 그린 작품이다. 작가는 '수남'의 모습을 통해 물질적 이익만을 추구하는 도시 사람들의 물질 만능주의적인 태도를 비판한다.

20 이 글에서 '길동'이 세상을 벗어나려 하는 이유는 적서를 차별하는 현실에 저항하기 위해서이다. 이 글을 통해 당시 사회에서 속세를 떠나 무예를 수련하는 것이 유행했다는 근거는 찾을 수 없다.

> **오답풀이** ㄱ. (가)의 "재상의 집안에서 천한 노비에게 태어난 사람이 너뿐이 아니다."라는 대감의 말에서 정식으로 결혼한 부인 외에 첩을 여러 명 두는 것을 허용하는 축첩 제도가 있었음을 알 수 있다.
> ㄷ. (가)의 "하인들까지 모두 천하게 보며, 친지와 친구조차도 아무개의 천생이라고 이릅니다."라는 '길동'의 말에서 양반과 종(천민)의 구분이 있는 신분 차별 제도가 있었음을 알 수 있다.
> ㄹ. (나)의 "사내대장부가 세상에 한번 태어났으면, 모름지기 입신양명한 후 조상을 섬기고 부모의 은혜를 만분의 일이라도 갚아야 할 것입니다."라는 '길동'의 말에서 출세하여 이름을 널리 알리는 것(입신양명)과 부모에 대한 효를 중요시 여겼음을 알 수 있다.

21 이 글에서 '길동'은 서자라는 이유로 출세에 제약을 주고 차별하는 신분제 사회와 갈등을 겪고 있다. 이는 인물과 그 인물이 속한 사회와의 갈등으로, 외적 갈등의 한 유형이다.

22 서술형 '길동'은 표면적으로 세상을 벗어나기 위해 출가한다고 하였지만, 당시의 신분 질서에 저항한 인물인 '길산'을 언급한 것으로 볼 때, 출가하려는 진짜 이유는 사회 제도에 대항하기 위함임을 알 수 있다. 이는 '길동'이 집안에서는 풀지 못한 갈등을 해결하기 위해 내린 결정이기도 하다.

23 서술형 (가)에서는 긍정적인 말과 부정적인 말의 영향력을 실험한 결과를 통해 말의 힘이 얼마나 대단한지 알 수 있고, (나)에서는 '옥림'과 '세리'의 말다툼에서 부정적인 말이 인간관계에 미치는 영향을 알 수 있다.

24 긍정적인 말을 들려준 쪽에서 ⓐ과 같은 결과가 나타났다고 하였다. 그런데 ①의 '상대를 탓하는 말'은 부정적인 말이기 때문에 ⓐ과 같은 결과를 얻기 위해 들려주었을 말이 아니며, 이러한 말을 들려주었다면 오히려 거무스름한 곰팡이가 피고 심한 악취가 났을 것이다.

25 ⓓ는 상대의 기분을 배려하지 않고 실력이 부족하다며 비꼬듯이 말한 것이다. 이와 같은 부정적인 말은 상대의 기분을 상하게 하고, 결국 인간관계를 해치는 원인이 된다.

온라인강의 **무료체험권**이 들어 있습니다.

visang

발행일 2017년 10월 1일
펴낸날 2017년 10월 1일
펴낸곳 (주)비상교육
펴낸이 양태회
등록번호 제 14-1654호
출판사업총괄 최대찬
개발총괄 김희정
개발책임 이상태
디자인책임 김재훈
영업책임 이지웅
마케팅책임 김동남
품질책임 석진안
대표전화 1544-0554
주소 서울특별시 구로구 디지털로33길 48
　　　대륭포스트타워 7차 20층

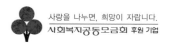

띵동~

만점 왔소!

내 공 의 힘 이 로 구 나 !

빠르게 **내신 실력을 키운다!**

• 짧은 시간에 **핵심만 쏙쏙** 뽑아 중요 내용을 한눈에!

• 엄선된 **기출문제**와 **실전테스트**로 내신 만점 달성!

• **출제율** 높은 문제로 한 번 더~ **마무리**까지 완벽하게!

중등 1~3학년 | 국어 / 수학 / 사회 / 역사 / 과학

	중1	중2	중3
2018년	2015 개정 교육과정		
2019년	2015 개정 교육과정		
2020년	2015 개정 교육과정		

2018년 중학교 1학년부터 2015 개정 교육과정이 적용됩니다.

온라인강의 **무료체험권**이 들어 있습니다.

soobok
1등을 디자인하다

visang

·끝까지 최선을 다하는 비상

발간 이후에 발견되는 오류는 비상교육 누리집을 통해 알려 드려요.
본 교재의 정답친해는 비상교육 누리집을 통해 내려받으실 수 있어요.
파본은 구입하신 곳에서 교환해 드려요.

http://book.visang.com/

·믿음직한 비상

 교육기업대상 4년 연속 수상 초중고 교과서 부문 1위

 2016 국가브랜드대상 3년 연속 수상 교과서 부문 1위 중고등교재 부문 1위

 한국산업의 브랜드파워 1위 중고등교재부문 1위

발행일 2017년 10월 1일　**펴낸날** 2017년 10월 1일
펴낸곳 (주)비상교육　**펴낸이** 양태회　**등록번호** 제 14-1654호
출판사업총괄 최대찬　**개발총괄** 김희정
개발책임 이상태　**디자인책임** 김재훈　**영업책임** 이지웅
마케팅책임 김동남　**품질책임** 석진안
대표전화 1544-0554
주소 서울특별시 구로구 디지털로33길 48 대륭포스트타워 7차 20층

중교과서편1-1

설문에 참여하고, 선물도 받고!　여러분의 소중한 의견이 교재에 반영됩니다.

 사랑을 나누면, 희망이 자랍니다.
사회복지공동모금회 후원 기업

품질혁신코드 HG811K교7

한끝

시험 대비 문제집

시험 대비 자료

만점 마무리
+
소단원 평가
+
서술형 문제
+
대단원 평가
+
중간 · 기말고사 대비
모의고사

개발 안태경, 강희주, 김우림, 류지운, 남지수, 구세나   저자 강지연, 김기배, 신수환, 정송희   디자인 이민영, 최윰석, 유지인, 박신혜

교 과 서 편
중등 국어
1·1

visang

도전하는 네게 용기를 주는
비 밀 신 호

하트~
뿅!

10

시험 대비 문제집

비상교육 교과서편(김진수 외)

중등 국어 1-1

만점 마무리 [1] 비유 표현

◆ 제재 선정 의도

이 시는 비유의 원관념과 보조 관념이 분명하게 나타나 있어 비유의 개념을 이해하기 적절하며, 시적 대상에 대한 시인의 독특한 시선이 담겨 있어 비유의 효과를 체험할 수 있는 동시에 창의적인 발상을 하는 데에도 도움이 되어 제재로 선정하였다.

◆ 제재 이해

갈래	자유시, 서정시
성격	비유적, 감각적
운율	내재율
제재	밤하늘의 별과 유성
주제	별이 떠 있는 밤하늘의 아름다운 모습과 유성의 생동감
특징	• 은유법과 의인법을 활용하여 대상을 생생하게 표현함. • 시각적, 청각적 심상을 활용하여 대상의 모습을 감각적으로 표현함.

◆ 비유의 개념과 효과 및 종류

개념	표현하려는 대상(원관념)을 직접 설명하지 않고 다른 대상(보조 관념)에 빗대어 표현하는 방법
효과	• 참신하고 생생한 느낌을 줄 수 있음. • 대상을 인상 깊고 구체적으로 표현할 수 있음.
종류	직유법, 은유법, 의인법 등

◇ 「유성」에 사용된 비유적 표현과 그 효과

표현 방법	시구	효과
은유법	밤하늘은 별들의 운동장	반짝거리는 별들이 떠 있는 밤하늘의 모습을 생동감 있게 표현함.
	빗나간 야구공 하나	별들 사이로 떨어지는 유성의 모습을 역동적으로 표현함.
의인법	오늘따라 별들 부산하게 바자닌다. 운동회를 벌였나 아득히 들리는 함성,	별들이 반짝이는 모습을 사람이 움직이는 것처럼 표현하여 생동감을 줌.

◇ 「유성」에 사용된 심상과 그 효과

시각적 심상	• 오늘따라 별들 부산하게 바자닌다.
청각적 심상	• 아득히 들리는 함성, • 먼 곳에서 아슴푸레 빈 우레 소리 들리더니
	○
효과	밤하늘의 모습과 유성이 떨어지는 모습을 감각적으로 표현함.

◇ 「봄은 고양이로다」에 사용된 비유적 표현과 그 효과

표현 방법	시구	표현하려는 대상(원관념)	빗댄 대상(보조 관념)
은유법	봄은 고양이로다	봄	고양이
직유법	꽃가루와 같이 부드러운 고양이의 털에	고양이의 털	꽃가루
	금방울과 같이 호동그란 고양이의 눈에	고양이의 눈	금방울

	○
효과	• 제목에서는 '봄'을 '고양이'에 빗댐으로써 생명력이 가득하며 포근하고 따뜻한 봄의 분위기를 감각적이고 참신하게 느끼게 해 줌. • '고양이의 털'을 '꽃가루'에, '고양이의 눈'을 '금방울'에 빗댄 부분에서는 고양이의 털과 눈을 생생하게 떠올리게 해 줌.

예상 적중 소단원 평가 〔1〕 비유 표현

● 정답과 해설 22쪽

01~05 다음 시를 읽고, 물음에 답하시오.

가 밤하늘은
　　㉠별들의 운동장
　　ⓐ오늘따라 별들 부산하게 바자닌다.
　　운동회를 벌였나
　　아득히 들리는 함성,
　　ⓑ먼 곳에서 아슴푸레 빈 우레 소리 들리더니
　　㉡빗나간 야구공 하나
　　쨍그랑
　　유리창을 깨고
　　또르르 지구로 떨어져 구른다.

나 ㉢꽃가루와 같이 부드러운 고양이의 털에
　　고운 봄의 향기가 어리우도다.

　　금방울과 같이 호동그란 고양이의 눈에
　　ⓒ미친 봄의 불길이 흐르도다.

　　고요히 다물은 고양이의 입술에
　　포근한 봄의 졸음이 떠돌아라.

　　ⓓ날카롭게 쭉 뻗은 고양이의 수염에
　　ⓔ푸른 봄의 생기가 뛰놀아라.

01 (가)에 대한 감상으로 알맞지 <u>않은</u> 것은?

① 말하는 이는 반짝이는 별들이 가득한 밤하늘을 관찰하고 있어.
② 별들이 반짝이는 모습을 사람이 움직이는 것처럼 표현한 것이 참신해.
③ 유성이 나타나려는 순간에 천둥소리가 들렸다고 표현한 것도 인상적이야.
④ 운동회를 하다가 야구공이 유리창을 깨는 모습을 청각적 심상을 활용해서 표현하고 있어.
⑤ 이 시는 다양한 비유 표현과 심상을 활용하여 밤하늘과 유성의 모습을 생생하게 표현한 작품이라고 할 수 있어.

02 (나)에 대한 설명으로 적절하지 <u>않은</u> 것은?

① 대상을 감각적으로 묘사하고 있다.
② 고양이의 모습에서 연상되는 봄의 느낌을 전달하고 있다.
③ 상징적인 시어를 활용하여 봄이 지닌 새로운 의미를 이끌어 내고 있다.
④ '–도다', '–아라'와 같은 어미를 문장의 끝에서 반복하여 운율을 형성하고 있다.
⑤ 1, 3연에는 정적인 이미지를, 2, 4연에는 동적인 이미지를 조화롭게 배치하고 있다.

03 ㉠과 ㉡이 비유하고 있는 대상을 바르게 묶은 것은?

	㉠	㉡		㉠	㉡
①	밤하늘	유성	②	밤하늘	별들
③	밤하늘	우레	④	운동회	유성
⑤	운동회	지구			

04 다음 중 ㉢과 동일한 표현 방법이 쓰인 것은?

① 내 마음은 호수요.
② 방긋 웃는 꽃잎마다 송송송
③ 허수아비 팔 벌려 웃음 짓고
④ 구름에 달 가듯이 / 가는 나그네.
⑤ 가랑잎 편지를 전해 주는 / 바람은 가을 우체부

05 ⓐ~ⓔ 중, 심상의 종류가 <u>다른</u> 하나는?

① ⓐ　　　② ⓑ　　　③ ⓒ
④ ⓓ　　　⑤ ⓔ

고득점 서술형 문제

[1] 비유 표현

1단계 단답식 서술형 문제

01~10 다음 시를 읽고, 물음에 답하시오.

가 ㉠밤하늘은
별들의 운동장
ⓐ오늘따라 별들 부산하게 바자닌다.
운동회를 벌였나
아득히 들리는 함성,
먼 곳에서 아슴푸레 빈 우레 소리 들리더니
빗나간 야구공 하나
쨍그랑
유리창을 깨고
또르르 지구로 떨어져 구른다.

나 꽃가루와 같이 부드러운 고양이의 털에
고운 봄의 향기가 어리우도다.

금방울과 같이 호동그란 고양이의 눈에
미친 봄의 불길이 흐르도다.

고요히 다물은 ㉡고양이의 입술에
포근한 봄의 졸음이 떠돌아라.

날카롭게 쭉 뻗은 고양이의 수염에
푸른 봄의 생기가 뛰놀아라.

01 (가)의 제목인 '유성'을 빗댄 시구를 찾아 3어절로 쓰시오. [5점]

02 〈보기〉의 빈칸에 들어갈 알맞은 말을 쓰시오. [5점]

┤보기├
(가)의 □행에서는 청각적 심상을 활용하여 '유성'이 나타나는 순간을 천둥소리가 들리는 것처럼 표현하여 생생한 느낌을 주고 있다.

03 (나)의 1연을 참고하여 다음 빈칸에 들어갈 알맞은 말을 쓰시오. [5점]

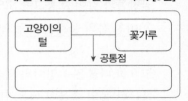

04 ㉠에 쓰인 표현 방법을 하나의 낱말로 쓰시오. [5점]

05 (나)의 말하는 이가 ㉡에서 떠올린 봄의 느낌을 2어절로 쓰시오. [5점]

2단계 기본형 서술형 문제

06 (가)의 말하는 이가 바라본 '밤하늘'이 어떤 모습일지 쓰시오. [10점]

> 조건 ① '밤하늘'이라는 말을 포함하여 쓸 것
> ② '~을 바라보고 있다.' 형태의 한 문장으로 쓸 것

09 (가)의 1~3행을 〈보기〉와 같이 바꾸어 썼을 때, 그 느낌이 어떻게 달라지는지 쓰시오. [25점]

> ┌보기┐
> 밤하늘에는
> 수없이 많은 별이
> 오늘따라 더욱 반짝거리며 떠 있다.

> 조건 ① 원래의 시구와 바꾸어 쓴 시구의 공통점과 차이점을 쓸 것
> ② (가)의 1~3행에 쓰인 표현 방법을 언급하여 쓸 것

07 (가)의 ⓐ에 쓰인 비유적 표현과 그 효과를 쓰시오. [10점]

> 조건 ① 활용된 비유적 표현의 명칭을 포함할 것
> ② 한 문장으로 쓸 것

10 (나)의 제목인 '봄은 고양이로다'에서 '봄'을 '고양이'에 빗댐으로써 얻을 수 있는 효과를 쓰시오. [20점]

> 조건 ① (나)의 제목에 쓰인 표현 방법의 명칭을 포함하여 쓸 것
> ② 마지막 문장은 '~해 준다.' 형태의 문장으로 쓸 것

08 (나)의 2연에 쓰인 비유적 표현을 쓰시오. [10점]

> 조건 ① 원관념과 보조 관념을 밝히고, 활용된 비유적 표현의 명칭을 쓸 것
> ② 두 대상의 공통점을 쓸 것

만점 마무리 〔2〕상징 표현

◆ 제재 선정 의도
이 시는 상징하는 바가 비교적 뚜렷한 시어가 사용되어 상징의 개념과 효과를 이해하기 적절하며, 어려운 이웃과 함께 살아가는 태도까지 고민해 볼 수 있어 제재로 선정하였다.

◆ 제재 이해

갈래	자유시, 서정시
성격	상징적, 의지적
운율	내재율
제재	함박눈
주제	이웃과 더불어 따뜻한 삶을 살고 싶은 소망
특징	• 시인이 지향하는 삶의 태도를 상징을 활용하여 표현함. • 긍정적 의미의 시어와 부정적 의미의 시어가 대비를 이룸. • 동일한 시구와 청유형 문장을 반복하여 운율을 형성함.

◆ 상징의 개념과 효과 및 종류

개념	추상적인 관념이나 사상 등을 구체적인 사물이나 감각적 실체로 표현하는 방법
효과	• 작품의 주제를 효과적이고 독창적으로 드러냄. • 압축된 표현 속에 여러 가지 의미가 담겨 있어 작품을 다양하고 깊이 있게 해석할 수 있음.
종류	• 관습적 상징: 오랫동안 쓰여 왔기 때문에 그 뜻이 굳어져 널리 알려진 상징 • 개인적(문학적) 상징: 시인이나 작가가 작품 속에서 새롭게 창조해 낸 상징

◇ 「우리가 눈발이라면」의 짜임

1~3행	'진눈깨비'가 되지 말자는 당부
4~7행	'함박눈'이 되어 내리자는 당부
8~12행	'잠 못 든 이'의 '편지'와 '새살'이 되고 싶은 마음

◇ 상징적 의미가 대비되는 시어

긍정적인 의미의 시어	부정적인 의미의 시어
함박눈, 편지, 새살	진눈깨비, 바람, 깊고 붉은 상처
위로, 격려, 희망 등을 상징함.	무관심, 외면, 고통, 슬픔 등을 상징함.

◇ 말하는 이가 전하고자 하는 삶의 자세

삶의 현실	'세상이 바람 불고 춥고 어둡다 해도' → 삭막하고 고달픈 현실을 나타냄.
말하는 이의 소망	'함박눈', '편지', '새살'이 되자고 말함. → 고달픈 현실 속에서도 어려운 이웃에게 위로와 희망을 주는 존재로 살아가자는 바람을 드러냄.

◇ 청유형 문장 반복의 효과

시구	효과
• '진눈깨비는 되지 말자' • '따뜻한 함박눈이 되어 내리자' • '새살이 되자'	'-자'로 끝나는 청유형 문장을 사용하여 말하는 이의 의지를 강조하는 한편, 듣는 이의 공감과 동참을 유도함.

◇ 「오우가」에 사용된 자연물의 특징과 상징적 태도

자연물	특징	상징하는 삶의 태도
제2수 – 물	• 깨끗하다. • 그칠 때가 없다.	• 정직하고 청렴한 태도 • 끊임없이 노력하는 태도
제3수 – 바위	• 변하지 않는다.	• 굳건한 태도 • 의연한 태도
제6수 – 달	• 온 세상을 다 비춘다. • 보고도 말을 하지 않는다.	• 포용하는 태도 • 과묵한 태도

예상 적중 소단원 평가 [2] 상징 표현

● 정답과 해설 23쪽

01~05 다음 시를 읽고, 물음에 답하시오.

가 우리가 눈발이라면
허공에서 쭈빗쭈빗 흩날리는
진눈깨비는 되지 말자
세상이 바람 불고 춥고 어둡다 해도
사람이 사는 마을
가장 낮은 곳으로
따뜻한 함박눈이 되어 내리자
우리가 눈발이라면
┌ 잠 못 든 이의 창문가에서는
│ 편지가 되고
㉠│
│ 그이의 깊고 붉은 상처 위에 돋는
└ 새살이 되자

나 ⓐ구름 빛이 좋다 하나 ⓑ검기를 자주 한다.
바람 소리 맑다 하나 그칠 적이 많구나.
좋고도 그칠 때 없기는 물뿐인가 하노라.   – 제2수

꽃은 무슨 일로 피면서 쉬이 지고
풀은 어이하여 푸른 듯 누르느냐.
ⓒ아마도 변치 않는 것 바위뿐인가 하노라.   – 제3수

작은 것이 높이 떠서 만물을 다 비추니
ⓓ밤중의 광명이 너만 한 이 또 있느냐.
보고도 말 아니하니 내 벗인가 ⓔ하노라.   – 제6수

01 (가)와 (나)에 대한 설명으로 알맞지 않은 것은?

① (가): 형식에 얽매이지 않고 줄글 형태로 쓰인 산문시이다.
② (가): 상직적인 의미를 지닌 시어를 대비하여 주제를 효과적으로 드러낸다.
③ (나): 우리말의 아름다움을 잘 담아낸 시어를 사용하였다.
④ (나): 자연물을 친구라고 표현함으로써 자연 친화적 태도를 보인다.
⑤ (나): 시행을 끊어 읽는 단위가 반복되어 겉으로 드러나는 운율을 형성한다.

02 (가)의 '진눈깨비'와 '함박눈'을 비교한 내용으로 알맞지 않은 것은?

	진눈깨비	함박눈
①	비가 섞여 내리는 눈	굵고 탐스럽게 내리는 눈
②	부정적인 의미를 지님.	긍정적인 의미를 지님.
③	무관심, 외면, 고통, 슬픔 등을 상징함.	위로, 격려, 희망 등을 상징함.
④	어려운 이웃을 더욱 힘들고 외롭게 만드는 존재	어려운 이웃에게 위로와 희망을 주는 존재
⑤	사람이 사는 마을까지 내려와 추위를 안겨 줌.	사람이 사는 가장 낮은 곳으로 내려와 따뜻함을 전함.

03 (나)의 자연물들이 상징하는 삶의 태도로 적절하지 않은 것은?

① 물: 정직한 태도
② 물: 청렴한 태도
③ 달: 포용하는 태도
④ 달: 끊임없이 노력하는 태도
⑤ 바위: 굳건하고 의연한 태도

04 ㉠에 대한 설명으로 알맞지 않은 것은?

① 말하는 이의 소망과 당부가 드러나 있다.
② '깊고 붉은 상처'는 어려운 현실 속에서 겪는 절망적 고통을 의미한다.
③ '–자'로 끝나는 청유형 문장을 사용하여 듣는 이의 동참을 유도하고 있다.
④ '편지'와 같이 위로, 희망 등의 긍정적인 의미를 담고 있는 시어는 '새살'이다.
⑤ '잠 못 든 이'는 말하는 이가 위로하려는 대상이고, '그이'는 말하는 이를 위로하는 대상이다.

05 ⓐ~ⓔ 중, 글자 수를 반드시 고정해야 하는 부분으로 알맞은 것은?

① ⓐ   ② ⓑ   ③ ⓒ   ④ ⓓ   ⑤ ⓔ

고득점 서술형 문제

〔2〕 상징 표현

01~09 다음 시를 읽고, 물음에 답하시오.

가 우리가 눈발이라면
허공에서 쭈빗쭈빗 흩날리는
진눈깨비는 되지 말자
세상이 바람 불고 춥고 어둡다 해도
사람이 사는 마을
㉠가장 낮은 곳으로
따뜻한 함박눈이 되어 내리자
우리가 눈발이라면
잠 못 든 이의 창문가에서는
편지가 되고
그이의 깊고 붉은 상처 위에 돋는
새살이 되자

나 구름 빛이 좋다 하나 검기를 자주 한다.
바람 소리 맑다 하나 그칠 적이 많구나.
좋고도 그칠 때 없기는 물뿐인가 하노라.
– 제2수

꽃은 무슨 일로 피면서 쉬이 지고
풀은 어이하여 푸른 듯 누르느냐.
아마도 변치 않는 것 바위뿐인가 하노라.
– 제3수

작은 것이 높이 떠서 만물을 다 비추니
밤중의 광명이 너만 한 이 또 있느냐.
보고도 말 아니하니 ㉡내 벗인가 하노라.
– 제6수

01 (가)의 말하는 이가 생각하는 삶의 현실이 나타나는 시행을 찾아 쓰시오. [5점]

02 〈보기〉의 빈칸에 들어갈 알맞은 말을 쓰시오. [5점]
┤보기├
　(가)에서는 □□형 어미가 쓰인 문장을 반복하여 말하는 이의 의지를 강조하고, 듣는 이의 공감과 동참을 유도하고 있다.

03 (가)에서 '잠 못 든 이'는 어떤 사람일지 쓰시오. [5점]

04 〈보기〉의 빈칸에 들어갈 알맞은 말을 순서대로 쓰시오. [5점]
┤보기├
　(나)는 우리나라 고유의 정형시로서, 3장 6구의 기본 형식으로 이루어진 □□□이자, 이러한 시조가 같은 제목 아래 두 수 이상 묶인 □□□이다.

05 (나)에 제시된 시어 가운데 '꽃'과 '풀'이 지닌 특성을 쓰시오. [5점]

06 (가)에서 ㉠은 어떤 곳을 의미하는지 쓰시오. [15점]

> **조건** ① '공간'이라는 말을 포함하여 쓸 것
> ② '~을 뜻한다.' 형태의 한 문장으로 쓸 것

09 (나)에서 ㉡이 가리키는 대상을 쓰고, 그 대상이 상징하는 삶의 태도를 서술하시오. [30점]

> **조건** ① ㉡이 가리키는 자연물을 밝혀 쓸 것
> ② 그 자연물이 지닌 특징으로부터 상징적 의미를 이끌어 내어 쓸 것

07 (가)의 말하는 이가 바라는 삶의 태도를 쓰시오. [15점]

> **조건** ① '이웃'이라는 말을 포함하여 쓸 것
> ② '~로 살아가자.' 형태의 한 문장으로 쓸 것

08 (나)의 '제2수'와 '제3수'에서 말하는 이가 예찬하고 있는 자연물을 찾고, 그 자연물이 무엇을 상징하는지 쓰시오. [15점]

> **조건** ① 각 자연물의 특성을 밝힐 것
> ② 각 자연물이 상징하는 삶의 태도를 쓸 것

만점 마무리 〔3〕 자료 찾으며 책 읽기

◆ 활동 의도

모둠 구성원들과 함께 읽을 책을 선정하고, 책 읽기 계획을 세울 수 있도록 하였다. 책을 읽을 때에는 일지를 작성하여 낯선 낱말이나 모르는 개념, 더 알고 싶은 내용에 관한 자료를 찾아보게 하고, 책 읽기를 마친 후에는 모둠 구성원들과 함께 책 읽기 경험을 공유해 보면서 책 읽기가 자신의 삶에 미치는 영향을 생각해 보게 하였다. 이를 바탕으로 책 읽기를 생활화하려는 태도를 기를 수 있도록 하였다.

◆ 활동 목표

• 모둠 구성원과 함께 읽을 책 선정하기
• 자료 찾으며 책 읽기
• 모둠 구성원과 함께 책 읽기 경험을 공유하기

◆ 활동 요약

책 선정하기
서점이나 도서관에서 직접 책을 찾아보거나 인터넷으로 책을 소개해 주는 신문 기사나 서평 등을 검색하는 방법을 활용하여 책을 선정함.

⊕

자료를 찾으며 책 읽기
그날그날 읽은 부분에 대한 일지를 작성하여 낯선 낱말, 모르는 개념, 더 알고 싶은 내용을 정리함. 이를 바탕으로 도서관이나 인터넷 등에서 관련된 자료를 찾아 참고하면서 책을 읽음.

⊕

책 읽기 경험 나누기
책을 읽은 후에 알게 된 점이나 느낀 점 등을 모둠 구성원과 공유함.

◇ 책을 선정하는 방법과 기준

책을 선정하는 방법	• 서점이나 도서관에서 직접 책을 찾아봄. • 주변 사람들에게 추천을 받음. • 인터넷으로, 책을 소개해 주는 신문 기사나 독자들이 블로그에 올린 서평을 검색해 봄.
책을 선정하는 기준	관심 분야, 읽기 수준, 읽기 목적, 흥미 등의 기준을 고려하여 선정함.

◇ 독서 일지에 들어갈 항목과 독서 일지를 작성할 때의 장점

독서 일지에 들어갈 항목	• 책의 제목, 회 차, 읽은 날짜, 읽은 쪽수 • 인상적인 부분(문장, 장면)과 그 까닭 • 낯선 낱말이나 모르는 개념, 더 알고 싶은 내용 • 새롭게 알게 된 것과 느낀 점 • 읽은 내용을 요약한 문장
독서 일지를 작성할 때의 장점	• 독후감이나 서평을 쓸 때 도움이 됨. • 책의 내용을 오래 기억할 수 있음. • 다양한 자료를 찾으며 책을 읽는 데 도움이 됨.

◇ 자료를 찾으며 책을 읽는 방법

일지 작성하기	책을 읽으며 그날그날 읽은 부분에 대한 일지를 작성함.

⊕

찾을 내용 정리하기	낯선 낱말, 모르는 개념, 더 알고 싶은 내용을 일지에 정리해 둠.

⊕

자료 찾기	일지를 바탕으로, 낯선 낱말이나 모르는 개념, 더 알고 싶은 내용에 관한 자료를 도서관이나 인터넷에서 찾아보며 책을 읽음.

◇ 책 읽기 경험 나누기의 방법과 장점

책 읽기 경험을 나누는 방법	책을 읽은 후에 알게 된 점이나 느낀 점 등을 모둠 구성원과 공유함.
책 읽기 경험을 나누었을 때의 장점	• 혼자 읽을 때는 이해하지 못했거나, 생각하지 못했던 점을 깨달을 수 있음. • 서로 다른 감상을 주고받으며 감상의 폭을 넓힐 수 있음. • 한 방향으로 편중되기 쉬운 읽기를 바로잡을 수 있음. • 자신의 생각을 되돌아보며 내용을 더 깊이 이해할 수 있음. • 책 읽기의 즐거움을 느낄 수 있음.

예상 적중 소단원 평가 〔3〕 자료 찾으며 책 읽기

● 정답과 해설 24쪽

01~04 다음을 읽고, 물음에 답하시오.

가 나라: 도시의 밤하늘에서 별을 보기 힘든 까닭이 지나친 조명 때문이래. 조명이 환경에 그렇게 큰 영향을 미치는지 전혀 몰랐어.

정우: 그렇구나. 나도 그것과 비슷한 기사를 읽은 적이 있어. 우리가 일상생활에서 별생각 없이 사용했던 것들이 환경에 좋지 않은 영향을 주고 있더라. 환경을 지키려면 막연하게 생각만 하는 게 아니라 실천하는 것이 더 중요할 것 같아. 그럼, 우리 환경 문제와 관련된 분야의 책을 함께 읽는 건 어떨까?

나 준서: 우리가 국어 시간에 환경에 관한 책을 읽기로 했잖아. 책을 어떻게 고를까?

정우: 나는 서점에 가 볼게. 책의 차례와 내용을 직접 훑어볼 수 있으니 고르기 쉬울 것 같아.

나라: 난 우리 학교 도서관에 가서 찾아볼게.

준서: 그래? 나랑 같이 가자. 나는 사서 선생님께 책 추천을 부탁드려야겠어.

지민: 그럼, 나는 어떻게 고르지?

정우: 지민이는 인터넷으로 검색해 보는 게 어때? 새로운 책을 소개해 주는 신문 기사나 독자들이 블로그에 올린 서평을 찾아보는 것도 좋아.

지민: 알았어. 이렇게 분담하면 우리가 읽을 책을 다양하게 찾아볼 수 있겠다.

다

책 제목	⊙고릴라는 핸드폰을 미워해	
회차	읽은 날짜	쪽수
1회	20○○년 ○○월 ○○일	○○~○○쪽
인상적인 부분(문장, 장면)과 그 까닭	• 인상적인 부분: ○○쪽 〈중략〉 인공 불빛 때문에 벌겋게 달아오른 도시의 밤하늘은 빛 공해의 피해를 입고 있었다. 이렇게 도시는 어두운 밤을 잃어버렸다. • 까닭: 어두운 밤을 밝히는 조명이 좋은 줄만 알았는데, 글쓴이는 밤 조명을 오히려 공해로 보고 있어서 인상적이었다.	
낯선 낱말이나 모르는 개념, 더 알고 싶은 내용	• 낯선 용어: 불야성, 럭스(lux), 휴면 • 더 알고 싶은 내용: 인공조명과 관련된 전문가들의 의견	

01 (가)의 책 읽기 단계로 알맞은 것은?

① 책 읽기 계획 세우기
② 책 읽고 경험 나누기
③ 자료 찾으며 책 읽기
④ 책 선정 기준 마련하기
⑤ 읽을 책의 분야 정하기

02 (나)를 읽은 후의 반응으로 적절하지 않은 것은?

① 읽을 책을 고르는 방법에 대한 대화이군.
② 책을 직접 훑어본 후 읽을 책을 고를 수 있군.
③ 다른 사람의 의견을 참고하여 읽을 책을 고를 수 있군.
④ 모둠에서 함께 읽을 책을 고를 때는 한 사람의 의견을 중심으로 선정하는 것이 편리하겠군.
⑤ 여러 권의 책 중 함께 읽을 책을 선정할 때는 관심 분야나 흥미, 읽기 수준 등을 고려해야 하는군.

✎ 서술형

03 (다)와 같은 글을 쓰면서 책을 읽을 때의 효과를 쓰시오.

조건

① (다)와 같은 글의 종류를 밝혀 '~할 수 있다.' 형태의 한 문장으로 쓸 것

04 ⊙을 읽은 후 책 읽기 경험을 나누기 위해 준비한 질문으로 적절하지 않은 것은?

① 책의 제목과 표지를 처음 본 느낌은 어떠한가?
② 책에서 글쓴이가 말하고자 하는 바는 무엇인가?
③ 책을 읽은 후 알게 된 점이나 느낀 점은 무엇인가?
④ 책의 내용 중 인상적인 부분과 그 이유는 무엇인가?
⑤ 주인공이나 등장인물에 대한 친구들의 평가는 어떠한가?

01~05 다음 시를 읽고, 물음에 답하시오.

가
밤하늘은
㉠ 별들의 운동장
오늘따라 별들 부산하게 바자닌다.

운동회를 벌였나
아득히 들리는 함성,
먼 곳에서 아슴푸레 빈 우레 소리 들리더니
빗나간 야구공 하나
쨍그랑
유리창을 깨고
또르르 지구로 떨어져 구른다.

나 꽃가루와 같이 부드러운 고양이의 털에
㉡고운 봄의 향기가 어리우도다.

금방울과 같이 호동그란 고양이의 눈에
미친 봄의 불길이 흐르도다.

고요히 다물은 고양이의 입술에
포근한 봄의 졸음이 떠돌아라.

날카롭게 쭉 뻗은 고양이의 수염에
푸른 봄의 생기가 뛰놀아라.

01 (가)에 대한 설명으로 알맞지 **않은** 것은?
① 밤하늘에서 별들이 반짝이는 모습을 사람처럼 표현하고 있다.
② 밤하늘이 변화하는 모습에서 교훈적인 의미를 이끌어 내고 있다.
③ 일상적인 밤하늘의 풍경을 독특한 시선으로 흥미롭게 담아내고 있다.
④ 유성이 나타나려는 순간을 청각적 심상을 활용하여 생생하게 전달하고 있다.
⑤ 표현하려는 대상을 직접 나타내지 않고 다른 대상에 빗대어 표현하여 참신한 느낌을 준다.

02 (가)의 '빗나간 야구공 하나'가 비유하고 있는 대상을 밝혀 쓰고, 두 대상이 지닌 유사점을 쓰시오.

> **조건** ① 원관념과 보조 관념을 모두 밝힐 것
> ② '~유사하다.' 형태의 한 문장으로 쓸 것

03 (나)에서 고양이의 모습을 통해 떠올린 봄의 느낌으로 알맞지 **않은** 것은?
① '고양이의 털'에서 '봄의 향기'를 떠올리고 있다.
② '고양이의 눈'에서 '봄의 불길'을 떠올리고 있다.
③ '고양이의 입술'에서 '봄의 졸음'을 떠올리고 있다.
④ '고양이의 다리'에서 '봄의 노래'를 떠올리고 있다.
⑤ '고양이의 수염'에서 '봄의 생기'를 떠올리고 있다.

04 ㉠에 쓰인 표현이 주는 효과로 가장 적절한 것은?
① 시에 향토적 분위기를 조성한다.
② 말하는 이의 정서를 효과적으로 드러낸다.
③ 시를 읽을 때의 운율을 더욱 두드러지게 한다.
④ 표현하려는 대상을 참신하고 생동감 있게 나타낸다.
⑤ 하나의 시어가 다양한 의미를 갖도록 만드는 역할을 한다.

05 ㉡과 동일한 심상이 사용된 시구로 알맞은 것은?
① 자욱한 풀벌레 소리
② 두런두런 낮은 말소리
③ 뜰에는 반짝이는 금모래 빛
④ 분수처럼 흩어지는 푸른 종소리
⑤ 어마씨 그리운 솜씨에 향그러운 꽃지짐.

06~10 다음 시를 읽고, 물음에 답하시오.

가 ㉠우리가 눈발이라면
허공에서 쭈빗쭈빗 흩날리는
진눈깨비는 되지 말자
㉡세상이 바람 불고 춥고 어둡다 해도
사람이 사는 마을
㉢가장 낮은 곳으로
따뜻한 함박눈이 되어 내리자
우리가 눈발이라면
㉣잠 못 든 이의 창문가에서는
편지가 되고
그이의 깊고 붉은 상처 위에 돋는
㉤새살이 되자

나 구름 빛이 좋다 하나 검기를 자주 한다.
바람 소리 맑다 하나 그칠 적이 많구나.
좋고도 그칠 때 없기는 물뿐인가 하노라.　　　– 제2수

꽃은 무슨 일로 피면서 쉬이 지고
풀은 어이하여 푸른 듯 누르느냐.
아마도 변치 않는 것 바위뿐인가 하노라.　　　– 제3수

ⓐ작은 것이 높이 떠서 만물을 다 비추니
밤중의 광명이 너만 한 이 또 있느냐.
보고도 말 아니하니 내 벗인가 하노라.　　　– 제6수

06 (가)와 (나)의 공통점으로 알맞은 것은?
① 말하는 이의 시선 이동에 따라 시상이 전개된다.
② 대상이 지닌 분위기와 느낌을 감각적으로 묘사한다.
③ 말하는 이가 시 속에 직접 등장하여 내용을 전달한다.
④ 공감각적 심상을 활용하여 참신하고 생생한 느낌을 전달한다.
⑤ 추상적인 관념을 구체적인 사물을 통해 표현하여 의미를 강조한다.

07 (가)의 내용을 〈보기〉와 같이 정리한다고 할 때, 빈칸에 들어갈 알맞은 시어를 순서대로 쓰시오.

보기	
1~3행	우리가 눈발이라면 (　　　)은/는 되지 말자.
4~7행	사람이 사는 마을의 가장 낮은 곳에 (　　　)이/가 되어 내리자.
8~12행	잠 못 든 이의 편지가 되고, 상처 위에 돋는 새살이 되자.

08 (나)에 대한 설명으로 적절하지 않은 것은?
① 역사적 사건을 배경으로 하고 있다.
② 자연물을 의인화하여 표현하고 있다.
③ '물', '바위', '달'의 품성을 예찬하고 있다.
④ 대비되는 속성을 지닌 자연물을 대조하고 있다.
⑤ 자연물을 벗 삼아 살고자 하는 마음을 드러내고 있다.

09 ㉠~㉤에 대한 설명으로 알맞지 않은 것은?
① ㉠: '우리'를 '눈발'처럼 차가운 존재라고 가정한 것이다.
② ㉡: 삭막하고 고달픈 현실을 나타낸다.
③ ㉢: 힘들고 소외된 사람들이 사는 곳을 말한다.
④ ㉣: 현실에서 겪는 어려움 때문에 잠들지 못하는 사람을 뜻한다.
⑤ ㉤: 고통받고 상처 입은 사람들에게 위로와 용기를 주는 존재가 되자는 당부이다.

10 ⓐ에서 설명하는 대상과 유사한 삶의 태도를 보이는 학생은?
① 거짓말을 하지 않고 정직하게 사는 '현아'
② 동생의 실수를 너그럽게 감싸 주는 '정미'
③ 노력을 게을리하지 않고 열심히 공부하는 '주인'
④ 주위 시선에 아랑곳하지 않고 굳건하게 뜻을 펼치는 '준서'
⑤ 온갖 어려움을 겪으면서도 의연한 태도를 잃지 않는 '승민'

11~13 다음 대화를 읽고, 물음에 답하시오.

가 준서: 우리가 국어 시간에 환경에 관한 책을 읽기로 했잖아. 책을 어떻게 고를까?

정우: 나는 서점에 가 볼게. 책의 차례와 내용을 직접 훑어볼 수 있으니 고르기 쉬울 것 같아.

나라: 난 우리 학교 도서관에 가서 찾아볼게.

준서: 그래? 나랑 같이 가자. 나는 사서 선생님께 책 추천을 부탁드려야겠어.

지민: 그럼, 나는 어떻게 고르지?

정우: 지민이는 인터넷으로 검색해 보는 게 어때? 새로운 책을 소개해 주는 신문 기사나 독자들이 블로그에 올린 서평을 찾아보는 것도 좋아.

지민: 알았어. ㉠이렇게 분담하면 우리가 읽을 책을 다양하게 찾아볼 수 있겠다.

나 정우: 나는 서점에서 『고릴라는 핸드폰을 미워해』라는 책을 찾았어. 처음에는 제목이 흥미로워서 집어 들었는데, 차례를 보니 '빛 공해'뿐만 아니라 다양한 환경 문제를 자세히 다루고 있더라고.

지민: 나는 환경 전문가의 블로그에서 『지역 정치생태학: 환경 – 개발의 비판적 검토와 공동체 대안』이라는 책의 서평을 읽어 보았는데 환경에 대한 전문적인 내용이 잘 담겨 있는 것 같아. 이 책은 어떨까?

나라: 나도 그 블로그에서 서평을 읽어 봤는데, 어려운 낱말과 개념이 너무 많더라. 이 책은 우리에게 좀 어려울 것 같아.

준서: 나는 사서 선생님께 『내 머릿속에선 무슨 일이 벌어지고 있을까』라는 책을 추천받았어. 이 책 재미있을 것 같지 않니?

지민: 음……, 재미있을 것 같긴 해. 그런데 그 책은 우리가 찾기로 한 환경 분야가 아니잖아.

정우: 맞아. 우리는 환경 문제와 관련해 실천 방향까지 나온 책을 찾기로 했잖아.

나라: 그럼 정우가 골라온 책으로 정하는 게 어때?

모두: 좋아!

11 (가)와 (나)에서 학생들이 나누고 있는 대화의 주제로 알맞은 것은?

	(가)	(나)
①	책 선정 기준	책을 고르는 방법
②	책 선정 기준	일지 작성 방법
③	책을 고르는 방법	함께 읽을 책 선정하기
④	책을 고르는 방법	책 읽고 경험 나누기
⑤	일지 작성 방법	함께 읽을 책 선정하기

12 ㉠의 과정과 결과로 알맞지 **않은** 것은?

① '정우'는 서점에서 책을 직접 보기로 했다.

② '나라'는 학교 도서관에서 책을 찾기로 했다.

③ '준서'는 사서 선생님께 책 추천을 부탁드리기로 했다.

④ '지민'은 '정우'의 조언에 따라 인터넷 검색을 통해 책을 찾기로 했다.

⑤ '정우'는 '준서'에게 신문 기사나 블로그의 서평을 찾아볼 것을 제안했다.

13 〈보기〉의 질문에 대해 답한 내용으로 적절하지 **않은** 것은?

┤보기├

선생님: 이번 시간에는 『고릴라는 핸드폰을 미워해』라는 책을 읽은 후 그 경험을 함께 나누어 보았어요. 이렇게 책 읽기 경험을 나누면 무엇이 좋을까요?

① 자신의 생각을 되돌아보고 가다듬을 수 있어요.

② 친구들과 감상을 주고받으며 폭넓은 감상을 할 수 있어요.

③ 혼자서 책을 읽을 때는 생각하지 못했던 점을 깨달을 수 있어요.

④ 친구들과의 대화를 통해 책 읽기의 즐거움이 더욱 커질 수 있어요.

⑤ 친구들과 읽기 경험을 나누며 다양한 관점을 하나로 모을 수 있어요.

만점 마무리 〔1〕 예측하며 읽기

◆ 제재 선정 의도

이 단원은 글을 예측하며 읽는 방법을 배우는 단원이다. 글과 관련한 배경지식이 풍부할수록 글의 내용을 쉽게 예측할 수 있기에 학생들의 생활과 밀접한 관련이 있는 글을 제재로 선정하였다.

◆ 제재 이해

갈래	설명하는 글
성격	해설적, 예시적
제재	가설 검증 바이어스
주제	'가설 검증 바이어스'를 버리고 상대의 실제 모습을 보자.
특징	• 어떤 현상이 나타나는 원인을 설명함. • 구체적인 사례를 바탕으로 독자의 이해를 돕고 있음. • 설명 대상에 대해 비판적인 태도를 취하고 있음.

◆ 제재 요약

처음 사람들이 처음에 형성된 인상을 바꾸려 하지 않기 때문에 첫 만남이 중요하다.

가운데 자신의 판단에 부합하는 정보만을 선택적으로 받아들이고 자신이 내린 판단에 들어맞지 않는 정보는 무시하거나 쉽게 잊어버리는 경향이 있는데, 이를 '가설 검증 바이어스'라고 한다. 사람들이 첫인상을 바꾸려고 하지 않는 이유, 혈액형 성격학이 들어맞는 것처럼 생각되는 이유 역시 '가설 검증 바이어스' 때문이다. 하지만 사람의 성격은 매우 다양하며 상황에 따라 다르게 나타난다.

끝 '가설 검증 바이어스'를 버리고 상대의 실제 모습을 보아야 한다.

◇ 「관계는 첫인상부터 시작된다」 예측하며 읽기

	활용한 요소	예측한 내용
❶ 이 책 재미있겠다. 책 제목이 『관계의 심리학』이고 책 표지에 여러 생각들로 가득 찬 머릿속 그림이 있으니, 사람들의 심리와 관련된 책이겠지?	책의 제목과 표지에 드러난 정보	책의 내용
❷ 글쓴이가 했던 활동을 보니 대중에게 심리학을 쉽게 설명하기 위해 이 책을 쓴 것 같아.	글쓴이에 대한 정보	글쓴이가 책을 쓴 의도
❸ 책의 차례를 보니 이 책은 인간관계에 영향을 미치는 요인별로 글을 묶어 책의 내용을 구성한 것 같아.	차례의 정보	책의 구성
❹ 이 글의 제목을 보니 글쓴이는 인간관계에서 '첫인상'이 어떤 역할을 하는지 설명하려는 의도로 이 글을 쓴 것 같아.	글의 제목	글쓴이가 글을 쓴 의도
❺ 이 글은 설명하는 글이니 설명하는 글의 일반적인 구조에 따라 내용이 '처음 – 가운데 – 끝'으로 전개되겠지?	배경지식	글의 구조
❻ 예전에 사람의 첫인상은 단 6초 만에 결정된다는 내용의 다큐멘터리를 본 적이 있어. 이 글도 사람들이 다른 사람의 첫인상을 쉽게 결정한다는 내용일까?	배경지식	글의 내용
❼ '바이어스(bias)'가 '편견'이라는 뜻이니 '가설 검증 바이어스'는 어떤 가설을 검증할 때 편견이 들어가는 현상을 말하는 것 같군.	배경지식	낱말의 뜻
❽ '아예 무시해 버린다.', '제멋대로 확신해 버린다.'와 같은 표현을 보니, 글쓴이는 '가설 검증 바이어스'를 부정적으로 생각하는 것 같아.	글에 나타난 정보와 읽기 맥락	글쓴이의 생각과 태도
❾ '가설 검증 바이어스'가 우리의 생활 전반에 영향을 미치고 있다는 내용으로 볼 때, 우리가 일상에서 접할 수 있는 '가설 검증 바이어스'의 사례가 이어질 것 같아.	글에 나타난 정보와 읽기 맥락	이어질 내용
❿ 이 글을 읽은 독자들은 첫인상만으로 사람을 판단하지는 않을 것 같아.	글에 나타난 정보와 읽기 맥락	이 글이 사회에 미칠 영향

◇ '가설 검증 바이어스'의 개념

가설: 뚱뚱한 사람은 절제력이 부족하다.

자신의 판단이 옳다는 것을 증명하는 정보	자신이 내린 판단에 들어맞지 않는 정보
받아들임.	받아들이지 않음.

뚱뚱한 사람은 절제력이 부족하다는 자신의 생각이 옳다고 확신함.

→ '가설 검증 바이어스'란 자신의 판단이 옳다고 증명하는 정보만 받아들이고, 그 외의 정보는 무시해 버리는 것을 말한다.

◇ '첫인상'의 문제점과 글쓴이의 당부

여러 가지 측면이 있을 수 있는 상대의 성격을 제한된 정보만으로 판단하는 것은 위험함.	▶	'가설 검증 바이어스'를 버리고 지속적인 관계를 통해 상대의 실제 모습을 보아야 함.

예상 적중 소단원 평가 [1] 예측하며 읽기

01 예측하며 읽을 때 활용할 수 있는 요소가 <u>아닌</u> 것은?

① 글의 제목
② 독자의 배경지식
③ 글쓴이에 대한 정보
④ 글쓴이가 글을 쓴 의도
⑤ 글에 나타난 정보나 읽기 맥락

02~05 다음 글을 읽고, 물음에 답하시오.

가 사람 사이의 모든 관계는 만남에서 시작된다. 만남 없는 관계란 있을 수 없고, 설사 있다 하더라도 극히 드물다. 다른 사람과 직접 얼굴을 마주하는 만남이 일반적이지만 전화나 전자 우편을 통한 만남도 얼마든지 있을 수 있다. 이러한 만남 가운데 가장 중요한 것은 첫 만남인데, 왜냐하면 사람들이 처음에 형성된 인상을 좀처럼 바꾸려 하지 않기 때문이다.

나 사람들이 첫인상을 형성할 때에 사용하는 정보는 대단히 제한적이다. 쓸 수 있는 정보라고는 기껏해야 상대의 얼굴 생김새, 체격, 키 등의 겉모습과 몸짓, 말투 정도이다. 하지만 이러한 정보만으로도 우리는 상대의 첫인상을 무리 없이 형성한다. 무리가 없는 정도가 아니라 첫인상만으로 상대의 성격뿐만 아니라 모든 것을 판단해 버린다.

다 사람들은 왜 극히 제한된 정보로 형성된 첫인상을 바꾸려고 하지 않을까? 여기에는 여러 가지 원인이 있겠지만 가장 중요한 원인은 우리들 마음속에 있는 '가설 검증 바이어스'이다.

라 첫인상이 형성되고 난 다음에 사람들은 자신의 판단이 옳다는 것을 증명하는 정보만 선택적으로 받아들이고 자신이 내린 판단에 들어맞지 않는 정보는 무시하거나 쉽게 잊어버린다. 뚱뚱한 사람은 절제력이 부족하다고 생각하는 사람은 뚱뚱한 사람의 여러 행동 중에서 자기의 생각에 부합하는 것만 기억하고 나머지는 아예 무시해 버린다. 이 사람은 이러한 과정을 거듭하면서 자기의 생각이 옳다고 제멋대로 확신해 버린다. 이러한 현상을 사회 심리학에서는 '가설 검증 바이어스'라고 부른다.

마 첫인상은 여러 측면이 있을 수 있는 상대의 성격을 제한된 정보뿐인 자기의 잣대로 재단하여 마음대로 형성한 것이기에 위험하다. 이 모두가 '가설 검증 바이어스' 때문이라는 것은 두말할 필요가 없다. 따라서 우리는 '가설 검증 바이어스'를 버리고 지속적인 관계를 통해 상대의 실제 모습을 보아야 할 것이다.

02 이 글에 대한 설명으로 적절한 것은? (정답 2개)

① 어떤 현상에 대한 원인을 밝혀 설명하고 있다.
② 구체적인 사례를 바탕으로 독자의 이해를 돕고 있다.
③ 비유적 표현을 활용하여 어려운 개념을 쉽게 설명하고 있다.
④ 글쓴이의 경험을 제시하여 독자의 공감을 이끌어 내고 있다.
⑤ 내용을 시간 순서에 따라 나열하여 사건의 흐름을 정리하고 있다.

03 이 글의 내용과 일치하지 <u>않는</u> 것은?

① 직접 얼굴을 마주하지 않는 만남도 있다.
② 사람의 성격은 여러 가지 측면이 있을 수 있다.
③ 사람들은 주로 상대의 겉모습을 보고 첫인상을 형성한다.
④ 사람들은 첫인상보다는 마지막 인상으로 상대를 기억한다.
⑤ 사람들은 자신이 내린 판단을 쉽게 바꾸려고 하지 않는다.

✏️ 서술형

04 글쓴이가 첫인상이 위험하다고 한 이유를 (마)에서 찾아 쓰시오.

05 〈보기〉는 '나라'가 이 글을 예측하며 읽은 내용이다. 활용한 요소와 예측한 내용을 바르게 묶은 것은?

┤보기├

이 글을 읽은 독자들은 첫인상만으로 사람을 판단하지는 않을 것 같아.

	활용한 요소	예측한 내용
①	배경지식	글의 내용
②	글의 제목	글의 구조
③	읽기 맥락	글이 사회에 미칠 영향
④	차례의 정보	글을 쓴 의도
⑤	글쓴이에 대한 정보	이어질 내용

06~08 다음 글을 읽고, 물음에 답하시오.

더위가 알려 준 진짜 충격

가 기후 변화에 관한 내용을 하도 많이 들어서 지겹겠지만 더위는 더 이상 단순 기상 현상이 아니고, 날씨는 더 이상 인사치레의 주제가 아니다. 지금 우리가 목격하기 시작한 유례없는 이 '열의 위력'은 우리 문명이 그동안 쌓아 올린 어마어마한 빚더미의 맛보기일 뿐이다. 하필 이 시점에 태어나 살고 있는 우리는 억울할지도 모른다. 그러나 다음 세대와 그 이후를 생각하면 오히려 얼마나 행운아인지를 깨닫게 된다. 왜냐하면 이 고통은 잠시 있다가 떠날 것이 아니며, 오히려 가면 갈수록 심해질 것이 분명하기 때문이다.

나 국제 생태 발자국 네트워크(GFN)라는 단체가 운영하는 '지구 생태 용량 과용의 날'이라는 것이 있다. 지구의 일 년 치 자원을 12월 31일에 다 쓰는 것으로 가정하고 실제로 자원이 모두 소모되는 날을 측정하는 것이다. 2015년은 8월 13일이었던 것이 2016년에는 8월 8일로 5일 앞당겨졌다. 우리나라가 현재처럼 자원을 소비하면서 자원을 지속적으로 사용할 수 있는 상태를 유지하기 위해서는 지구가 3.3개 필요하다고 한다. 한마디로 우리의 에너지 사용량, 그리고 그 증가량이 심하다고 할 수 있다.

다 그런데도 우리는 더위 앞에서 에너지 사용량을 줄일 생각까지 미치지 못한다. 더위에 대응하는 근본적인 대책에 관해 우리 모두 관심이 적다. 우리 모두가 이렇게 위험성을 인식하지 못하고 있는 사실이 이 더위보다 충격적이라 할 수 있다. 지금부터라도 기후 변화가 중요한 문제임을 인식하고 자원을 아껴 사용해야 할 것이다. 그리고 지속적으로 발전할 수 있는 녹색 성장을 준비해야 할 것이다.

06 이 글의 내용과 일치하지 <u>않는</u> 것은?

① 우리의 에너지 사용량 및 증가량이 심각하다.
② 유례없는 더위의 고통이 갈수록 심해질 것이다.
③ 녹색 성장을 위해 기후 변화 과정을 알아야 한다.
④ 더위에 대응하는 대책을 마련하는 데 관심을 갖는 사람들이 많지 않다.
⑤ 국제 생태 발자국 네트워크(GFN)는 '지구 생태 용량 과용의 날'을 운영한다.

07 〈보기〉에 대한 설명으로 적절한 것은?

┤보기├

'더위가 알려 준 진짜 충격'이라는 표현을 볼 때, 더위와 연관된 문제가 매우 심각한 상황이며 이 글의 내용이 그 문제와 관련이 있을 것 같아.

① 제목을 통해 글의 내용을 예측하였다.
② 낱말의 의미를 통해 글의 주제를 예측하였다.
③ 배경지식을 바탕으로 이어질 내용을 예측하였다.
④ 배경지식을 바탕으로 글쓴이의 의도를 예측하였다.
⑤ 글의 구조를 바탕으로 내용 전개 방식을 예측하였다.

📝 서술형

08 다음은 이 글이 사회에 미칠 영향을 예측한 것이다. ㄱ과 ㄴ에 들어갈 알맞은 말을 쓰시오.

이 글을 읽고 (ㄱ) 문제의 심각성을 모르던 사람들이 이 문제에 대해 관심을 가질 수 있을 것 같다. 또한 각자 어떤 방법으로 (ㄴ) 할 수 있을지 고민해 볼 것 같다.

고득점 서술형 **문제**

[1] 예측하며 읽기

01~07 다음 글을 읽고, 물음에 답하시오.

가 사람 사이의 모든 관계는 만남에서 시작된다. 만남 없는 관계란 있을 수 없고, 설사 있다 하더라도 극히 드물다. 다른 사람과 직접 얼굴을 마주하는 만남이 일반적이지만 전화나 전자 우편을 통한 만남도 얼마든지 있을 수 있다. 이러한 만남 가운데 가장 중요한 것은 첫 만남인데, 왜냐하면 사람들이 처음에 형성된 인상을 좀처럼 바꾸려 하지 않기 때문이다.

나 뚱뚱한 사람을 보면 낙천적일 것이라고 생각하는 사람이 있는가 하면, 먹는 것 하나 절제하지 못하는 사람으로 여기는 사람도 있다. 마찬가지로 마른 사람을 보고 지적이고 예리한 성격일 것이라고 생각하는 사람이 있는가 하면, 얼마나 예민하면 저렇게 살이 찌지 않았냐면서 날카로운 성격으로 단정해 버리는 사람도 있다. 이처럼 사람들은 자기의 경험과 지식을 잣대로 상대의 첫인상을 결정해 버린다.

다 첫인상이 형성되고 난 다음에 사람들은 자신의 판단이 옳다는 것을 증명하는 정보만 선택적으로 받아들이고 자신이 내린 판단에 들어맞지 않는 정보는 무시하거나 쉽게 잊어버린다. 뚱뚱한 사람은 절제력이 부족하다고 생각하는 사람은 뚱뚱한 사람의 여러 행동 중에서 자기의 생각에 부합하는 것만 기억하고 나머지는 아예 무시해 버린다. 이 사람은 이러한 과정을 거듭하면서 자기의 생각이 옳다고 제멋대로 확신해 버린다. 이러한 현상을 사회 심리학에서는 '가설 검증 바이어스'라고 부른다.

라 혈액형에 따라 성격을 분류하는 '혈액형 성격학'이 들어맞는 것처럼 생각하는 주된 근거도 '⎯⎯⎯⊙⎯⎯⎯'이다. 사람들은 상대의 혈액형에 부합한다고 생각하는 성격이나 행동만을 의도적으로 수집하고 또 그것들을 축적하여, 혈액형이 성격과 관련 있다고 믿는다. 가령, 사람들은 A형인 사람의 여러 행동 중 내성적이고 소심하다는 것을 입증할 수 있는 정보만을 받아들인다. A형의 사람이 대범하게 행동하는 것을 보더라도 대수롭지 않게 받아들이고 그것은 곧 기억에서 사라진다. 기억에 남는 것이 내성적이고 소심한 행동뿐이다 보니 혈액형 성격학이 맞는 것처럼 여기는 것이다.

마 미국의 한 심리학자가 사람의 성격을 나타내는 555개의 단어를 정리한 적이 있다. 555라는 숫자가 말해 주듯이 사람의 성격은 매우 다양하다. 게다가 사람의 성격이란 상황에 따라 서로 다른 모습으로 나타날 때가 많다. 직장에서는 자상한 모습으로 일관하던 사람이 집에서는 엄한 아버지로 군림하는 것은 드문 일이 아니다. 또한 주변에 사람이 많으면 수줍어 말도 잘 못하던 친구가 친한 친구끼리 모였을 때에는 전혀 다른 모습을 보여 주는 경우도 많다. 사람의 성격에는 여러 가지 측면이 있을 수 있다는 이야기이다.

바 첫인상은 여러 측면이 있을 수 있는 상대의 성격을 제한된 정보뿐인 자기의 잣대로 재단하여 마음대로 형성한 것이기에 위험하다. 이 모두가 '가설 검증 바이어스' 때문이라는 것은 두말할 필요가 없다. 따라서 우리는 '가설 검증 바이어스'를 버리고 지속적인 관계를 통해 상대의 실제 모습을 보아야 할 것이다.

01 첫 만남이 중요한 이유를 (가)에서 찾아 한 문장으로 쓰시오. [5점]

02 (나)의 내용으로 보아, 사람들이 첫인상을 결정하는 기준이 무엇인지 3어절로 쓰시오. [5점]

03 (마)의 중심 내용을 3어절 형태의 한 문장으로 쓰시오. [5점]

04 이 글의 주제를 (바)에서 찾아 한 문장으로 쓰시오. [5점]

05 ⊙에 들어갈 알맞은 말을 쓰시오. [5점]

06 (나)를 참고하여 [A]에 들어갈 판단의 내용이 무엇인지 쓰시오. [15점]

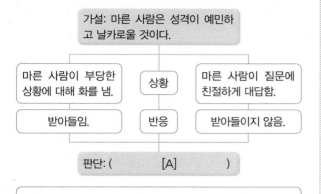

가설: 마른 사람은 성격이 예민하고 날카로울 것이다.

마른 사람이 부당한 상황에 대해 화를 냄.	상황	마른 사람이 질문에 친절하게 대답함.
받아들임.	반응	받아들이지 않음.

판단: (　　　　[A]　　　　)

조건 ① '가설 검증 바이어스'의 특성을 고려하여 서술할 것
② 한 문장으로 쓸 것

07 다음은 이 글을 예측하며 읽은 내용이다. 어떤 요소를 활용하여 무엇을 예측하였는지 서술하시오. [20점]

이 글의 글쓴이는 사회 심리학자로, 강연이나 방송 등에서 사회 심리학을 대중에게 전하는 활동을 활발하게 해 왔다고 해. 글쓴이가 해 왔던 활동과 「관계는 첫인상부터 시작된다」라는 글의 제목을 보니, 글쓴이는 인간관계에서 작용하는 첫인상과 관련한 심리학을 대중에게 쉽게 설명하기 위해 이 글을 쓴 것 같아.

조건 ① 활용한 요소 두 가지와 예측한 내용 두 가지를 모두 밝힐 것
② '～을/를 활용하여 ～을/를 예측하였다.' 형태의 한 문장으로 쓸 것

08 〈보기〉는 글을 예측하며 읽을 때 활용할 수 있는 요소와 예측할 수 있는 내용을 정리한 것이다. 다음 글을 예측하며 읽고, 그 내용을 〈조건〉에 맞게 서술하시오. [40점]

관계는 첫인상부터 시작된다

사람들은 왜 극히 제한된 정보로 형성된 첫인상을 바꾸려고 하지 않을까? 여기에는 여러 가지 원인이 있겠지만 가장 중요한 원인은 우리들 마음속에 있는 '가설 검증 바이어스'이다.

첫인상이 형성되고 난 다음에 사람들은 자신의 판단이 옳다는 것을 증명하는 정보만 선택적으로 받아들이고 자신이 내린 판단에 들어맞지 않는 정보는 무시하거나 쉽게 잊어버린다. 뚱뚱한 사람은 절제력이 부족하다고 생각하는 사람은 뚱뚱한 사람의 여러 행동 중에서 자기의 생각에 부합하는 것만 기억하고 나머지는 아예 무시해 버린다. 이 사람은 이러한 과정을 거듭하면서 자기의 생각이 옳다고 제멋대로 확신해 버린다. 이러한 현상을 사회 심리학에서는 '가설 검증 바이어스'라고 부른다.

보기

ㄱ. 활용할 수 있는 요소	ㄴ. 예측할 수 있는 내용
• 독자의 배경지식 • 제목에 드러난 정보 • 글에 나타난 정보나 읽기 맥락	• 이어질 내용 • 글쓴이가 글을 쓴 의도 • 낱말이나 문장의 뜻 • 글쓴이의 생각과 태도

조건 ① ㄱ에서 고른 하나를 활용하여 ㄴ에서 고른 하나를 예측하며 글을 읽을 것
② 한두 문장으로 쓸 것

만점 마무리 [2] 통일성 있는 글 쓰기

◆ **활동 의도**

이 단원은 통일성 있게 글을 쓰는 방법을 배우는 단원이다. 먼저 통일성의 개념과 필요성을 파악한 뒤, 하나의 주제로 통일성 있는 글을 쓰는 과정을 이해할 수 있게 하였다. 그리고 이러한 이해를 바탕으로 다양한 자료에서 자신의 수준과 흥미에 맞는 내용을 선정하여 통일성 있는 글을 쓰도록 하였다.

◆ **활동 목표**

• 통일성의 개념과 필요성 이해하기
• 통일성 있는 글을 쓰는 과정 이해하기
• 통일성 있는 글 쓰기

◆ **활동 요약**

통일성의 개념과 필요성 이해하기
두 글을 비교하여 읽고, 통일성 있는 글이 어떤 글인지 판단해 봄.

⊙

통일성 있는 글을 쓰는 과정 이해하기
'정우'가 글을 쓰는 과정을 살펴보면서 통일성 있는 글을 쓰는 과정을 이해함.

⊙

통일성 있는 글 쓰기
통일성 있는 글을 직접 써 봄.

◇ **통일성의 개념과 필요성**

개념	글의 내용들이 하나의 주제로 긴밀하게 연결되는 것
필요성	통일성 있는 글을 써야 글쓴이가 전하고자 하는 바가 글에서 분명하게 드러나 독자가 그 뜻을 쉽게 파악할 수 있음.

◇ **통일성 있는 글을 쓰는 방법**

• 하나의 주제를 정해야 함.
• 주제와 밀접하게 관련되도록 내용을 선정하고, 조직해야 함.
• 문단 내 문장들이 문단의 중심 내용과 긴밀하게 연결되어야 하고, 각 문단의 내용 역시 글의 주제와 긴밀하게 연결되어야 함.
• 글을 다 쓰고 난 후에는 주제와 관련 없는 내용이 없는지 점검해 보아야 함.

◇ **통일성 있는 글을 쓰는 과정**

계획하기	글의 목적, 예상 독자, 주제, 글의 종류 등을 정함.

⊙

내용 생성하기	• 내용 수집하기: 다양한 매체를 통해 주제와 관련된 내용을 중심으로 자료를 수집함. • 내용 선정하기: 수집한 자료를 정리한 후, 주제와 거리가 멀거나 불필요한 자료는 삭제하고, 주제와 밀접한 관련이 있는 자료를 선정함.

⊙

내용 조직하기	• 주제와 관련이 있는 내용을 중심으로 개요를 작성함. • 상위 항목과 하위 항목을 적절하게 구분하여 내용을 배치함.

⊙

표현하기와 고쳐쓰기	• 표현하기: 계획한 내용과 개요를 바탕으로 글을 쓰되, 하나의 주제를 중심으로 내용과 내용을 긴밀하게 연결함. • 고쳐쓰기: 글의 주제와 관련 없는 문장과 문단은 삭제하고, 글의 흐름을 고려하여 문장이나 문단을 이동함.

◇ **통일성 있는 글 쓰기의 평가 기준**

• **주제의 명료성**: 글의 주제가 명료하게 드러나는가?
• **자료의 적절성**: 다양한 자료에서 주제와 수준에 맞는 내용을 선정하였는가?
• **글의 통일성**: 글의 내용이 하나의 주제로 긴밀하게 연결되었는가?

예상 적중 **소 단 원 평가** 〔2〕 통일성 있는 글 쓰기

● 정답과 해설 26쪽

01~04 다음을 읽고, 물음에 답하시오.

 지민: 국어 시간에 어떤 글을 쓸지 생각해 봤어?

정우: 응. 얼마 전 텔레비전에서 독도를 소개하는 여행 프로그램을 보았는데, 내가 생각보다 독도를 잘 몰랐다는 것을 알게 되었어. 그래서 이번 기회에 여러 자료를 수집해서 친구들에게 독도를 설명하는 글을 쓰려고 해. 이번에 열심히 준비해서 친구들에게 독도의 지리와 역사, 가치를 제대로 알리고 싶어.

나

제목	잊지 말아야 할 우리의 땅, 독도
처음	독도를 잘 알지 못하는 우리의 현실
가운데	1. 독도의 지리 　가. 독도의 기후 2. (　　　㉠　　　) 　가. 조선 시대까지의 독도 　나. 일제 강점기의 독도 　다. 현대의 독도 3. 독도의 가치 　가. 경제적 가치 　나. 환경·생태학적 가치 　다. 위치적 가치
끝	독도의 소중함을 알고 가까이하려는 태도의 필요성

다 독도는 경제적으로 매우 가치 있는 섬이다. 독도 주변의 바다는 한류와 난류가 만나는 조경 수역이기 때문에 어류의 먹이인 플랑크톤이 풍부하다. 그래서 겨울과 봄에는 명태 어장이, 여름과 가을에는 오징어 어장이 형성된다. 이뿐만 아니라 독도 주변에는 엄청난 양의 메탄 하이드레이트(methane hydrate)가 매장되어 있다. 메탄 하이드레이트는 메탄이 주성분인 천연가스가 얼음처럼 고체화된 것이다. 메탄 하이드레이트는 석유를 대체할 수 있는 훌륭한 에너지 자원이기 때문에 이것이 지닌 경제적 가치는 엄청나다. 그리고 독도는 서쪽으로는 한반도, 북쪽으로는 러시아, 동쪽과 남쪽으로는 일본에 둘러싸여 있다.

01 (가)를 통해 알 수 있는 내용이 <u>아닌</u> 것은?

① '정우'는 설명하는 글을 쓰려고 한다.

② '정우'가 쓰려는 글의 예상 독자는 친구들이다.

③ '정우'는 독자에게 독도를 알리기 위해 글을 쓰려고 한다.

④ '정우'는 텔레비전에서 글을 쓰기 위한 자료를 수집하려고 한다.

⑤ '정우'는 '독도의 지리와 역사, 가치'를 주제로 글을 쓰려고 한다.

02 (나)는 (가)를 바탕으로 작성한 개요이다. ㉠에 들어갈 내용으로 적절한 것은?

① 독도의 의미　　② 독도의 역사

③ 독도의 자연　　④ 독도를 둘러싼 갈등

⑤ 독도를 지키는 사람들

✏️ 서술형

03 〈보기〉의 자료를 활용하여 (나)에 내용을 추가하려고 할 때, 들어갈 위치를 쓰시오.

┤보기├

독도의 구성과 위치
(외교부 독도 누리집 – http://dokdo.mofa.go.kr)

04 (다)는 (나)를 바탕으로 쓴 글의 일부이다. (다)에 대한 설명으로 가장 적절한 것은?

① '가운데 – 1. 독도의 지리'에 해당하는 내용이다.

② 글쓴이의 의견과 그에 대한 근거가 드러나 있다.

③ 문단의 통일성을 고려할 때 맨 마지막 문장은 삭제해야 한다.

④ 석유와 메탄 하이드레이트의 매장량을 비교한 그래프를 제시해야 한다.

⑤ 독도에 사는 희귀 생물에 관한 내용을 덧붙이면 문단의 내용이 더욱 풍부해진다.

고득점 서술형 문제

[2] 통일성 있는 글 쓰기

01~08 다음을 읽고, 물음에 답하시오.

가 백과사전

독도와 관련된 근대 이전의 기록

『삼국사기』에 신라 장군 이사부가 512년에 우산국을 복속하였다는 기록이 있다. 이후 고려 전기에 고려에 공납물을 바쳤다는 기록이, 고려 중엽부터는 관원이 왕래했다는 기록이 『고려사』에 남아 있다. 『세종 실록 지리지』에는 무릉(울릉도)과 우산(독도)이 강원도 울진현의 정동쪽 바다 가운데 있다고 기록되어 있다.

– 한국 콘텐츠 진흥원, 「문화 원형 백과」

나

제목	잊지 말아야 할 우리의 땅, 독도
처음	독도를 잘 알지 못하는 우리의 현실
가운데	1. 독도의 지리 　가. 독도의 기후 　나. 경제적 가치 2. 독도의 역사 　가. 조선 시대까지의 역사 　나. 일제 강점기의 역사 　다. 현대의 역사 　라. 독도를 관광하는 방법 3. 독도의 가치 　가. 환경·생태학적 가치 　나. 위치적 가치
끝	독도의 소중함을 알고 가까이하려는 태도의 필요성

다 오빠와 나는 다른 집 남매들보다 사이가 좋다. 물론 텔레비전 채널 쟁탈전을 할 때나 심부름을 나에게 미룰 때는 오빠가 밉기도 하다. 하지만 며칠 전 일을 생각하면 오빠를 미워할 수 없다. 며칠 전, 친구들과 시험공부를 하러 도서관에 갔다. 저녁이 되어 친구들이 집에 가자고 했다. 하지만 조금 더 공부할 것이 있어 친구들을 먼저 보내고 혼자 남았다. 그런데 얼마 후 갑자기 비가 쏟아지는 소리가 들렸다. 그래서 집에 연락을 하려고 휴대 전화를 꺼냈는데, 전원이 꺼져 있는 것이 아닌가? 집에 어떻게 갈지 걱정하고 있을 때 누군가 날 부르는 소리가 들렸다. 오빠였다. 오빠가 날 데리러 온 것이었다. 역시, 우리 오빠! 우산을 들고 도서관 앞에 서 있는 오빠의 모습이 듬직해 보였다.

1단계 단답식 서술형 문제

01 글쓰기의 과정 중 (나)에 해당하는 단계를 쓰시오. [5점]

02 (나)를 바탕으로 글을 쓴다고 할 때, 그 글의 종류가 무엇일지 쓰시오. [5점]

03 (가)를 (나)의 어느 부분에서 활용할 수 있을지 쓰시오. [5점]

04 통일성을 고려할 때, (나)의 '가운데' 부분에서 삭제해야 하는 항목을 찾아 쓰시오. [5점]

05 (다)의 주제를 4어절의 한 문장으로 쓰시오. [5점]

2단계 기본형 서술형 문제

06 문단의 통일성을 고려할 때, (나)에서 위치를 옮겨야 할 항목을 찾고 그 이유를 서술하시오. [20점]

> **조건** ① 가운데 부분에서 위치를 옮겨야 할 항목을 찾고, 어디로 옮겨야 하는지 밝힐 것
> ② '~ 옮겨야 한다.'의 한 문장으로 쓸 것

08 (다)와 비교하였을 때, 〈보기〉의 문제점이 무엇인지 〈조건〉에 맞게 서술하시오. [40점]

> ┤보기├
>
> 곧 시험이 있어 친구들과 도서관에 가기로 했다. 아침 일찍 일어나 밥을 먹고 도서관으로 갔다. 도서관으로 가는 길에 사나운 강아지를 봤다. 우리 집도 강아지를 키웠으면 좋겠다. 도서관에서 열심히 공부하다가 점심시간이 되어 식당에서 라면을 사 먹었다. 친구가 떡볶이를 먹는 걸 보니 라면을 먹은 것이 후회되었다. 나는 떡볶이를 좋아한다. 그래서 별명이 '떡순이'였다. 내 꿈은 요리사이다. 내가 만든 요리를 다른 사람이 맛있게 먹는 모습이 좋기 때문이다. 집에 가려고 도서관을 나섰는데 비가 내리고 있었다. 그런데 오빠가 우산을 들고 날 데리러 와서 집에 갈 수 있었다.

> **조건** ① (다)와 〈보기〉의 다른 점을 밝힐 것
> ② '주제'라는 낱말을 활용할 것

07 〈보기〉는 (나)를 바탕으로 쓴 글의 일부이다. 〈보기〉가 (나)의 어느 항목에 해당하는지 쓰고, 통일성을 고려할 때 삭제해야 할 문장을 찾아 그 이유와 함께 서술하시오. [15점]

> ┤보기├
>
> 여러 단계의 화산 활동으로 만들어진 독도는 다양한 암석과 지형, 지질 구조가 있기 때문에 해저 화산의 성장과 진화의 과정을 보여 주는 사례로 가치가 있다. 또한 독도는 동해를 건너는 생물의 중간 서식지이자 지금까지 사람의 접근이 어려웠던 곳이다. 바위섬인 독도는 비가 오면 빗물이 흘러내리기 때문에 식물이 살기 어렵다. 그래서 독도에서는 희귀한 생물들을 만날 수 있다. 독도의 하늘에는 괭이갈매기를 비롯하여 노랑부리백로, 흑비둘기, 슴새, 노랑지빠귀 등이 날고, 바다에는 파랑돔, 노랑씬뱅이, 개볼락, 미역치, 말전복 등이 헤엄친다. 그리고 땅에는 곰딸기, 섬장대, 개갓냉이, 왕호장 등 다양한 식물이 산다. 이렇게 독도에는 희귀한 생물들이 살아 1999년에 섬 전체가 천연 보호 구역으로 지정되었다.

01~05 다음 글을 읽고, 물음에 답하시오.

가 사람 사이의 모든 관계는 만남에서 시작된다. 만남 없는 관계란 있을 수 없고, 설사 있다 하더라도 극히 드물다. 다른 사람과 직접 얼굴을 마주하는 만남이 일반적이지만 전화나 전자 우편을 통한 만남도 얼마든지 있을 수 있다. 이러한 만남 가운데 가장 중요한 것은 첫 만남인데, 왜냐하면 사람들이 처음에 형성된 인상을 좀처럼 바꾸려 하지 않기 때문이다.

나 사람들이 첫인상을 형성할 때에 사용하는 정보는 대단히 제한적이다. 쓸 수 있는 정보라고는 기껏해야 상대의 얼굴 생김새, 체격, 키 등의 겉모습과 몸짓, 말투 정도이다. 하지만 이러한 정보만으로도 우리는 상대의 첫인상을 무리 없이 형성한다. 무리가 없는 정도가 아니라 첫인상만으로 상대의 성격뿐만 아니라 모든 것을 판단해 버린다.

다 사람들은 왜 극히 제한된 정보로 형성된 첫인상을 바꾸려고 하지 않을까? 여기에는 여러 가지 원인이 있겠지만 가장 중요한 원인은 우리들 마음속에 있는 '가설 검증 바이어스'이다.

라 첫인상이 형성되고 난 다음에 사람들은 자신의 판단이 옳다는 것을 증명하는 정보만 선택적으로 받아들이고 자신이 내린 판단에 들어맞지 않는 정보는 무시하거나 쉽게 잊어버린다. 뚱뚱한 사람은 절제력이 부족하다고 생각하는 사람은 뚱뚱한 사람의 여러 행동 중에서 자기의 생각에 부합하는 것만 기억하고 나머지는 아예 무시해 버린다. 이 사람은 이러한 과정을 거듭하면서 자기의 생각이 옳다고 제멋대로 확신해 버린다. 이러한 현상을 사회 심리학에서는 '가설 검증 바이어스'라고 부른다.

마 첫인상은 여러 측면이 있을 수 있는 상대의 성격을 제한된 정보뿐인 자기의 잣대로 재단하여 마음대로 형성한 것이기에 위험하다. 이 모두가 '가설 검증 바이어스' 때문이라는 것은 두말할 필요가 없다. 따라서 우리는 '가설 검증 바이어스'를 버리고 지속적인 관계를 통해 상대의 실제 모습을 보아야 할 것이다.

01 이 글의 짜임을 고려하여 (가)~(마)를 바르게 나눈 것은?

① (가) / (나), (다) / (라), (마)
② (가) / (나), (다), (라) / (마)
③ (가), (나) / (다), (라) / (마)
④ (가), (나) / (다), (라), (마)
⑤ (가), (나), (다) / (라) / (마)

02 이 글을 통해 알 수 있는 내용이 **아닌** 것은?

① 인간관계는 만남에서 시작된다.
② 사람들은 상대에 대한 첫인상을 쉽게 바꾸지 않는다.
③ 첫인상으로 판단할 수 있는 상대의 모습은 제한적이다.
④ 사람들은 대개 겉모습과 말투 정도로 상대의 모든 것을 판단한다.
⑤ 사람들은 '가설 검증 바이어스'를 통해 상대의 진짜 모습을 알게 된다.

03 이 글을 읽기 전 다음과 같은 정보를 활용하여 예측할 수 있는 내용으로 가장 적절한 것은?

- 글쓴이: 이철우(1958~) 사회 심리학자. 강연, 방송 등에서 사회 심리학을 대중에게 전하는 활동을 활발하게 해 왔다. 주요 저서로는 『세상을 움직이는 착각의 법칙』, 『관계의 심리학』 등이 있다.
- 제목: 관계는 첫인상부터 시작된다

① 사회학의 역사를 설명할 것 같아.
② 인간관계를 중심으로 한 사람의 심리를 쉽게 설명할 것 같아.
③ 대중에게 친근하게 다가갈 수 있는 소통의 방법이 제시될 것 같아.
④ 현재 우리 사회에서 발생하고 있는 여러 가지 문제를 소개할 것 같아.
⑤ 일상생활에서 착각으로 인해 생기는 다양한 일화가 담겨 있을 것 같아.

04 다음 중 선생님의 안내에 따라 이 글을 바르게 읽은 학생은?

> 선생님: 낱말의 뜻을 활용해 생소한 개념을 이해하는 것도 예측하며 읽는 방법에 해당합니다. 모두 이 방법으로 글을 읽어 볼까요?

① 유성: 이 글을 읽은 독자들은 첫인상만으로 사람을 판단하지는 않을 것 같아.
② 현수: '첫인상'이라는 단어를 사전에서 찾아보면 '첫눈에 느껴지는 인상'이라고 풀이되어 있어.
③ 수찬: 글쓴이가 사용한 표현을 보니 글쓴이는 '가설 검증 바이어스'를 부정적으로 생각하고 있군.
④ 수민: 첫인상의 여러 가지 측면을 알려 주기 위해 제시한 사례를 보니 글쓴이가 이 글을 쓴 목적을 알겠어.
⑤ 지환: '바이어스(bias)'가 '편견'이라는 뜻이니 '가설 검증 바이어스'는 어떤 가설을 검증할 때 편견이 들어가는 현상을 말하는 것 같군.

고난도 서술형

05 이 글을 바탕으로 다음과 같이 생각하는 학생에게 조언하는 말을 쓰시오.

> 어제 친구의 소개로 새로운 친구를 만났어. 몸이 많이 마른 것을 보니 예민할 것 같더군. 그런데 아니나 다를까 점심 식사를 할 때 이것저것 가리는 것이 많더라. 예민한 친구인 것 같으니 그 친구를 대할 때에는 신경을 써야겠어.

조건
① '가설 검증 바이어스'의 개념을 활용하여 학생의 말에서 잘못된 점을 밝힐 것
② 해결 방안을 포함할 것

06~07 다음을 읽고, 물음에 답하시오.

가

매체의 종류	내용
인터넷	한 해 기부금의 60%가 12월과 1월에 집중됨.
방송	낮은 기부 의식을 높이기 위해 본보기 상을 개발해야 함.
신문 기사	어느 회사의 회장이 복지 재단에 전 재산을 기부하기로 발표함.

나

처음	㉠우리나라 기부 문화의 실태
가운데	1. 기부 문화가 활성화되지 않는 원인 • ㉡기부의 필요성 인식 부족 • ㉢기부 단체에 대한 불신 • 기부 참여 방안 부족 2. ㉣기부 문화 활성화 방안 • 기부의 필요성 공유 • (ⓐ) • ㉤다양한 기부 방안 마련
끝	기부 문화 활성화의 필요성

06 (가)를 활용하여 (나)를 작성했다고 할 때, ㉠~㉤에 대한 설명으로 적절하지 않은 것은?

① ㉠: 인터넷에서 찾은 자료를 활용하여 우리나라 기부 문화의 현실을 보여 주면 좋겠군.
② ㉡: 기부 문화에 대한 인식을 조사한 설문 조사 자료를 찾아보면 좋겠군.
③ ㉢: 신문 기사에서 찾은 자료를 활용하면 독자의 흥미를 끌 수 있겠군.
④ ㉣: 방송에서 찾은 자료를 기부 문화의 활성화 방안 중 하나로 제시할 수 있겠군.
⑤ ㉤: 국내외의 다양한 사례를 더 수집해야겠군.

07 ⓐ에 들어갈 말로 가장 적절한 것은?

① 기부의 제도화
② 기부에 대한 인식 변화
③ 기부 문화의 투명성 강화
④ 기부 문화 활성화 캠페인 시행
⑤ 기부에 대한 지도층의 의무 강조

[08~11] 다음 글을 읽고, 물음에 답하시오.

가 독도는 경제적으로 매우 가치 있는 섬이다. 독도 주변의 바다는 한류와 난류가 만나는 조경 수역이기 때문에 어류의 먹이인 플랑크톤이 풍부하다. 그래서 겨울과 봄에는 명태 어장이, 여름과 가을에는 오징어 어장이 형성된다. 이뿐만 아니라 독도 주변에는 엄청난 양의 메탄 하이드레이트(methane hydrate)가 매장되어 있다. 메탄 하이드레이트는 메탄이 주성분인 천연가스가 얼음처럼 고체화된 것이다. 메탄 하이드레이트는 석유를 대체할 수 있는 훌륭한 에너지 자원이기 때문에 이것이 지닌 경제적 가치는 엄청나다. 그리고 독도는 서쪽으로는 한반도, 북쪽으로는 러시아, 동쪽과 남쪽으로는 일본에 둘러싸여 있다.

나 ⓐ여러 단계의 화산 활동으로 만들어진 독도는 다양한 암석과 지형, 지질 구조가 있기 때문에 해저 화산의 성장과 진화의 과정을 보여 주는 사례로 가치가 있다. ⓑ또한 독도는 동해를 건너는 생물의 중간 서식지이자 지금까지 사람의 접근이 어려웠던 곳이다. ⓒ바위 섬인 독도는 비가 오면 빗물이 흘러내리기 때문에 식물이 살기 어렵다. 그래서 독도에서는 희귀한 생물들을 만날 수 있다. 독도의 하늘에는 괭이갈매기를 비롯하여 노랑부리백로, 흑비둘기, 슴새, 노랑지빠귀 등이 날고, 바다에는 파랑돔, 노랑씬벵이, 개볼락, 미역치, 말전복 등이 헤엄친다. ⓓ그리고 땅에는 곰딸기, 섬장대, 개갓냉이, 왕호장 등 다양한 식물이 산다. ⓔ이렇게 독도에는 희귀한 생물들이 살아 1999년에 섬 전체가 천연 보호 구역으로 지정되었다.

다 독도에 살았던 희귀한 생물에는 독도 강치도 있다. 독도 강치는 독도를 중심으로 동해 연안에 살았던 바다사자이다. 덩치가 크고 지능이 좋았던 독도 강치는 먹이가 풍부한 독도 주변에서 수만 마리가 서식했다. 그러나 일제 강점기 때 무자비한 포획으로 독도 강치는 멸종되었고 이제는 박제로밖에 볼 수 없다.

라 독도는 위치적으로도 가치가 높다. 독도는 우리나라의 가장 동쪽에 있기 때문에 우리나라의 배타적 경제 수역 설정에 중요한 역할을 한다. 우리나라는 독도에서 200해리 떨어진 수역까지 배타적 경제 수역을 설정할

수 있는데, 이를 통해 이 수역 안의 어업 및 광물 자원 등의 경제적 권리를 주장할 수 있다. 이렇게 독도는 동북아 강대국의 중심에 있기 때문에 군사적·전략적 요충지로서 역할을 한다.

08 이 글의 내용과 일치하지 <u>않는</u> 것은?
① 독도는 화산에 대해 연구하기 좋다.
② 독도는 여러 나라에 둘러싸여 있다.
③ 독도는 군사적으로 중요한 위치에 있다.
④ 독도 강치는 현재 멸종 위기에 처해 있다.
⑤ 독도 주변 바다에는 어류의 먹이가 풍부하다.

서술형

09 (가)~(라) 중 삭제해야 하는 문단을 고르고, 그 이유를 한 문장으로 쓰시오.

10 다음 빈칸에 들어갈 말을 차례대로 바르게 묶은 것은?

> (나)는 '독도의 환경·생태학적 가치'에 대해 설명하고 있어. 그런데 (   )은 (나)의 중심 내용과 관련이 없으므로 (   )해야 해.

① ⓐ, 삭제
② ⓑ, 재구성
③ ⓒ, 삭제
④ ⓓ, 재구성
⑤ ⓔ, 삭제

11 다음은 이 글을 읽은 학생들이 나눈 대화이다. 적절하지 <u>않은</u> 의견을 제시한 학생은?
① 윤서: 이 글은 독도의 가치에 대해 설명하고 있어.
② 준현: 그중에서 (가)는 독도의 경제적 가치에 대한 내용이야.
③ 연아: 그런데 (가)의 마지막 문장은 (가)의 주제와 관련이 없어.
④ 태민: 맞아. 그 문장은 (라)로 옮기는 것이 좋겠어.
⑤ 유림: (라)는 독도의 역사적 가치에 대한 내용이니까 (가)의 마지막 문장과 긴밀하게 연결돼.

12~14 다음 글을 읽고, 물음에 답하시오.

가 사람들이 첫인상을 형성할 때에 사용하는 정보는 대단히 제한적이다. 쓸 수 있는 정보라고는 기껏해야 상대의 얼굴 생김새, 체격, 키 등의 겉모습과 몸짓, 말투 정도이다. 하지만 이러한 정보만으로도 우리는 상대의 첫인상을 무리 없이 형성한다. 무리가 없는 정도가 아니라 첫인상만으로 상대의 성격뿐만 아니라 모든 것을 판단해 버린다.

나 뚱뚱한 사람을 보면 낙천적일 것이라고 생각하는 사람이 있는가 하면, 먹는 것 하나 절제하지 못하는 사람으로 여기는 사람도 있다. 마찬가지로 마른 사람을 보고 지적이고 예리한 성격일 것이라고 생각하는 사람이 있는가 하면, 얼마나 예민하면 저렇게 살이 찌지 않았냐면서 날카로운 성격으로 단정해 버리는 사람도 있다. 이처럼 사람들은 자기의 경험과 지식을 잣대로 상대의 첫인상을 결정해 버린다.

다 사람들은 왜 극히 제한된 정보로 형성된 첫인상을 바꾸려고 하지 않을까? 여기에는 여러 가지 원인이 있겠지만 가장 중요한 원인은 우리들 마음속에 있는 '가설 검증 바이어스'이다.

라 이러한 '가설 검증 바이어스'는 첫인상뿐만 아니라 우리의 생활 전반에 영향을 미치고 있다. 혈액형에 따라 성격을 분류하는 '혈액형 성격학'이 들어맞는 것처럼 생각하는 주된 근거도 '가설 검증 바이어스'이다. ㉠사람들은 상대의 혈액형에 부합한다고 생각하는 성격이나 행동만을 의도적으로 수집하고 또 그것들을 축적하여, 혈액형이 성격과 관련 있다고 믿는다. 가령, 사람들은 A형인 사람의 여러 행동 중 내성적이고 소심하다는 것을 입증할 수 있는 정보만을 받아들인다. A형의 사람이 대범하게 행동하는 것을 보더라도 대수롭지 않게 받아들이고 그것은 곧 기억에서 사라진다. 기억에 남는 것이 내성적이고 소심한 행동뿐이다 보니 혈액형 성격학이 맞는 것처럼 여기는 것이다.

마 ㉡미국의 한 심리학자가 사람의 성격을 나타내는 555개의 단어를 정리한 적이 있다. 555라는 숫자가 말해 주듯이 사람의 성격은 매우 다양하다. 게다가 사람의 성격이란 상황에 따라 서로 다른 모습으로 나타날 때가 많다. 직장에서는 자상한 모습으로 일관하던 사람이 집에서는 엄한 아버지로 군림하는 것은 드문 일이 아니다. 또한 주변에 사람이 많으면 수줍어 말도 잘 못하던 친구가 친한 친구끼리 모였을 때에는 전혀 다른 모습을 보여 주는 경우도 많다. 사람의 성격에는 여러 가지 측면이 있을 수 있다는 이야기이다.

12 (가)~(마)의 중심 내용으로 알맞지 <u>않은</u> 것은?

① (가): 제한적인 정보로 첫인상을 형성하는 사람들
② (나): 뚱뚱한 사람과 마른 사람의 첫인상
③ (다): 사람들이 첫인상을 바꾸려고 하지 않는 이유
④ (라): '가설 검증 바이어스'가 영향을 미치는 사례
⑤ (마): 다양한 측면이 있을 수 있는 사람의 성격

13 ㉠과 ㉡에 대한 설명으로 적절하지 <u>않은</u> 것은?

① ㉠은 자신의 경험을 잣대로 상대를 판단한다.
② ㉠은 자신의 판단을 입증할 수 있는 정보만을 선택적으로 받아들이는 경향이 있다.
③ ㉡은 사람이 가지고 있는 다양한 모습에 주목하고 있다.
④ ㉠이 ㉡보다 사람의 실제 모습을 파악하는 데 유리하다.
⑤ ㉠은 ㉡에 비해 알고 지내던 상대가 이전과 전혀 다른 행동을 할 때, 당황할 가능성이 크다.

14 배경지식을 활용하여 이 글의 내용을 예측한 것은?

① 이 글은 설명하는 글이니 '서론 – 본론 – 결론'으로 내용이 전개되겠지?
② 글을 쓸 때 다양한 사례를 활용한 것으로 보아 글 쓴이는 중학생을 대상으로 이 글을 쓴 것 같아.
③ 사람의 성격을 나타내는 단어가 555개나 된다는 것을 보니 사람의 성격이 매우 다양하다는 것을 말하려는 것 같군.
④ 예전에 사람의 첫인상은 단 6초 만에 결정된다는 내용의 다큐멘터리를 본 적이 있는데, 이 글도 첫인상이 쉽게 결정된다는 내용일까?
⑤ '가설 검증 바이어스'가 우리의 생활 전반에 영향을 미치고 있다는 내용으로 볼 때, '가설 검증 바이어스'가 영향을 미치는 사례가 이어지겠군.

만점  마무리 〔1〕 품사의 종류와 특성

◆ 활동 의도
실제 언어 자료를 활용하여 품사별 특성을 탐구하고, 다양한 놀이를 통해 품사 지식을 재미있게 확인하도록 하였다.

◆ 활동 목표
• 품사의 개념과 분류 기준 이해하기
• 품사의 특성 탐구하기
• 품사의 개념과 특성을 종합하여 적용하기

◆ 활동 요약

품사의 개념과 분류 기준 이해하기
제시된 단어들을 세 가지 분류 기준에 따라 나누어 봄.

품사의 특성 탐구하기
각 활동을 통해 아홉 가지 품사의 특성을 탐구함.

품사의 개념과 특성을 종합하여 적용하기
품사의 개념과 특성을 능동적으로 적용하여 빙고 놀이를 해 봄.

◇ 품사의 개념과 분류 기준

개념		형태, 기능, 의미 등의 기준에 따라 묶어 놓은 낱말의 무리
분류 기준	형태	문장에서 쓰일 때 형태가 변하는가?
	기능	문장에서 쓰일 때 어떤 역할을 하는가?
	의미	낱말이 지닌 공통적인 의미는 무엇인가?

◇ 품사의 종류와 특성

• 체언: 문장에서 주로 주체의 역할을 하는 말로, 문장에서 쓰일 때 형태가 변하지 않는다.

명사	대상의 이름을 나타내는 품사 예 하늘, 평화, 대한민국 등
대명사	사람, 사물, 장소 등의 이름을 대신 나타내는 품사 예 너희, 그것, 여기 등
수사	사물의 수량이나 순서를 나타내는 품사 예 둘, 셋째, 서넛 등

• 용언: 문장에서 주로 주체의 움직임, 상태, 성질 등을 서술하는 기능을 하는 말로, 문장에서 쓰일 때 형태가 변한다.

동사	사람이나 사물의 움직임이나 작용을 나타내는 품사 예 뛰다, 생각하다, 당기다 등
형용사	사람이나 사물의 상태나 성질을 나타내는 품사 예 예쁘다, 작다, 젊다 등

• 수식언: 문장에서 다른 말을 꾸며 주는 기능을 하는 말로, 문장에서 쓰일 때 형태가 변하지 않는다.

관형사	문장에서 체언을 꾸며 주는 기능을 하는 품사 예 모든, 무슨, 아무런 등
부사	문장에서 용언이나 다른 부사, 문장 전체 등을 꾸며 주는 기능을 하는 품사 예 과연, 결코, 느릿느릿 등

• 관계언: 문장에 쓰인 낱말들의 관계를 나타내는 말로, 문장에서 쓰일 때 형태가 변하지 않는다.

조사	주로 체언 뒤에 붙어 다른 말과의 관계를 나타내거나 특별한 뜻을 더해 주는 기능을 하는 품사 예 는, 에게, 처럼 등 ※ '이다'는 다른 조사와 달리 형태가 변함.

• 독립언: 문장에서 독립적으로 쓰이는 말로, 문장에서 쓰일 때 형태가 변하지 않는다.

감탄사	말하는 사람의 느낌, 놀람, 부름, 대답 등을 나타내는 품사 예 우아, 아이코, 아하 등

예상 적중 **소 단 원 평가** **[1] 품사의 종류와 특성**

● 정답과 해설 27쪽

01 품사를 분류하는 기준을 고려할 때, ㉠과 ㉡의 차이점으로 알맞은 것은?

> ㉠ 기쁘다, 달리다, 예쁘다
> ㉡ 꽃, 이것, 모든, 과연, 아하

① ㉠은 형태가 변하지만, ㉡은 변하지 않는다.
② ㉠은 용언을 꾸며 주지만, ㉡은 체언을 꾸며 준다.
③ ㉠은 홀로 쓰일 수 있지만, ㉡은 다른 낱말에 붙어 쓰인다.
④ ㉠은 움직임을 나타내지만, ㉡은 성질이나 상태를 나타낸다.
⑤ ㉠은 문장에서 주로 주체를 서술하는 역할을 하지만, ㉡은 주체의 역할을 한다.

02 밑줄 친 낱말의 품사를 기능에 따라 분류한다고 할 때, 바르게 파악한 것은?

① 날씨가 너무 춥다. → 체언
② 풍경이 정말 아름다웠다. → 용언
③ 그녀는 눈이 참 동그랗다. → 독립언
④ 나는 빵보다 밥이 더 좋다. → 관계언
⑤ 어허, 이런 실수를 하면 안 됩니다. → 수식언

03 의미를 기준으로 낱말을 분류할 때, 성격이 같은 낱말끼리 묶은 것은?

① 신발, 당신, 셋째   ② 맵다, 웃다, 씻다
③ 몹시, 실컷, 무슨   ④ 에게, 많이, 부터
⑤ 우아, 아니요, 아이코

04 밑줄 친 낱말 중, 구체적인 대상의 이름을 나타내는 말이 아닌 것은?

> 갑자기 ①비가 내려서 어떻게 집에 갈까 걱정하고 있는데 누리가 ②우산을 같이 쓰고 가자고 했다. 그런데 내 쪽으로 우산을 기울여 주느라 누리의 ③가방이 다 젖고 말았다. 나는 누리가 너무 고마워서 가지고 있던 ④사탕을 주머니에 넣어 주었다. 누리는 웃으면서 내 손을 꼭 잡았다. 나는 오늘 ⑤우정이 어떤 것인지 조금 느낄 수 있었다.

05 ㉠~㉤ 중, 대명사를 모두 골라 묶은 것은?

> 사신은 왕비가 머무는 궁을 가리키며 물었지.
> "㉠저 집은 짓는데 얼마나 걸렸소?"
> "예, 일 년 걸렸습니다."
> "쯧쯧, 일 년이나 걸리다니."
> 나는 ㉡그의 태도가 무척 거슬렸지만 꾹 참았어.
> ㉢이번에는 불가사리가 새겨진 크고 화려한 굴뚝을 가리키며 물었지.
> "㉣그러면 ㉤저것은 만드는 데 얼마나 걸렸소?"

① ㉠, ㉡   ② ㉠, ㉢   ③ ㉡, ㉢
④ ㉡, ㉤   ⑤ ㉢, ㉤

06 밑줄 친 낱말의 공통점으로 알맞지 않은 것은?

> 기자: 둘이 먹다 하나가 죽어도 모를 정도로 떡이 맛있다고 하는데, 이렇게 맛있는 떡을 만드는 비결을 알려 주실 수 있나요?
> 가게 주인: 비결이라면 첫째는 좋은 재료, 둘째는 정성이지요.

① 체언에 속한다.
② 형태가 변하지 않는다.
③ 뒤에 조사가 붙을 수 있다.
④ 수량이나 순서를 나타낸다.
⑤ 생략해도 문장의 의미는 변하지 않는다.

✎ 서술형

07 〈보기〉를 통해 알 수 있는 용언의 특성을 한 문장으로 쓰시오.

> ┤보기├
> • 맛있다: 맛있고, 맛있게, 맛있는, 맛있니, 맛있어
> • 말하다: 말하고, 말하니, 말해서, 말해라, 말하자

08 밑줄 친 낱말의 품사가 나머지와 다른 하나는?

① 나는 새로운 학교에 잘 적응했다.
② 다리가 아파서 빨리 걷지 못했다.
③ 결코 흐르는 시간을 막을 수 없다.
④ 봄은 여행을 떠나기에 좋은 계절이다.
⑤ 아이고, 이렇게 만나니 정말 반갑네요.

● 정답과 해설 27쪽

09 다음 중 밑줄 친 부분과 같은 형태로 활용할 때 어색한 것은?

> 은지: 뭐하니?
> 지민: 음악 <u>듣는</u> 중이야. 너는?

① 가다　　② 먹다　　③ 즐겁다
④ 치우다　　⑤ 운동하다

10 ㉠~㉤ 중, 다른 말을 꾸며 주는 역할을 하는 낱말이 아닌 것은?

> 선생님께서 발표하고 ㉠싶은 사람은 손을 ㉡번쩍 들라고 하셨다. 그런데 ㉢모든 학생이 발표를 하려고 손을 ㉣높이 들었다. 그래서 선생님께서 ㉤깜짝 놀라셨다.

① ㉠　②㉡　③㉢　④㉣　⑤㉤

11 밑줄 친 낱말이 관형사가 아닌 것은?
① <u>이</u> 모자를 저기에 두세요.
② <u>두</u> 명이 더 올 예정입니다.
③ <u>온갖</u> 종류의 동물이 살고 있다.
④ 우리 가족은 <u>새</u> 집으로 이사를 갔다.
⑤ 귀를 기울여 봤지만 <u>어떤</u> 소리도 들리지 않았다.

12 밑줄 친 낱말의 특성으로 적절하지 않은 것은?

> • 점심을 <u>너무</u> 많이 먹었어요.
> • 그날은 하늘이 <u>유난히</u> 맑았다.

① 수식언에 속한다.
② 홀로 쓰일 수 있다.
③ 형태가 변하지 않는다.
④ 문장 전체를 꾸며 주기도 한다.
⑤ 뒤에 오는 체언을 구체적으로 표현해 준다.

13 밑줄 친 낱말이 조사에 해당하지 않는 것은?

> 나<u>는</u> 가을<u>에</u> 가족<u>과</u> 기차 여행<u>을</u> 가겠<u>다</u>.

① 는　②에　③과　④을　⑤다

✎ 서술형
14 밑줄 친 낱말의 기능을 고려하여 ㉠과 ㉡의 의미가 어떻게 다른지 쓰시오.

> ㉠ 정우가 민호<u>도</u> 불렀다.
> ㉡ 정우가 민호<u>만</u> 불렀다.

15 ㉠~㉤ 중, 문장에서 독립적으로 쓰이는 낱말에 해당하는 것은?

> 손님: 여보세요, ○○ 식당이죠?
> 주인: 네, ㉠그렇습니다. 무엇을 도와 드릴까요?
> 손님: ㉡오늘 저녁 일곱 시에 자리를 ㉢예약하려고 합니다.
> 주인: 이런, 오늘은 주말이어서 자리가 벌써 ㉣다 찼습니다.
> 손님: ㉤아, 너무 늦게 전화했군요.

① ㉠　②㉡　③㉢　④㉣　⑤㉤

16 다음 문장에 쓰인 낱말에 대한 설명으로 적절하지 않은 것은?

> 우아, 밤하늘에 밝은 별 하나가 떴다.

① 독립언이 사용되었다.
② 사물의 수량을 나타내는 말이 사용되었다.
③ 뒤에 오는 용언을 꾸며 주는 말이 사용되었다.
④ 문법적인 관계를 표시해 주는 낱말은 두 개 사용되었다.
⑤ 문장에서 쓰일 때 형태가 변하는 낱말은 두 개 사용되었다.

1단계 단답식 서술형 문제

01 ㉠과 ㉡에 들어갈 알맞은 말을 쓰시오. [5점]

> 낱말을 일정한 기준에 따라 모아 묶어 놓은 것을 (㉠)(이)라고 한다. (㉠)은/는 형태, (㉡), 의미에 따라 분류할 수 있다. (㉡) 을/를 기준으로 낱말을 분류하면 체언, 용언, 수식 언, 관계언, 독립언으로 나눌 수 있다.

02 다음 문장에서 체언에 해당하는 낱말을 모두 찾아 쓰 시오. [10점]

> 여기에 있는 필통에서 연필 하나를 꺼냈다.

03 의미를 기준으로 낱말의 품사를 분류할 때, 다음 문장 에 어떤 품사가 몇 개씩 사용되었는지 쓰시오. [10점]

> 분명히 그날은 비가 아주 많이 내렸다.

2단계 기본형 서술형 문제

04 〈보기〉를 통해 알 수 있는 용언의 특성을 쓰시오. [20점]

> ┤보기├
> ㉮ 모두 집에 (가다) 나만 학교에 남았다.
> ㉯ 내일은 나와 함께 영화를 보러 (가다).
> ㉰ 제주도로 여행을 (가다) 사람이 많았다.

> 조건 ① ㉮, ㉯, ㉰의 괄호 안에 들어갈 형태를 하 나씩 포함할 것
> ② 한 문장으로 쓸 것

3단계 고난도 서술형 문제

05 〈보기〉의 밑줄 친 낱말을 두 갈래로 분류하고, 그렇게 분류한 이유를 각 품사의 특성과 관련지어 서술하시오. [25점]

> ┤보기├
> • 그는 아마 아직 너를 기다리고 있을 거야.
> • 아무리 생각해도 아무런 기억도 나지 않는다.

> 조건 ① 〈보기〉의 밑줄 친 낱말을 두 갈래로 분류 하고, 각각 어떤 품사에 해당하는지 쓸 것
> ② 두 품사의 공통점과 차이점을 설명할 것

06 ⓐ와 ⓑ의 품사가 어떻게 다른지 서술하시오. [30점]

> ┤보기├
> • 그녀는 ⓐ새 옷을 입고 있다.
> • 그녀는 ⓑ예쁜 옷을 입고 있다.

> 조건 ① ⓐ와 ⓑ가 각각 어떤 품사에 해당하는지 쓸 것
> ② 각 품사의 형태, 기능, 의미상의 특성을 활용하여 차이점을 설명할 것

만점 마무리 〔2〕 어휘의 체계와 양상

◆ 활동 의도
다양한 언어 자료를 통해 어휘의 체계와 양상을 탐구해 보고, 학생들이 담화 상황에 맞는 어휘를 적절하게 사용할 수 있도록 하였다.

◆ 활동 목표
• 어종에 따른 어휘의 체계 이해하기
• 지역적·사회적 요인에 따른 어휘의 양상 이해하기
• 올바르고 정확한 어휘 사용하기

◆ 활동 요약

어종에 따른 어휘의 체계 이해하기
제시된 낱말들을 어종에 따라 분류함으로써 어휘의 체계를 파악하고, 각 활동을 통해 고유어, 한자어, 외래어의 특성을 이해함.

↓

지역적·사회적 요인에 따른 어휘의 양상 이해하기
각 활동을 통해 지역 방언과 사회 방언의 개념을 이해하고 그 특성을 알아봄.

↓

올바르고 정확한 어휘 사용하기
무분별한 외래어 사용의 문제점을 확인하여 외래어를 우리말로 바꾸어 보고, 담화 상황에 맞게 어휘를 사용하도록 함.

◇ 어휘의 개념

낱말이 모여서 이루어진 집합체를 말한다. 어휘는 일정한 기준에 따라서 다양하게 분류할 수 있다.

◇ 어휘의 체계

	고유어	한자어	외래어
개념	우리말에 본디부터 있던 말이나 그것에 기초하여 새로 만들어진 말	한자를 바탕으로 만들어진 말	다른 나라에서 들어왔지만 우리말처럼 쓰이는 말
특성	• 일상생활에서 자주 쓰이다 보니 대개 하나의 낱말이 지닌 의미의 폭이 넓음. • 우리 민족 특유의 문화와 정서가 잘 반영됨.	• 일반적으로 고유어에 비해 그 뜻이 분화된 경우가 많아 고유어를 보완하는 역할을 함.	• 외국과의 문화적 교류 과정에서 많이 들어옴. • 우리말의 어휘를 풍부하게 해 주는 역할을 함. • 무분별하게 사용할 경우 문화적 자긍심이 손상될 뿐만 아니라, 우리말의 정체성을 위협할 수 있음.
예	무지개, 구름, 꽃샘, 눈썹 등	학교(學校), 친구(親舊), 언어(言語), 자유(自由) 등	버스(bus), 커피(coffee), 피아노(piano), 햄버거(hamburger) 등

◇ 어휘의 양상

• 지역 방언과 사회 방언

	지역 방언	사회 방언
개념	지역에 따라 다르게 쓰는 말 예 나무: 남구(경상남도), 낭(제주도), 낭게(경상도), 남긔(경기도), 낭이(평안도)	성별이나 세대, 직업 등의 사회적 요인에 따라 다르게 쓰는 말 예 하십시오체/해요체(성별 차이), 문화상품권/문상(세대 차이), 오퍼러빌리티/수술 가능성(직업 차이)
특성	• 해당 지역의 고유한 정서와 문화를 반영함. • 우리말의 어휘를 풍부하게 함. • 공적인 상황에서는 표준어를 사용하지만, 같은 지역 사람들끼리나 사적인 상황에서는 지역 방언을 사용하는 경우가 많음.	• 같은 집단 내에서 의사소통의 효율성을 높이며, 구성원 간의 소속감과 친밀감을 형성함. • 우리말의 어휘를 다양하게 함. • 다른 사회 집단에서 사용하면 의사소통에 어려움이 생길 수 있음.

• 사회 방언의 유형

유형	개념	특징
전문어	학술이나 전문 분야에서 특별한 뜻으로 쓰는 말	• 뜻이 정밀하고 다의성이 적음. • 전문적인 작업의 효과적인 수행을 도움. • 일반인들은 이해하기 어려우므로 일반인과 의사소통할 때에는 쉽게 풀이해서 사용해야 함.
은어	다른 사람들이 알아듣지 못하도록 특정 집단의 구성원끼리만 사용하는 말	• 집단 내의 비밀을 유지하기 위해 사용함. • 사용하는 사람들에게 친밀감과 소속감을 느끼게 함. • 집단 밖의 사람에게 소외감을 느끼게 하고, 의사소통에도 문제가 생길 수 있음.
속어	통속적으로 쓰는 저속한 말	• 정서적으로 가까운 사람들끼리 비공식적인 대화 상황에서 친밀감을 표현하기 위해 사용함. • 저속한 말이므로 상대의 기분을 상하게 할 수 있음.

예상 적중 소 단 원 평가 〔2〕 어휘의 체계와 양상

● 정답과 해설 28쪽

서술형

01 낱말을 어종에 따라 분류할 때, 다음 낱말들이 속하는 어휘의 유형을 쓰시오.

> 떡, 치마, 나물, 지우개, 무지개

02 밑줄 친 낱말이 한자어에 해당하지 <u>않는</u> 것은?

① 우리는 냉면과 만두를 <u>주문</u>했다.
② 나는 새로 산 <u>필통</u>을 잃어버렸다.
③ 영희는 친구에게 <u>체육복</u>을 빌렸다.
④ 그의 <u>얼굴</u>을 보자 눈물이 흘러내렸다.
⑤ 우리는 두유와 빵을 먹고 다시 일을 <u>시작</u>했다.

03 다른 나라에서 들어와 우리말처럼 쓰이는 낱말에 해당하는 것은?

① <u>초콜릿</u> 사러 가자.
② <u>오로지</u> 너만 보고 있었어.
③ 저 <u>미리내</u> 좀 봐. 정말 예쁘다.
④ 낙엽이 <u>시나브로</u> 쌓이고 있었다.
⑤ 이 나무의 <u>나이테</u>를 확인해 보자.

04 고유어, 한자어, 외래어에 대한 설명으로 적절하지 <u>않은</u> 것은?

① 한자어는 고유어를 보완하는 역할을 한다.
② 외래어는 우리말 어휘를 풍부하게 해 준다.
③ 고유어에는 우리 민족 고유의 문화와 정서가 담겨 있다.
④ '빵', '고무' 등과 같은 외래어는 고유어로 인식되기도 한다.
⑤ 한자어와 외래어는 모두 고유어로 바꾸어 사용하려는 노력이 필요하다.

05 다음 빈칸에 들어갈 정우의 대답으로 적절한 것은?

> 미국인 친구: 한국 사람들은 우리가 'red'라고 표현하는 말을 '붉다, 벌겋다, 새빨갛다, 시뻘겋다, 불그스름하다' 등으로 나타내. 그 이유가 무엇이니?
> 정우: 그건 우리 고유어는 (   ) 이/가 발달하였기 때문이야.

① 사물의 움직임을 나타내는 말
② 두 가지 이상의 뜻을 가진 다의어
③ 농경 문화의 영향으로 농사일과 관련된 말
④ 대응하는 일반 어휘가 없는 전문 분야의 말
⑤ 색깔의 정도나 느낌에 따라 다양하게 나타나는 말

06 〈보기〉를 통해 알 수 있는 한자어의 특성으로 가장 적절한 것은?

> ┤보기├
> • 여행 갈 마음은 있니?
>   → 여행 갈 의향(意向)은 있니?
> • 나는 그 사람에게 마음이 있어.
>   → 나는 그 사람에게 호감(好感)이 있어.
> • 전학 갈 때 네 마음은 어땠어?
>   → 전학 갈 때 네 심정(心情)은 어땠어?

① 한자어는 고유어보다 뜻이 더 구체적이다.
② 한자어는 일상생활에서 잘 사용되지 않는다.
③ 한자어는 특정한 담화 상황에서만 사용된다.
④ 무분별한 한자어 사용은 의사소통을 방해한다.
⑤ 한자어는 고유어로 표현할 수 없는 의미를 지닌다.

07 다음은 동네 상점의 간판 이름을 조사한 것이다. 외래어가 사용되지 <u>않은</u> 것은?

> ㉠ 웰빙레스토랑   ㉡ 에이스부동산
> ㉢ 뷰티머리방   ㉣ 국이랑밥이랑
> ㉤ 싱싱회센터

① ㉠   ② ㉡   ③ ㉢   ④ ㉣   ⑤ ㉤

08 밑줄 친 낱말의 공통적인 특성으로 적절한 것은?

> 그녀는 많은 디자이너의 관심을 받는 세계적인 패션모델로 활약하고 있다.

① 한자어에 비해 뜻이 구체적이다.
② 우리말에 본디부터 있던 말이다.
③ 주로 전문 분야에서만 사용되는 말이다.
④ 주로 이전에 없던 제도나 문물을 표현하기 위해 사용된다.
⑤ 비교적 짧은 시기에 걸쳐 여러 사람의 입에 오르내리는 말이다.

09 ㉠~㉤을 고유어로 다듬은 것으로 적절하지 않은 것은?

> • 어제 ㉠티브이에서 드라마를 봤다.
> • 이 지도는 ㉡로드뷰를 제공합니다.
> • 고속 도로 ㉢인터체인지 부근이 막힙니다.
> • 올봄에도 ㉣미니스커트가 인기를 끌고 있다.
> • 이곳은 수많은 여행 ㉤가이드가 추천한 여행지입니다.

① ㉠: 텔레비전
② ㉡: 거리 보기
③ ㉢: 나들목
④ ㉣: 짧은 치마
⑤ ㉤: 길잡이

10 밑줄 친 어휘의 공통점으로 알맞지 않은 것은?

> • 나무: 냉기, 남구, 낭, 낭구, 낭게, 남기, 낭이
> • 감자: 감재, 갱게, 궁감자, 북감자, 지슬
> • 조금: 쪼깐, 쬐까, 죠기, 줴기, 뛰꼼

① 우리말의 다양성을 보여 준다.
② 지역의 차이에 의해 생긴 말이다.
③ 비공식적인 상황에서 주로 쓰인다.
④ 해당 지역의 정서를 느낄 수 있는 말이다.
⑤ 촌스러운 느낌을 주므로 사용하지 않는 것이 좋다.

11 사회 방언의 예로 적절하지 않은 것은?

① 심마니들은 '밥'을 '무림'이라고 부른다.
② 청소년들은 안타까운 상황을 '안습'이라고 표현한다.
③ 경상도 사람들은 '부추'보다 '정구지'라는 말을 더 많이 사용한다.
④ 음악을 전공한 사람들은 '레가토', '싱커페이션'과 같은 용어를 사용한다.
⑤ 여성은 해요체를, 남성은 하십시오체를 상대적으로 더 많이 사용하는 경향이 있다.

12 〈보기〉에서 설명하는 낱말이 사용된 문장이 아닌 것은?

> ┤보기├
> 학술이나 전문 분야에서 특별한 의미로 쓰는 말

① 정전으로 엘리베이터가 멈췄다.
② 오퍼러빌리티(operability) 있어요.
③ 바이털 사인(vital sign)은 어떻습니까?
④ 악보에 나와 있는 세뇨 꼭 지켜 주세요.
⑤ 일사부재리의 원칙은 형사 소송에 적용된다.

13~14 다음을 읽고, 물음에 답하시오.

심마니: 이번에는 ㉠어인마니를 중심으로 일곱 명으로 ㉡꾸렸다네. ㉢천둥마니도 있지. ㉣데팽이가 걱정이지만 이번에는 꼭 ㉤소망 보면 좋겠네. 그럼 그날 보세.

13 ㉠~㉤ 중, 성격이 다른 낱말은?

① ㉠　　② ㉡　　③ ㉢　　④ ㉣　　⑤ ㉤

✎ 서술형

14 위와 같은 어휘를 자주 사용하면 어떤 문제가 생길지 한 문장으로 쓰시오.

고득점 서술형 문제

[2] 어휘의 체계와 양상

1단계 단답식 서술형 문제

01 ㉠, ㉡에 들어갈 말을 쓰시오. [10점]

> 우리말의 어휘를 어종에 따라 분류하면 ㉠□□□, 한자어, ㉡□□□□(으)로 나눌 수 있다. ㉠□□□은/는 우리말에 본디부터 있던 말이나 그것에 기초하여 새로 만들어진 말이고, ㉡□□□은/는 다른 나라에서 들어와 우리말처럼 쓰이는 말이다.

02 다음 대화에서 밑줄 친 낱말이 다르게 나타나는 이유를 2어절로 쓰시오. [5점]

> 〈네 살짜리 동생과 중학생 형의 대화〉
> 동생: 형아, <u>맘마</u> 먹었어?
> 형: 응, 친구들이랑 <u>밥</u> 먹었어.

03 다음 설명에 해당하는 어휘의 유형을 쓰시오. [5점]

> • 통속적으로 쓰는 저속한 말이다.
> • 정서적으로 가까운 사람끼리 친밀감을 표현하기 위해 사용하지만, 상대의 기분을 상하게 할 수 있다.

2단계 기본형 서술형 문제

04 다음과 같이 문학 작품에서 지역 방언을 사용하였을 때 얻을 수 있는 효과를 쓰시오. [25점]

> "네 이……. 아부지가 뭐라고 하디? 입이 너무 허황되게 넘의 밥그럭을 넘보는 고것을 뭐라고 하디?" / "불량배."
> "지발 우리는 그렇게 개적잖게 살지 말자. 강아지 한 마리 거저 읃어다가 길렀다는 말은 들어 봤어도 송아지 한 마리 거저 읃었다는 말은 못 들어 봤응께." ― 전성태, 「소를 줍다」

05 다음 밑줄 친 낱말들을 사용했을 때 얻을 수 있는 효과를 쓰시오. [25점]

> 강마에: <u>싱커페이션</u>도 최대한 잘 지켜 주셔야 하고, 특히 4분의 4박자이지만 <u>알라 브레베</u>의 느낌으로 연주해야 더 확실한 <u>레가토</u>를 느낄 수 있습니다.
> ― 홍진아·홍자람, 「베토벤 바이러스」

> **조건** ① 밑줄 친 낱말들이 지닌 어휘적 특성과 관련지어 한 문장으로 쓸 것

3단계 고난도 서술형 문제

06 〈보기〉와 같이 어휘를 다듬어 쓰기 위해 노력해야 하는 이유를 두 문장으로 쓰시오. [30점]

> ┌ 보기 ┐
>
> | 뜻 | 쓰는 말 | 바꾼 말 |
> |---|---|---|
> | 가상 공간에서 활동하는 사람 | 네티즌 | 누리꾼 |
> | 같은 이해관계나 같은 직업, 취미 따위로 모인 사람들의 단체 | 서클 | 동아리 |

> **조건** ① 첫 번째 문장에서는 '쓰는 말'과 '바꾼 말'의 어휘의 유형을 밝힐 것
> ② 두 번째 문장에서는 '~ 때문이다.'의 형식으로 이유를 제시할 것

01 다음 낱말을 공통적인 특성에 따라 분류한 것으로 적절한 것은?

> 기쁘다 몹시 구름 달리다 어머
> 그것 셋 모든 에게 결코

① 형태가 변하는 낱말: 기쁘다, 모든, 달리다
② 이름을 나타내는 낱말: 구름, 그것, 셋
③ 독립적으로 쓰이는 낱말: 어머, 에게
④ 움직임을 나타내는 낱말: 달리다, 결코
⑤ 다른 말을 꾸며 주는 낱말: 몹시, 모든, 결코

02 밑줄 친 낱말의 특성으로 적절하지 않은 것은?

> 나는 오늘 그녀에게 사랑을 고백하려고 한다.

① 대상의 이름을 나타내는 말이다.
② 문장에서 주로 주체의 역할을 한다.
③ 문장에서 쓰일 때 조사가 붙기도 한다.
④ 문장에서 쓰일 때 형태가 변하지 않는다.
⑤ 구체적인 모습을 갖춘 대상을 나타내는 말이다.

03 밑줄 친 낱말 중, 〈보기〉의 특성을 모두 가지고 있는 낱말이 아닌 것은?

> ┤보기├
> • 뒤에 조사가 붙을 수 있다.
> • 수량이나 순서를 나타내는 낱말이다.
> • 문장에서 쓰일 때 형태가 변하지 않는다.

① 열의 열 배는 백이다.
② 둘에 셋을 더하면 다섯이다.
③ 두 사람이 떠나서 이제 셋이 남았다.
④ 시험을 볼 때는 첫째, 집중력이 필요하다.
⑤ 제일(第一)은 진리이고 제이(第二)는 정의이다.

04 다음 중 체언에 해당하지 않는 것은?

> ①둘이 먹다 하나가 죽어도 모를 정도로 떡이 맛있다고 ②소문이 난 가게에 왔습니다. ③역시 사람들이 줄을 서 있습니다. 오래전부터 ④여기를 이용했다는 ⑤손님을 만나 보겠습니다.

05~06 다음 글을 읽고, 물음에 답하시오.

큰 나라에서 온 거만한 사신이 궁궐을 구경했어. 사신은 왕비가 머무는 궁을 ⓐ가리키며 물었지.
"㉠저 집은 짓는 데 얼마나 걸렸소?"
"예, 일 년 걸렸습니다."
"쯧쯧, 일 년ⓑ이나 걸리다니."
나는 ㉡그의 태도가 무척 거슬렸지만 꾹 참았어.
이번에는 불가사리가 새겨진 크고 ⓒ화려한 굴뚝을 가리키며 물었지.
"그러면 ㉢저것은 만드는 데 얼마나 걸렸소?"
"예, ⓓ한 달 만에 완성했지요."
"ⓔ허허, 우리 나라에서는 열흘이면 되는데."
이번에는 사신이 연못가에 있는 아름다운 누각을 보고 물었어. / "이 누각은 만드는 데 얼마나 걸렸소?"
그의 ⓕ말이 끝나자 ㉣나는 ⓖ깜짝 놀라는 표정으로 말했어. / "이 누각이 언제부터 ㉤여기 있었지? 분명 어제는 없었는데."

05 ㉠~㉤ 중, 대명사에 해당하지 않는 것은?
① ㉠   ② ㉡   ③ ㉢   ④ ㉣   ⑤ ㉤

06 ⓐ~ⓖ를 같은 기능을 하는 것끼리 묶은 것은?
① ⓐ, ⓒ   ② ⓑ, ⓕ   ③ ⓐ, ⓒ, ⓖ
④ ⓑ, ⓓ, ⓖ   ⑤ ⓓ, ⓔ, ⓕ

07 ㉠~㉤에 대한 설명으로 알맞지 않은 것은?

> • 지민이가 ㉠즐겁게 노래를 부른다.
> • 그의 팔이 나뭇가지처럼 ㉡가늘었다.
> • 아버지께서 텃밭에 무를 ㉢심으셨다.
> • 책이 ㉣얇아서 한 시간 만에 다 읽었다.
> • 눈이 밤새 ㉤내려서, 온 거리가 새하얗다.

① ㉠~㉤은 모두 형태가 변하는 낱말이다.
② ㉠~㉤ 중, 동작을 나타내는 말은 두 개이다.
③ ㉡과 ㉢의 기본형은 각각 '가늘다', '심다'이다.
④ ㉡, ㉣, ㉤은 상태나 성질을 나타내는 말이다.
⑤ ㉣과 ㉤은 어간 뒤에 어미 '-아서/-어서'가 붙은 형태이다.

08 밑줄 친 부분이 용언에 해당하지 <u>않는</u> 것은?

① 민호가 떡볶이를 <u>맛있게</u> 먹는다.
② 축구를 하려고 밥을 <u>빨리</u> 먹었다.
③ 꽃이 활짝 <u>핀</u> 곳에서 사진을 찍었다.
④ 눈을 떠 보니 밤하늘에 별이 <u>가득했다</u>.
⑤ 그녀는 귀여운 표정을 <u>지으며</u> 우리에게 말했다.

09 밑줄 친 용언의 활용형이 자연스러운 것은?

① 그녀는 지금도 여전히 <u>예쁜다</u>.
② 앞으로 아프지 말고 <u>건강해라</u>.
③ 대청소를 했더니 집이 <u>깨끗한다</u>.
④ 애들아, 우리 새해에는 모두 <u>부지런하자</u>.
⑤ 어려운 사람을 도와주는 모습이 참 <u>멋지구나</u>.

10 밑줄 친 단어의 품사가 사용되지 않은 문장은?

> <u>푸른</u> 산에 오르고 싶다.

① 새 옷을 샀다.　　② 예쁜 옷을 샀다.
③ 노란 옷을 샀다.　　④ 멋있는 옷을 샀다.
⑤ 따뜻한 옷을 샀다.

11 밑줄 친 낱말의 품사가 나머지와 <u>다른</u> 하나는?

① 초희는 우연히 <u>옛</u> 친구를 보았다.
② 정우는 공부 말고 <u>다른</u> 일에 관심 없다.
③ <u>아마</u> 너는 내가 얼마나 슬픈지 모를 거야.
④ <u>이</u> 가방은 최근에 유행하고 있는 가방이다.
⑤ 이대로 넘어가기에는 <u>여러</u> 가지 문제가 있다.

12 밑줄 친 낱말들의 공통점으로 알맞은 것은?

> ┌보기┐
> 　어떤 학생이 선생님을 <u>급히</u> 불렀다. 그래서 선생님께서 <u>화들짝</u> 놀라셨다.

① 다른 말을 꾸며 준다.
② 형태가 변하는 말이다.
③ 뒤에 항상 체언이 온다.
④ 문장에서 주로 목적어로 쓰인다.
⑤ 다른 말과 관계없이 독립적으로 쓰인다.

13 ㉠~㉢에 대한 설명으로 알맞지 <u>않은</u> 것은?

> 나<u>도</u> 가장 좋아하는 운동<u>이</u> 야구<u>이다</u>.
> 　　㉠　　　　　　　　　　　　㉡　　　㉢

① ㉠, ㉡, ㉢은 모두 조사에 해당한다.
② ㉠, ㉡, ㉢은 모두 혼자 쓰일 수 없다.
③ ㉠은 앞말에 특별한 의미를 더해 준다.
④ ㉠, ㉡과 달리 ㉢은 형태가 변하지 않는다.
⑤ ㉡과 ㉢은 앞말에 일정한 자격을 부여해 준다.

14 밑줄 친 낱말들의 공통적인 특성이 <u>아닌</u> 것은?

> 아빠: <u>어이쿠</u>, 늦었네. 주희야!
> 주희: <u>네</u>, 아빠.

① 감탄사에 해당한다.
② 문장에서 독립적으로 쓰인다.
③ 부름, 느낌, 대답 등을 나타낸다.
④ 생략해도 문장의 뜻이 달라지지 않는다.
⑤ 뒤에 오는 문장 전체를 꾸며 주는 역할을 한다.

15 다음 문장에 대한 설명으로 알맞은 것은?

> 그녀에게 선물을 준 사람은 바로 영호이다.

① 독립언이 사용되었다.
② 형태가 변하는 낱말은 한 개 사용되었다.
③ 체언에 해당하는 낱말은 세 개 사용되었다.
④ 혼자 쓰일 수 없는 낱말은 네 개 사용되었다.
⑤ 관형사에 해당하는 낱말은 두 개 사용되었다.

16~18 다음 글을 읽고, 물음에 답하시오.

오늘은 가족끼리 놀이공원에 가는 날.

헉! 늦잠이다. 얼른 일어나 ㉠샤워를 하고 나오는데, 아빠께서 한마디 하신다.

"갈 ⓐ마음은 있는 거냐?"

"하하, 갈 마음이 왜 없겠어요? 우리 딸이 좋아하는 진구도 오는데. 너 진구한테 ⓑ마음 있지?"

"아니에요. 엄마는……."

나는 ㉡얼굴을 붉히며 내 방으로 뛰어 들어갔다. 준비를 하고 나오니 엄마와 아빠는 ㉢빵과 ㉣우유를 드시며 나를 기다리고 계셨다.

내 ㉤복장을 보시고 이번에는 엄마가 한마디 하셨다.

[A] ┌ "유림아, 모델 대회 나가니? 놀이 기구 탈 거면서 스커트를 입고 나오면 어떡해. 편한 옷으로 갈아입 └ 고 나와."

진구에게 잘 보이고 싶은 내 마음을 몰라주시는 엄마가 원망스럽기만 했다.

---

16 ㉠~㉤을 어종에 따라 바르게 분류한 것은?

	고유어	한자어	외래어
①	㉡	㉣, ㉤	㉠, ㉢
②	㉠, ㉡	㉣, ㉤	㉢
③	㉡, ㉣	㉤	㉠, ㉢
④	㉡, ㉢, ㉣	㉤	㉠
⑤	㉢, ㉣	㉡	㉠

17 ⓐ와 ⓑ에 대한 설명으로 적절하지 <u>않은</u> 것은?

① ⓐ와 ⓑ는 우리말에 본디부터 있던 고유어이다.

② ⓐ와 ⓑ는 추상적인 대상의 이름을 나타내는 추상 명사이다.

③ ⓐ는 '의향(意向)', ⓑ는 '호감(好感)'과 그 의미가 유사하다.

④ ⓐ와 ⓑ는 사용하는 사람의 성별에 따라 의미가 달라지는 낱말이다.

⑤ ⓐ와 ⓑ를 통해 하나의 낱말이 다양한 의미를 나타낼 수 있음을 알 수 있다.

✏️ 서술형

18 [A]에서 고유어로 고쳐 쓰는 것이 좋은 말을 찾아 고유어로 고쳐 쓰시오.

19 고유어로만 이루어진 문장에 해당하는 것은?

① 봄이 되자 들판이 꽃으로 가득했다.

② 그는 학교에 가기 위해 버스를 탔다.

③ 우리 학교의 교훈은 성실과 사랑이다.

④ 나는 친구와 서점에 가서 소설책을 샀다.

⑤ 엄마는 나에게 바지와 티셔츠를 사 주셨다.

20 ㉠~㉤에 대한 설명으로 적절하지 <u>않은</u> 것은?

이번 달에 ○○브랜드에서 새로 나온 메이크업 제품은 바로 ㉠립스틱입니다. 이 립스틱은 코랄이 섞인 ㉡핑크색으로, 한 번 바르기만 해도 ㉢사랑스러움이 두 배가 될 것입니다. 자세한 ㉣상품 설명은 ○○브랜드 ㉤매장을 찾아 주시길 바랍니다.

① ㉠: 고유어로 바꾸기 어렵다.

② ㉡: 어종이 다른 두 낱말이 합쳐진 말이다.

③ ㉢: 우리말에 본디부터 있던 말이다.

④ ㉣: 한자를 바탕으로 만들어진 말이다.

⑤ ㉤: 고유어와 한자어가 결합된 낱말이다.

21 〈보기〉에 담긴 글쓴이의 생각을 가장 잘 실천하고 있는 학생은?

┤보기├

국제화, 세계화 과정에서 다른 나라의 말이 들어오는 것을 막을 수는 없지만, 그 말을 우리말로 바꾸려는 노력 없이 무분별하게 받아들이는 것은 경계해야 한다.

① 다음: 오늘은 댄스 학원에 가야 해.

② 초롱: 나의 본보기는 우리 아버지야.

③ 슬기: 어제 쇼핑몰에 가서 스니커즈를 샀어.

④ 소현: 다음 주에 있는 시험은 오픈북 테스트이다.

⑤ 현경: 애플 주스 하나와 땅콩 비스킷 두 개 주세요.

22 다음과 같이 지역 방언을 사용했을 때의 효과로 가장 알맞은 것은?

> 음식 전문가: 너무 떨어 가꼬 폐만 끼친 거 아인가 모르겠네예.
> 사회자: 어데예. 억수로 잘했심더. 같은 고향 분이 잘해 주시니, 제가 다 뿌듯하네예.

① 서로 친근감을 나타낼 수 있다.
② 상대방에게 격식을 갖춰 말할 수 있다.
③ 전문적인 내용을 자세하게 설명할 수 있다.
④ 두 사람만 알 수 있는 비밀스러운 대화가 가능하다.
⑤ 강한 어조를 통해 의미를 분명하게 전달할 수 있다.

23 밑줄 친 부분과 같은 어휘를 사용할 때 유의할 점으로 적절한 것은?

> 강마에: 싱커페이션도 최대한 잘 지켜 주셔야 하고, 특히 4분의 4박자이지만 알라 브레베의 느낌으로 연주해야 더 확실한 레가토를 느낄 수 있습니다. 그리고 악보에 나와 있는 세뇨, 확실히 지켜 주시고요.
> – 홍진아·홍자람, 『베토벤 바이러스』

① 식상한 느낌을 주지 않도록 주의해야 한다.
② 모두 고유어로 바꾸려는 노력을 기울여야 한다.
③ 다른 집단에서 알지 못하게 비밀 유지에 신경 써야 한다.
④ 일상적으로 사용하여 일반인들에게 익숙해질 수 있게 해야 한다.
⑤ 일반인들을 대상으로 말할 때에는 알아들을 수 있는 용어를 사용해야 한다.

24 속어의 특성으로 적절하지 않은 것은?

① 비밀 유지의 기능이 있다.
② 비속하고 천박한 인상을 준다.
③ 통속적으로 쓰는 저속한 말이다.
④ 상대방의 기분을 상하게 할 수 있다.
⑤ 친밀감을 표현하기 위해 사용하기도 한다.

25 〈보기〉에 제시된 어휘의 특성으로 알맞지 않은 것은?

> ┤보기├
> • 세젤예: '세상에서 제일 예쁘다'라는 의미
> • 낄끼빠빠: '낄 때 끼고 빠질 때 빠져라'라는 의미
> • 복세편살: '복잡한 세상 편하게 살자'라는 의미

① 어법에 맞지 않게 줄인 말이다.
② 특정 세대에서 주로 사용하는 말이다.
③ 사용자 간의 소속감과 친밀감을 형성한다.
④ 다른 집단과의 의사소통을 방해할 수 있다.
⑤ 자주 사용할수록 상대방에게 호감을 줄 수 있다.

〔고난도 서술형〕

26 할아버지와 손녀의 대화가 원활해지도록 손녀의 말을 바꾸어 쓰시오.

> 할아버지: 공부하느라 고생이 많을 텐데……. 참, 얼마 전에 치른 시험은 어땠니?
> 손녀: 네, 이번에는 인강 들으면서 열공했어요. 성적이 오르면 삼촌이 생선으로 구두 사 준다고 했거든요.
> 할아버지: 뭘 했다고? 구두를 생선 주고 사?

27 ㉠~㉣에 대한 설명으로 알맞은 것은?

> ㉠ 날씨가 겁나게 덥네유.
> ㉡ 오퍼러빌리티(operability) 있어요.
> ㉢ 야, 들키면 쪽팔리니까 얼른 토끼자.
> ㉣ 오늘 학교에서 상으로 문상을 받았어요.

① ㉠은 성별 차이에 따라 달라진 말이 사용되었다.
② ㉡은 지역 차이에 따라 달라진 말이 사용되었다.
③ ㉢, ㉣은 직업 차이에 따라 달라진 말이 사용되었다.
④ ㉠과 달리 ㉡~㉣은 사회적 요인에 따라 달라진 말이 사용되었다.
⑤ ㉡, ㉢과 달리 ㉠, ㉣은 다른 집단의 사람에게 소외감을 줄 수 있는 말이 사용되었다.

만점 마무리 [1] 갈등하는 삶

◆ 제재 선정 의도
이 소설은 주인공이 다른 인물들과 갈등하는 모습뿐만 아니라 자신의 행동을 되돌아보며 고민하는 모습이 잘 나타난다. 또한 학생들이 주인공의 행동을 평가해 보면서, 자신을 되돌아볼 수 있다는 점에서 이 작품을 제재로 선정하였다.

◆ 제재 이해

갈래	현대 소설, 성장 소설
성격	교훈적, 비판적
시점	전지적 작가 시점
배경	시간: 1970년대 공간: 서울 청계천 세운 상가
제재	자전거
주제	물질적 이익만을 추구하는 도시 사람들에 대한 비판
특징	• 순진한 소년의 눈으로 어른들의 부도덕성을 고발함. • 전지적 작가 시점으로 인물의 심리를 구체적으로 드러냄.

◆ 제재 요약
발단 전기용품 도매상 점원으로 일하는 '수남'이 '주인 영감'의 보살핌에 육친애를 느낀다.
전개 바람이 심하게 불던 날, 배달을 가게 된 '수남'이 '××상회 주인'에게서 악착같이 돈을 받아 낸다.
위기 '수남'의 자전거가 넘어지면서 '신사'의 차에 흠집을 내고. 이에 '신사'가 수리비를 요구하며 자전거를 빼앗자 '수남'이 자전거를 들고 도망친다.
절정 '수남'이 자전거를 들고 도망쳤던 자신의 행동을 되돌아보며 고민에 빠진다.
결말 양심의 가책을 느낀 '수남'이 자신을 도덕적으로 견제해 줄 '아버지'가 있는 고향으로 돌아가기로 한다.

◇ 「자전거 도둑」에 나타난 갈등 유형

① '수남'과 '신사'의 외적 갈등

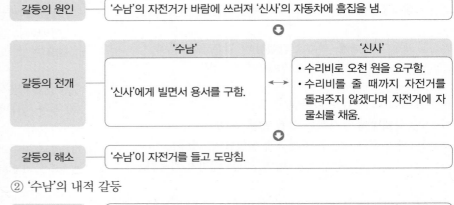

② '수남'의 내적 갈등

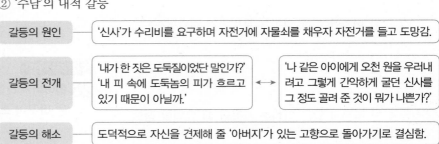

◇ '주인 영감'에 대한 '수남'의 태도 변화

• 자신의 마음을 알아주는 '주인 영감'에게 고마워함. • '주인 영감'의 손길에서 부모의 사랑과 같은 육친애와 따뜻함을 느낌.	◯	• 자전거를 고치는 '주인 영감'의 모습이 '도둑놈 두목' 같아 보여 정이 떨어짐. • 자신의 잘못된 행동을 칭찬하는 '주인 영감'의 손길이 싫어짐.

→ '수남'은 자전거 사건을 계기로 '주인 영감'이 도덕적 양심보다는 금전적 이익을 중요하게 여기는 사람임을 깨닫고 그에게 혐오감을 느낌.

◇ '누런 똥빛'에 담긴 뜻

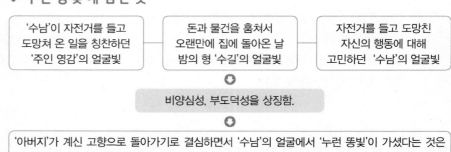

'아버지'가 계신 고향으로 돌아가기로 결심하면서 '수남'의 얼굴에서 '누런 똥빛'이 가셨다는 것은 '수남'을 둘러싼 부도덕성이 해소되었음을 뜻함.

◇ 작가의 의도

도덕적 양심보다 물질적인 이익을 중시하던 당시 도시 사람들의 비도덕적이고 이기적인 세태를 비판하고자 함.

예상 적중 소단원 평가 [1] 갈등하는 삶

● 정답과 해설 31쪽

01~04 다음 글을 읽고, 물음에 답하시오.

가 수남이는 청계천 세운 상가 뒷길의 전기용품 도매 상의 꼬마 점원이다. / 수남이란 어엿한 이름이 있는데 도 꼬마로 통한다. 열여섯 살이라지만 ㉠볼은 아직 어린아이처럼 토실하니 붉고, 눈 속이 깨끗하다.

나 그래서 수남이는 "내년 봄에 시험 봐서 들어가야 해. 야학이라도 일류로……." 할 때의 주인 영감님이 그 렇게 좋을 수가 없다. 그 소리를 듣기 위해서라면 그까 짓 알밤쯤 하루 골백번을 맞는 것도 좋았다. 그런 소리 를 자기를 위해 해 주는 ㉡주인 영감님을 위해서라면 뼛골이 부러지게 일을 한들 눈곱만큼도 억울할 것이 없 을 것 같다. 월급은 좀 짜게 주지만, 그 감미로운 소리 를 어찌 후한 월급에 비기겠는가.

수남이의 하루는 눈코 뜰 새 없이 고단하지만 행복하 다. 내년 봄 — 내년 봄은 올봄보다는 멀지만 오기는 올 것이다. 그리고 ㉢영감님이 잘못 알아서 그렇지 시험 볼 때는 봄이 아니라 겨울이다. 겨울은 봄보다 이르다.

다 주인 영감님은 만족한 듯 빙긋 웃고 '짜아식' 하며 손으로 수남이의 머리를 더듬는다. 그러나 알밤을 먹이 는 일은 한 번도 없었다. 따뜻하고 큰 손으로 머리를 빗 질하듯 두어 번 쓸어내려 주고는, 부드러운 볼로 해서 둥근 턱까지를 큰 손바닥에 한꺼번에 감쌌다가는 다시 한번 '짜아식' 하곤 놓아 준다. ㉣수남이는 그 시간이 좋 다. 그래서 남보다 일찍 일어나야 하는 것이다.

라 가게마다에서 사람들이 뛰어나왔으나 아가씨를 부 축해서 병원으로 달려간 것은 바람에 간판을 날린 전선 도매집 주인아저씨였다.

사람들은 모두 치료비를 톡톡히 부담해야 할 그 아저 씨를 동정했다. 지랄 같은 바람 때문이지, 그 아저씨가 무슨 잘못이 있기에 생돈을 빼앗기냐고, 그렇지만 돈지 갑 옆구리에 차고 부는 바람 못 봤으니, 그 재수 나쁜 아가씬들 그 재수 나쁜 아저씨한테 떼를 쓸밖에 도리 없지 않겠느냐고 사람들은 쑥덕댔다.

하여튼 수남이가 알 수 있는 것은 그 아가씨도 그렇고 그 아저씨도 그렇고 오늘 재수 옴 붙었다는 것뿐이었다.

㉤수남이는 문득 자기도 재수 옴 붙을 것 같은 예감 이 들었다.

01 이와 같은 글에 대한 설명으로 적절하지 <u>않은</u> 것은?

① 인물, 사건, 배경을 갖추고 있다.
② 갈등의 흐름에 따라 사건이 전개된다.
③ 당시 사회의 모습을 반영하기도 한다.
④ 함축적 의미를 지닌 언어로 표현한다.
⑤ 작가가 상상력을 발휘하여 지어낸 이야기이다.

02 (가)의 구성 단계에 대한 설명으로 알맞은 것은?

① 인물과 배경이 제시되는 '발단'이다.
② 갈등이 시작되고 사건이 발전되는 '전개'이다.
③ 긴장감과 위기감이 조성되고 갈등이 심화되는 '위기'이다.
④ 갈등이 최고조에 이르며 갈등 해결의 실마리가 제공되는 '절정'이다.
⑤ 갈등이 해소되고 사건이 마무리되는 '결말'이다.

✏️ 서술형

03 〈보기〉의 밑줄 친 부분이 잘 드러나는 문장을 (라)에 서 찾아 쓰시오.

┤보기├
　작가는 도시화·산업화 과정에서 돈을 벌러 서 울에 온 순수한 소년인 '수남'의 눈을 통해 <u>물질적 이익만을 추구하는 도시 사람들의 이기적인 태도 를 비판</u>한다.

04 ㉠~㉤에 대한 설명으로 적절하지 <u>않은</u> 것은?

① ㉠: '수남'의 순수한 성격을 간접적으로 제시한다.
② ㉡: '수남'은 '주인 영감'에게 혹사당하는 것을 모 르고 충성을 다한다.
③ ㉢: '주인 영감'은 '수남'의 시험에 관심이 없다.
④ ㉣: '수남'은 공부를 하기 위해 일찍 일어난다.
⑤ ㉤: '수남'에게 불길한 사건이 벌어질 것을 암시 한다.

05~08 다음 글을 읽고, 물음에 답하시오.

가 그래도 오늘은 바람이 유난해서 조심하느라 형광 램프 상자를 밧줄로 꼼꼼히 묶는다. 주인 영감님까지 묶는 걸 거들어 주면서, / "인석아, 까불지 말고 조심해. 사고 내 가지고 누구 못할 노릇 시키지 말고."

오늘 장사가 좀 잘 안돼서 그런지 말씨가 퉁명스럽긴 했지만, 나쁜 말은 아닌데도 수남이는 고깝게 듣는다.

꼭 네깐 놈 다칠 게 걱정이 아니라 나 손해 볼 게 겁난다는 소리로 들린다.

나 "인마, 네놈의 자전거가 쓰러지면서 내 차를 들이받았단 말이야. 이런 고급 차를 말이야. 이런 미련한 놈, 왜 눈은 째려, 째리긴. 그러니 내 차에 흠이 안 나고 배겼겠냐. 내 차는 인마, 여자들 손톱만 살짝 닿아도 생채기가 나는 고급 차야 인마, 알간?"

그러고는 거울처럼 티 하나 없이 번들대는 차체를 면밀히 훑어보더니 "그러면 그렇지." 하고 환성을 질렀다. 아마 생채기를 찾아낸 모양이다. / "일은 컸다. 인마, 칠만 살짝 긁혔어도 또 모르겠는데 여 봐라, 여기가 이렇게 우그러지기까지 했으니 일은 컸다, 컸어."

다 꼭 오늘 재수 옴 붙은 일이 날 것 같더라만 이런 끔찍한 일이 일어나고 말았구나. 울음이 왈칵 솟구친다. 그러자 제 얼굴도, 차체의 흠도 아무 것도 안 보이고 온 세상이 부옇게 흐려 보일 뿐이다.

ㄱ"울긴, 인마. 너 한 달에 얼마나 버냐?"

신사의 목청이 다분히 누그러지며 목소리에 연민이 담긴 것을 수남이는 재빨리 알아차린다. 그러자 흑흑 소리까지 내어 운다.

"울긴 짜아식, 할 수 없다. ㄴ너나 나나 오늘 재수 옴 붙은 걸로 치고 반반씩 손해 보자. 오천 원만 내."

수남이는 너무 놀라 울음까지 끄르륵 삼키고 신사를 쳐다본다.

라 "안 되겠네. 요런 악질 깡패 녀석하고 시비해 봤댔자 공연히 시간만 낭비니, 자네 자물쇠 하나 마련해다 주게. 이 녀석 자전걸 잡아 놓기로 하세. 언제든지 오천 원 가져와서 찾아가라고." / 그러고는 주머니에서 오백 원짜리를 한 장 꺼내서 운전사에게 주는 것이었다. 수남이로서는 전혀 예기치 못했던 사태였다.

05 (가)에서 알 수 있는 '주인 영감'의 성격으로 적절한 것은?

① 대범하고 호탕하다.
② 사려 깊고 신중하다.
③ 이기적이고 욕심 사납다.
④ 유쾌하고 동료애가 강하다.
⑤ 악착같고 판단력이 뛰어나다.

06 (나)~(라)에서 '수남'과 '신사'가 갈등하는 원인으로 알맞은 것은?

① '수남'이 '신사'의 일을 방해해서
② '수남'이 '신사'에게 무례하게 굴어서
③ '신사'가 '수남'의 자전거를 망가뜨려서
④ '신사'가 '수남'에게 물건 대금을 주지 않아서
⑤ '수남'의 자전거가 '신사'의 차에 흠집을 내어서

✏ 서술형

07 '신사'가 ㄱ과 같이 말한 까닭을 한 문장으로 쓰시오.

┌─ 조건 ─────────────────────
│ ① '신사'의 심리 상태를 밝힐 것
│ ② '~ 때문이다.'의 한 문장으로 쓸 것
└────────────────────────────

08 ㄴ에 대한 '수남'의 반응으로 가장 적절한 것은?

① 오천 원만 받으신다니 너그러운 분이구나.
② '주인 영감님'께 말씀 드리면 해결해 주실 거야.
③ 사고는 전적으로 내 탓이니 어떻게든 구해 봐야지.
④ 아무 잘못도 없는 나에게 자동차 수리비를 핑계로 사기를 치려 하네.
⑤ 운전사도 있는 저 정도 고급 차의 주인이면 부자일 텐데 야박하기도 해.

09~12 다음 글을 읽고, 물음에 답하시오.

가 수남이는 자전거를 마치 검부러기처럼 가볍게 옆구리에 끼고 질풍같이 달렸다.

정말이지 조금도 안 무거웠다. 타고 달릴 때보다 더 신나게 달렸다. 달리면서 마치 오래 참았던 오줌을 시원스레 내깔기는 듯한 쾌감까지 느꼈다.

나 "인마, 말을 해. 무슨 일이야? 네놈 꼴이 영락없이 도둑놈 꼴이다, 인마."

도둑놈 꼴이라는 소리가 수남이의 가슴에 가시처럼 걸린다. 수남이는 겨우 숨을 가라앉히고 자초지종을 주인 영감님께 고해바친다. 다 듣고 난 주인 영감님은 무엇이 그리 좋은지 무릎을 치면서 통쾌해한다.

"잘했다, 잘했어. 만날 촌놈인 줄만 알았더니 제법인데, 제법이야." / 그러고는 가게에서 쓰는 드라이버니 펜치를 가지고 자전거에 채운 자물쇠를 분해하기 시작한다. 엎드려서 그 짓을 하고 있는 주인 영감님이 수남이의 눈에 흡사 도둑놈 두목 같아 보여 속으로 정이 떨어진다. 주인 영감님 얼굴이 누런 똥빛인 것조차 지금 깨달은 것 같아 속이 메스껍다.

다 수남이는 드디어 어느 날 형이 그랬던 것처럼 서울 가서 돈 벌어 오겠다고 집을 나섰다. 아버지는 말리지 않았다. 문지방을 짚고 일어나 앉아서 띄엄띄엄 수남이를 타일렀다.

"무슨 짓을 하든지 그저 도둑질을 하지 마라, 알았쟈."

㉠그런데 도둑질을 하고 만 것이다. 하지만 수남이는 스스로 그것을 결코 도둑질이 아니었다고 변명을 한다.

그런데 왜 그때, 그렇게 떨리고 무서우면서도 짜릿하니 기분이 좋았던 것인가? 문제는 그때의 그 쾌감이었다. 자기 내부에 도사린 부도덕성이었다.

라 소년은 아버지가 그리웠다. 도덕적으로 자기를 견제해 줄 어른이 그리웠다. 주인 영감님은 자기가 한 짓을 나무라기는커녕 손해 안 난 것만 좋아서 "오늘 운 텄다."라고 좋아하지 않았던가.

수남이는 짐을 꾸렸다. 아아, 내일도 바람이 불었으면. 바람이 물결치는 보리밭을 보았으면.

마침내 결심을 굳힌 수남이의 얼굴은 누런 똥빛이 말끔히 가시고, 소년다운 청순함으로 빛났다.

09 이 글의 내용과 일치하는 것은?
① '수남'은 '주인 영감'의 본모습을 알게 되었다.
② '수남'의 형은 '수남'에게 도둑이 되지 말라고 당부했다.
③ '주인 영감'은 '수남'이 한 일을 도둑질이라고 생각한다.
④ '주인 영감'이 '수남'에게 자전거를 들고 도망치라고 시켰다.
⑤ '수남'은 자기를 잡으러 올 순경을 피해 고향에 가기로 결심한다.

10 이 글에 나타난 갈등 양상을 바르게 이해한 것은?
① '수남'은 자신에게 주어진 운명과 갈등한다.
② '신사'와 '주인 영감'이 '수남'을 두고 갈등한다.
③ '주인 영감'은 물질적 가치와 도덕적 가치 사이에서 갈등한다.
④ '아버지'는 '수남'의 입장을 대변하면서 '주인 영감'과 갈등한다.
⑤ '수남'은 '주인 영감'과 '아버지'로 대변되는 가치관 사이에서 내적 갈등을 한다.

11 ㉠의 의미로 알맞은 것은?
① '수남'은 '주인 영감'을 배신하였다.
② '수남'은 '아버지'의 말씀을 잘 따랐다.
③ '수남'은 '수남'의 형의 행동을 부러워했다.
④ '수남'은 '신사'의 자동차 수리비를 훔쳤다.
⑤ '수남'은 '신사'에게 정당한 대가를 치르지 않았다.

✏️ 서술형

12 〈보기〉의 설명에 해당하는 문장을 (라)에서 찾아 쓰시오.

┌─ 보기 ─────────────────────┐
'수남'이 잃어버린 도덕성을 회복하였음을 보여 준다.
└───────────────────────────┘

서술형 문제

〔1〕 갈등하는 삶

01~10 다음 글을 읽고, 물음에 답하시오.

가 그래도 수남이는 혹사당하고 있다는 억울한 생각 같은 것은 전혀 없다. 어쩌다 남들이 영감님에게, / "꼬마 혼자 데리고 벅차시겠습니다. 좀 큰 애 하나 더 쓰셔야죠." / ⊙영감님은 그런 소리를 제일 싫어한다. 벌레라도 씹어 먹은 듯이 이상야릇한 얼굴로 상대방을 흘겨보며,

"누가 뭐 사람 더 쓰기 싫어 안 쓰나. 어디 사람 같은 놈이 있어야 말이지. 깡패 놈이라도 걸려들어 봐. 우리 수남이가 물든다고. 이런 순진한 놈일수록 구정물 들기 쉽거든." / 얼마나 고마운 주인 영감님인가.

나 "인마, 네놈의 자전거가 쓰러지면서 내 차를 들이받았단 말이야. 이런 고급 차를 말이야. 이런 미련한 놈, 왜 눈은 째려, 째리긴. 그러니 내 차에 흠이 안 나고 배겼겠냐. 내 차는 인마, 여자들 손톱만 살짝 닿아도 생채기가 나는 고급 차야 인마, 알간?" / 그러고는 거울처럼 티 하나 없이 번들대는 차체를 면밀히 훑어보더니 "그러면 그렇지." 하고 환성을 질렀다. 아마 생채기를 찾아낸 모양이다.

다 "아니 욘석이 이제 보니 이런 큰일을 저지르고 그냥 내뺄 심사 아냐? 요런 악질 녀석 같으니라고."

신사의 표정은 은은히 감돌던 연민이 싹 가시고 점잖게 무표정해진다. 그러고는 옆에 섰던 운전사인 듯한 남자에게, / "안 되겠네. 요런 악질 깡패 녀석하고 시비해 봤댔자 공연히 시간만 낭비니, 자네 자물쇠 하나 마련해다 주게. 이 녀석 자전걸 잡아 놓기로 하세. 언제든지 오천 원 가져와서 찾아가라고."

라 그러자 모든 구경꾼이 수남이의 편이 되어 와글와글 외쳐 댔다.

"도망가라, 어서어서 자전거를 번쩍 들고 도망가라, 도망가라."

수남이는 자기편이 되어 준 이 많은 사람들을 도저히 배반할 수 없었다. 이상한 용기가 솟았다. 수남이는 자전거를 마치 검부러기처럼 가볍게 옆구리에 끼고 질풍같이 달렸다.

정말이지 조금도 안 무거웠다. 타고 달릴 때보다 더 신나게 달렸다. 달리면서 마치 오래 참았던 오줌을 시원스레 내깔기는 듯한 쾌감까지 느꼈다.

마 ⓒ낮에 내가 한 짓은 옳은 짓이었을까? 옳을 것도 없지만 나쁠 것은 또 뭔가. 자가용까지 있는 주제에 나 같은 아이에게 오천 원을 우려내려고 그렇게 간악하게 굴던 신사를 그 정도 골려 준 것이 뭐가 나쁜가? 그런데도 왜 무섭고 떨렸던가. 그때의 내 꼴이 어땠으면, 주인 영감님까지 "네놈 꼴이 꼭 도둑놈 꼴이다."라고 하였을까. / 그럼 내가 한 짓은 도둑질이었단 말인가. 그럼 나는 도둑질을 하면서 그렇게 기쁨을 느꼈더란 말인가.

바 소년은 아버지가 그리웠다. 도덕적으로 자기를 견제해 줄 어른이 그리웠다. 주인 영감님은 자기가 한 짓을 나무라기는커녕 손해 안 난 것만 좋아서 "오늘 운 텄다."라고 좋아하지 않았던가. / 수남이는 짐을 꾸렸다. 아아, 내일도 바람이 불었으면. 바람이 물결치는 보리밭을 보았으면. / 마침내 결심을 굳힌 수남이의 얼굴은 누런 똥빛이 말끔히 가시고, 소년다운 청순함으로 빛났다.

1단계 단답식 서술형 문제

01 (가)~(바) 중, '수남'의 마음속 갈등이 최고조에 이르는 문단을 찾아 쓰시오. [5점]

02 (가)를 통해 알 수 있는 '수남'의 성격을 (가)에 쓰인 한 단어로 쓰시오. [5점]

03 (나)에서 '신사'와 '수남'이 갈등하게 된 직접적인 원인을 찾아 세 글자로 쓰시오. [5점]

04 〈보기〉의 내용에 해당하는 문장을 (라)에서 찾아 쓰시오. [5점]

> **보기**
> 자신의 부도덕한 행동을 합리화하는 '수남'의 심리가 드러난다.

05 '수남'에게 '아버지'는 어떤 의미를 지닌 존재인지 (바)에서 찾아 5어절로 쓰시오. [5점]

3단계 고난도 서술형 문제

06 ㉠의 이유를 쓰시오. [15점]

> **조건** ① '주인 영감'의 말에서 그 속셈을 파악하여
> 쓸 것
> ② '~ 때문이다.' 형식의 한 문장으로 쓸 것

09 〈보기〉를 참고하여, 이 글의 작가가 궁극적으로 말하고자 한 바는 무엇인지 서술하시오. [20점]

> **보기**
> 이 소설의 시대적 배경은 경제 개발이 활발하게 전개되던 1970년대이다. 당시는 산업화, 도시화가 급속하게 진행되면서 점차 물질적인 가치를 중시하는 사회 분위기가 널리 퍼졌다.

> **조건** ① '수남'의 갈등 해결 방법을 밝힐 것
> ② 한 문장으로 쓸 것

07 ㉡이 의미하는 바를 쓰시오. [10점]

> **조건** ① '~일' 형태의 4어절로 쓸 것

10 (다), (라)에 나타난 갈등 상황에서 자신이 '수남'이었다면 어떤 결정을 내렸을지 타당한 근거를 들어 서술하시오. [20점]

> **조건** ① 자신이 선택할 해결 방법을 밝히고, 그에
> 대한 타당한 근거를 들 것
> ② '~(으)ㄹ 것이다. 왜냐하면 ~기 때문이
> 다.'의 형식으로 쓸 것

08 〈보기〉는 이 글에 나타나는 서술자의 특징이다. 〈보기〉를 참고하여 이 글의 시점(ⓐ)을 쓰고, 이 시점으로 이야기를 서술할 때 얻을 수 있는 효과(ⓑ)를 쓰시오. [10점]

> **보기**
> • 서술자가 신(神)과 같은 입장에서 서술함.
> • 서술자가 등장인물의 행동과 심리 상태를 모두 파악하고 있음.

> **조건** ① 시점의 효과를 '인물의 갈등'과 연관 지어
> 쓸 것

만점 마무리 〔2〕 배려하며 말하기

◆ 활동 의도

일상생활에서의 자신의 말하기 태도를 되돌아보며 언어폭력의 문제점을 인식하고 상대를 배려하며 말하는 방법을 생각해 보도록 한다. 또한 말하기 태도가 갈등에 미치는 영향을 살펴보고 이러한 갈등을 해결하기 위해 서로 갖추어야 할 태도가 무엇인지 생각해 보도록 한다.

◆ 활동 목표

• 언어폭력이 우리에게 미치는 영향 이해하기
• 다른 사람과 대화를 나눌 때 지녀야 할 태도 생각해 보기
• 말하기 태도가 인간관계에 미치는 영향 이해하기
• 자신의 언어생활 돌아보기

◆ 활동 요약

언어폭력이 우리에게 미치는 영향 이해하기
긍정적인 말과 부정적인 말의 영향력을 실험한 결과를 보고 언어폭력이 우리에게 미치는 영향을 알아봄.

다른 사람과 대화를 나눌 때 지켜야 할 태도 생각해 보기
올바른 말하기 태도를 생각해 봄.

말하기 태도가 인간관계에 미치는 영향 이해하기
드라마의 한 장면을 통해 말하기 태도가 인간관계에 미치는 영향을 살펴보면서 올바른 말하기 태도의 중요성을 생각해 봄.

자신의 언어생활 돌아보기
신문 기사를 참고하여 자신의 언어생활을 객관적으로 돌아봄.

◇ 언어폭력의 개념과 언어폭력이 우리에게 미치는 영향

언어폭력의 개념	다른 사람을 위협하거나 조롱하는 말, 욕설이나 험담과 같이 상대에게 상처를 줄 수 있는 말을 하는 것

언어폭력이 미치는 영향	• 상대를 불쾌하게 할 수 있고, 사용하는 사람의 말과 행동도 거칠고 공격적으로 만들 수 있는 등 건강한 인간관계를 해침. • 언어폭력이 심각할 경우 개인의 삶까지도 파괴할 수 있으며, 그 피해자가 나 자신이 될 수도 있음.

◇ 상대를 배려하며 말하는 방법과 효과

상대를 배려하며 말하는 방법	• 내가 부정적인 말을 듣는다면 어떤 기분일지 먼저 생각한 후 말하기 • 상대의 입장과 처지를 고려하여 말하기 • 상대를 존중하는 언어 표현을 사용하여 말하기 • 부정적인 말보다는 긍정적인 말 위주로 말하기 • 자기중심적인 생각에서 벗어나 상대의 관점에서 생각하기 • 부정적인 내용을 전해야 할 때에는 될 수 있는 대로 돌려 말하기

효과	• 대화를 원활하게 이어갈 수 있음. • 인간관계가 더욱 좋아지도록 만들어 줌.

◇ '옥림'과 '세리'의 말하기 태도와 그 태도가 관계에 미친 영향

'옥림'과 '세리'의 말하기 태도	말하기 태도가 관계에 미친 영향
상대의 기분을 배려하지 않고 서로의 실력이 부족하다며 비꼬듯이 말함.	• 서로의 실력을 비꼬는 말 때문에 감정이 나빠지면서 갈등이 더욱 심화됨. • 두 사람 모두 말하기 태도를 바꾸지 않는다면 앞으로 이 둘의 관계는 더 서먹해지고, 심하게는 절교를 할 수 있음.

◇ 자신의 언어생활에 대한 성찰

부정적인 말을 사용했을 때	말하는 이	• 말이 더욱 거칠어지고 행동 역시 공격적으로 변함. • 성격이나 표정도 안 좋아짐.
	듣는 이	• 기분이 나빠지고 오래 대화하고 싶지 않게 됨. • 역시 부정적인 말만 골라서 하게 됨.

바람직한 언어생활을 위해 해야 할 일	평소 비속어나 욕설 등의 공격적이고 폭력적인 언어를 순화한 말로 바꾸어 표현하고, 서로를 존중하는 언어를 사용함으로써 배려하며 말하는 태도를 길러야 함.

예상 적중 **소단원 평가** 〔2〕 배려하며 말하기

● 정답과 해설 33쪽

01~03 다음 글을 읽고, 물음에 답하시오.

가 얼마 전 텔레비전으로 한글날 특집 다큐멘터리를 봤다. 그 다큐멘터리에서 한 가지 실험을 보여 주었는데, 그 실험 결과가 매우 놀라웠다. 쌀밥을 두 군데의 그릇에 퍼 놓고 4주 동안 한쪽에는 '고맙습니다', '예쁘다' 등의 긍정적인 말을 들려주고, 다른 한쪽에는 '짜증나', '미워' 등의 부정적인 말을 들려준 후 그 변화를 관찰하는 실험이었다. 그런데 놀랍게도 긍정적인 말을 들려준 쪽에서는 하얗게 예쁜 곰팡이가 피고 구수한 누룩 냄새가 났지만, 부정적인 말을 들려준 쪽에서는 ⓒ거무스름한 곰팡이가 피고 심한 악취를 풍기는 것이다.

나 피아노가 무대 한가운데로 옮겨져 있다. 그 앞에 세리가 새침하게 앉아 있다. 옥림, 어이없어하며 세리를 바라본다.

옥림: 네 마음대로 무대를 바꾸면 어떡해?

세리: 너만 무대 중앙에 있으란 법 있니?

옥림: 피아노 가운데 놓고 드레스 입으면 없던 실력이 갑자기 생기냐? 차라리 뒤에 숨어 있는 게 나아.

세리: 그게 무슨 얘기야?

옥림: 연주나 잘하라고. 그것도 연주냐? 체르니 50번까지 쳤다는 거 다 거짓말이지?

세리: 너 보자 보자 하니까 웃긴다. 난 뭐 네 시가 좋아서 참은 줄 아니? 솔직히 말해 줘? (비웃으며) 허, 초등학생도 그 정도는 쓰겠다. 우정으로 가는 계단? 유치해서 정말…….

옥림: 뭐?

세리: 왜? 내 말이 틀렸어? 창피당하기 싫으면 그 우정인지 뭔지 하는 시나 다시 써.

옥림: 싫다. 너나 그 엉터리 연주하지 말고 다시 연습해 와.

세리: 어우, 쩍쩍 갈라지는 네 목소리는 얼마나 듣기 싫은지 알아?

옥림이와 세리, 서로 노려본다.

01 (가)의 실험에서 ⓒ의 원인이 될 수 <u>없는</u> 것은?

① 조롱이나 놀림

② 감탄이나 찬사

③ 트집이나 질책

④ 욕설이나 협박

⑤ 험담이나 독설

02 (나)의 대화 상황에 대한 이해로 바르지 <u>않은</u> 것은?

① 둘 다 깊게 생각하지 않고 말을 내뱉고 있어.

② 둘 다 서로의 실력을 깎아내리는 말을 하고 있어.

③ 상대의 비꼬는 말에 서로 감정적으로 대응하고 있네.

④ 상대의 기분을 배려하지 못한 말로 갈등이 심해졌어.

⑤ 자신의 이익에 따라 마음에 없는 말을 할 바에 침묵하는 게 나아.

03 〈보기〉는 (나)의 대화 이후 '옥림'과 '세리'가 관계 회복을 위해 나눈 대화이다. Ⓐ~Ⓔ에 들어가기에 적절하지 <u>않은</u> 내용은?

┤보기├

다음 날 점심시간, 옥림이는 교실 창밖을 멍하니 바라보고 있는 세리에게 다가간다.

옥림: Ⓐ_____

세리: Ⓑ_____

옥림: Ⓒ_____

세리: Ⓓ_____

옥림: Ⓔ_____

옥림이와 세리, 서로 바라보며 멋쩍은 듯이 웃는다.

① Ⓐ: 세리야, 어제는 내가 미안했어.

② Ⓑ: 아냐, 먼저 너와 이야기하지 않고 피아노를 옮겨서 미안해.

③ Ⓒ: 그래, 네 맘대로 무대 배치를 옮긴 건 좀 심했어.

④ Ⓓ: 네가 쓴 시가 유치하다고 한 것은 화나서 한 말이었어. 미안해.

⑤ Ⓔ: 나도 네 피아노 실력이 부족하다고 비꼬아서 미안해.

고득점 서술형 문제

〔2〕 배려하며 말하기

1단계 단답식 서술형 문제

01 다음 빈칸에 들어갈 알맞은 말을 쓰시오. [10점]

> 욕설이나 비난, 협박, 조롱 등의 ☐☐☐☐은 인간관계를 해칠 뿐만 아니라 개인의 삶까지도 파괴할 수 있다.

02 상대를 배려하며 말하는 태도가 필요한 이유를 한 가지 쓰시오. [10점]

2단계 기본형 서술형 문제

03~04 〈보기〉를 읽고, 물음에 답하시오.

> ┤보기├
>
> 옥림: 피아노 가운데 놓고 드레스 입으면 없던 실력이 갑자기 생기냐? 차라리 뒤에 숨어 있는 게 나아.
> 세리: 그게 무슨 얘기야?
> 옥림: 연주나 잘하라고. 그것도 연주냐? 체르니 50번까지 쳤다는 거 다 거짓말이지?
> 세리: 너 보자 보자 하니까 웃긴다. 난 뭐 네 시가 좋아서 참은 줄 아니? 솔직히 말해 줘? (비웃으며) 허, 초등학생도 그 정도는 쓰겠다. 우정으로 가는 계단? 유치해서 정말……

03 〈보기〉에 제시된 '옥림'과 '세리'의 대화 태도에 어떤 문제점이 있는지 한 문장으로 쓰시오. [15점]

04 〈보기〉의 대화가 두 사람의 관계에 미칠 영향(㉠)과 두 사람의 관계 회복을 위해 필요한 말하기 태도(㉡)를 쓰시오. [20점]

> 조건 ① ㉠과 ㉡을 각각 한 문장으로 쓸 것

---

05 ㉠과 같은 말을 들었을 때의 기분을 쓰고, 이를 바탕으로 〈보기〉의 실험이 시사하는 바를 쓰시오. [20점]

> ┤보기├
>
> 쌀밥을 두 군데의 그릇에 퍼 놓고 4주 동안 한쪽에는 '고맙습니다', '예쁘다' 등의 긍정적인 말을 들려주고, 다른 한쪽에는 ㉠'짜증 나', '미워' 등의 부정적인 말을 들려준 후 그 변화를 관찰하는 실험이었다. 그런데 놀랍게도 긍정적인 말을 들려준 쪽에서는 하얗게 예쁜 곰팡이가 피고 구수한 누룩 냄새가 났지만, 부정적인 말을 들려준 쪽에서는 거무스름한 곰팡이가 피고 심한 악취를 풍기는 것이다.

> 조건 ① 두 문장으로 나눠 쓰되, '따라서'로 연결하여 쓸 것

3단계 고난도 서술형 문제

06 〈보기〉를 읽고 얻을 수 있는 교훈을 서술하시오. [25점]

> ┤보기├
>
> 황희 정승이 젊었을 때, 하루는 길을 가다가 농부가 밭을 가는 것을 보았다. 그 농부는 누렁소와 검정소 두 마리로 밭을 갈고 있었는데, 황희 정승은 나무 그늘에 앉아 쉬면서 농부에게 물었다.
> "여보시오, 소 두 마리 모두 튼튼해 보이는데, 둘 중에 어느 소가 일을 더 잘하오?"
> 이 말을 들은 농부는 밭을 갈다 말고 황희 정승이 앉아 있는 곳으로 오는 것이었다. 그러고는 황희 정승의 귀에 대고 목소리를 낮추어 말했다.
> "검정소가 누렁소보다 낫습니다."
> "아니, 그냥 말해도 될 것을 귓속말로 하는 까닭이 무엇이오?"
> 그러자 농부는 이렇게 대답했다.
> "비록 짐승이지만 자기가 남보다 못하다고 하면 어찌 기분이 좋겠습니까?" – 작자 미상, 「누렁소와 검정소」

> 조건 ① 농부의 말하는 방법과 관련된 교훈을 쓸 것
> ② '–라.'로 끝나는 명령형의 한 문장으로 쓸 것

● 정답과 해설 33쪽

01~04 다음 글을 읽고, 물음에 답하시오.

가 아마 전선 가게 아저씨 손해가 대단했던 모양이다. 그래서 동정 삼아 그렇게 화를 내는 눈치다. 하긴 그런 일이 아니더라도 서울 사람들에게는 바람이 손톱만큼도 반가울 리가 없겠다. 바람의 의미를, 간판이 날아가는 횡액, 한없이 날아오는 먼지, 쓰레기 그것밖에 모르니까.

봄바람이 게으른 나무들에게, 잠든 뿌리들에게, 생경한 꽃망울들에게 얼마나 신기한 마술을 베풀고 지나갔나를 모르니까. 봄바람이 한차례 지나고 거짓말같이 화창하고 아늑하게 갠 날, 들판이나 산등성이에 있어 본 적이 없을 테니까.

수남이는 다시 한번 울고 싶도록 고독해진다.

나 "인석아, 까불지 말고 조심해. 사고 내 가지고 누구 못할 노릇 시키지 말고."

오늘 장사가 좀 잘 안돼서 그런지 말씨가 퉁명스럽긴 했지만, 나쁜 말은 아닌데도 수남이는 고깝게 듣는다.

꼭 네깐 놈 다칠 게 걱정이 아니라 나 손해 볼 게 겁난다는 소리로 들린다. / 수남이는 보통 때 같으면 "할아버지 다녀오겠습니다." 하고 신바람 나게, 그리고 붙임성 있게 외치고는 방긋 웃어 보이고 나서야 페달을 밟고 씽 달렸을 터인데, 오늘은 왠지 그래지지가 않는다. 아무 말 안 하고 자전거를 무거운 듯이 질질 끌다가 뭉기적 올라타면서 느릿느릿 페달을 젓는다.

다 "아유, 오늘 더럽게 장사 안된다."

××상회 주인은 니코틴이 새까맣게 달라붙은 이빨 안쪽을 드러내고 크게 하품을 한다. 돈을 빨리 안 주는 변명 같기도 하고, '인석아, 하루 종일 기다려 봐라, 누가 돈을 호락호락 내줄 줄 아니.' 하는 공갈 같기도 하다.

그러나 수남이는 들은 척도 안 하고 장승처럼 버티고 서 있다. 저런 수에 넘어가 호락호락 물러가면 주인 영감님에게 야단맞는 것도 맞는 거려니와, 앞으로 열 번도 넘게 헛걸음을 해야 수금을 끝마칠 수 있기 때문이다.

라 이럴 때 수남이는 이 세상에 장사꾼처럼 징그러운 족속이 또 있을까 싶은 생각이 나서 한숨이 절로 난다. 그러면서도 자기도 어느 틈에 장사꾼다운 징그러운 수를 쓰고 만다. / "오늘 물건 대금은 꼭 결제해 주셔야 돼요. 은행 막을 돈이란 말예요."

01 이 글의 서술자에 대해 바르게 설명한 것은?

① '수남'이 직접 자신의 이야기를 한다.
② 등장인물의 속마음을 모두 알고 있다.
③ 작품 속 주변 인물로 사건을 관찰해 들려준다.
④ 작품 밖에서 객관적인 상황만 관찰해 전달한다.
⑤ 주인공이 등장인물의 행동을 묘사해 보여 준다.

02 (가)에서 '수남'이 고독을 느낀 이유로 가장 적절한 것은?

① 고향에 있는 가족이 생각나서
② 아침부터 계속 바람이 심하게 불어서
③ 자기에게도 안 좋은 일이 일어날 것만 같아서
④ 전선 가게 아저씨가 손해 입은 것이 걱정되어서
⑤ 시골의 바람 부는 풍경을 아는 사람이 혼자뿐인 것 같아서

03 (나)에서 '수남'이 했을 법한 생각으로 알맞은 것은?

① 오늘 장사가 안돼서 큰일이네.
② 주인 영감님은 내 안전보다 돈이 먼저구나.
③ 바람이 불어도 난 자전거를 잘 타니 괜찮아.
④ 오늘 하루도 신바람 나게 열심히 달려 볼까?
⑤ 아차! 할아버지한테 인사하고 나오는 걸 잊었네.

서술형

04 (다), (라)에 나타난 갈등 양상을 다음과 같이 정리할 때, ⓐ와 ⓑ에 들어갈 말을 각각 한 문장으로 쓰시오.

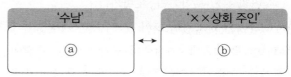

'수남'	↔	'××상회 주인'
ⓐ		ⓑ

05~08 다음 글을 읽고, 물음에 답하시오.

가 "인마, 네놈의 자전거가 쓰러지면서 내 차를 들이 받았단 말이야. 이런 고급 차를 말이야. 이런 미련한 놈, 왜 눈은 째려, 째리긴. 그러니 내 차에 흠이 안 나고 배겼겠냐. 내 차는 인마, 여자들 손톱만 살짝 닿아도 생채기가 나는 고급 차야 인마, 알간?"

그러고는 거울처럼 티 하나 없이 번들대는 차체를 면밀히 훑어보더니 "그러면 그렇지." 하고 환성을 질렀다. 아마 생채기를 찾아낸 모양이다.

나 "울긴, 인마. 너 한 달에 얼마나 버냐?"

신사의 목청이 다분히 누그러지며 목소리에 연민이 담긴 것을 수남이는 재빨리 알아차린다. 그러자 흑흑 소리까지 내어 운다.

"울긴 짜아식, 할 수 없다. 너나 나나 오늘 재수 옴 붙은 걸로 치고 반반씩 손해 보자. 오천 원만 내."

다 신사는 다시 네놈은 쳐다보기도 싫다는 듯이 수남이를 전혀 상대 안 하고, 묵묵히 자전거 바퀴에다 자물쇠를 채우고, 앞에 빌딩을 가리키면서,

"나 저기 306호실에 있으니까 돈 오천 원 갖고 와. 그러면 열쇠 내줄 테니." / 하고는 수남이를 힐끗 흘겨보고 유유히 빌딩 속으로 사라져 갔다.

라 누군가가 나직이 속삭였다.

┌ "토껴라 토껴. 그까짓 것 갖고 토껴라."

그것은 악마의 속삭임처럼 은밀하고 감미로웠다. 수남이의 가슴은 크게 뛰었다. 이번에는 좀 더 점잖고 어른스러운 소리가 나섰다.

[A] "그래라, 그래. 그까짓 거 들고 도망가렴. 뒷일은 우리가 감당할게."

그러자 모든 구경꾼이 수남이의 편이 되어 와글와글 외쳐 댔다. / "도망가라, 어서어서 자전거를 └ 번쩍 들고 도망가라, 도망가라."

수남이는 자기편이 되어 준 이 많은 사람들을 도저히 배반할 수 없었다. 이상한 용기가 솟았다. 수남이는 자전거를 마치 검부러기처럼 가볍게 옆구리에 끼고 질풍같이 달렸다. / 정말이지 조금도 안 무거웠다. 타고 달릴 때보다 더 신나게 달렸다. 달리면서 마치 오래 참았던 오줌을 시원스레 내깔기는 듯한 쾌감까지 느꼈다.

05 '수남'의 심리 변화를 추측한 내용으로 알맞은 것은?

① 의아함 → 원망 → 안심
② 실망함 → 허탈함 → 당황함
③ 궁금함 → 당황함 → 허탈함
④ 미안함 → 난처함 → 어이없음
⑤ 당혹스러움 → 걱정 → 해방감

06 〈보기〉에서 설명하고 있는 소재로 알맞은 것은?

┤보기├
　　인물 간의 갈등을 유발하는 동시에 주인공인 '수남'의 갈등을 일시적으로 해소하는 역할을 한다.

① 자전거　　② 고급 차　　③ 자물쇠
④ 구경꾼　　⑤ 돈 오천 원

✏️ 고난도 서술형

07 이 글에 나타난 주된 갈등 양상을 쓰고, 갈등을 해결하기 위해 선택한 방법을 쓰시오.

조건
① 인물별로 갈등을 해결하기 위해 한 노력을 쓸 것

08 이 글을 영화로 제작한다고 할 때, [A]에 효과적으로 사용할 수 있는 촬영 기법으로 가장 적절한 것은?

① F.I.: 화면이 점점 밝아지는 것
② F.O.: 화면이 점점 어두워지는 것
③ C.U.: 배경이나 인물의 일부를 확대하여 화면에 크게 나타내는 것
④ 몽타주: 따로따로 촬영한 화면을 적절하게 떼어 붙여서 새로운 장면으로 만드는 것
⑤ 내레이션: 장면의 내용이나 줄거리를 화면 밖에서 해설하는 것

09~12 다음 글을 읽고, 물음에 답하시오.

가 "인마, 말을 해. 무슨 일이야? ㉠네놈 꼴이 영락없이 도둑놈 꼴이다, 인마."

도둑놈 꼴이라는 소리가 수남이의 가슴에 가시처럼 걸린다. 수남이는 겨우 숨을 가라앉히고 자초지종을 주인 영감님께 고해바친다. 다 듣고 난 주인 영감님은 무엇이 그리 좋은지 무릎을 치면서 통쾌해한다.

㉡"잘했다, 잘했어. 만날 촌놈인 줄만 알았더니 제법인데, 제법이야." / 그러고는 가게에서 쓰는 드라이버니 펜치를 가지고 자전거에 채운 자물쇠를 분해하기 시작한다. 엎드려서 그 짓을 하고 있는 주인 영감님이 수남이의 눈에 흡사 도둑놈 두목 같아 보여 속으로 정이 떨어진다. 주인 영감님 얼굴이 누런 똥빛인 것조차 지금 깨달은 것 같아 속이 메스껍다.

나 ㉢"네놈 오늘 운 텄다."

그러고는 수남이의 머리를 쓰다듬고 볼과 턱을 두둑한 손으로 귀여운 듯이 감싼다. 영감님이 기분이 좋을 때면 수남이에 대한 애정의 표시로 으레 그렇게 했었고, ⓐ수남이도 그걸 좋아했었다.

그런데 오늘은 싫다. ⓑ영감님의 손이 싫다. 그것이 운 트기는커녕 재수 옴 붙었다는 생각이 여전하고, 수남이는 그날 온종일 우울했다.

다 ㉣낮에 내가 한 짓은 옳은 짓이었을까? 옳을 것도 없지만 나쁠 것은 또 뭔가. 자가용까지 있는 주제에 나 같은 아이에게 오천 원을 우려내려고 그렇게 간악하게 굴던 신사를 그 정도 골려 준 것이 뭐가 나쁜가? 그런데도 왜 무섭고 떨렸던가. 그때의 내 꼴이 어땠으면, 주인 영감님까지 "네놈 꼴이 꼭 도둑놈 꼴이다."라고 하였을까.

그럼 내가 한 짓은 도둑질이었단 말인가. 그럼 나는 도둑질을 하면서 그렇게 기쁨을 느꼈더란 말인가.

수남이는 몸을 부르르 떨면서 낮에 자전거를 갖고 달리면서 맛본 공포와 함께 그 까닭 모를 쾌감을 회상한다. 마치 참았던 오줌을 내깔길 때처럼 무거운 억압이 갑자기 풀리면서 전신이 날아갈 듯이 가벼워지는 그 상쾌한 해방감 — 한번 맛보면 도저히 잊힐 것 같지 않은 그 짙은 쾌감, ㉤아아 도둑질하면서도 나는 죄책감보다는 쾌감을 더 짙게 느꼈던 것이다.

09 (가), (나)에 대한 설명으로 알맞은 것은?
① 과거를 회상하는 형식으로 서술하고 있다.
② 자연물을 의인화하여 인간 사회를 고발하고 있다.
③ 사투리의 사용으로 사건 전개에 현장감과 사실감을 부여하고 있다.
④ 소년의 눈으로 물질적 이익을 중시하는 비도덕적인 인물을 비판하고 있다.
⑤ 주인공이 자신을 둘러싼 갈등을 해결하기 위해 여러 가지 방법을 시도하고 있다.

10 (다)에 나타난 갈등 유형과 같은 것은?
① 극심한 가뭄으로 한해 벼농사를 망친 농부
② 첩의 자식이라 호부호형을 하지 못하는 '길동'
③ 복장을 규제하는 학교와 복장 자율을 원하는 학생
④ 점심시간에 잠을 잘지, 밥을 먹을지 고민하는 회사원
⑤ 스마트폰을 갖고 싶은 초등학생과 사 주지 않겠다는 부모님

11 ㉠~㉤에 대한 설명으로 알맞지 <u>않은</u> 것은?
① ㉠: '수남'의 마음에 죄책감을 불러일으킨 말이다.
② ㉡: '수남'이 '주인 영감'의 실체를 깨닫는 계기가 된다.
③ ㉢: '수남'의 생각과 일치되는 반응이다.
④ ㉣: '수남'이 자신에게 질문을 던짐으로써 자신의 행동을 성찰한다.
⑤ ㉤: '수남'이 하루 종일 우울해하며 괴로워한 이유이다.

✎ 서술형
12 '수남'의 태도가 ⓐ에서 ⓑ와 같이 변한 까닭을 (가)의 내용을 바탕으로 쓰시오.

13~16 다음 글을 읽고, 물음에 답하시오.

가 수남이는 지금도 그날 밤 일이 생생하다. 그날 밤 형의 ㉠누런 똥빛 얼굴은 정말로 못 잊겠다. 꼭 악몽 같다.

다음 날 형은 읍내에서 온 순경한테 수갑이 채워져 붙들려 갔다. 형은 악을 써서 변명을 하며 갔다.

"2년 만에 빈손으로 집에 들어갈 수는 없었단 말야. 도저히 그럴 수는 없었단 말야."

그래서 읍내 양품점을 털어 돈과 물건을 훔친 것이다.

나 수남이는 드디어 어느 날 형이 그랬던 것처럼 서울 가서 돈 벌어 오겠다고 집을 나섰다. 아버지는 말리지 않았다. 문지방을 짚고 일어나 앉아서 띄엄띄엄 수남이를 타일렀다.

"무슨 짓을 하든지 그저 도둑질을 하지 마라, 알았쟈."

그런데 도둑질을 하고 만 것이다. 하지만 수남이는 스스로 그것을 결코 도둑질이 아니었다고 변명을 한다.

다 소년은 아버지가 그리웠다. 도덕적으로 자기를 견제해 줄 어른이 그리웠다. 주인 영감님은 자기가 한 짓을 나무라기는커녕 손해 안 난 것만 좋아서 "오늘 운 텄다."라고 좋아하지 않았던가.

수남이는 짐을 꾸렸다. 아아, 내일도 바람이 불었으면. 바람이 물결치는 보리밭을 보았으면.

마침내 결심을 굳힌 수남이의 얼굴은 ㉡누런 똥빛이 말끔히 가시고, 소년다운 청순함으로 빛났다.

라 길동은 방으로 들어가는 대신 어미 춘섬을 찾아가 통곡하며 말했다.

"어머니께서는 소자와 전생에 귀중한 인연이 있어 오늘날 모자지간이 되었습니다. 낳아 주시고 길러 주신 은혜는 하늘보다 더 큽니다. 사내대장부가 세상에 한 번 태어났으면, 모름지기 입신양명한 후 조상을 섬기고 부모의 은혜를 만분의 일이라도 갚아야 할 것입니다. 그런데 이 몸은 팔자가 사나운 까닭에 천하게 태어나 남의 천대나 받게 되었습니다. 하지만 대장부가 어찌 구차하게 근본에 얽매여 후회를 하겠습니까? 이 몸이 당당하게 조선국 병조 판서 대장인을 차고 이름난 장군이 되지 못할 바에야, ⓐ차라리 산중에 들어가 세상 영욕을 모르는 채 지내고자 합니다."

13 (가)~(다)의 내용과 일치하는 것은?
① '수남'이 '아버지'에게 기대하는 것은 위로뿐이다.
② '수남'은 도둑질한 죄로 순경한테 잡힌 적이 있다.
③ '아버지'는 서울로 돈 벌러 가겠다는 '수남'을 말렸다.
④ '주인 영감'은 '수남' 덕분에 잃어버린 양심을 되찾았다.
⑤ '수남'의 형은 떳떳하지 못한 방법으로 얻은 돈과 물건을 집에 가져왔다.

🖊️ 서술형

14 (가)~(다)에서 '수남'이 갈등을 해소하기 위해 선택한 방법을 한 문장으로 쓰시오.

조건
① '아버지'의 역할을 밝힐 것

15 ㉠과 ㉡에 대한 이해로 바르지 않은 것은?
① ㉠은 도둑질을 한 사실을 숨긴 형의 얼굴빛이야.
② ㉠은 남의 것을 탐한 탐욕스러운 마음을 나타내.
③ ㉡은 부도덕한 일을 저지른 '수남'의 얼굴빛이지.
④ ㉡이 사라지면서 '수남'은 본래의 순수함을 회복하게 돼.
⑤ ㉠과 ㉡을 통해 금전적 가치의 중요성을 말하고 있어.

16 (라)에서 '길동'이 ⓐ와 같이 말한 이유를 골라 바르게 묶은 것은?

ㄱ. 사람들이 자신의 능력을 시기해서
ㄴ. 입신양명에 대한 꿈을 이룰 수 없어서
ㄷ. 다른 사람들에게 천대를 받는 서러움 때문에
ㄹ. 자신의 한을 몰라주는 부모님이 원망스러워서

① ㄱ, ㄴ   ② ㄱ, ㄷ   ③ ㄴ, ㄷ
④ ㄴ, ㄹ   ⑤ ㄷ, ㄹ

17~19 다음 글을 읽고, 물음에 답하시오.

가 얼마 전 텔레비전으로 한글날 특집 다큐멘터리를 봤다. 그 다큐멘터리에서 한 가지 실험을 보여 주었는데, 그 실험 결과가 매우 놀라웠다. 쌀밥을 두 군데의 그릇에 퍼 놓고 4주 동안 한쪽에는 '고맙습니다', '예쁘다' 등의 긍정적인 말을 들려주고, 다른 한쪽에는 '짜증나', '미워' 등의 부정적인 말을 들려준 후 그 변화를 관찰하는 실험이었다. 그런데 놀랍게도 긍정적인 말을 들려준 쪽에서는 하얗게 예쁜 곰팡이가 피고 구수한 누룩 냄새가 났지만, 부정적인 말을 들려준 쪽에서는 거무스름한 곰팡이가 피고 심한 악취를 풍기는 것이다.

나 옥림: ㉠네 마음대로 무대를 바꾸면 어떡해?

세리: 너만 무대 중앙에 있으란 법 있니?

옥림: 피아노 가운데 놓고 드레스 입으면 없던 실력이 갑자기 생기냐? 차라리 뒤에 숨어 있는 게 나아.

세리: 그게 무슨 얘기야?

옥림: 연주나 잘하라고. 그것도 연주냐? 체르니 50번까지 쳤다는 거 다 거짓말이지?

세리: 너 보자 보자 하니까 웃긴다. 난 뭐 네 시가 좋아서 참은 줄 아니? 솔직히 말해 줘? (비웃으며) 허, 초등학생도 그 정도는 쓰겠다. 우정으로 가는 계단? 유치해서 정말…….

옥림: 뭐?

세리: 왜? 내 말이 틀렸어? 창피당하기 싫으면 그 우정인지 뭔지 하는 시나 다시 써.

옥림: 싫다. 너나 그 엉터리 연주하지 말고 다시 연습해 와.

세리: 어우, 쩍쩍 갈라지는 네 목소리는 얼마나 듣기 싫은지 알아?

옥림이와 세리, 서로 노려본다.

17 (가)의 실험 결과가 의미하는 바로 가장 알맞은 것은?

① 외래어를 우리말로 순화해 쓰도록 노력하자.
② 유용한 효소가 만들어지는 요건을 알아 두자.
③ 거친 말을 삼가고 긍정적인 말을 많이 사용하자.
④ 우리말을 바르게 쓰려면 맞춤법부터 정확히 알자.
⑤ 자신에 대한 부정적인 말도 긍정적으로 받아들이자.

18 '옥림'과 '세리'가 자신의 말하기 태도와 관련하여 (나)를 반성한 내용으로 적절하지 않은 것은?

① 옥림: 내가 세리의 기분을 배려하지 못했어.
② 옥림: 화가 나서 진심이 아닌 심한 말을 한 것 같아.
③ 옥림: 이번 기회에 세리의 연주 실력이 향상되면 좋지.
④ 세리: 내가 한 말 때문에 옥림이가 큰 상처를 받았을 거야.
⑤ 세리: 옥림이가 한 말 때문에 나도 욱해서 말한 거지, 진짜 옥림이의 시가 유치한 건 아닌데.

고난도 서술형

19 ㉠을 〈보기〉에서 설명하는 말하기 방식으로 바꿔 쓰시오.

┤보기├
'나 전달법'이란 '너'를 주어로 하여 상대의 행동을 표현하는 방법인 '너 전달법'과 달리 '나'를 주어로 하여 상대의 행동에 대한 자신의 생각과 감정을 표현하는 방법을 말한다. 예를 들어, "너는 어떻게 그런 말을 할 수 있니?"라고 말하는 것이 아니라, "그런 말을 하니까 내가 서운해."와 같이 표현하여 상대의 행동이 '나'에게 미칠 영향을 구체적이고 객관적으로 말하는 것이다.

조건
① 상대의 행동으로 내가 받은 느낌을 쓰고, 그에 대한 나의 제안을 '~면 좋겠어.'의 형식으로 쓸 것

20 일상생활에서 실천할 수 있는 바람직한 말하기 태도로 알맞지 않은 것은?

① 상대를 존중하는 언어 표현을 사용한다.
② 듣는 이의 입장과 처지를 고려하여 말한다.
③ 친밀감을 표현하기 위해 비속어를 사용한다.
④ 부정적인 말보다 긍정적인 말을 많이 사용한다.
⑤ 상대의 잘못을 지적해야 할 때에는 되도록 돌려 말한다.

실전에 강한
중간 · 기말고사 대비
모의고사

● 정답과 해설 35쪽

01~05 다음 시를 읽고, 물음에 답하시오.

| 1(1) 단원 |

가
밤하늘은
㉠ 별들의 운동장
오늘따라 별들 부산하게 바자닌다.
운동회를 벌였나
아득히 들리는 함성,
먼 곳에서 아슴푸레 빈 우레 소리 들리더니
<u>빗나간 야구공</u> 하나
쨍그랑
유리창을 깨고
또르르 지구로 떨어져 구른다.

나 꽃가루와 같이 부드러운 고양이의 털에
고운 봄의 향기가 어리우도다.

금방울과 같이 호동그란 고양이의 눈에
미친 봄의 불길이 흐르도다.

고요히 다물은 고양이의 입술에
㉡<u>포근한 봄의 졸음</u>이 떠돌아라.

날카롭게 쭉 뻗은 고양이의 수염에
푸른 봄의 생기가 뛰놀아라.

서술형

01 (가)의 밑줄 친 '빗나간 야구공'이 무엇을 비유한 표현인지 쓰시오.

02 (나)에서 봄의 특성을 드러내는 고양이의 모습으로 알맞지 <u>않은</u> 것은?

① 고양이의 털
② 고양이의 졸음
③ 고양이의 눈
④ 고양이의 입술
⑤ 고양이의 수염

03 (나)의 제목은 「봄은 고양이로다」이다. 이에 대한 반응으로 적절하지 <u>않은</u> 것은?

① '봄'을 '고양이'에 빗대어 '봄'의 느낌을 새롭게 표현했어.
② 이 제목을 통해 포근하고 따뜻한 '봄'의 분위기를 느낄 수 있어.
③ '봄'과 '고양이'의 특성을 바탕으로 두 대상의 공통점을 잘 찾아냈어.
④ 직유법을 활용해서 '봄'이라는 대상을 감각적이고 참신하게 표현했어.
⑤ '봄'과 '고양이'를 연결어 없이 '무엇은 무엇이다'의 형태로 결합하여 표현했어.

04 〈보기〉를 ㉠과 같이 바꾸어 썼을 때, 얻을 수 있는 효과로 가장 적절한 것은?

| 보기 |
밤하늘에는
수없이 많은 별이
오늘따라 더욱 반짝거리며 떠 있다.

① 규칙적인 운율이 잘 드러난다.
② 시구의 내용이 달라져서 주제에 변화가 생긴다.
③ 은유법, 의인법과 같은 비유적 표현이 사라진다.
④ 별들이 생기 있게 살아 움직이는 듯한 느낌이 잘 살아난다.
⑤ 반짝이는 별들이 가득한 밤하늘의 모습을 떠올리게 한다.

서술형

05 ㉡에 쓰인 심상을 쓰고, (나)에서 이와 동일한 심상이 쓰인 시행을 찾아 쓰시오.

06~09 다음 시를 읽고, 물음에 답하시오.

┤1(2) 단원 ├

가 우리가 눈발이라면
  허공에서 쭈빗쭈빗 흩날리는
  진눈깨비는 되지 말자
  세상이 바람 불고 춥고 어둡다 해도
  사람이 사는 마을
  가장 낮은 곳으로
  따뜻한 함박눈이 되어 내리자
  우리가 눈발이라면
  잠 못 든 이의 창문가에서는
  편지가 되고
  그이의 깊고 붉은 상처 위에 돋는
  새살이 되자

나 구름 빛이 좋다 하나 검기를 자주 한다.
  바람 소리 맑다 하나 그칠 적이 많구나.
  좋고도 그칠 때 없기는 물뿐인가 하노라.   – 제2수

  꽃은 무슨 일로 피면서 쉬이 지고
  풀은 어이하여 푸른 듯 누르느냐.
  아마도 변치 않는 것 바위뿐인가 하노라.   – 제3수

  작은 것이 높이 떠서 만물을 다 비추니
  밤중의 광명이 너만 한 이 또 있느냐.
  보고도 말 아니하니 내 벗인가 하노라.   – 제6수

06 (가)의 말하는 이가 추구하는 삶의 태도와 유사한 모습으로 가장 적절한 것은?

① 세상을 바꾸기 위해 대통령이 될 꿈을 키워 나간다.
② 어려운 환경에서도 기죽지 않고 꿋꿋하게 살아간다.
③ 산속에 혼자 들어가서 자연을 벗 삼아 유유자적하게 살아간다.
④ 동네에 홀로 사시는 할머니 댁을 정기적으로 방문해서 보살펴 드린다.
⑤ 원하는 시험에 합격하기 위해 외부와 소통하지 않고 밤낮으로 열심히 공부한다.

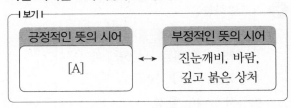

07 (가)의 시어들을 〈보기〉와 같이 정리할 때, [A]에 들어갈 시어를 모두 찾아 쓰시오.

┤보기├

긍정적인 뜻의 시어	부정적인 뜻의 시어
[A]	진눈깨비, 바람, 깊고 붉은 상처

08 (나)의 자연물을 활용하여 〈보기〉의 학생에게 해 줄 수 있는 조언으로 적절한 것은?

┤보기├

　나는 선생님이 되는 게 꿈이지만 요즘 공부하는 게 귀찮고 힘들어. 그래서 숙제도 잘 하지 않고 컴퓨터 게임만 해.

① '물'처럼 끊임없이 노력하는 태도를 길러 보렴.
② '물'처럼 정직하고 청렴한 태도를 본받아 보렴.
③ '달'처럼 타인을 포용하는 관대한 태도를 가지렴.
④ '달'처럼 보고도 말을 하지 않는 과묵한 태도를 지녀 보렴.
⑤ '바위'처럼 외부의 시련에 동요되지 말고 의연하게 행동해 보렴.

09 (나)의 제6수로 보아, 다음 중 의미하는 대상이 <u>다른</u> 하나는?

① 달　　　　　　　　② 너
③ 만물　　　　　　　④ 내 벗
⑤ 작은 것

10~14 다음 시를 읽고, 물음에 답하시오.
———————————————— 1(1), (2) 단원 |

가 ㉠밤하늘은
별들의 운동장
㉡오늘따라 별들 부산하게 바자닌다.
㉢운동회를 벌였나
아득히 들리는 함성,
㉣먼 곳에서 아슴푸레 빈 우레 소리 들리더니
빗나간 야구공 하나
쨍그랑
㉤유리창을 깨고
또르르 지구로 떨어져 구른다.

나 우리가 눈발이라면
허공에서 쭈빗쭈빗 흩날리는
ⓐ진눈깨비는 되지 말자
세상이 바람 불고 춥고 어둡다 해도
사람이 사는 마을
ⓑ가장 낮은 곳으로
따뜻한 함박눈이 되어 내리자
우리가 눈발이라면
ⓒ잠 못 든 이의 창문가에서는
편지가 되고
그이의 깊고 붉은 상처 위에 돋는
새살이 되자

다 구름 빛이 좋다 하나 검기를 자주 한다.
바람 소리 맑다 하나 그칠 적이 많구나.
좋고도 그칠 때 없기는 ⓓ물뿐인가 하노라.   – 제2수

ⓔ꽃은 무슨 일로 피면서 쉬이 지고
풀은 어이하여 푸른 듯 누르느냐.
아마도 변치 않는 것 바위뿐인가 하노라.   – 제3수

작은 것이 높이 떠서 만물을 다 비추니
밤중의 광명이 너만 한 이 또 있느냐.
보고도 말 아니하니 내 벗인가 하노라.   – 제6수

10 (가)~(다)에 대한 설명으로 알맞지 않은 것은?
① (가)는 다양한 비유법을 사용하여 대상을 생생하게 표현하고 있다.
② (나)는 상징적 의미가 대비되는 시어들을 통해 주제를 강조하고 있다.
③ (다)는 순우리말 시어를 사용하여 우리말의 아름다움을 잘 담아내고 있다.
④ (가)~(다) 모두 말하는 이가 바라는 삶의 모습이 나타나 있다.
⑤ (가)~(다)에 쓰인 표현 방법을 활용하면 자신의 생각을 효과적으로 표현할 수 있다.

11 ㉠~㉤ 중, '유성'이 나타나려는 순간을 청각적 심상을 활용하여 표현한 것은?
① ㉠   ② ㉡   ③ ㉢   ④ ㉣   ⑤ ㉤

12 (다)의 형식적 특징으로 적절하지 않은 것은?
① 한 행을 4음보로 끊어 읽는다.
② 3장 6구의 기본 형식을 보인다.
③ 종장의 첫 음보는 세 글자로 고정된다.
④ 규칙적인 운율이 겉으로 드러나는 정형시이다.
⑤ 중장과 종장이 규칙적으로 대구를 이루고 있다.

13 ⓐ~ⓔ의 의미로 알맞지 않은 것은?
① ⓐ: 어려운 이웃을 외면하는 존재
② ⓑ: 어렵고 소외된 사람들이 사는 곳
③ ⓒ: 현실의 어려움 때문에 고통받는 사람
④ ⓓ: 정직하고 청렴한 태도
⑤ ⓔ: 아름답게 피었다가 지는 인간의 삶

고난도 서술형

14 (나)의 '함박눈'과 〈보기〉의 '호랑이'가 지닌 상징의 차이점을 〈조건〉에 맞게 서술하시오.

보기

　호랑이는 우리 민족에게 공경과 두려움의 대상으로, 옛이야기와 그림 속에 자주 등장하는 친숙한 동물이다. 일반적으로 호랑이는 용맹과 지혜를 상징한다. 호랑이가 앞발로 공을 누르고 있는 모습은, 공을 지배하는 한국 축구의 기량과 한국 축구를 영원히 지켜 나가려는 의지를 표현한 것이다.

조건
① '문학적', '관습적'이란 말을 포함하여 서술할 것
② ''함박눈'은 ~(이)지만, 〈보기〉의 '호랑이'는 ~이다.' 형태의 문장으로 서술할 것

15 '자료를 찾으며 책 읽기'에 대한 설명으로 적절하지 <u>않은</u> 것은?

① 도서 분류법에서 사용하는 주제를 참고하면 책의 분야를 정하는 데 도움이 된다.
② 모르는 낱말이나 이해하기 어려운 내용은 작가에게 직접 문의하는 것이 좋다.
③ 책 읽기 경험을 나누면 서로 다른 감상을 주고받으며 감상의 폭을 넓힐 수 있다.
④ 책을 읽을 때는 책의 분량, 자신의 읽기 속도 등을 고려해서 읽기 계획을 세워야 한다.
⑤ 책을 읽으며 일지를 작성하면 내용을 더 오래 기억할 수 있고, 서평을 쓸 때도 도움이 된다.

16~17 다음 대화를 읽고, 물음에 답하시오.
──────────── 1(3) 단원

정우: 나는 서점에서 『고릴라는 핸드폰을 미워해』라는 책을 찾았어. 처음에는 제목이 흥미로워서 집어 들었는데, 차례를 보니 '빛 공해'뿐만 아니라 다양한 환경 문제를 자세히 다루고 있더라고.

지민: 나는 환경 전문가의 블로그에서 『지역 정치생태학: 환경 – 개발의 비판적 검토와 공동체 대안』이라는 책의 서평을 읽어 보았는데 환경에 대한 전문적인 내용이 잘 담겨 있는 것 같아. 이 책은 어떨까?

나라: 나도 그 블로그에서 서평을 읽어 봤는데, 어려운 낱말과 개념이 너무 많더라. 이 책은 우리에게 좀 어려울 것 같아.

준서: 나는 사서 선생님께 『내 머릿속에선 무슨 일이 벌어지고 있을까』라는 책을 추천받았어. 이 책 재미있을 것 같지 않니?

지민: 음……, 재미있을 것 같긴 해. 그런데 그 책은 우리가 찾기로 한 환경 분야가 아니잖아.

정우: 맞아. 우리는 환경 문제와 관련해 실천 방향까지 나온 책을 찾기로 했잖아.

나라: 그럼 정우가 골라 온 책으로 정하는 게 어때?

모두: 좋아!

16 이 대화의 내용과 일치하지 <u>않는</u> 것은?

① '정우'는 서점에서 책 제목과 차례를 살펴보았다.
② '준서'는 사서 선생님으로부터 재미있을 것 같은 책을 추천받았다.
③ '지민'은 인터넷 블로그에서 환경 전문가의 서평을 읽고 책을 골랐다.
④ 모둠 구성원들은 『고릴라는 핸드폰을 미워해』라는 책을 함께 읽기로 결정했다.
⑤ '나라'는 '지민'이 고른 책이 환경에 대한 전문적인 내용을 다루고 있어 적절하다고 생각했다.

서술형

17 이 대화의 내용을 참고하여 다음 빈칸에 들어갈 말을 3어절로 쓰시오.

책을 선정할 때에는 관심 분야, 읽기 수준, 읽기 목적 등과 같은 (　　　　　　　)을/를 마련하여 적합한 책을 골라야 한다.

18~21 다음 글을 읽고, 물음에 답하시오.

——————————————————————| 2(1) 단원 |

가 ㉠**관계는 첫인상부터 시작된다**

사람 사이의 모든 관계는 만남에서 시작된다. 만남 없는 관계란 있을 수 없고, 설사 있다 하더라도 극히 드물다. 다른 사람과 직접 얼굴을 마주하는 만남이 일반적이지만 전화나 전자 우편을 통한 만남도 얼마든지 있을 수 있다. 이러한 만남 가운데 가장 중요한 것은 첫 만남인데, 왜냐하면 사람들이 처음에 형성된 인상을 좀처럼 바꾸려 하지 않기 때문이다.

나 사람들은 왜 극히 제한된 정보로 형성된 첫인상을 바꾸려고 하지 않을까? 여기에는 여러 가지 원인이 있겠지만 가장 중요한 원인은 우리들 마음속에 있는 ㉡'가설 검증 바이어스'이다.

다 첫인상이 형성되고 난 다음에 사람들은 자신의 판단이 옳다는 것을 증명하는 정보만 선택적으로 받아들이고 자신이 내린 판단에 들어맞지 않는 정보는 무시하거나 쉽게 잊어버린다. 뚱뚱한 사람은 절제력이 부족하다고 생각하는 사람은 뚱뚱한 사람의 여러 행동 중에서 자기의 생각에 부합하는 것만 기억하고 나머지는 ㉢아예 무시해 버린다. 이 사람은 이러한 과정을 거듭하면서 자기의 생각이 옳다고 ㉣제멋대로 확신해 버린다. 이러한 현상을 사회 심리학에서는 '가설 검증 바이어스'라고 부른다.

라 ㉤이러한 '가설 검증 바이어스'는 첫인상뿐만 아니라 우리의 생활 전반에 영향을 미치고 있다. 혈액형에 따라 성격을 분류하는 '혈액형 성격학'이 들어맞는 것처럼 생각하는 주된 근거도 '가설 검증 바이어스'이다. 사람들은 상대의 혈액형에 부합한다고 생각하는 성격이나 행동만을 의도적으로 수집하고 또 그것들을 축적하여, 혈액형이 성격과 관련 있다고 믿는다.

마 첫인상은 여러 측면이 있을 수 있는 상대의 성격을 제한된 정보뿐인 자기의 잣대로 재단하여 마음대로 형성한 것이기에 위험하다. 이 모두가 '가설 검증 바이어스' 때문이라는 것은 두말할 필요가 없다. 따라서 우리는 '가설 검증 바이어스'를 버리고 지속적인 관계를 통해 상대의 실제 모습을 보아야 할 것이다.

18 이 글에 대한 설명으로 알맞지 <u>않은</u> 것은?

① 특정한 현상이 나타나는 원인을 밝히고 있다.

② '가설 검증 바이어스'의 개념을 설명하고 있다.

③ 구체적 사례를 들어 독자의 이해를 돕고 있다.

④ 글쓴이는 제한된 정보로 형성된 첫인상이 진실한 판단이라고 생각하고 있다.

⑤ 글쓴이는 사람들이 첫인상을 바꾸려 하지 않는 까닭을 '가설 검증 바이어스'에서 찾고 있다.

✎ 서술형

19 이 글의 글쓴이가 당부한 내용을 찾아 〈조건〉에 맞게 서술하시오.

┌─ 조건 ─────────────────────
① 이 글의 중심 소재를 포함하여 서술할 것
② '~ 한다.' 형태의 한 문장으로 서술할 것
└───────────────────────────

20 (마)를 읽고 〈보기〉와 같이 예측했다고 할 때, 다음 중 〈보기〉의 학생이 예측한 것은?

┌─ 보기 ─────────────────────
여진: 이 글을 읽은 독자들은 첫인상만으로 사람을 판단하지는 않을 것 같아.
└───────────────────────────

① 글의 구조　　　　② 이어질 내용

③ 낱말이나 문장의 뜻　④ 글쓴이의 의도

⑤ 글이 사회에 미칠 영향

21 ㉠~㉤을 읽고 예측한 내용으로 알맞지 <u>않은</u> 것은?

① ㉠: 글쓴이는 인간관계에서 첫인상이 어떤 역할을 하는지 설명하려는 의도로 이 글을 쓴 것 같아.

② ㉡: '바이어스'가 '편견'이라는 뜻이니 '가설 검증 바이어스'는 어떤 가설을 검증할 때 편견이 들어가는 현상을 말하는 것 같군.

③ ㉢: 이러한 표현으로 보아, 글쓴이는 '가설 검증 바이어스'를 부정적으로 생각하는 것 같아.

④ ㉣: 이러한 표현으로 보아, '가설 검증 바이어스'가 이론적 근거가 없다는 점을 말하려는 것 같아.

⑤ ㉤: 이 내용으로 보아, 일상에서 접할 수 있는 '가설 검증 바이어스'의 사례가 이어지겠구나.

22~25 다음 글을 읽고, 물음에 답하시오.

ㅣ2(2) 단원ㅣ

가 곧 시험이 있어 친구들과 도서관에 가기로 했다. 아침 일찍 일어나 밥을 먹고 도서관으로 갔다. 도서관으로 가는 길에 사나운 강아지를 봤다. 우리 집도 강아지를 키웠으면 좋겠다. 도서관에서 열심히 공부하다가 점심시간이 되어 식당에서 라면을 사 먹었다. 친구가 떡볶이를 먹는 걸 보니 라면을 먹은 것이 후회되었다. 나는 떡볶이를 좋아한다. 그래서 별명이 '떡순이'였다. 내 꿈은 요리사이다. 내가 만든 요리를 다른 사람이 맛있게 먹는 모습이 좋기 때문이다. 집에 가려고 도서관을 나섰는데 비가 내리고 있었다. 그런데 오빠가 우산을 들고 날 데리러 와서 집에 갈 수 있었다.

나 지민: 정우야, 너 이번 국어 수행 평가로 어떤 글을 쓸지 생각해 봤어?

정우: 응. 얼마 전 텔레비전에서 독도를 소개하는 여행 프로그램을 보았는데, 내가 생각보다 독도를 잘 몰랐다는 것을 알게 되었어. 그래서 이번 기회에 여러 자료를 수집해서 친구들에게 독도를 설명하는 글을 쓰려고 해.

지민: 오! 좋아. 그러고 보니, 독도는 우리나라 땅이라고 말하면서 정작 우리가 알고 있는 건 별로 없는 것 같아.

정우: 맞아. 그래서 이번에 열심히 준비해서 친구들에게 독도의 지리와 역사, 가치를 제대로 알리고 싶어.

다 텔레비전 다큐멘터리

태풍 같은 거센 파도는 새로운 손님을 데리고 오기도 합니다. 화려한 색깔로 치장한 열대 어종들(파랑돔, 청줄돔, 노랑자리돔, 거북복). 이 친구들은 따뜻한 남쪽 바다에서 난류를 타고 올라왔습니다. …… 난류와 한류가 만나는 나(독도)의 바다는 사시사철 손님이 끊이질 않습니다.

라 여러 단계의 화산 활동으로 만들어진 독도는 다양한 암석과 지형, 지질 구조가 있기 때문에 해저 화산의 성장과 진화의 과정을 보여 주는 사례로 가치가 있다. 또한 독도는 동해를 건너는 생물의 중간 서식지이자 지금까지 사람의 접근이 어려웠던 곳이다. ㉠바위섬인 독도는 비가 오면 빗물이 흘러내리기 때문에 식물이 살기 어렵다. 그래서 독도에서는 희귀한 생물들을 만날 수 있다.

22 (가)에 나타난 문제점으로 알맞지 **않은** 것은?

① 내용의 짜임이 유기적이지 않다.
② 한 편의 글에 너무 많은 내용이 담겨 있다.
③ 특정 사건만을 중심으로 내용을 서술하고 있다.
④ 글쓴이가 전하려는 바가 분명하게 드러나지 않는다.
⑤ 글의 내용이 하나의 주제로 긴밀하게 연결되지 않는다.

✎ 서술형

23 (나)에 나타난 '정우'의 글쓰기 계획을 〈보기〉와 같이 정리할 때, ⓐ와 ⓑ에 들어갈 내용을 각각 쓰시오.

ㅣ보기ㅣ

ⓐ	친구들에게 독도를 알리기 위해
예상 독자	중학생 친구들
주제	ⓑ
글의 종류	설명하는 글

24 내용 생성하기 단계에서, (다)의 자료를 활용할 수 있는 방안으로 적절한 것은?

① 독도의 지리적 특성을 설명하는 데 활용한다.
② 독도의 구성과 위치를 설명하는 데 활용한다.
③ 독도가 아주 오래전부터 우리나라의 영토였음을 설명하는 데 활용한다.
④ 국립 수산 과학원에서 독도 사진전을 개최할 것임을 안내하는 데 활용한다.
⑤ 사시사철 다양한 어류들이 사는 독도가 환경·생태학적 가치가 있음을 설명하는 데 활용한다.

25 ㉠을 삭제해야 하는 이유를 다음과 같이 정리할 때, 빈칸에 들어갈 말로 알맞은 것은?

(라)의 중심 내용은 독도의 환경·생태학적 가치이다. 그런데 ㉠은 이와 상반되는 내용이므로, 문단의 (　　　)을 깨뜨린다.

① 중립성　　② 통일성　　③ 계획성
④ 가독성　　⑤ 문학성

● 정답과 해설 36쪽

01~04 다음 시를 읽고, 물음에 답하시오.

──────────── 1(1) 단원

가 ㉠밤하늘은
별들의 운동장
ⓐ오늘따라 별들 부산하게 바자닌다.
운동회를 벌였나
아득히 들리는 함성,
ⓑ먼 곳에서 아슴푸레 빈 우레 소리 들리더니
빗나간 야구공 하나
쨍그랑
유리창을 깨고
또르르 지구로 떨어져 구른다.

나 꽃가루와 같이 부드러운 고양이의 털에
ⓒ고운 봄의 향기가 어리우도다.

금방울과 같이 호동그란 고양이의 눈에
미친 봄의 불길이 흐르도다.

고요히 다물은 고양이의 입술에
ⓓ포근한 봄의 졸음이 떠돌아라.

ⓔ날카롭게 쭉 뻗은 고양이의 수염에
푸른 봄의 생기가 뛰놀아라.

01 〈보기〉를 참고하여 (가)를 감상한 내용으로 적절하지 **않은** 것은?

┌─ 보기 ─────────────────────
│ (가)는 '밤하늘'의 아름다운 모습과 '유성'의 생동
│ 감을 노래한 작품이다.
└───────────────────────────

① 별들이 가득한 '밤하늘'을 생동감 있게 묘사하고
있다.
② 별들이 반짝이는 모습을 사람들이 분주히 오가
는 모습처럼 표현하고 있다.
③ '밤하늘'이 '운동장'이라면, '별들'은 '운동장에서
뛰어 노는 아이들'을 의미한다.
④ '빗나간 야구공 하나'는 별들 사이로 떨어지는
'유성'의 모습을 역동적으로 표현한 것이다.
⑤ 유리창을 깨고 떨어지는 야구공은 가고자 하는
곳에 도달할 수 없는 유성의 한계를 명확히 드러
내고 있다.

〔서술형〕

02 (가)를 창작하기 전에, 시인이 바라보았을 '밤하늘'의 모습을 〈조건〉에 맞게 서술하시오.

┌─ 조건 ─────────────────────
│ ① '~을 바라보았을 것이다.' 형태의 한 문장으로
│ 서술할 것
└───────────────────────────

03 ㉠과 〈보기〉의 밑줄 친 시행이 지닌 표현상의 공통점이 **아닌** 것은?

┌─ 보기 ─────────────────────
│ 내 마음은 호수요,
│ 그대 노 저어 오오.
│ 나는 그대의 흰 그림자를 안고, 옥같이
│ 그대의 뱃전에 부서지리라.
│   – 김동명, 「내 마음은」
└───────────────────────────

① 대상을 직접 설명하는 것보다 참신한 느낌을 준
다.
② '무엇은 무엇이다'의 형태로 두 대상을 연결어 없
이 나타낸 표현이다.
③ 사람이 아닌 것을 사람에 비겨 사람이 행동하는
것처럼 나타낸 표현이다.
④ 표현하려는 대상을 비슷한 특성이 있는 다른 대
상에 빗대어 나타낸 표현이다.
⑤ 대상을 구체화하여 나타냄으로써 표현하려는 바
를 보다 인상 깊고 생생하게 전달할 수 있다.

04 ⓐ~ⓔ에 쓰인 심상과 동일한 심상이 쓰이지 **않은** 시구는?

① ⓐ: 좁은 들길에 들장미 열매 붉어
② ⓑ: 그물로 쌀을 씻어 밥 짓는 냄새 나면
③ ⓒ: 꽃 피는 사월이면 진달래 향기
④ ⓓ: 따뜻한 함박눈이 되어 내리자
⑤ ⓔ: 햇빛도 그늘이 있어야 맑고 눈이 부시다

[05~08] 다음 시를 읽고, 물음에 답하시오.

—————————| 1(2) 단원 |

가 우리가 눈발이라면
　허공에서 쭈빗쭈빗 흩날리는
　진눈깨비는 되지 말자
　세상이 바람 불고 춥고 어둡다 해도
　사람이 사는 마을
　가장 낮은 곳으로
　따뜻한 함박눈이 되어 내리자
　우리가 눈발이라면
　잠 못 든 이의 창문가에서는
　편지가 되고
　그이의 깊고 붉은 상처 위에 돋는
　새살이 되자

나 구름 빛이 좋다 하나 검기를 자주 한다.
　바람 소리 맑다 하나 그칠 적이 많구나.
　좋고도 그칠 때 없기는 물뿐인가 하노라.　　– 제2수

　꽃은 무슨 일로 피면서 쉬이 지고
　풀은 어이하여 푸른 듯 누르느냐.
　아마도 변치 않는 것 바위뿐인가 하노라.　　– 제3수

　작은 것이 높이 떠서 만물을 다 비추니
　밤중의 광명이 너만 한 이 또 있느냐.
　보고도 말 아니하니 내 벗인가 하노라.　　– 제6수

05 (가)에 대한 설명으로 알맞지 <u>않은</u> 것은?
① '우리'를 '눈발'로 가정하여 시상을 전개하고 있다.
② 어둠과 밝음의 이미지 대비를 통해 현실에 대한 저항 의지를 드러내고 있다.
③ '-자'로 끝나는 청유형 문장을 반복하여 독자의 공감과 동참을 유도하고 있다.
④ 상징적 의미가 대비되는 시어를 통해 말하는 이의 바람을 효과적으로 드러내고 있다.
⑤ 고달픈 현실 속에서도 어려운 이웃과 더불어 따뜻하게 살아가야 한다는 주제를 담고 있다.

06 〈보기〉를 참고하여 (가)의 '진눈깨비'와 '함박눈'이 각각 어떤 사람을 상징하는지 쓰시오.

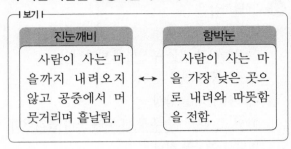

07 (나)의 말하는 이에 대한 설명으로 알맞지 <u>않은</u> 것은?
① 자연물이 지닌 특징을 예찬하고 있다.
② 자연물을 벗 삼아 살고 싶어 하는 마음을 드러내고 있다.
③ 자연물을 통해 자신이 바라는 삶의 태도를 드러내고 있다.
④ 자연물이 변화하는 모습을 자연스러운 삶의 이치로 생각하고 있다.
⑤ 자연물을 품성을 지닌 존재로 인식하여 마치 사람인 것처럼 표현하고 있다.

08 (나)에서 말하는 이가 긍정적으로 바라보는 자연물끼리 바르게 묶은 것은?
① 구름, 달
② 물, 바위, 달
③ 구름, 바람, 물
④ 물, 꽃, 풀, 바위, 달
⑤ 구름, 바람, 물, 꽃, 풀, 달

09~14 다음 시를 읽고, 물음에 답하시오.

─────────────────── | 1(1), (2) 단원 |

가 밤하늘은
    ⓐ별들의 운동장
    오늘따라 별들 부산하게 바자닌다.
    ┌─ 운동회를 벌였나
[A]
    └─ 아득히 들리는 함성,
    먼 곳에서 아슴푸레 빈 우레 소리 들리더니
    빗나간 야구공 하나
    쨍그랑
    유리창을 깨고
    또르르 지구로 떨어져 구른다.

나 꽃가루와 같이 부드러운 고양이의 털에
    고운 봄의 향기가 어리우도다.

    금방울과 같이 호동그란 고양이의 눈에
    미친 봄의 불길이 흐르도다.

    고요히 다물은 고양이의 입술에
    포근한 봄의 졸음이 떠돌아라.

    날카롭게 쭉 뻗은 고양이의 수염에
    푸른 봄의 생기가 뛰놀아라.

다 우리가 눈발이라면
    허공에서 쭈빗쭈빗 흩날리는
    진눈깨비는 되지 말자
    세상이 바람 불고 춥고 어둡다 해도
    사람이 사는 마을
    가장 낮은 곳으로
    따뜻한 ⓑ함박눈이 되어 내리자
    우리가 눈발이라면
    ㉠잠 못 든 이의 창문가에서는
    편지가 되고
    그이의 깊고 붉은 상처 위에 돋는
    새살이 되자

09 (가)의 [A]와 〈보기〉의 밑줄 친 부분의 공통점으로 알맞은 것은?

─┤보기├─
    송알송알 싸릿잎에 은구슬
    조롱조롱 거미줄에 옥구슬
    대롱대롱 풀잎마다 총총
    방긋 웃는 꽃잎마다 송송송

① 문장의 어순을 바꾸어 표현하였다.
② 무생물을 생물인 것처럼 표현하였다.
③ 사람이 아닌 것을 사람처럼 표현하였다.
④ 추상적인 관념을 구체적인 대상으로 표현하였다.
⑤ 비슷한 성질을 지닌 두 사물을 연결어를 사용하여 표현하였다.

10 (나)에 대한 설명으로 적절하지 <u>않은</u> 것은?
① 시선의 이동에 따라 시상이 전개되고 있다.
② '고양이'의 모습을 '봄'에 빗대어 나타내었다.
③ 봄의 분위기와 정서를 감각적으로 묘사하였다.
④ 동적인 이미지와 정적인 이미지를 조화롭게 배치하였다.
⑤ '-도다', '-아라'와 같은 어미를 반복하여 운율을 형성하고 있다.

11 (나)에 활용된 비유를 〈보기〉와 같이 나타낼 때, ㄱ과 ㄴ에 들어갈 시어를 바르게 묶은 것은?

─┤보기├─

원관념	공통점	보조 관념
고양이의 털	부드럽다	ㄱ
고양이의 눈	동그랗다	ㄴ

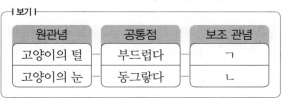

	ㄱ	ㄴ
①	꽃가루	금방울
②	꽃가루	봄의 향기
③	금방울	꽃가루
④	금방울	봄의 졸음
⑤	금방울	봄의 생기

12 (다)에서 말하는 이가 바라는 삶과 가장 거리가 먼 유형의 사람은?

① 독거노인이 많이 사는 동네에서 무료 급식을 나눠 주는 자원봉사자

② 국회 의원 출마를 앞두고 지지 기반을 다지기 위해 고아원을 방문한 정치인

③ 폐지를 팔아 모은 돈을 학교에 기부하여 형편이 어려운 학생에게 장학금을 준 할머니

④ 인도의 빈민을 위해 테레사의 집을 만들어 평생 고아들을 돌보며 살았던 테레사 수녀

⑤ 수단의 톤즈에서 병원이 없어 치료받지 못하는 가난한 사람들을 치료해 준 이태석 신부

✏️ 고난도 서술형

13 ㉠이 의미하는 내용을 〈조건〉에 맞게 서술하시오.

조건

① '잠 못 든 이', '편지'의 의미를 밝혀 서술할 것
② '~가 되자는 의미이다.' 형태의 한 문장으로 서술할 것

14 ⓐ와 ⓑ를 비교한 내용으로 적절하지 <u>않은</u> 것은?

① ⓐ는 비유적 표현이고, ⓑ는 상징적 표현이다.

② ⓐ에서는 감각적 이미지가 느껴지지만, ⓑ에서는 느껴지지 않는다.

③ ⓐ는 한 가지 의미로 해석되지만, ⓑ는 다양한 의미로 해석될 수 있다.

④ ⓐ의 원관념은 시에 드러나 있지만, ⓑ의 원관념은 시에 드러나 있지 않다.

⑤ ⓐ는 '밤하늘'을 나타내고 있고, ⓑ는 '위로, 격려, 희망' 등을 나타내고 있다.

15~16 다음 대화를 읽고, 물음에 답하시오.

—————————————————| 1⑶ 단원 |

준서: 우리가 국어 시간에 환경에 관한 책을 읽기로 했잖아. 책을 어떻게 고를까?

정우: 나는 서점에 가 볼게. 책의 차례와 내용을 직접 훑어볼 수 있으니 고르기 쉬울 것 같아.

나라: 난 우리 학교 도서관에 가서 찾아볼게.

준서: 그래? 나랑 같이 가자. 나는 사서 선생님께 책 추천을 부탁드려야겠어.

지민: 그럼, 나는 어떻게 고르지?

정우: 지민이는 인터넷으로 검색해 보는 게 어때? 새로운 책을 소개해 주는 신문 기사나 독자들이 블로그에 올린 서평을 찾아보는 것도 좋아.

지민: 알았어. 이렇게 분담하면 ㉠우리가 읽을 책을 다양하게 찾아볼 수 있겠다.

✏️ 서술형

15 이 대화의 중심 화제를 3어절로 쓰시오.

16 ㉠과 같은 과정을 마친 후, 모둠 구성원들이 해야 할 일로 알맞지 <u>않은</u> 것은?

① 함께 읽을 책의 분야를 선정한다.

② 함께 읽을 책을 선정하는 기준을 마련한다.

③ 선정한 책을 어떻게 읽을 것인지에 관한 구체적인 계획을 세운다.

④ 선정한 책을 읽으며 그날그날 읽은 부분에 대한 내용으로 일지를 작성한다.

⑤ 책을 읽으며 낯선 낱말이나 모르는 개념에 관한 자료를 도서관이나 인터넷에서 찾아본다.

17 자료를 찾으며 책을 읽기 위해 '일지'를 쓴다고 할 때, 포함되어야 할 항목으로 적절하지 <u>않은</u> 것은?

① 낯선 낱말

② 모르는 개념

③ 더 알고 싶은 내용

④ 새롭게 읽을 책의 내용과 그 까닭

⑤ 인상적인 부분(문장, 장면)과 그 까닭

18~21 다음 글을 읽고, 물음에 답하시오.

———————————————— 2(1) 단원 |

가 사람들이 첫인상을 형성할 때에 사용하는 정보는 대단히 제한적이다. 쓸 수 있는 정보라고는 기껏해야 상대의 얼굴 생김새, 체격, 키 등의 겉모습과 몸짓, 말투 정도이다. 하지만 이러한 정보만으로도 우리는 상대의 첫인상을 무리 없이 형성한다. 무리가 없는 정도가 아니라 첫인상만으로 상대의 성격뿐만 아니라 모든 것을 판단해 버린다.

나 사람들은 왜 극히 제한된 정보로 형성된 첫인상을 바꾸려고 하지 않을까? 여기에는 여러 가지 원인이 있겠지만 가장 중요한 원인은 우리들 마음속에 있는 '가설 검증 바이어스'이다.

다 첫인상이 형성되고 난 다음에 사람들은 자신의 판단이 옳다는 것을 증명하는 정보만 선택적으로 받아들이고 자신이 내린 판단에 들어맞지 않는 정보는 무시하거나 쉽게 잊어버린다. 뚱뚱한 사람은 절제력이 부족하다고 생각하는 사람은 뚱뚱한 사람의 여러 행동 중에서 자기의 생각에 부합하는 것만 기억하고 나머지는 아예 무시해 버린다. 이 사람은 이러한 과정을 거듭하면서 자기의 생각이 옳다고 제멋대로 확신해 버린다. 이러한 현상을 사회 심리학에서는 '가설 검증 바이어스'라고 부른다.

라 미국 국립 해양 대기청(NOAA)과 미국 국립 항공 우주국(NASA)에 따르면 2015년은 1880년 기상 관측이 시작된 이래 가장 더웠던 해로 분석되었다. 2015년

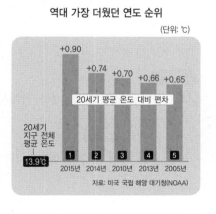

역대 가장 더웠던 연도 순위
자료: 미국 국립 해양 대기청(NOAA)

지구의 연평균 기온은 20세기 평균치인 13.9도보다 0.9도 높았고, 종전 최고치였던 2014년보다 0.16도 상승하였다. 그리고 지구의 연평균 기온이 높은 상위 15개 연도가 모조리 21세기일 정도로 지구의 연평균 기온은 계속 상승하는 추세를 보인다.

18 (가)~(라)를 예측하며 읽을 때의 효과가 <u>아닌</u> 것은?
① 집중하면서 글을 읽을 수 있다.
② 글에 대한 흥미를 높일 수 있다.
③ 글의 내용을 오래 기억할 수 있다.
④ 글의 내용을 완벽하게 예측할 수 있다.
⑤ 글의 내용을 깊이 있게 이해할 수 있다.

19 (가)~(다)를 읽으며 〈보기〉와 같이 예측했다고 할 때, 활용한 요소로 알맞은 것은?

┤보기├
　예전에 사람의 첫인상은 단 6초 만에 결정된다는 내용의 다큐멘터리를 본 적이 있어. 이 글도 사람들이 다른 사람의 첫인상을 쉽게 결정한다는 내용일까?

① 자신의 배경지식　　② 글에 나타난 정보
③ 차례에 드러난 정보　④ 글쓴이에 대한 정보
⑤ 책의 제목이나 표지에 드러난 정보

서술형

20 (다)를 참고하여 빈칸에 들어갈 내용을 쓰시오.

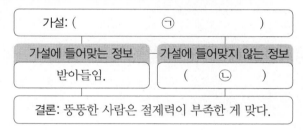

21 (라)에서 글쓴이가 그래프를 제시한 까닭을 예측한 내용으로 가장 적절한 것은?
① 2015년이 얼마나 더웠는지 알리려고 제시했겠지?
② 지구의 연평균 기온을 순위별로 보여 주려고 제시했겠지?
③ 연도별 온도 편차가 점점 낮아지고 있음을 알려 주기 위해 제시한 것 같아.
④ 미국과 우리나라의 상황이 다르다는 것을 알려 주기 위해 제시한 것 같아.
⑤ 앞으로 지구의 기온이 계속 상승할 것임을 알려 주기 위해 제시한 것 같아.

• 정답과 해설 36쪽

22~25 다음을 읽고, 물음에 답하시오.

————————————— | 2(2) 단원 |

가 지민: 정우야, 너 이번 국어 수행 평가로 어떤 글을 쓸지 생각해 봤어?

정우: 응. 얼마 전 텔레비전에서 독도를 소개하는 여행 프로그램을 보았는데, 내가 생각보다 독도를 잘 몰랐다는 것을 알게 되었어. 그래서 이번 기회에 여러 자료를 수집해서 친구들에게 독도를 설명하는 글을 쓰려고 해. 이번에 열심히 준비해서 친구들에게 독도의 지리와 역사, 가치를 제대로 알리고 싶어.

나 '정우'가 작성한 개요

| 처음 | 독도를 잘 알지 못하는 우리의 현실 |

| 가운데 | 1. 독도의 지리
 　가. 독도의 기후
 　나. 경제적 가치

2. 독도의 역사
 　가. 조선 시대까지의 역사
 　나. 일제 강점기의 역사
 　다. 현대의 역사
 　라. 독도를 관광하는 방법

3. 독도의 가치
 　가. 환경·생태학적 가치
 　나. 위치적 가치 |

| 끝 | 독도의 소중함을 알고 가까이하려는 태도의 필요성 |

다 ㉠독도는 경제적으로 매우 가치 있는 섬이다. ㉡독도 주변의 바다는 한류와 난류가 만나는 조경 수역이기 때문에 어류의 먹이인 플랑크톤이 풍부하다. ㉢그래서 겨울과 봄에는 명태 어장이, 여름과 가을에는 오징어 어장이 형성된다. 이뿐만 아니라 독도 주변에는 엄청난 양의 메탄 하이드레이트(methane hydrate)가 매장되어 있다. 메탄 하이드레이트는 메탄이 주성분인 천연가스가 얼음처럼 고체화된 것이다. ㉣메탄 하이드레이트는 석유를 대체할 수 있는 훌륭한 에너지 자원이기 때문에 이것이 지닌 경제적 가치는 엄청나다. ㉤그리고 독도는 서쪽으로는 한반도, 북쪽으로는 러시아, 동쪽과 남쪽으로는 일본에 둘러싸여 있다.

22 (가)에서 계획한 주제를 고려할 때, 다음 중 '정우'가 글을 쓸 때 활용할 자료로 적절하지 **않은** 것은?

	자료의 종류	자료의 내용
①	책	독도의 위치적 특징을 설명함.
②	인터넷	독도의 구성과 위치를 설명함.
③	신문 기사	국립 수산 과학원에서 독도 사진전을 개최함을 설명함.
④	백과사전	독도가 오래전부터 우리나라의 영토였음을 설명함.
⑤	다큐멘터리	독도가 환경·생태학적으로 가치가 있음을 설명함.

23 (나)를 점검한 내용으로 알맞지 **않은** 것은?

① '처음' 앞에 '제목 – 잊지 말아야 할 우리의 땅, 독도'라는 항목을 만들어야겠어.

② '가운데 – 1. 독도의 지리' 항목에는 '독도의 위치와 구성'을 추가하는 것이 좋겠어.

③ '가운데 – 1 – 나. 경제적 가치' 항목은 '가운데 – 3. 독도의 가치' 항목으로 이동해야겠어.

④ '가운데 – 2 – 다. 현대의 역사' 항목은 독도에 특별한 역사적 사건이 없으니 생략해야겠어.

⑤ '가운데 – 2 – 라. 독도를 관광하는 방법' 항목은 '독도의 역사'와 관련이 없으니 삭제해야겠어.

✎ 서술형

24 (나)의 글쓰기 단계를 〈보기〉에서 골라 쓰시오.

┌─보기─
• 통일성 있는 글 쓰기 과정:
　계획하기 → 내용 생성하기 → 내용 조직하기 →
　표현하기 → 고쳐쓰기
└─

25 ㉠~㉤ 중, 내용상 삭제해야 할 문장으로 알맞은 것은?

① ㉠　　② ㉡　　③ ㉢　　④ ㉣　　⑤ ㉤

• 정답과 해설 38쪽

01 품사에 대한 설명으로 적절하지 <u>않은</u> 것은?

① 모든 품사는 형태가 바뀌지 않는다.
② 국어에서 품사는 아홉 가지로 분류된다.
③ 품사를 분류하는 기준은 형태, 기능, 의미이다.
④ 성질이 비슷한 것끼리 모아 분류해 놓은 낱말의 무리를 말한다.
⑤ 문장에서의 역할에 따라 체언, 용언, 수식언, 관계언, 독립언으로 나눌 수 있다.

02 체언에 대한 〈보기〉의 설명을 참고할 때, 밑줄 친 낱말 중 체언이 <u>아닌</u> 것은?

┤보기├
• 문장에서 주로 주어, 목적어 등 주체가 되는 역할을 한다.
• 명사, 대명사, 수사를 통틀어 이르는 말이다.
• 홀로 쓰이거나 조사와 결합하여 쓰일 수 있다.

① <u>하나</u>가 외로워 둘이랍니다.
② <u>그</u>의 팔이 나뭇가지처럼 가늘었다.
③ 밤새 눈이 내려, 온 <u>세상</u>이 하얗다.
④ <u>민주</u>는 웃으면서 내 손을 꼭 잡았다.
⑤ 학생들이 각각 책을 <u>세</u> 권씩 들고 있다.

03 〈보기〉에 제시된 낱말들의 공통점으로 알맞은 것은?

┤보기├
가다   입다   예쁘다   젊다   공부하다

① 문장에서 독립적으로 쓰인다.
② 주로 주체를 서술하는 역할을 한다.
③ 낱말 사이의 문법적 관계를 나타낸다.
④ 어떤 경우라도 그 형태가 바뀌지 않는다.
⑤ 사람이나 사물의 상태나 성질을 나타낸다.

04 〈보기〉의 ㉠, ㉡에 대한 설명으로 알맞지 <u>않은</u> 것은?

┤보기├
　㉠모든 학생이 발표하려고 손을 들었다. 그래서 선생님께서 ㉡깜짝 놀라셨다.

① ㉠은 '학생'을 꾸며 주는 말이다.
② ㉡은 '놀라셨다'를 꾸며 주는 말이다.
③ ㉠과 ㉡을 활용하면 상황을 보다 구체적으로 표현할 수 있다.
④ ㉠과 ㉡은 문장에서 쓰일 때 형태가 변하지 않는다는 특성이 있다.
⑤ ㉠과 ㉡은 용언이나 다른 부사, 문장 전체를 꾸며 주는 기능을 하는 품사이다.

✍ 서술형

05 〈보기〉에서 밑줄 친 낱말의 품사를 쓰고, 해당 품사의 특징 한 가지를 서술하시오.

┤보기├
• 나는 사과<u>와</u> 포도를 제일 좋아해.
• 늦지 마. 집<u>에서</u> 일찍 나오면 되잖아.
• 너<u>마저</u> 안 오면 나는 혼자 너무 심심할 것 같아.

06 〈보기〉의 ㉠~㉤ 중, 품사의 종류가 <u>다른</u> 것은?

┤보기├
손님: ㉠여보세요, ○○ 식당이죠?
식당 주인: ㉡네, 그렇습니다. 무엇을 도와 드릴까요?
손님: 오늘 저녁 일곱 시에 자리를 예약하려고 합니다.
식당 주인: ㉢이런, 오늘은 주말 저녁이어서 자리가 ㉣벌써 다 찼습니다.
손님: ㉤아, 너무 늦게 전화했군요.

① ㉠　② ㉡　③ ㉢　④ ㉣　⑤ ㉤

07 우리말 어휘에 대한 설명으로 알맞지 <u>않은</u> 것은?

① 한자어는 한자를 바탕으로 만들어진 말이다.

② 고유어에는 우리 민족 고유의 정서와 문화가 담겨 있다.

③ 외래어는 다른 나라에서 들어온 말로 우리말 어휘를 풍부하게 한다.

④ 고유어는 우리말에 본디부터 있던 말이나 그것에 기초하여 새로 만들어진 말이다.

⑤ 외래어는 고유어에 비해 뜻이 구체적인 경우가 많아 고유어를 보완하는 역할을 한다.

08 밑줄 친 낱말을 ㉠~㉤과 바꿔 쓰려고 할 때, 잘못 연결된 것은?

> 우리말의 '고치다'는 한자어 ㉠수리(修理)하다, ㉡수선(修繕)하다, ㉢치료(治療)하다, ㉣수정(修訂)하다, ㉤개정(改正)하다 등과 대응된다.

① 태풍에 부숴진 지붕부터 <u>고쳐야겠어</u>. → ㉠

② 뜯어진 바지 밑단을 <u>고치니</u> 새것 같네. → ㉡

③ 자세를 바르게 <u>고쳐</u> 앉아 주겠니? → ㉢

④ 글의 앞부분을 <u>고쳤더니</u> 읽기 좋구나. → ㉣

⑤ 청소년 범죄가 늘어나고 있으니, 청소년 보호법도 실질적으로 <u>고쳐야</u> 해. → ㉤

09 〈보기〉에 제시된 낱말의 특성을 모두 골라 바르게 묶은 것은?

┤보기├
> 버스 햄버거 피아노 커튼 컴퓨터

> ㄱ. 대부분 고유어로 대체할 수 있다.
> ㄴ. 우리말의 어휘를 풍부하게 해 준다.
> ㄷ. 우리말에 기초하여 새롭게 만들어졌다.
> ㄹ. 외국에서 들어왔지만 우리말처럼 쓰인다.
> ㅁ. 외국과 교류하면서 그 수가 많이 늘어났다.

① ㄱ, ㄴ   ② ㄴ, ㄷ   ③ ㄷ, ㄹ
④ ㄱ, ㄹ, ㅁ   ⑤ ㄴ, ㄹ, ㅁ

10 〈보기〉에서 의사가 환자에게 말할 때 유의해야 할 점을 한 문장으로 서술하시오.

┤보기├
> 의사: 오퍼러빌리티(operability) 있어요.
> 환자: (당황한 표정으로) 네?

11 다음 만화에서 할아버지와 손녀가 의사소통에 어려움을 겪는 까닭으로 적절한 것은?

① 손녀가 저속한 말인 속어를 사용해서

② 손녀가 성별 차이를 고려하지 않고 말해서

③ 할아버지가 자기 세대에 쓰는 말을 사용해서

④ 손녀가 친구들끼리 쓰는 줄인 말을 사용해서

⑤ 할아버지가 관습적으로 굳어진 말을 사용해서

12 〈보기〉에서 설명하는 어휘에 해당하지 <u>않는</u> 것은?

┤보기├
> 이 말은 다른 사람들이 알아듣지 못하도록 특정 집단의 구성원끼리만 사용하는 말이다. 그래서 다른 집단에 알려지면 즉시 새로운 말로 변경되곤 한다.

① 무림(밥)   ② 도자(칼)

③ 산개(호랑이)   ④ 데팽이(안개)

⑤ 네티즌(누리꾼)

13~15 다음 글을 읽고, 물음에 답하시오.

→ 4(1) 단원

가 수남이는 청계천 세운 상가 뒷길의 전기용품 도매상의 꼬마 점원이다. / 수남이란 어엿한 이름이 있는데도 꼬마로 통한다. 열여섯 살이라지만 볼은 아직 어린아이처럼 토실하니 붉고, 눈 속이 깨끗하다.

나 그래서 수남이는 ⊙"내년 봄에 시험 봐서 들어가야 해. 야학이라도 일류로……." 할 때의 주인 영감님이 그렇게 좋을 수가 없다. 그 소리를 듣기 위해서라면 그까짓 알밤쯤 하루 골백번을 맞는 것도 좋았다. 그런 소리를 자기를 위해 해 주는 주인 영감님을 위해서라면 뼛골이 부러지게 일을 한들 눈곱만큼도 억울할 것이 없을 것 같다. 월급은 좀 짜게 주지만, 그 감미로운 소리를 어찌 후한 월급에 비기겠는가. / ⓒ수남이의 하루는 눈코 뜰 새 없이 고단하지만 행복하다. 내년 봄 — 내년 봄은 올봄보다는 멀지만 오기는 올 것이다.

다 낮에는 이 가게 골목에서 사고까지 났다. 전선을 도매하는 집 아크릴 간판이 다 마른 빨래처럼 휠휠 나는가 했더니, 곧장 땅으로 떨어지면서 때마침 지나가던 아가씨의 정수리를 들이받고 떨어졌다.

피가 아가씨의 분결 같은 볼을 타고 흘러 흰 스웨터에 선명한 붉은 반점을 줄줄이 그렸다. ⓒ피를 보자 다 큰 아가씨가 어린애처럼 앙앙 울어 댔다.

가게마다에서 사람들이 뛰어나왔으나 아가씨를 부축해서 병원으로 달려간 것은 바람에 간판을 날린 전선 도매집 주인아저씨였다.

ⓡ사람들은 모두 치료비를 톡톡히 부담해야 할 그 아저씨를 동정했다.

라 ⓜ"인석아, 까불지 말고 조심해. 사고 내 가지고 누구 못할 노릇 시키지 말고."

오늘 장사가 좀 잘 안돼서 그런지 말씨가 퉁명스럽긴 했지만, 나쁜 말은 아닌데도 수남이는 고깝게 듣는다.

꼭 네깐 놈 다칠 게 걱정이 아니라 나 손해 볼 게 겁난다는 소리로 들린다.

수남이는 보통 때 같으면 "할아버지 다녀오겠습니다." 하고 신바람 나게, 그리고 붙임성 있게 외치고는 방긋 웃어 보이고 나서야 페달을 밟고 씽 달렸을 터인데, 오늘은 왠지 그래지지가 않는다.

13 이 글을 통해 알 수 있는 내용이 **아닌** 것은?

① 주인공의 직업
② 작품의 공간적 배경
③ 주인공의 성격과 심리 상태
④ 주변 인물에 대한 주인공의 태도
⑤ 인물 간 갈등의 원인과 해결의 실마리

🖋 **고난도 서술형**

14 이 글과 〈보기〉의 서술 시점을 비교해 보고, 그 차이점을 〈조건〉에 맞게 서술하시오.

┤보기├

"난 감자 안 먹는다, 니나 먹어라."

나는 고개도 돌리지 않고 일하던 손으로 그 감자를 도로 어깨너머로 쑥 밀어 버렸다.

그랬더니 그래도 가는 기색이 없고, 그뿐만 아니라 쌔근쌔근하고 심상치 않게 숨소리가 점점 거칠어진다. 이건 또 뭐야 싶어서 그때서야 비로소 돌아다보니 나는 참으로 놀랐다. 우리가 이 동리에 들어온 것은 근 삼 년째 되어 오지만, 여태껏 가무잡잡한 점순이의 얼굴이 이렇게까지 홍당무처럼 새빨개진 법이 없었다. ─ 김유정, 「동백꽃」

┤조건├

① 서술자의 위치가 어떻게 다른지 밝힐 것
② '이 글은 ~이지만, 〈보기〉는 ~이다.' 형태의 한 문장으로 서술할 것

15 ⊙~ⓜ 중, 〈보기〉의 밑줄 친 부분이 드러나는 것끼리 바르게 묶은 것은?

┤보기├

이 소설은 '수남'이 겪는 갈등을 통해 물질적 이익만을 중시하는 도시인의 이기적이고 물질 만능주의적인 태도를 비판하고 있다.

① ⊙, ⓒ 　　② ⊙, ⓒ 　　③ ⓒ, ⓡ
④ ⓒ, ⓜ 　　⑤ ⓡ, ⓜ

16~18 다음 글을 읽고, 물음에 답하시오.

┤4(1) 단원├

가 바람이 여전하다. 저만큼서 흙먼지가 땅을 한 꺼풀 벗겨 홑이불처럼 둘둘 말아 오는 것같이 엄청난 기세로 몰려온다. 골목 안의 모든 것이 '뎅그렁', '와장창', '우르릉' 하고 제각기의 음색으로 소리 높이 비명을 지른다.

드디어 흙먼지 홑이불이 집어삼킬 듯이 수남이의 조그만 몸뚱이를 덮친다. ㉠수남이는 눈을 꼭 감고 숨을 죽인다.

나 바람이 지난 후 수남이는 눈을 뜨고 침을 탁 뱉는다. 입속에 모래가 들어와 깔깔하고 목구멍이 알싸하니 아프다. 다시 자전거 쪽으로 걷는다. 조금 전만 해도 서 있던 자전거가 누워 있다. ㉡그래도 날아가진 않았으니 다행이다.

자전거뿐 아니라 골목의 모든 것이 다 제자리에 그대로 있다. 수남이는 그것이 신기하다. 누워 있는 자전거를 일으켜 세우고 날렵하게 올라타 막 페달을 밟으려는데, 어디선지 고함 소리가 벽력같이 들린다.

다 "인마, 네놈의 자전거가 쓰러지면서 내 차를 들이받았단 말이야. 이런 고급 차를 말이야. 이런 미련한 놈, 왜 눈은 째려, 째리긴. 그러니 내 차에 흠이 안 나고 배겼겠냐. 내 차는 인마, 여자들 손톱만 살짝 닿아도 생채기가 나는 고급 차야 인마, 알간?"

그러고는 거울처럼 티 하나 없이 번들대는 차체를 면밀히 훑어보더니 ㉢"그러면 그렇지." 하고 환성을 질렀다. 아마 생채기를 찾아낸 모양이다.

"일은 컸다. 인마, 칠만 살짝 긁혔어도 또 모르겠는데 여 봐라, 여기가 이렇게 우그러지기까지 했으니 일은 컸다, 컸어."

신사가 덩칫값도 못하게 팔짝팔짝 뛰면서, 잘 봐 두라는 듯이 수남이의 얼굴을 차에다 바싹 밀어붙였다.

라 ㉣"아저씨, 그러시지 말고 한 번만 봐주셔요. 네, 아저씨."

수남이는 주머니에 든 만 원을 생각하면 얼굴이 화끈대고 공연히 무섭기까지 하다. 그렇지만 주인 영감님을 위해 그 돈만은 죽기를 무릅쓰고 지킬 각오를 단단히 한다.

㉤"아니 욘석이 이제 보니 이런 큰일을 저지르고 그냥 내뺄 심사 아냐? 요런 악질 녀석 같으니라고."

신사의 표정은 은은히 감돌던 연민이 싹 가시고 점잖게 무표정해진다. 그러고는 옆에 섰던 운전사인 듯한 남자에게,

"안 되겠네. 요런 악질 깡패 녀석하고 시비해 봤댔자 공연히 시간만 낭비니, 자네 자물쇠 하나 마련해다 주게. 이 녀석 자전걸 잡아 놓기로 하세. 언제든지 오천 원 가져와서 찾아가라고."

---

16 (가)에 대한 설명으로 알맞지 <u>않은</u> 것은?

① 긴장감과 위기감을 조성한다.
② 을씨년스러운 분위기를 드러낸다.
③ 바람의 기세를 감각적으로 표현하고 있다.
④ '수남'의 성격이 바뀌게 되는 계기를 마련한다.
⑤ '수남'에게 불길한 일이 생길 것임을 암시한다.

17 (다)와 (라)를 통해 알 수 있는 내용으로 적절하지 <u>않</u>은 것은?

① '신사'는 차 수리비를 받아 내기 위해 경망스럽게 행동한다.
② 바람에 '수남'의 자전거가 넘어지는 사건은 갈등의 원인이 된다.
③ '수남'은 '주인 영감'을 실망시키지 않기 위해 끝까지 돈을 지키려고 한다.
④ '수남'은 차 수리비를 물어내라고 요구하는 '신사'와 외적 갈등을 겪는다.
⑤ '신사'는 '수남'이 자신이 화가 난 이유를 끝까지 모른 체하자 자전거를 잡아 놓기로 한다.

18 ㉠~㉤에 담긴 인물의 심리로 적절하지 <u>않은</u> 것은?

① ㉠: 부끄러움   ② ㉡: 안도감
③ ㉢: 반가움   ④ ㉣: 절박함
⑤ ㉤: 못마땅함

19~22 다음 글을 읽고, 물음에 답하시오.

ㅡㅡㅡㅡㅡㅡㅡㅡㅡㅡㅡㅡㅡㅡ| 4(1) 단원 |

가 그러자 모든 구경꾼이 수남이의 편이 되어 와글와글 외쳐 댔다.

"도망가라, 어서어서 자전거를 번쩍 들고 도망가라, 도망가라."

수남이는 자기편이 되어 준 이 많은 사람들을 도저히 배반할 수 없었다. 이상한 용기가 솟았다. 수남이는 자전거를 마치 검부러기처럼 가볍게 옆구리에 끼고 질풍같이 달렸다. / 정말이지 조금도 안 무거웠다. 타고 달릴 때보다 더 신나게 달렸다. 달리면서 마치 오래 참았던 오줌을 시원스레 내깔기는 듯한 쾌감까지 느꼈다.

나 "인마, 말을 해. 무슨 일이야? 네놈 꼴이 영락없이 도둑놈 꼴이다, 인마."

도둑놈 꼴이라는 소리가 수남이의 가슴에 가시처럼 걸린다. 수남이는 겨우 숨을 가라앉히고 자초지종을 주인 영감님께 고해바친다. 다 듣고 난 주인 영감님은 무엇이 그리 좋은지 무릎을 치면서 통쾌해한다.

"잘했다, 잘했어. 만날 촌놈인 줄만 알았더니 제법인데, 제법이야."

그러고는 가게에서 쓰는 드라이버니 펜치를 가지고 자전거에 채운 자물쇠를 분해하기 시작한다. 엎드려서 그 짓을 하고 있는 주인 영감님이 수남이의 눈에 흡사 도둑놈 두목 같아 보여 속으로 정이 떨어진다. 주인 영감님 얼굴이 ㉠누런 똥빛인 것조차 지금 깨달은 것 같아 속이 메스껍다.

다 낮에 내가 한 짓은 옳은 짓이었을까? 옳을 것도 없지만 나쁠 것은 또 뭔가. 자가용까지 있는 주제에 나 같은 아이에게 오천 원을 우려내려고 그렇게 간악하게 굴던 신사를 그 정도 골려 준 것이 뭐가 나쁜가? 그런데도 왜 무섭고 떨렸던가. 그때의 내 꼴이 어땠으면, 주인 영감님까지 "네놈 꼴이 꼭 도둑놈 꼴이다."라고 하였을까.

라 소년은 아버지가 그리웠다. 도덕적으로 자기를 견제해 줄 어른이 그리웠다. 주인 영감님은 자기가 한 짓을 나무라기는커녕 손해 안 난 것만 좋아서 "오늘 운 텄다."라고 좋아하지 않았던가.

수남이는 짐을 꾸렸다. 아아, 내일도 바람이 불었으면. 바람이 물결치는 보리밭을 보았으면.

마침내 결심을 굳힌 수남이의 얼굴은 ㉡누런 똥빛이 말끔히 가시고, 소년다운 청순함으로 빛났다.

19 (가)에 대한 설명으로 알맞지 않은 것은?

① '수남'이 옳지 못한 행동을 한 것이다.
② '수남'의 행동은 이후 내적 갈등을 겪는 원인이 된다.
③ '수남'은 자전거를 들고 도망치며 심리적 해방감을 느낀다.
④ 자신의 행동을 합리화하려는 '수남'의 심리가 드러난다.
⑤ '수남'의 결정에는 자신을 응원해 준 사람들에 대한 실망감도 담겨 있다.

20 (나), (다)에서 '수남'이 갈등하는 원인으로 알맞은 것은?

① 자신의 나쁜 행동을 '주인 영감'에게 들켜서
② 자전거에 채운 자물쇠가 잘 분해되지 않아서
③ 간악하게 굴던 '신사'의 얼굴이 자꾸 떠올라서
④ 자신의 행동 때문에 '주인 영감'이 실망한 것 같아서
⑤ 낮에 자신이 한 행동이 도덕적으로 옳지 않다는 것을 깨달아서

서술형
21 (라)에서 '수남'이 내적 갈등을 해소하기 위해 한 행동이 드러나는 문장을 찾아 쓰시오.

22 ㉠과 ㉡에 담긴 공통적인 의미로 알맞은 것은?

① 반성 　　② 편견 　　③ 분노
④ 부도덕성 　　⑤ 건강 악화

• 정답과 해설 38쪽

23~25 다음 글을 읽고, 물음에 답하시오.

───────── 4(2) 단원 |

가 얼마 전 텔레비전으로 한글날 특집 다큐멘터리를 봤다. 그 다큐멘터리에서 ⊙한 가지 실험을 보여 주었는데, 그 실험 결과가 매우 놀라웠다. 쌀밥을 두 군데의 그릇에 퍼 놓고 4주 동안 한쪽에는 '고맙습니다', '예쁘다' 등의 긍정적인 말을 들려주고, 다른 한쪽에는 '짜증 나', '미워' 등의 부정적인 말을 들려준 후 그 변화를 관찰하는 실험이었다. 그런데 놀랍게도 긍정적인 말을 들려준 쪽에서는 하얗게 예쁜 곰팡이가 피고 구수한 누룩 냄새가 났지만, 부정적인 말을 들려준 쪽에서는 거무스름한 곰팡이가 피고 심한 악취를 풍기는 것이다.

나 옥림: ⓐ네 마음대로 무대를 바꾸면 어떡해?

세리: 너만 무대 중앙에 있으란 법 있니?

옥림: 피아노 가운데 놓고 드레스 입으면 없던 실력이 갑자기 생기냐? 차라리 뒤에 숨어 있는 게 나아.

세리: 그게 무슨 얘기야?

옥림: 연주나 잘하라고. 그것도 연주냐? 체르니 50번까지 쳤다는 거 다 거짓말이지?

세리: 너 보자 보자 하니까 웃긴다. 난 뭐 네 시가 좋아서 참은 줄 아니? 솔직히 말해 줘? (비웃으며) 허, 초등학생도 그 정도는 쓰겠다. 우정으로 가는 계단? 유치해서 정말⋯⋯.

다 "충격받았어요. 이렇게 나쁜 말을 많이 사용했다니⋯⋯."

"이 앱으로 꼭 욕을 줄이겠습니다."

"이 앱을 사용하니 욕하는 걸 의식하게 돼요."

바른말 사용을 위해 고등학생들이 만든 앱을 사용한 사람들의 후기이다. ⓛ이 앱은 사용자가 휴대 전화로 대화를 나눌 때 비속어나 욕설을 입력하면 자동으로 순화된 언어나 재미있는 그림말(이모티콘)로 바꿔 준다. 하루에 얼마나 비속어를 많이 쓰는지 통계 수치도 보여 주어 올바른 언어 습관을 만들어 가는 데 도움을 준다.

─ 「국민일보」, 2015. 10. 9.

23 (나)와 같은 상황에서 갈등을 해결하기 위한 말하기 태도로 적절하지 <u>않은</u> 것은?

① 상대의 기분을 살피며 말을 한다.

② 진심을 담아 자신의 잘못을 먼저 인정한다.

③ 상대의 인격을 무시하는 말을 하지 않는다.

④ 갈등의 원인을 끝까지 찾아 누구의 탓인지 밝힌다.

⑤ 사과할 때 말의 내용뿐만 아니라 표정이나 말투도 고려해야 한다.

24 ⊙과 ⓛ에 대해 보인 반응으로 적절한 것은?

① ⊙은 무생물을 대상으로 한 실험이라 신빙성이 떨어져.

② ⓛ에서 비속어를 그림말로 바꾸면 읽는 사람의 감정을 상하게 할 수 있어.

③ ⊙은 방송을 위한 실험이라 조작이 가능하지만, ⓛ은 조작이 불가능하겠구나.

④ ⓛ의 순화 전 언어를 ⊙의 쌀밥에게 들려주면 하얗고 예쁜 곰팡이가 필 거야.

⑤ ⊙과 ⓛ은 모두 우리의 언어생활을 되돌아보게 하고 바른말 사용의 필요성을 일깨워 주는구나.

🖊 서술형

25 ⓐ와 〈보기〉의 밑줄 친 부분의 공통점을 서술하시오.

┌ 보기 ┐

'나 전달법'이란 '너'를 주어로 하여 상대의 행동을 표현하는 방법인 '너 전달법'과 달리 '나'를 주어로 하여 상대의 행동에 대한 자신의 생각과 감정을 표현하는 방법을 말한다. 예를 들어, "<u>너는 어떻게 그런 말을 할 수 있니?</u>"라고 말하는 것이 아니라, "그런 말을 하니까 내가 서운해."와 같이 표현하여 상대의 행동이 '나'에게 미칠 영향을 구체적이고 객관적으로 말하는 것이다.

┌ 조건 ┐

① 〈보기〉에서 설명하고 있는 표현 방법 중 어느 것에 해당하는지 밝힐 것

② 상대에게 미칠 영향을 밝힐 것

● 정답과 해설 39쪽

01 〈보기〉는 품사의 분류 기준에 대한 설명이다. 〈보기〉의 ㉠~㉢에 들어갈 말이 바르게 연결된 것은?

┤보기├

낱말은 문장 안에서 사용될 때 그 (㉠)이/가 변하는지의 여부에 따라 두 갈래로 나눌 수 있다. 그리고 문장 안에서 어떤 (㉡)을/를 하느냐에 따라 체언, 용언, 수식언, 관계언, 독립언으로 나눌 수 있다. 또한 어떤 (㉢)을/를 나타내느냐에 따라 명사, 대명사, 수사, 동사, 형용사, 관형사, 부사, 조사, 감탄사로 나눌 수 있다.

	㉠	㉡	㉢
①	형태	기능	의미
②	형태	의미	기능
③	의미	형태	기능
④	의미	기능	형태
⑤	기능	의미	형태

서술형

02 〈보기〉의 ㉠~㉢이 가리키는 대상을 찾아 쓰시오.

┤보기├

큰 나라에서 온 거만한 사신이 궁궐을 구경했어. 사신은 왕비가 머무는 궁을 가리키며 물었지.

"저 집은 짓는 데 얼마나 걸렸소?"

"예, 일 년 걸렸습니다."

"쯧쯧, 일 년이나 걸리다니."

나는 ㉠그의 태도가 무척 거슬렸지만 꾹 참았어. 이번에는 불가사리가 새겨진 크고 화려한 굴뚝을 가리키며 물었지.

"그러면 ㉡저것은 만드는 데 얼마나 걸렸소?"

"예, 한 달 만에 완성했지요."

"허허, 우리 나라에서는 열흘이면 되는데."

이번에는 사신이 연못가에 있는 아름다운 누각을 보고 물었지.

"이 누각은 만드는 데 얼마나 걸렸소?"

그의 말이 끝나자 나는 깜짝 놀라는 표정으로 말했어.

"이 누각이 언제부터 ㉢여기 있었지? 분명 어제는 없었는데."

03 다음 ㉠와 ㉡에 대한 설명으로 적절하지 않은 것은?

㉠	㉡
나르다 넘다 피다	착하다 푸르다 작다

① ㉠과 ㉡ 모두 문장에서 주로 주어를 서술한다.
② ㉠과 ㉡ 모두 문장에서 쓰일 때 형태가 변한다.
③ ㉠은 용언에 해당하고, ㉡은 관계언에 해당한다.
④ ㉠은 대상의 움직임이나 작용을, ㉡은 대상의 상태나 성질을 나타낸다.
⑤ ㉠에는 명령의 의도를 담은 '-어라/-아라'를 붙일 수 있지만, ㉡에 붙이면 어색해진다.

04 〈보기〉의 ㉠~㉢에 대한 설명으로 적절하지 않은 것은?

┤보기├

• ㉠과연 경기는 앞으로 어찌 될 것인가?
• 너는 요즘 ㉡어떤 가수를 가장 좋아하니?
• ㉢분명히 그날은 비가 ㉣아주 많이 내렸다.
• ㉤두 사람은 사진을 보면서 ㉥옛 추억에 잠겼다.

① ㉠은 문장 전체를 꾸며 주는 역할을 한다.
② ㉡은 형용사 '어떻다'가 활용한 형태이다.
③ ㉠과 ㉢은 모두 문장 안에서 위치를 옮길 수 있다.
④ ㉣은 바로 뒤에 나오는 부사 '많이'를 꾸며 준다.
⑤ ㉤과 ㉥은 모두 뒤에 나오는 체언을 꾸며 주는 관형사이다.

05 다음 밑줄 친 낱말 중, 조사가 아닌 것은?

① 바닷물이 깊을 것이다.
② 너는 참 먹기도 잘 먹는구나.
③ 나한테 선물을 준 사람이 누구일까?
④ 나만 빼놓고 엄마와 오빠가 야구장에 갔다.
⑤ 당신만큼 나를 잘 이해해 주는 사람은 없어요.

06 〈보기〉의 설명을 바탕으로 밑줄 친 고유어를 한자어로 바꾸었을 때, 적절하지 <u>않은</u> 것은?

┤보기├
　　고유어는 하나의 낱말이 여러 뜻으로 쓰이지만 한자어는 고유어에 비해 뜻이 구체적인 경우가 많아서 고유어를 보완하는 역할을 한다.

① 잘 더듬어 <u>생각</u>해 보세요. → 기억(記憶)
② 우리의 처지를 잘 <u>생각</u>해 보자. → 고려(考慮)
③ <u>생각</u>이 많으면 오히려 독이 된다. → 명상(冥想)
④ 그는 줄곧 깊은 <u>생각</u>에 빠져 있다. → 고민(苦悶)
⑤ <u>생각</u>해 보건대, 잘된 일 같지 않다. → 추측(推測)

✎ 서술형

07 〈보기〉로 알 수 있는 고유어의 특성을 서술하시오.

┤보기├

고유어	벼	쌀	밥
영어	rice	rice	rice

08 (가)과 (나)에 대한 설명으로 적절하지 <u>않은</u> 것은?

① (가)는 방송 중에 공식적인 대화를 하는 상황이다.
② (나)는 방송 후 비공식적인 대화를 하는 상황이다.
③ (나)의 대화를 다른 지역 사람이 들으면 낯설게 느낄 수 있다.
④ (가)보다는 (나)에서 대화 참여자들이 친근감을 더 느낄 것이다.
⑤ (나)보다는 (가)의 대화에서 특정 지역의 향토색을 느낄 수 있다.

09 〈보기〉와 같이 문학 작품에서 지역 방언을 사용했을 때의 장점으로 보기 <u>어려운</u> 것은?

┤보기├
　　"소가 토깽이냐? 사고 잡다고 달랑 사게. 당장 저 도짓소라도 읊으믄 니하고 니 성, 핵교도 끝이여. 그란다고 니놈이 목에다가 멍에를 걸그냐?" 하며 씨도 안 먹힌다는 반응이었다.
　　"그람, 차차 송아지 낳으믄 우리 주라고 해. 우리가 키워 주는디 고것 하나 못해."
　　"네 이……. 아부지가 뭐라고 하디? 입이 너무 허황되게 넘의 밥그럭을 넘보는 고것을 뭐라고 하디?"
　　　　　　　　　　　　　　－ 전성태, 「소를 줍다」

① 해당 지역의 향토색을 느낄 수 있다.
② 작품의 현장감과 생동감을 살릴 수 있다.
③ 독자 간의 친밀감을 형성하고 결속력을 높일 수 있다.
④ 작품의 배경이 되는 지역의 고유한 정서와 문화를 느낄 수 있다.
⑤ 작품의 내용과 분위기를 더욱 섬세하고 풍부하게 표현할 수 있다.

10 〈보기〉의 밑줄 친 말을 사용하여 대화했을 때, 얻을 수 있는 효과로 가장 적절한 것은?

┤보기├
강마에: (계속 설명하는) 악보에는 작곡가의 자세한 설명이 나와 있진 않지만, 시디를 찾아 들어 보면 감이 오실 겁니다. 즉, 아주 많이 <u>레가토</u>로 연주해야 하고, 중간중간에 나오는 <u>트리플렛</u>을 정확하게 연주해야 합니다.
　　　　　　　　　　　－ 홍진아·홍자람, 「베토벤 바이러스」

- 레가토(legato): 악보에서, 둘 이상의 음을 이어서 부드럽게 연주하라는 말
- 트리플렛(triplet): 셋잇단음표. 이등분하여야 할 음표를 삼등분하여 한데 묶어 나타낸 것

① 멋있고 유식해 보일 수 있다.
② 특정 집단의 비밀을 유지할 수 있다.
③ 대화 상대와 정서적 거리감을 좁힐 수 있다.
④ 해당 분야의 작업을 효과적으로 수행할 수 있다.
⑤ 전문가가 아닌 일반인과 의사소통을 할 때 활기를 부여할 수 있다.

11~13 다음 글을 읽고, 물음에 답하시오.

──────────────────────── | 4(1) 단원 |

가 ㉠"아유, 오늘 더럽게 장사 안된다."

××상회 주인은 니코틴이 새까맣게 달라붙은 이빨 안쪽을 드러내고 크게 하품을 한다. 돈을 빨리 안 주는 변명 같기도 하고, '인석아, 하루 종일 기다려 봐라, 누가 돈을 호락호락 내줄 줄 아니.' 하는 공갈 같기도 하다.

그러나 수남이는 들은 척도 안 하고 장승처럼 버티고 서 있다. 저런 수에 넘어가 호락호락 물러가면 주인 영감님에게 야단맞는 것도 맞는 거려니와, 앞으로 열 번도 넘게 헛걸음을 해야 수금을 끝마칠 수 있기 때문이다.

나 ㉡수남이는 비실비실 안 나오는 웃음을 웃으며,

"어떻게 결제 좀 해 줍쇼."

하고 또 한 번 빌붙는다. 주인은 '짜아식' 하며 또 한 번 알밤을 먹이곤 오백 원짜리, 백 원짜리 합해서 만 원을 세 번이나 세어 보더니 아까운 듯이 내준다.

"짜아식 끈덕지기가 꼭 뙤놈 같다니까, 됐어."

칭찬인지 욕인지 모를 소리를 하고 찍 웃는다. ㉢수남이는 주인이 세 번씩이나 세어서 준 돈을 또 두 번이나 센다. 그러고 나서야 "고맙습니다. 안녕히 계십쇼." 하고는 저만큼 자전거를 세워 놓은 쪽으로 횡하니 달음질친다.

다 "인마, 네놈의 자전거가 쓰러지면서 내 차를 들이받았단 말이야. 이런 고급 차를 말이야. 이런 미련한 놈, 왜 눈은 째려, 째리긴. 그러니 내 차에 흠이 안 나고 배겼겠냐. 내 차는 인마, 여자들 손톱만 살짝 닿아도 생채기가 나는 고급 차야 인마, 알간?"

그러고는 ㉣거울처럼 티 하나 없이 번들대는 차체를 면밀히 훑어보더니 "그러면 그렇지." 하고 환성을 질렀다. 아마 생채기를 찾아낸 모양이다.

라 꼭 오늘 재수 옴 붙은 일이 날 것 같더라만 이런 끔찍한 일이 일어나고 말았구나. 울음이 왈칵 솟구친다. 그러자 제 얼굴도, 차체의 흠도 아무 것도 안 보이고 온 세상이 부옇게 흐려 보일 뿐이다.

"울긴, 인마. 너 한 달에 얼마나 버냐?"

신사의 목청이 다분히 누그러지며 목소리에 연민이 담긴 것을 수남이는 재빨리 알아차린다. ㉤그러자 흑흑 소리까지 내어 운다.

"울긴 짜아식, 할 수 없다. 너나 나나 오늘 재수 옴 붙은 걸로 치고 반반씩 손해 보자. 오천 원만 내."

수남이는 너무 놀라 울음까지 끄르륵 삼키고 신사를 쳐다본다.

11 (가)~(라)에 두드러진 갈등의 유형으로 알맞은 것은?
① 인물의 내적 갈등
② 인물과 사회와의 갈등
③ 인물과 운명과의 갈등
④ 인물과 자연과의 갈등
⑤ 인물과 인물 간의 갈등

12 (다), (라)에 나타난 '신사'에 대한 평가로 가장 적절한 것은?
① 체면을 앞세우는 진중한 사람이야.
② 타인의 실수를 이해해 주는 배려 깊은 사람이야.
③ 어려움을 이겨 내고 남에게 베풀 줄 아는 선한 사람이야.
④ 어려운 이웃의 고민을 이해하고 도움을 주려는 사람이야.
⑤ 어떠한 경우에도 금전적 손해를 보지 않으려고 하는 야박한 사람이야.

13 ㉠~㉤에 대한 설명으로 적절하지 않은 것은?
① ㉠: 물건 대금을 주기 싫어서 장사꾼의 수를 쓰는 '××상회 주인'의 모습이 드러난다.
② ㉡: '××상회 주인'을 배려하는 행동으로 '수남'이 순수하고 착한 성격을 지녔음을 보여 준다.
③ ㉢: '수남'의 꼼꼼한 성격이 드러난다.
④ ㉣: '신사'의 경망스러운 면모를 엿볼 수 있다.
⑤ ㉤: '신사'의 동정심을 이용하려는 행동으로, '수남'의 영악스러운 면모가 드러난다.

14~16 다음 글을 읽고, 물음에 답하시오.

─────────── 4(1) 단원 |

가 운전사는 금방 커다란 자물쇠를 하나 사 가지고 왔다. 신사는 다시 네놈은 쳐다보기도 싫다는 듯이 수남이를 전혀 상대 안 하고, 묵묵히 자전거 바퀴에다 자물쇠를 채우고, 앞에 빌딩을 가리키면서,

"나 저기 306호실에 있으니까 돈 오천 원 갖고 와. 그러면 열쇠 내줄 테니." / 하고는 수남이를 힐끗 흘겨보고 유유히 빌딩 속으로 사라져 갔다.

나 그러자 모든 구경꾼이 수남이의 편이 되어 와글와글 외쳐 댔다.

"도망가라, 어서어서 자전거를 번쩍 들고 도망가라, 도망가라."

수남이는 자기편이 되어 준 이 많은 사람들을 도저히 배반할 수 없었다. 이상한 용기가 솟았다. 수남이는 자전거를 마치 검부러기처럼 가볍게 옆구리에 끼고 질풍같이 달렸다. / 정말이지 조금도 안 무거웠다. 타고 달릴 때보다 더 신나게 달렸다. 달리면서 마치 오래 참았던 오줌을 시원스레 내깔기는 듯한 쾌감까지 느꼈다.

다 수남이는 겨우 숨을 가라앉히고 자초지종을 주인 영감님께 고해바친다. 다 듣고 난 주인 영감님은 무엇이 그리 좋은지 무릎을 치면서 통쾌해한다.

"잘했다, 잘했어. 만날 촌놈인 줄만 알았더니 제법인데, 제법이야."

그러고는 가게에서 쓰는 드라이버니 펜치를 가지고 자전거에 채운 자물쇠를 분해하기 시작한다. 엎드려서 그 짓을 하고 있는 주인 영감님이 수남이의 눈에 흡사 도둑놈 두목 같아 보여 속으로 정이 떨어진다. 주인 영감님 얼굴이 누런 똥빛인 것조차 지금 깨달은 것 같아 속이 메스껍다.

라 ㉠혹시 내 피 속에 도둑놈의 피가 흐르고 있기 때문이 아닐까. 순간 수남이는 방바닥에서 송곳이라도 치솟은 듯이 후닥닥 일어서서 안절부절못하고 좁은 방안을 헤맸다.

수남이의 눈앞에는 수갑을 차고, 순경들에게 끌려와 도둑질 흉내를 그대로 내보이던 형의 얼굴이 환히 떠오른다. 그리고 서울 가서 무슨 짓을 하든지 도둑질만은 하지 말라고 신신당부하던 아버지의 얼굴도 떠오른다.

14 (가), (나)의 구성 단계상 특징으로 알맞은 것은?
① 갈등이 해결되며 사건이 마무리된다.
② 사건이 발생하고 인물 간의 갈등이 시작된다.
③ 갈등이 고조되고 긴장감과 위기감이 조성된다.
④ 인물과 배경이 제시되고 사건의 실마리가 드러난다.
⑤ 갈등이 최고조에 이르고 사건 해결의 실마리가 보인다.

고난도 서술형

15 다음은 '주인 영감'에 대한 '수남'의 태도 변화를 정리한 것이다. (다)를 참고하여 [A]에 들어갈 내용을 〈조건〉에 맞게 서술하시오.

자전거 관련 사건 이전	자전거 관련 사건 이후
자신의 마음을 알아주는 듯한 '주인 영감' 말에 고마움과 육친애를 느낌. (주인 영감=고마운 어른)	[A]

조건
① '주인 영감'에 대한 '수남'의 생각이 달라졌음을 나타내는 말을 포함할 것
② '자전거 관련 사건 이전'과 같은 형식으로 서술할 것

16 '수남'이 ㉠과 같이 생각하는 이유로 알맞은 것은?
① 이전에 도둑질을 한 경험이 있어서
② '주인 영감'에게 도둑질을 배운 적이 있어서
③ 도둑질한 죄로 순경에게 잡혀 온 형이 떠올라서
④ 형처럼 도둑놈 흉내를 내고 싶어 했던 적이 있어서
⑤ '아버지'로부터 도둑놈의 피가 흐른다는 이야기를 들어서

17~19 다음 글을 읽고, 물음에 답하시오.

—— 4⑴ 단원 ㅣ

가 수남이는 지금도 그날 밤 일이 생생하다. 그날 밤 형의 누런 똥빛 얼굴은 정말로 못 잊겠다. 꼭 악몽 같다.

다음 날 형은 읍내에서 온 순경한테 수갑이 채워져 붙들려 갔다. 형은 악을 써서 변명을 하며 갔다.

"2년 만에 빈손으로 집에 들어갈 수는 없었단 말야. 도저히 그럴 수는 없었단 말야."

그래서 읍내 양품점을 털어 돈과 물건을 훔친 것이다. 다음에 수남이가 형을 본 것은 읍내에 현장 검증인가를 나왔을 때다. 도둑질한 것을 다시 한번 되풀이해 보여 주는 것인데, 딴 구경꾼들 틈에 섞여 수남이는 몸서리를 치면서 그것을 봤다. 그 도둑놈과 형제간이란 게 두고두고 생각해도 몸서리가 쳤다.

나 아버지는 화병으로 몸져눕고 집안 형편은 말이 아니었다. 수남이는 드디어 어느 날 형이 그랬던 것처럼 서울 가서 돈 벌어 오겠다고 집을 나섰다. 아버지는 말리지 않았다. 문지방을 짚고 일어나 앉아서 띄엄띄엄 수남이를 타일렀다.

"무슨 짓을 하든지 그저 도둑질을 하지 마라, 알았쟈."

그런데 도둑질을 하고 만 것이다. 하지만 수남이는 스스로 그것을 결코 도둑질이 아니었다고 변명을 한다.

그런데 왜 그때, 그렇게 떨리고 무서우면서도 짜릿하니 기분이 좋았던 것인가? 문제는 그때의 그 쾌감이었다. 자기 내부에 도사린 부도덕성이었다. 오늘 한 짓이 도둑질이 아닐지 모르지만 앞으로 도둑질을 할지도 모르겠다는 생각이 들었다. 형의 일이 자기와 정녕 무관한 일이 아니란 생각이 들었다.

다 소년은 아버지가 그리웠다. 도덕적으로 자기를 견제해 줄 어른이 그리웠다. 주인 영감님은 자기가 한 짓을 나무라기는커녕 손해 안 난 것만 좋아서 "오늘 운 텄다."라고 좋아하지 않았던가.

수남이는 짐을 꾸렸다. 아아, 내일도 바람이 불었으면. 바람이 물결치는 보리밭을 보았으면.

마침내 결심을 굳힌 수남이의 얼굴은 누런 똥빛이 말끔히 가시고, 소년다운 청순함으로 빛났다.

17 이 글에 대한 설명으로 알맞지 않은 것은?

① 주인공의 심리와 성격이 섬세하게 드러나고 있다.
② 대립되는 성격의 인물들을 통해 주제를 부각하고 있다.
③ 향토적인 소재를 사용하여 토속적인 분위기를 자아내고 있다.
④ 주인공을 순진한 소년으로 내세워 어른들의 부도덕성을 고발하고 있다.
⑤ 갈등이 절정에 이르며 갈등 해소를 위한 주인공의 결심이 제시되고 있다.

 서술형

18 (나), (다)에서 알 수 있는 '아버지'의 성품을 서술하시오.

 조건

① '아버지'와 대조되는 인물을 모두 찾아 밝힐 것

19 이 글을 통해 작가가 말하고자 하는 바로 알맞은 것은?

① 가족 공동체의 중요성
② 자식에 대한 부모의 숭고한 사랑
③ 자신의 일에 최선을 다하는 책임감
④ 위기 상황에 현명하게 대처하는 지혜
⑤ 물질적 이익을 좇는 현대인들에 대한 비판

20~22 다음 글을 읽고, 물음에 답하시오.

|4(1) 단원|

가 "밤이 이미 깊었는데 너는 무슨 흥이 있어 이러고 있느냐?"

길동이 칼을 던지고 엎드려 대답하였다.

"소인이 대감의 정기를 받고 당당한 남자로 태어났으니 이만한 즐거움도 없습니다. 그러나 늘 서러운 것은 아버지를 아버지라 부르지 못하고 형을 형이라 부르지 못하는 신세이옵니다. 하인들까지 모두 천하게 보며, 친지와 친구조차도 아무개의 천생이라고 이릅니다. 이런 원통한 일이 어디 있겠습니까?"

길동은 대성통곡하였다. 대감은 속으로는 길동이 불쌍했지만 짐짓 꾸짖어 말하였다. 만일 그 마음을 드러내서 위로하면 오히려 버릇이 없어질까 염려하였던 것이다.

"재상의 집안에서 천한 노비에게 태어난 사람이 너뿐이 아니다. 그러니 방자하게 굴지 마라. 다시 그런 말을 입 밖에 꺼내면 내 앞에 서지도 못하게 할 것이다."

나 길동은 방으로 들어가는 대신 어미 춘섬을 찾아가 통곡하며 말했다.

"어머니께서는 소자와 전생에 귀중한 인연이 있어 오늘날 모자지간이 되었습니다. 낳아 주시고 길러 주신 은혜는 하늘보다 더 큽니다. 사내대장부가 세상에 한번 태어났으면, 모름지기 입신양명한 후 조상을 섬기고 부모의 은혜를 만분의 일이라도 갚아야 할 것입니다. 그런데 이 몸은 팔자가 사나운 까닭에 천하게 태어나 남의 천대나 받게 되었습니다. 하지만 대장부가 어찌 구차하게 근본에 얽매여 후회를 하겠습니까? 이 몸이 당당하게 조선국 병조 판서 대장인을 차고 이름난 장군이 되지 못할 바에야, 차라리 산중에 들어가 세상 영욕을 모르는 채 지내고자 합니다. ㉠옛날 장충의 아들 길산은 소자보다 더한 천생이었습니다. 하지만 열세 살에 그 어미와 이별하고 운봉산에 들어가 도를 닦아, 아름다운 이름을 후세에 전하였습니다. 소자도 그를 본받아 세상을 벗어나려 하옵니다. 감히 바라옵건대, 어머니께서는 소자의 사정을 살피어 아주 버린 듯이 잊고 계십시오. 훗날 소자가 돌아와 은혜를 갚을 날이 있을 것입니다. 그렇게만 짐작하고 계시옵소서."

20 이 글을 통해 알 수 있는 당시의 사회상을 모두 골라 바르게 묶은 것은?

> ㄱ. 첩을 두는 제도가 있었다.
> ㄴ. 세상을 벗어나 무예를 닦는 것이 유행하였다.
> ㄷ. 양반과 종의 구별이 있는 신분제가 존재했다.
> ㄹ. 출세하여 이름을 널리 알리는 것을 중요시 여겼다.

① ㄱ, ㄴ ② ㄴ, ㄷ ③ ㄷ, ㄹ
④ ㄱ, ㄴ, ㄷ ⑤ ㄱ, ㄷ, ㄹ

21 이 글에서 '길동'이 갈등을 겪는 근본적인 이유로 알 맞은 것은?

① 아버지와 어머니 사이의 불화 때문에
② 입신양명을 강요하는 아버지의 욕심 때문에
③ 천민의 혼인을 허용하지 않는 신분 제도 때문에
④ 서자라는 이유로 출세에 제약을 주는 사회 제도 때문에
⑤ 자신의 처지를 알지 못하는 아버지에 대한 원망 때문에

✎ 서술형

22 '길동'이 ㉠과 같은 일화를 언급한 까닭을 〈조건〉에 맞게 서술하시오.

> 조건
> ① 당시의 신분 질서에 항거했던 '길산'의 처지와 비교하여 서술할 것

23~25 다음 글을 읽고, 물음에 답하시오.

———————————————— 4(2) 단원 ┃

가 얼마 전 텔레비전으로 한글날 특집 다큐멘터리를 봤다. 그 다큐멘터리에서 한 가지 실험을 보여 주었는데, 그 실험 결과가 매우 놀라웠다. 쌀밥을 두 군데의 그릇에 퍼 놓고 4주 동안 한쪽에는 '고맙습니다', '예쁘다' 등의 긍정적인 말을 들려주고, 다른 한쪽에는 '짜증나', '미워' 등의 부정적인 말을 들려준 후 그 변화를 관찰하는 실험이었다. 그런데 놀랍게도 긍정적인 말을 들려준 쪽에서는 ㉠하얗게 예쁜 곰팡이가 피고 구수한 누룩 냄새가 났지만, 부정적인 말을 들려준 쪽에서는 거무스름한 곰팡이가 피고 심한 악취를 풍기는 것이다.

이 실험 대상이 쌀밥이 아니라 사람이었다면 어떻게 되었을까? 실험 기간이 4주가 아닌 4년이었으면 어떻게 되었을까? 이 다큐멘터리를 보면서 '말의 힘'이 얼마나 대단한지 새삼 깨달았고, 나의 언어생활을 반성해 볼 수 있었다.

나 피아노가 무대 한가운데로 옮겨져 있다. 그 앞에 세리가 새침하게 앉아 있다. 옥림, 어이없어하며 세리를 바라본다.

옥림: ⓐ네 마음대로 무대를 바꾸면 어떡해?

세리: 너만 무대 중앙에 있으란 법 있니?

옥림: ⓑ피아노 가운데 놓고 드레스 입으면 없던 실력이 갑자기 생기냐? 차라리 뒤에 숨어 있는 게 나아.

세리: 그게 무슨 얘기야?

옥림: 연주나 잘하라고. 그것도 연주냐? 체르니 50번까지 쳤다는 거 다 거짓말이지?

세리: 너 보자 보자 하니까 웃긴다. 난 뭐 네 시가 좋아서 참은 줄 아니? 솔직히 말해 줘? (ⓒ비웃으며) 허, ⓓ초등학생도 그 정도는 쓰겠다. 우정으로 가는 계단? 유치해서 정말……

옥림: 뭐?

세리: 왜? 내 말이 틀렸어? 창피당하기 싫으면 그 우정인지 뭔지 하는 시나 다시 써.

옥림: 싫다. 너나 그 엉터리 연주하지 말고 다시 연습해 와.

세리: 어우, 쩍쩍 갈라지는 네 목소리는 얼마나 듣기 싫은지 알아?

ⓔ옥림이와 세리, 서로 노려본다.

✎ 서술형

23 (가)와 (나)를 통해 공통적으로 얻을 수 있는 교훈을 서술하시오.

> **조건**
> ① 청유의 의도를 담은 '-자.' 형태의 한 문장으로 서술할 것

24 (가)의 실험에서 ㉠과 같은 결과를 얻기 위해 들려주었을 말로 보기 어려운 것은?

① 상대를 탓하는 말
② 상대를 존중하는 말
③ 상대에게 고마워하는 말
④ 상대의 장점을 칭찬하는 말
⑤ 상대의 입장과 처지에 공감하는 말

25 ⓐ~ⓔ에 대한 설명으로 적절하지 않은 것은?

① ⓐ: '세리'에 대한 '옥림'의 불만이 표현된 것으로, 두 사람이 갈등하게 된 원인이 드러난다.
② ⓑ: 상대의 연주 실력이 부족함을 비꼬는 말로, 두 사람의 갈등이 더 깊어졌다.
③ ⓒ: 말하는 사람의 표정이나 몸짓, 말투도 대화 상황에 영향을 미칠 수 있다.
④ ⓓ: 상대의 기분을 배려하여 실력에 대한 부정적인 말을 돌려 표현했다.
⑤ ⓔ: 말하기 태도가 두 사람의 관계에 미친 영향을 보여 준다.